고종석은 1959년 서울에서 태어났다. 성균관대학교와 파리 사회과학고등연구원EHESS에서 법학과 언어학을 전공하고, 서른 해 가까이 신문기자로 일했다.

지은 책으로는 글쓰기 강의록 《고종석의 문장》(전2권), 사회비평집 《서얼단상》《바리에떼》《자유의 무늬》《신성동맹과 함께 살기》《경계 긋기의 어려움》, 문화비평집 《감염된 언어》《코드 훔치기》《말들의 풍경》, 한국어 크로키 《사랑의 말, 말들의 사랑》《어루만지다》《언문세설》《국어의 풍경들》, 역사인물 크로키 《여자들》《히스토리아》《발자국》, 영어 크로키 《고종석의 영어 이야기》, 시 평론집 《모국어의 속살》, 장편소설 《기자들》《독고준》《해피 패밀리》, 소설집 《제망매》《엘리아의 제야》, 여행기 《도시의 기억》, 서간집 《고종석의 유럽통신》, 독서일기 《책 읽기, 책 일기》, 인터뷰 《고종석의 낭만 미래》 들이 있다.

정치의 무늬

고종석 선집_시사

정치의 무늬

차례

IIIIIIIIIIIIIIIIIIIIIIIIIIIIIIIIIIIIIIIIIIIIIIIIIIIIIIIIIIIII

1부 정치의 이성, 이성의 정치

1부

✦

정치의 이성, 이성의 정치

✦

01

김대중 vs 박정희

✦

~~~~~~~~~

이 글 제목을 마땅찮게 여기는 독자가 있을 수 있겠다. 생년으로 보나 대통령 재임 기간으로 보나 대한민국 사회에 끼친 영향(그것이 설령 매우 부정적인 영향일지라도)으로 보나, 박정희를 김대중 앞에 내세우는 것이 자연스레 느껴질 테니 말이다. 그러나 나는 김대중을 앞세움으로써, 내가 극보수 진영이 아니라 리버럴 진영의 일원이라는 점을 또렷이 하고 싶었다. 그것은 이 글이 편파성에서 자유로울 수 없다는 뜻이기도 하다. 나는 그것을 기꺼이 인정한다.

오는 12월에 치를 제18대 대통령선거는, 김대중과 박정희가 맞붙었던 1971년 제7대 대선의 리턴매치다. '재림 박정희'라 할 박근혜가 보수파의 확정적 후보로 떠올랐는데도, 리버럴 진영의 사표師表로 김대중이 거론되지 않는 것은 기이한 일이다. 박정희는 생전에 정적을 여럿 만들었지만, 그 최고의 정적은 김대중이었다. 그가 '유신'이라는 친위쿠데타를 일으켜 정상적 대선제도를 없애버린 것도 김대중에 대한 두려움 때문이었다. 이번 선거에서 리버럴 진영의 대표로 누가 나서든, 그는 김대중의 아바타일 수밖에 없다. 당위로도 그렇고 현실로도 그렇다. 그 상대가 박정희의 아바타이기 때문이다.

김대중은 대한민국 대선 역사상 정책을 앞세운 첫 후보였다. 한반도 평화를 위한 4대국 안전보장안, 노동자-자본가 공동위원회 구성, 비정치적 남북교류, 향토예비군 폐지 등이 대표적 예다. 박정희 캠프는 이에 맞서, 어이없게도, 대한민국 대선 역사상 처음으로 지역주의의 방아쇠를 당겼다. 이승만 정권 때는 물론이고, 5·16군사반란 이후 박정희가 윤보선과 맞붙은 두 번의 대선에서도 지역주의는 찾아볼 수 없었다. 박정희의 좌익 경력을 윤보선 캠프가 집요하게 물고늘어졌던 1963년 제5대 대선에서, 박정희는 사실상 호남 유권자들의 압도적 지지로 신승했다. 그러나 1971년 대선에서 공화당 의장 이효상이 들고나온 '신라 임금론'은 그 뒤 지금까지 한국 정치를 옥죄고 있는 영남패권주의의 시발점이 되었다. 다시 말해 1971년 선거는 대한민국에서 처음으로 영남패권주의가 고개를 쳐든 선거였다.

오는 12월 대선에서 리버럴 진영은 41년 전 대선 때와 견줘 사정이 나을까 못할까? 판단하기 쉽지 않다. 유리한 조건이 있는 건 확실하다. 1971년 대선에서 저질러졌을 개연성이 큰 부정선거의 가능성이 이번에는 거의 없다는 점이다. 박정희는 그때 절체절명의 처지였고, 그가 부정선거를 저질렀든 안 저질렀든 김대중의 승리를 결코 인정하지 않았을 것이다. 만약에 그 선거에서 김대중의 승리가 또렷했다면, 박정희는 친위쿠데타를 한 해 앞당겼을 수도 있다. 그것은 그 대선 뒤 박정희가 김대중을 해외에서 납치하고 살해를 꾀하고 결국 투옥했던 사실로 미뤄 짐작하면, 쉬이 상상할 수 있는 상황이다. 그러나 이번 대선에서 그런 부정이 저질러질 가능성은 거의 없다. 투표에서 이기고 선거에서 지는 일은 일어나지 않을 것이다.

그러나 불리한 조건이 많다. 1971년 선거에서 박정희에게 우호적 중립을 지켰던 주류 매체들이 지금 박근혜와는 아예 한 몸이 되었다. 또 당시엔 군사반란이 일어난 지 10년밖에 안 된 터라 박정희족이 그리 많지 않았으나, 그 뒤 1993년 김영삼이 집권할 때까지 이어진 군사정권 시절에 박정희족族은 엄청나게 몸을 불려, 이제 한국 사회의 강고한 기득권을 형성하고 있다. 심지어 한때의 김영삼 지지자 대부분이 박정희족의 하부를 구성하고 있는 형편이다. 게다가 그동안 영남패권주의는 한국 정치의 제1상수가 될 만큼 힘을 키웠다.

리버럴 진영의 한 사람으로서 내가 이번 12월 대선의 본질이라 여기는 것은 민주화세력과 소위 산업화세력의 대결도 아니고, 호남(플러스 알파)과 영남의 대결도 아니고, 중하층계급과 상층계급의 대결도 아니다. 이번 선거의 본질은 공화파와 왕당파의 대결이다. 더 정확하게 말하자면 헌정수호세력과 헌정파괴세력의 대결이다. 그것이 이번 선거과정에서 김대중의 아바타가 이끄는 리버럴 진영이 견지해야 할 프레임이다. 12월 대선에서 수치스러운 왕정복고가 이뤄지지 않도록, 헌정파괴세력이 집권하는 일이 없도록, 외치고 또 외치자. 헌-정-수-호!

〈한겨레〉, 2012. 8. 13.

02

박근혜가
대통령이 돼서는 안 될 이유 _ II

✦

～～～～～～

　오는 12월 대통령선거에서 극보수 새누리당이 다시 집권하든 민주통합당과 안철수를 아우른 중도세력이 정권을 되찾아오든, 민중생활에 커다란 변화는 없을 것이다. 어려운 사람들의 기대와 환호 속에서 태어난 노무현 정권 아래서 사회양극화가 되레 심해졌다는 사실은 이런 예측을 슬며시 정당화한다. 남북관계가 더 나빠지지도 않을 것이고, 외교가 미국에 더 종속적이 되지도 않을 것이다. 새로운 새누리당 정권이라 해서 전쟁을 각오하지 않는 한 남북관계를 지금보다 더 악화시키지는 않을 테고, 유권자들의 자연스런 민족주의 감정을 거스르려 작정하지 않는 한 지금보다 더 친미적인 스탠스를 취하기는 어려울 테다. 다만 중도세력이 집권하면 이명박 정권이 크게 훼손한 시민적·정치적 자유를 제자리에 되돌려놓으리라는 예측은 가능하다.

이런 예측을 바탕에 두고, 좌파 정치권 한켠에서는 정권교체가 중요한 게 아니라 계급투쟁이 중요하다고 힘줘 말한다. 한정된 정치적·도덕적 열정을 정권교체 같은 허깨비에 쏟을 게 아니라, 민중생활 개선을 위해 쓰자는 얘기다. 일리가 없지 않다. 나 역시 지난번 대선 땐 그런 생각으로 민주노동당 후보를 지지했다. 그러나 이번 대선은 다르다. 왜? 새누리당 후보로 나올 것이 거의 확실시되는 이가 박근혜이기 때문이다. 왜 박근혜는 다른 새누리당 후보들과 다른가? 그가 박정희의 딸이기 때문이다. 낡아빠진, 위헌적인 연좌제라고? 결코 그렇지 않다. 박근혜가 아버지의 모든 것을 긍정하는 딸이기 때문이다. 그는 아버지의 정치적 과오를 손톱만큼도 인정하지 않는다. 아버지가 불법으로 빼앗아 지금 그가 움켜쥐고 있는 엄청난 재산을 본디 주인에게 되돌려줄 생각도, 나라에 헌납할 생각도 없다. 따라서 박근혜와 박정희를 구분하는 일은 쉽지 않다.

박정희는 누구인가? 온 겨레가 일본제국주의의 강압적 식민통치에 신음하고 있던 시절, 만주군관학교와 일본육사를 졸업하고 일본 관동군 장교로 복무했던 사람이다. 그는 일본의 괴뢰국가 만주국의 '국군'에 들어가기 위해 "만주국과 조국(일본―인용자)을 위해 '한 번 죽음으로써 충성을 다하겠다'"는 혈서를 쓴 사람이다. 그가 관동군 장교로 복무하면서 조선인 항일투사들에게 총 한 발 쏘지 않았다 하더라도, 그는 이미 민족을 배신한 사람이다. 민족반역자라는 말도 걸맞지 않을지 모른다. 스스로 썼듯, 그의 조국은 일본이었으니까.

박정희는 누구인가? 해방 뒤 좌익 세상이 이내 올 듯하자, 군대 안의 남로당 세포들을 거느리고 대한민국의 전복을 꾀하던 사람이다. 그 일이 발각돼 군법회의에서 제게 사형이 구형되자, 군 수사당국에 동료들을 모조리 밀고하고 제 한 목숨 건진 사람이다. 동료들을 배신한 거야 박정희의 개인윤리 문제니 그렇다 치자. 그보다 훨씬 더 중요한 것은, 그가 군부 내 남로당 프락치로 암약하며 제 새로운 조국을, 대한민국을 배신했다는 사실이다. 요즘 "종북" "종북" 하지만, 박정희야말로 원조 정통 종북이다.

박정희는 누구인가? 학생과 시민들의 피로 이룩한 저 빛나는 제2공화국을 군사반란으로 무너뜨리고 18년간 이 나라를 철권으로 옥죄었던 사람이다. 그 시절, 헤아릴 수 없이 많은 사람들이 애매하게 빨갱이로 몰려서 죽고 다치고 갇히고 망가졌다. 그 당사자들과 유족들은 지금도 따돌림과 가위눌림 속에서 지옥 같은 삶을 살아가고 있다.

대한민국 시민들이 누려야 할 복지는 꼭 물질적인 것만이 아니다. 정신적 복지가 외려 더 소중할 때도 있다. 그 정신적 복지 가운데 으뜸가는 것이 긍지일 테다. 민족을 배신하고 조국을 배신하고 민주주의를 파괴한 사람의 딸이, 더구나 아버지가 한 짓은 뭐든 잘한 일이라고 우겨대는 딸이 공화국 대통령이 된다면, 대한민국 시민들의 긍지는 심각한 손상을 입을 수밖에 없다. 밥 세끼 입에 들어간다고 공동체의 긍지를 포기한다면, 사람이나 짐승이나 다를 게 뭔가? 그것이 박근혜가 다음 대통령이 돼서는 안 될 이유들 가운데 하나다.

〈한겨레〉, 2012. 6. 11.

03

막말

✦

〰〰〰〰〰〰

4·11총선을 코앞에 두고 터진 민주통합당 김용민 후보의 '막말' 파문은 많은 사람들을 질겁하게 했다. 비록 오래전 인터넷 방송에서 한 말이라고는 하나, 그 결이 너무 거칠었다. 나는 새누리당과 수구 언론이 온갖 호들갑을 떨며 이 문제를 쟁점화했을 때, 김용민 씨가 후보를 사퇴했으면 좋겠다는 쪽이었다. 그러나 그는 버텼고, 아마도 이 막말 파문이 부분적으로 지역구 여론을 악화시킨 탓에, 낙선했다. 그러나 총선 패배 직후 민주당 한 모퉁이에서 이 막말 파문을 강원·충청권의 표심에까지 연결시키며 김용민 씨를 비판한 것은 해도 너무했다. 민주당이 진 것은 오락가락하는 이념적 좌표와 무원칙한 나눠먹기 공천 탓이었지, 김용민 씨의 막말 탓이 아니었다. 아무튼 김용민 씨는 그 며칠 동안 받은 십자포화와 그에 이은 낙선으로, 8년 전에 했다는 막

말의 값을 충분히 치렀다.

'막말'이라는 것은 '막돼먹은 말'이라는 뜻일 테다. 그 점에서 김용민 씨가 했다는 말은 분명히 막말이었다. 그런데 그 '막돼먹음'이라는 것은 꼭 겉으로 드러나는 것일까? 아니다. 말 가운데 교양의 껍질로 그 '막돼먹음'을 감춘 채 사람의 마음을 후벼내는 진짜배기 악성 막말들이 있다. 인터넷 방송에서 한 말이라는 점이 김용민 씨의 발언 내용을 오롯이 정당화할 수는 없겠지만, 그 발언의 적절성을 판단할 때 고려할 정황은 충분히 된다. 그 방송의 접근성이 높지도 않았을 테고, 또 그 방송을 듣는 사람 다수는 그런 욕설에 꽤나 익숙했을 테니 말이다. 김용민 씨의 발언은 새누리당과 수구 언론의 선거운동 차원에서 대대적으로 '홍보'돼 많은 사람을 경악시켰지만, 실제로 8년 전 그 인터넷 방송을 들은 청취자 가운데 그 발언의 '막돼먹음' 때문에 상처받은 사람이 있었을 성싶지는 않다. 청취자들은 일종의 하위문화로 그것을 즐겼을 테다.

"애들이 뭘 보고 자라겠느냐"며 "이런(김용민 씨를 공천한) 세력에게 나라를 맡길 순 없다"던 새누리당 박근혜 비상대책위원장은 막말 혐의에서 자유로운가? 원체 말수가 적은 사람이다 보니 막말을 할 기회가 없었을 것 같기도 하다. 과연 그런가? 박 위원장한텐 미안하지만 내가 지난번 이 자리에서 한 얘기를 다시 들춰야겠다. 2007년 사법부가 인민혁명당 재건위 사건을 재심해

관련자 전원에게 무죄판결을 내렸을 때, 박 위원장은 이를 두고 "저에 대한 정치공세"라고 일축했다. "저에 대한 정치공세". 참 단정한 말이다. 여기엔 아무런 비속어도 섞이지 않았다.

그러나 이 말은 그 조작 사건에 휘말려 죽고 망가진 사람들에게 다시 휘두른 흉기였을 뿐만 아니라, 그 뒤 수십 년간 감시와 따돌림 속에서 지옥 같은 삶을 살아온 그 가족들의 심장을 도려내는 비수였다. 막돼먹음이란 바로 이런 것을 두고 하는 말이고, 막말이란 바로 이런 말을 두고 하는 말이다. 인터넷 방송과 인혁당 사건이라는 맥락을 걷어내고 김용민 씨 발언과 박 위원장 발언을 나란히 견주면, 지탄받아야 할 것은 김용민 씨 쪽인 것 같다. 그러나 그 말들을 본디 맥락에 되돌려놓는 순간, 어느 쪽이 더 막돼먹었는지가 또렷이 드러난다. 인터넷 방송이라는 맥락 속에서 김용민 씨 말에 베인 사람은 거의 없었을 테지만, 인혁당 사건이라는 맥락 속에서 박 위원장 말에 베인 사람은 수도 없이 많았을 것이다.

말의 막돼먹음이 꼭 그 말에 베인 사람 수에 달린 것은 아니다. 선거가 끝나자마자, 소위 '제수 성폭행 미수' 의혹을 받아왔던 새누리당 김형태 당선자가 당에서 쫓겨날 처지에 몰리게 됐다. 그때 김아무개라는 우익 만담가는 새누리당을 타박하며 "10년 전의 것이 왜 이제 불거져 나왔는지 석연치 않"다고 썼다. 이 문장에는 아무런 욕설도 들어 있지 않다. 그러나 이 발화는, '제

수 성폭행 미수 사건'이라는 제 맥락에 놓이는 순간, 한 성추행 피해자의 전인격을 짓밟는 막돼먹음을 띠게 된다.

　김용민 씨의 막말은 비판받아야 마땅하다. 그러나 막돼먹기로 따지면, 박 위원장의 '정치공세' 발언이나 김아무개 씨의 '왜 이제' 발언이 훨씬 더 막돼먹었다. 서울 강북 지역을 '컴컴한 곳'이라 이른 김종훈 씨의 '솔직한' 발언 역시 김용민 씨 말보다 더 막돼먹었다.

〈한겨레〉, 2012. 4. 30.

04

4월 9일

◆

~~~~~~~~

이름을 불러보자. 삼가는 마음으로. 우리가 민주공화국 시민이라면 결코 잊지 말아야 할 이름들이다. 서도원, 도예종, 송상진, 우홍선, 하재완, 김용원, 이수병, 여정남.

지금부터 꼭 37년 전인 1975년 4월 9일 새벽, 이 여덟 사람이 형장의 이슬로 사라졌다. 이들은 이른바 인민혁명당 재건위 사건의 주모자로 낙인찍혔다. 반공법과 국가보안법을 어기고 형법의 내란예비음모죄와 내란선동죄를 저질렀다는 혐의로 그 전해 기소된 이들에게 비상고등군법회의는 사형을 선고했고(민간인이 군사재판을 받던 시절이다!), 이듬해 4월 8일 대법원은 이들의 상고를 기각했다. 그러니까 대법원이 확정판결을 내린 지 하루도 안 돼 이들은 차가운 시신이 되었다.

이들은 북한의 간첩이었던가? 아니었다. 이들은 내란을 꾀했던가? 그러지 않았다. 이들은 공산주의자였던가? 알 수 없다. 한 사람이 제 내면에 어떤 신념을 지녔는지를 하느님이 아니면 누가 알 수 있겠는가? 적어도 이들은 공개석상에서 자신들이 공산주의자라고 인정한 바 없다. 그런데도 이들은 탈장까지 될 정도의 무지막지한 고문(당시 민청학련을 배후 조종했다는 혐의로 하재완의 옆방에 수감됐던 시인 김지하의 증언)을 통해 공산주의자가 되었고 내란음모자가 되었다. 그리고 자신들이 인정하지 않은 '범죄'를 저질렀다는 이유로 목숨을 잃었다. (그런데 공산주의자들에겐 고문을 해도 되고, 공산주의자들은 다 죽여야 할까?)

젊은 세대에겐 생소할지도 모르는 이 인혁당 사건은, 당시 대학생들의 민주화운동이 힘을 얻자 학생운동권의 소위 민청학련을 영남 지역 사회운동권과 얽어 반정부운동 일체를 일소하려던 박정희 정권의 사법적 살해 계책으로 해석된다. 제네바에 본부를 둔 국제법학자회의는 이날을 '사법사상 암흑의 날'로 선포했다. 이 사건은 한국 민주주의가 기지개를 켜던 1989년 〈4월 9일〉이라는 연극의 소재가 되었고, 2000년에는 김태일 감독의 손을 거쳐 〈4월 9일〉이라는 다큐멘터리로 만들어지기도 했다. 잔혹한 고문과 서둘러 집행된 사형 말고도 조작의 낌새는 사건 당시 이미 또렷했다. 주검 대부분이 가족의 동의 없이 곧바로 화장됐고, 이에 항의하던 조지 오글 목사와 제임스 시노트 신부 등 외국인 선교사들이 나라 바깥으로 쫓겨났다. 요컨대 1975년 오늘은 박정희 유신체제가 그 광기를 섬뜩하게 드러낸 날 가운데 하나다.

총선을 바로 앞두고 인혁당 사건을 거론하는 것이 새누리당 박근혜 비대위원장에 대한 공격으로 읽히지 않았으면 한다. 나는 지금 낡아빠진 연좌제의 깃발을 흔들어대고 있지 않다. 인혁당 사건을 조작한 것은 박정희지 박근혜 위원장이 아니다. 물론 2007년 사법부가 이 사건을 재심한 끝에 여덟 사람 모두에게 내린 무죄판결을 박 위원장이 자신에 대한 '정치공세'에 불과하다고 일축한 것은 실망스러운 일이다. 박 위원장이 박정희를 제 정치자산으로 삼아온 만큼 더욱더 그렇다. 여북하면 김영삼 정권 시절 청와대 교육문화수석을 지낸 김정남 씨가 박 위원장의 이 냉혹함을 보고 '인간에 대한 절망'을 느낀다고 극언했을까.

그러나 박 위원장의 태도 못지않게, 아니 어쩌면 그보다 더 문제가 되는 것은 그 시대를 살아낸, 나이 든 유권자들의 태도다. 실상 유권자들이 그 사건에 분노하고 있다면, 박 위원장이 저리 배짱 좋게 나올 수도 없을 것이다. 그 점에서 우리는 박정희와 박 위원장의 공범이다. 우리도 겪었을 수 있었을 저 끔찍한 인권 유린에 대해 우리는 입 다물고 있다. 왜? 당한 것이 '우리'가 아니라 우연히 '그들'이었기 때문이다. 인혁당 사건 피해자들을 포함한 박정희 정권 시절의 인권 피해자들을 우리가 '그들'로 여기는 한, 대한민국 민주주의의 앞날은 어둡다. 결국 인혁당 사건은 박정희 정권에 대한 윤리적 심문거리만이 아니라 우리들 모두에 대한 윤리적 심문거리이기도 한 셈이다. 나와 가족만 안 당한다면 우리 이웃 누군가가 어떤 험한 꼴을 당해도 상관없다는 생각은 우리를 인간에 미달하는 존재로 만들 뿐 아니라, 대한민국 공동체의 통합을 크게 해칠 것이다. 잊지 말자, 저 여덟 사람을. 오늘은 4월 9일이다.

〈한겨레〉, 2012. 4. 9.

05
김정일 이후

✦

～～～～～～

　김정일의 갑작스러운 죽음 이후 남쪽 정부에 대한 북쪽 당국의 비난이 더 뾰족해졌다. 국방위원회에 이어 조국평화통일위원회도 이명박 대통령의 이름을 직접 들먹이며 "역적 패당""친미파쇼광""만고대죄""상상조차 할 수 없는 비열한 도발" 따위의 거친 언어를 쏟아냈다. 국방위 성명에서는 방북 조문의 제한에 초점을 두더니, 조평통 성명에선 거기에 더해 우리 군의 경계태세 강화와 탈북자 단체들의 대북 전단 살포를 물고 늘어졌다. 이것은 이해할 만하면서도 지나친 호들갑이다. 그것이 지나친 호들갑인 것은, 1994년 김일성 사망 당시에 견줘 남쪽 당국이 이번엔 한결 합리적인 태도를 취했기 때문이다. 남쪽 정부가 북한 주민에게 위로의 뜻을 전하고 민간인 단체들이나 정치인의 조의 표명을 막지 않았을뿐더러, 제한적이나마 민간인 조문단 방북을 허락한 것은 지금 정세에서 가능한 최대의 성의다.

　사실관계야 또렷하지 않지만 천안함 사건에 대한 남쪽 여론이 어수선하고 연평도 피격의 기억이 생생한 터에, 남쪽 정부가 공식 조문단을 보낼 수는 없었을 것이다. 더 올라가면 김정일은 1987년 북쪽 공작원 김현희 씨가 저지른 대한항공 여객기 폭파 사건의 책임자이기도 하다. 그 여객기에 타고 있다 불귀객이 된 이들은 '파쇼광'이나 '역적 패당'이 아니라 해외에 파견된 건설노동자들이었다. 북쪽 처지에서야 김정일의 죽음이 '민족의 대국상'일지 몰라도, 남쪽 정부나 시민들 처지에서는 정신을 어지럽히는 초대형 뉴스에 지나지 않았다. 정부 차원에서 조문을 했다면 소위 남-남 갈등이 크게 악화했으리라. 물론 남북관계를 지금처럼 어렵게 만든 것은 이명박 정권의 '나 몰라라' 정책이다. 아니, 이 정권은 대북 정책 자체가 애당초 없었던 듯하다. 자신이 당사자라는 걸 까맣게 잊은 채 객석에 앉아서 그때그때 임기응변으로 지난 네 해를 보내온 것이다.

　북쪽 태도에 이해할 만한 구석이 있는 것은 그 호들갑이 전술적일 가능성이 매우 크기 때문이다. 김정은의 권력이 충분히 다져지기 전에 한반도 상황에 큰 변화가 생기는 것을 북한은 바라지 않을 것이다. 그러니까 북한의 이번 과잉반응은 시간을 벌기 위한 의도적 과잉반응이라 해석하는 것이 옳겠다. 확실한 것은, 북한의 과잉 정치공세가 진심이든 전술적이든 이 정권 아래서 남북관계의 획기적 진전은 바라볼 수 없게 됐다는 점이다. 남북관계를 정상화하는 짐은 다음 정부로 넘어간 것 같다. 그 사이에 북쪽은 신년 공동사설에서 밝힌 대로 "강성대국의 대문을 열기 위한 올해의 투쟁에서 빛나는 승리를 이룩"하려고 애쓸 것이고, 남쪽은 남쪽대로 백낙청 교수가 명명한 바 '2013년 체제'라는 것의 토대를 만드는 데 힘과 지혜를 모을 수 있을 것이다.

올해의 중요한 두 선거에서 남쪽 유권자들이 2013년 체제라 부를 만한 것의 디딤돌을 마련할 수 있을지는 미지수다. 그러나 한반도에서의 튼튼한 평화 정착이나 중장기적 궁극적 숙제로서의 통일을 위해서만이 아니라, 본질적으로 북·미 사이의 사안인 북핵 문제 해결을 위해서도 남쪽의 대북 정책이 바뀌어야 하는 것은 분명하다. 통일이 급작스럽게 이뤄질지 단계적으로 이뤄질지, 그 통일이 남쪽이 북쪽을 흡수하는 형태로 될지 아니면 소위 '남북연합'을 거쳐 대등하게 이뤄질지는 알 수 없다. 남쪽 시민들 처지에서 가장 바람직한 통일은 단계적 흡수통일일 것이다. 사실, 단계적이든 급작스럽든 흡수통일은 남쪽 시민들이 흔쾌히 받아들일 수 있는 유일한 방식의 통일이다. 김대중 대통령과 백낙청 교수의 '남북연합'이라는 것은 실현 불가능한 관념이거나, 흡수통일의 직전 단계에 조응하는 가설假設 통일국가이기 쉬울 것이다. 그러나 바로 그 흡수통일을 위해서도 우리에게 허여된 유일한 대북 정책은 포용 정책, 곧 화해·협력 정책이다.

북쪽이 이 정권에 아무리 적대적인 태도를 보인다 해도, 이런 상태로 한 해를 허송할 수는 없다. 머쓱할지는 몰라도, 이 정권은 당장 북쪽에 평화와 협력의 신호를 보내야 한다. 유권자들도 거기 힘을 보태야 한다. 올 4월 총선에서 합리적 대북관계를 추구하는 세력이 다수파가 되기만 해도, 이 정권의 대북 정책은 사뭇 달라질 것이다.

〈한겨레〉, 2012. 1. 9.

06

앞으로 한 해

✦

〜〜〜〜〜〜

제18대 대통령 선거가 꼭 한 해 앞으로 다가왔다. 그사이 이명박 대통령이 큰 흉사를 겪지 않는 한, 대한민국 유권자들은 2012년 12월 19일 이 나라의 제18대 대통령을 뽑는다. 지난 네 해를 되돌아보고 다가올 한 해를 내다보기 알맞은 아침이다.

모든 사람에게 좋은 일은 없다. 이득을 얻는 이가 있으면 밑지는 이도 있는 게 세상 이치다. 요즘 유행하는 말을 훔쳐온다면, 지난 네 해는 99% 한국인들에겐 나쁜 시절이었고, 나머지 1% 한국인들에겐 호시절이었다. 이 대통령은 취임하기도 전에 '기업 프렌들리'라는 걸 내세웠으나, 그가 우애를 건넨 1% 대한민국에 중소기업이 끼일 자리는 없었다. 그것은 이명박 정부가 시장친화적 정권도 아니라는 뜻이다. 이 정권은 극소수 대자본이나 우호적 연성권력에 보탬이 되는 일이라면 서슴없이 시장의 규칙을 깨고 개입했다. 이런 편의주의는 이달 초 출범한 종합편성채널의 허가과정에서도 확연했다. 그러나 크게 보아 대한민국은 이 정권에 이르러 말 그대로 '주식회사'가 되었다. 지난 네 해 동안 극소수의 대주주는 만세동락萬歲同樂을 누리는 듯 보였고, 대부분의 소액 주주는 절망에 허덕였다. 대주주들도 뭔가를 고르게 누리진 못했다. 정권 초기에 등장한 '고소영' '강부자' 또는 '영포라인'이라는 말에 설령 과장이 있었다 하더라도, 이 정권의 인사 정책은 그야말로 사사로운 인연에 좌지우지되었다.

그러나 이 대통령 개인에게 붙은 '독재자'라는 딱지에 나는 동의하지 않는다. 독재자라는 말은 단임 대통령 이명박에게는 과하다. 물론 국가인권위원회가 만신창이가 된 사실이 상징하듯, 이 나라의 인권 상황은 이전 정권들 때에 견주어 크게 악화했다. 청와대가 선거 부정 은폐에 개입했다는 의혹도 있다. 그것은 명백한 퇴행이지만, 되돌릴 수 없는 퇴행은 아니다. 우리는 수사기관에 끌려가면서도 고문을 당하지는 않으리라는 믿음을 아직 잃지 않았고, 백주의 저잣거리나 일터에서 구속될 걱정 없이 대통령 개인을 욕할 수도 있다.

이 정권이 크게 저항하지 않았고 저항할 필요도 없었던 경로 의존성을 고려하는 것도 중요하다. 신자유주의의 주류화는 이 정권에서 시작된 것이 아니고, '회전문 인사'는 이전 정권에도 있었다. 이 정권이 무능과 뻔뻔함에 이끌려 워낙 죽을 쑨 데다 직전 대통령의 비극적 죽음이 겹쳐져, '구관이 명관'이라는 감정이 유권자들을 지배하고 있는 것은 사실이다. 그러나 김대중 정부는 물론이고 노무현 정부도 이 정부와 근본적으로 다른 정권은 아니었다. 우리는 인정해야 한다. 한·미 자유무역협정의 불평등 조항들은 노무현 정권이 그 협정을 체결했을 때부터 이미 독니를 드러내고 있었음을. 그리고 최근 한진중공업 사태가 적나라하게 보여준 이 정권의 노동 인권 경시 역시 이전 정권의 노동 정책 연장선에서 일어난 일임을.

물론 그런 사실들이 이명박 정권의 도드라진 실정을 감출 수는 없다. 한국 처지에선 한층 악화된 조건의 한·미 자유무역협정 비준, 그리고 국민적 반대를 무릅쓰고 강행된 소위 4대강 사업은 이 정권에 새겨진 주홍글씨의 상징을 넘어서 다음 정권, 그다음 정권에까지 커다란 짐으로 작용할 것이다.

그런 짐을 질 각오를 하면서도 권력을 잡으려는 정파들의 안간힘으로 여의도 정가는 부산하다. 한나라당은 연이은 악재로 나둥그러지기를 되풀이하다 박근혜 의원이 직접 나서서 키를 잡았고, 범야권은 이념과 정책을 밀쳐놓은 채 선거를 겨눈 합종연횡을 실천하고 있다. 지난 네 해 동안 한국 정치의 상식으로 받아들여졌던 '박근혜 대세론'이 잦아들면서, 차기 대권을 향한 정파들의 움직임은 지금보다 훨씬 현란해질 것이다.

직업정치인이 아닌 이상 사람이 정치만 생각하고 살 수는 없다. 우리는 밥을 벌기 위해 노동을 해야 하고, 생명체의 본능에 따라 연애도 해야 한다. 그러나 정치와 아무런 관련이 없어 보이는 우리 일상도 깊이 들여다보면 흔히 넓은 의미의 정치가 규정한다. 사람이 괜히 정치적 동물인 게 아니다. 이 정치적 동물의 정치적 사유는 정치적 성찰을 포함한다. 내년 오늘, 그 성찰의 열매로 지금까지보다는 훨씬 나은 권력집단이 대한민국에 태어나길 기원한다.

〈한겨레〉, 2011. 12. 19.

07

이명박 외교와 '국익'

✦

～～～～～～

이 정권이 어기차게 걸어온 외교 노선은 '친미'와 '반북'이다. 그것 자체는 흠잡을 일이 아니다. 우선 '친미'. 미국은 대한민국의 으뜸가는 우방이다. 그리고 한·미 동맹은 대한민국 안보의 초석이다. 미국과의 친선에 금이 간다면, 대한민국의 어떤 외교활동도 힘을 잃는다. 따라서 한국 외교는 서울-워싱턴 라인을 추축으로 삼아야 한다. 특히 중국이 유소작위有所作爲와 부국강병을 내세우며 '국익제일'의 공세적 외교 정책을 펼치고 있는 만큼 더욱더 그렇다.

참여정부 시절 '동북아 균형자론'이라는 것이 정권 쪽 사람들 입에 오르내리기도 했지만, 그것이 과대망상임은 그때나 지금이나 다르지 않다. 과거의 영국이 군사적으로 약한 쪽 편을 들거나 소위 '명예로운 고립Splendid isolation'을 실천하면서 유럽의 세력균형자 노릇을 할 수 있었던 것은 그 나라에 힘이 있었기 때문이다. 지금 한국은 그 시절의 영국이 아니다. 우리는, 부분적으로라도, 국가안보를 위해 전통적 우방인 미국에 기댈 수밖에 없다.

그러나 미국에 우정을 드러내는 방식은 좀 달라져야 한다. 대한민국 역대 대통령 가운데 미국의 공화당 출신 대통령과 민주당 출신 대통령 양쪽 다로부터 찬사를 받은 이는 이명박 대통령뿐인 듯하다. 이 대통령은 조지 부시 2세의 친구이자 버락 오바마의 친구임을 자부한다. 한국을 위해서나 이 대통령 자신을 위해서나 나쁜 일은 아니다. 그러나 이 우정을 '대한민국 국익'의 관점에서 바라보면, 개운치 않은 데가 있다. 이 대통령 취임 초의 쇠고기 협상이나 지난주 국회에서 날치기로 비준된 한·미 자유무역협정, 그리고 해묵은 골칫거리인 주한미군 범죄 따위의 문제에서 한국은 미국에 너무 고분고분했다. 이 대통령에 대한 미국 대통령들의 '우정'은 혹시 이 정권이 포기한 '국익'의 대가가 아닐까? 때때로 이 대통령이 미국으로부터 '존중'받는다기보다 '귀염' 받는 것 같다는 느낌을 지울 수 없다. 돈으로 우정을 사는 것이 기특해 그쪽에서 귀여워하는 느낌. 설령 미국과의 친선에 더러 돈과 우정의 교환이 불가피하다 하더라도, 한국의 최대 교역국이 된 중국의 처지나 눈치를 이따금 헤아리는 게 옳다.

다음 '반북'. 지금의 북한 체제나 그 권력층에 호감을 지닌 이는 거의 없을 것이다. 공산주의 나라의 '권력 3대 세습'이라는 웃음거리를 떠나서라도, 북한은 정상 국가가 아니다. 중세 유럽의 신성로마제국이 신성하지도 않았고 로마와도 별다른 관계가 없었으며 온전한 의미의 제국도 아니었듯, 조선민주주의인민공화국은 민주주의 체제도 아니고 인민을 잘 보살피지도 않으며 공화국이라 부르기도 민망하다. 북한 체제는 현존하는 최악의 체제 가운데 하나다. 어쩌면 역사상 최악의 체제 가운데 하나일지도 모른다. 인류에 대한 범죄를 기준으로 삼는다면 북한 체제는 독일 나치 체제에 족탈불급足脫不及이겠으나, 전체주의적 그물망의 촘촘함으로 보면 나치 체제를 외려 넘어선다. 전체주의 체제의 상징으로 여겨지는 나치 체제에도 숨 쉴 구멍은 있었다. 예컨대 1930년대 말 전쟁이 터진 뒤에도, 독일에는 '에델바이스 해적'이라는 청소년 일탈집단이 있었다. 열네 살에서 열여덟 살 사이의 이 청소년들은 히틀러청소년단이나 게슈타포나 나치사법부에 대해 물리적 공격을 시도해 여기저기서 전체주의의 피륙을 찢어냈다. 오늘날 북한에서 그런 조직적 일탈행위를 찾기는 어려워 보인다.

그러나 북한 체제가 그렇게 고약하다 해서, 이 정권의 경직된 상호주의나 무관심(사실 비굴한 물밑 접촉이 없었던 것도 아니지만)이 정당화되지는 않는다. 이 정권이 초래한 남북관계의 파탄은 한반도의 평화 체감도를 숨가쁘게 낮추었을 뿐만 아니라, 대한민국에 귀속돼야 마땅했을 경제적 이득이 중국으로 넘어가도록 조장했다. 이 정권은 내치에서 부도덕한 것만큼이나 외교에서 무능한 셈이다.

미국은 한국의 가장 든든한 우방이지만, 이 정권은 친구의 의중을 너무 살피느라 국익을 날렸다. 평양 정권은 가장 나쁜 괴물 정권이지만, 이명박 정권은 북한 체제의 '관리'를 포기하고 그 혐오스러운 스펙터클의 관중석에 앉음으로써 국익을 날렸다. 이렇게 국익에 무심한 정권이 네 해째 이어지고 있다.

〈한겨레〉, 2011. 11. 28.

08

불편한 진실

✦

〰〰〰〰〰〰〰

변화를 읽지 못하는 완고함이 게으름의 한 형태라면, 아무데서나 변화를 읽어내는 과민함도 게으름의 한 형태다. 둘 다, 현실의 무게를 감당하기 버거워 속 편한 환상으로 도피한다. 지금 한국 정치를 규정하는 가장 큰 힘은 지역주의다. 10년 전, 20년 전에 그랬듯. 최근 부산·경남PK의 지역주의 해체를 운위하는 이들도 있으나, 망상이다. 영남지역주의에서 피케이 소小지역주의로의 이행이라면 또 모르겠다.

이 지역주의에 패기 있게 맞서 그것을 허물려 한 정치인이 노무현이다. 그의 시도는 참담한 실패로 끝났다. 한국인들의 고향 애착이 워낙 검질겨 그랬겠지만, 거기엔 노무현 자신의 조급하고 볼품없는 정치공학도 한몫했다. 노무현에게 호의를 보였다가 지지를 거둬들인 이들은 흔히 그의 '계급 배반'을 입에 올린다. 그러나 그의 대통령직 수행에서 더 두드러진 것은 '지역 배반'이었다. 물론 한국에서 계급모순과 지역모순은 맞물려 있다. 영남을 향한 노무현의 헛된 구애는 예컨대 그가 삼성재벌에 끊임없이 보낸 추파와 살며시 겹쳤다.

참여정부 아래서 호남이 영남에 견줘 '물리적으로' 차별받은 바는 없다. 그러나 노무현은 덜 여문 언행으로 호남 유권자들의 마음에 깊은 상처를 냈다. 그는 대통령이 된 뒤 "호남 사람들은 내가 좋아서 나를 찍은 것이 아니라 이회창 씨가 싫어서 나를 찍은 것"이라고 말한 바 있다. 이것은 자신의 가장 진지한 지지자들에 대해 예의를 저버린 짓이었다. 설령 호남 유권자들의 심리에 그런 요소가 설핏 있었다고 하더라도, 그들은 '이회창 씨'가 싫어서라기보다 '한나라당 후보'가 싫어서, 한나라당이 집권할까두려워, 노무현에게 몰표를 주었을 것이다. 그러니까 노무현이 "호남 사람들은 내가 좋아서 나를 찍은 것이 아니라 내가 민주당 후보여서 나를 찍었다"고 말했다면 한결 나았을 것이다. 노무현이 원래 말하고자 했던 바가 이것이었는지도 모른다.

그렇다. 호남 유권자들은, 노무현의 사람됨이 이회창 씨의 사람됨보다 훨씬 낫다는 판단도 했겠지만(나도 그리 판단한 전라도 사람이다), 일차적으로 그가 민주당 후보여서 그를 지지했을 것이다. 그가 민주당 후보가 아니었다면, 호남 유권자 열 사람 가운데 아홉 이상이 왜 그에게 표를 주었겠는가? 한나라당 지지자들로부터 '지역주의자'라는 조롱을 받아가면서까지 말이다. 그러니까 민주당이 '호남당'이라는 세간의 평가는 옳다. 민주당, 호남당 맞다. 더 넓혀도 대한민국 서부 지역에 뿌리내린 '서부당', 맞다. 그리고 그것은 민주당원들이나 민주당 지지자들이 조금도 부끄러워해야 할 일이 아니다. 그 호남당 후보로 대통령이 된 이가 주변의 야심가들과 함께 그 당을 깬 것도 모자라 한나라당과 연정을 꾀했을 때, 호남 사람들의 마음이 어땠겠는가?

내년 대선에서 정권교체를 꾀하고 있는 세력들은 호남 유권자들을 제 호주머니 속의 유리알로 여기고, 피케이 유권자들과 이른바 시민사회에만 눈독을 들이는 것 같다. 위태로운 전략이다. 물론 민주당과 호남 (출신) 유권자들만으로는 정권을 되찾을 수 없다. 그러나 그 호남 없이는 정권교체 꿈도 못 꾼다. 지금 추세가 이어진다면, 내년 대선에선 한나라당 후보와 피케이 출신 후보 누군가가 맞설 듯하다. 그런데 '노무현의 배신'을 기억하고 있는 호남 유권자들이, 비록 한나라당 후보에게 투표하지는 않을지라도 대거 기권한다면, 정권교체는 물건너간다.

그 피케이 출신의 잠재적 대선 후보 가운데 한 사람인 문재인 씨는 노무현 못지않게 매력적인 이다. 그러나 그는 지난 정권 시절 "노무현 정권은 '부산 정권'"이라고 말해 파문을 일으킨 바 있다. 부산에서의 따돌림이 오죽 서운하고 갑갑했으면 그랬을까 이해되는 바도 있지만, 그것은 정권 창출의 주춧돌이었던 호남 유권자들의 마음을 도려내는 말이었다. 호남 유권자들의 긍지는 '개혁적 정권'을 다시 만들었다는 데 있었지, '부산 정권'을 만들었다는 데 있지 않았다. 문재인 씨든 또다른 피케이 출신 정치인이든, 호남 (출신) 유권자들(그들 대다수는 민주당 지지자일 테다)의 '지역주의적' 몰표 없이는 청와대에 입주할 수 없다. 정권 바꾸고 싶으면, 신실한 지지자들을 신실하게 대하라.

〈한겨레〉, 2011. 10. 31.

44__ 고종석 선집

09
전향轉向

✦

〜〜〜〜〜〜〜

지난달 초 한나라당 전당대회를 얼마 앞둔 시점에 한 보수 논객은 김문수 경기지사에게 대권보다는 차라리 당권을 노리라고 조언하며, 그에게는 전향의 이미지를 씻을 시간이 더 필요하다고 지적했다. 서울노동운동연합(서노련) 지도위원과 민중당 노동위원장 등을 지낸 김 지사의 이력을 두고 한 말이리라.

'전향'의 글자 그대로의 뜻은 '방향을 바꿈'이다. 그러나 실제 언어생활에서 이 한국어 단어가 그렇게 넓은 뜻으로 쓰이진 않는다. 예컨대 한겨레신문사에서 효창공원 쪽으로 산책을 하다가 방향을 바꾸어 공덕동 쪽으로 내려가는 것은 '전향'이 아니다. 취미를 꽃꽂이에서 소목小木 일로 바꾸는 것도 '전향'이 아니다. 철학자 비트겐슈타인은 젊은 시절 펼쳤던 '말의 그림寫像론'을 만년에 폐기하고 이와 상반된 '말의 쓰임用론'을 주장했지만,

우리는 비트겐슈타인이 '전향'했다고 말하지 않는다. 또 개신교도 아무개가 제 종교를 버리고 이슬람교를 받아들인다거나 무신론자 아무개가 깊은 성찰 끝에 가톨릭 신자가 됐다고 해서 그가 '전향'했다고 말하지도 않는다. 이 경우에 우리는 '개종改宗'이나 '회심回心'이라는 말을 쓴다.

한국어 '전향'은 오로지 정치와 관련해서만 쓰인다. 이것은 영어 conversion이 종교를 비롯한 거의 모든 맥락의 '방향 바꿈'을 뜻하는 것과도 다르고, 한국어 '전향'의 원판임이 분명한 일본어 '덴코轉向'가 더러 정치 영역 바깥에서 쓰이는 것과도 다르다. 한국어 '전향'은 오직 정치사상을 바꿀 경우에만 쓰고, 일본어 '덴코'와 마찬가지로 좌익사상을 버렸을 때 쓴다. 논리적으로는 우익에서 좌익으로 전향하는 것도 가능하겠지만, 실제 쓰임에서 '전향'은 대개 좌익에서 우익으로 변심하는 것을 가리킨다.

좌익 테두리 안에서의 변심에 대해서는 어떨까? 예컨대 혁명적 사회주의자가 의회주의 좌파가 됐을 때, '전향'이라는 말을 쓸까? 일반적으로 그렇지 않은 것 같다. 지금 한국 진보정당들의 연령적 상층부에는 한때의 혁명적 사회주의자들이 포함돼 있지만, 우리는 이들이 '전향'했다고 말하지 않는다. 그러니까 한국어 '전향'은 모든 부류 좌익사상과의 완전한 결별을 뜻하는 것 같다. 그렇게 된 사정은 '전향'이라는 말의 원판인 일본어 '덴코'가 신문지면에 흩날렸던 천황제 파시즘 시기나, 이 말을 특정한 맥락

속에 가두었던 해방 뒤 반공독재 체제에 그 연원이 있을 것이다. 1980년대의 소위 '주사파' 일부가 새 세기 들어 '뉴라이트'라는 반동적 흐름을 만들었을 때, 이것은 분명히 '전향'이었다. 비록 김일성의 '주체사상'이 과연 좌익 이념인지는 미심쩍지만. 김문수 씨의 전향도, 그가 한때 혁명적 사회주의자였고 지금은 좌익사상을 완전히 버렸다는 점에서, 한국어 '전향'에 딱 들어맞는다.

한국어 '전향'에 해당하는 집단적 흐름을 외국에서 찾아볼 수 있을까? 대뜸 떠오르는 것이 학창 시절의 극좌 노선을 버리고 '마르크스의 죽음'을 선언하며 우경화한 프랑스 신철학자들Nouveaux philosophes이다. 그러나 이들 가운데 일부가 사회당 지지자로 남았다는 점에서, 이 극적 장면이 한국어 '전향'에 꼭 들어맞지는 않는다.

한국어 '전향'을 곧이곧대로 실천한 사람은 앙드레 말로다. 그는 젊은 시절 지녔던 좌익적 신념을 1939년 독소獨蘇불가침조약 이후 말끔히 씻어내고 드골주의자가 되었다. 그러나 프랑스 신철학자들을 한국의 뉴라이트와 포갤 수 없듯, 앙드레 말로 역시 김문수 씨와 포갤 수 없다. 그것은 박정희와 드골을 포갤 수 없기 때문이다. 드골은 권위주의적 인물이었지만, 민주주의의 파괴자는 결코 아니었다. 그리고 그야말로 우익답게, 제2차 세계대전 당시 레지스탕스 운동을 이끌었다.

'김문수의 전향'이라는 말에서 박정희를 떠올린 것은 최근 김 지사의 낯뜨거운 박정희 찬양 탓이다. 좌익사상을 버리면 우익 독재의 지지자가 될 수밖에 없는가? 좌익에서 민주주의적 우익으로의 전향은 불가능한가? 천황제 파시즘에서 공산주의로, 공산주의에서 종속 파시즘으로 옮아갔다는 점에서 박정희야말로 전향 인생이었다. '전향'이라는 말이 씁쓸함을 남기는 이유다.

〈한겨레〉, 2011. 8. 1.

10

헌법을 읽자

✦

〜〜〜〜〜〜〜〜〜〜

　헌법은 시민과 국가의 관계를 밝히고 이루어내는 최고규범
이다. '(규정된) 상태'라는 뜻에서 온 독일어 '페어파숭Verfassung'
이나, 본디 '이룸'이라는 뜻을 지닌 프랑스어 '콩스티튀시옹consti-
tution'은 헌법의 이런 최고규범성을 설핏 드러낸다. 대한민국 헌
법은 대한민국을 떠받치는 주춧돌이자, 대한민국을 휘감아 싸
는 거푸집이다.

　대한민국 시민이라면 대한민국 헌법을 한 번이라도 읽어봐
야 마땅하다. 그것은 자신의 헌법적 권리와 의무를 알려줄 뿐 아
니라, 대한민국 공동체 일원으로서의 정치적 성찰을 북돋운다.
헌법 조문들 일부는 추상성이 높다. 예컨대 "대한민국은 민주공
화국이다"(1조 1항)라는 조문만 해도 그렇다. 이 조문의 뜻을 오
롯이 깨달으려면 민주주의와 공화주의에 대한 앎이 전제돼야 한

다. 그런 한편, 난삽한 법률용어들이 나풀거리는 하위 규범들에 견주어, 헌법 조문 대부분은 외려 일상어에 더 가깝다. 헌법을 정식으로 공부하려는 사람이 아니라면, 굳이 헌법학 전문서적을 읽을 필요는 없다. 전문前文과 본문 130조, 부칙 6조로 이뤄진 대한민국 헌법을 읽는 것으로 충분하다.

헌법은 그 전문에서 우리 대한국민이 "3·1운동으로 건립된 대한민국임시정부의 법통과 불의에 항거한 4·19민주이념을 계승"한다고 선언한다. 따라서 일제 시기 한국인들의 친일행위 규명을 훼방놓거나, "8월 15일은 건국절" 운운하거나, 4월혁명이 낳은 민주주의를 압살한 5·16군사반란을 추어올리는 것은 위헌적 망동이다. 우리 사회 우익세력은 이런 헌법 파괴행위를 태연히 저질러왔다. 다시 말해, 그들이 입만 열면 떠벌려대는 '국가정체성'을 훼손해왔다.

"모든 국민은 근로의 권리를 가진다"(32조 1항)는 구체적인 조문에서만이 아니라 "모든 국민은 인간으로서의 존엄과 가치를 가지며, 행복을 추구할 권리를 가진다"(10조)는 다소 추상적인 조문에서도, 우리는 1979년 YH무역 사건의 김경숙이나 지금 한진중공업 사태의 헌걸찬 투사 김진숙 같은 '아름다운 여자들'을 떠올리게 되고, '행복'이란 무엇인가에 대해 곱씹어보게 된다. 또 "국교는 인정되지 아니하며, 종교와 정치는 분리된다"(20조 2항)는 조문은 서울시장 시절부터 이어져온 이명박 대통령의 부적절한 친親개신교 언행만이 아니라 일부 대형 교회 목사들의 파시스트적 언동이 명백한 위헌행위임을 확인시킨다.

"모든 국민은 사생활의 비밀과 자유를 침해받지 아니한다"(17조)거나 "모든 국민은 통신의 비밀을 침해받지 아니한다"(18조)는 조문은 총리실의 민간인 사찰이나 거대 기업의 종업원 감시(예컨대 삼성SDI의 노동자 휴대폰 위치추적 사건)를 불쾌하게 되짚어보게 하고, "근로자는 근로조건의 향상을 위하여 자주적인 단결권·단체교섭권 및 단체행동권을 가진다"(33조)는 조문 역시 삼성재벌의 소위 '무노조 경영'이 위헌적임을 새삼 깨닫게 한다. "국가는 사회보장·사회복지의 증진에 노력할 의무를 진다"(34조 2항)는 조문은, '무상'이나 '복지국가'라는 말엔 발끈 성을 내면서도 수십조 원을 들여 소위 4대강 사업에 매진하는 이 정권의 행태를 시시비비할 근거가 되고, "국회의원은 청렴의 의무가 있다"(46조 1항)는 조문은 너무 당연한 일을 왜 헌법에까지 규정해놓았을까 곰곰 생각하게 한다. 대뜸 떠오르는 국회의원들 얼굴도 있다.

"모든 국민은 법 앞에 평등하다"(11조 1항)거나 "법관은 헌법과 법률에 의하여 그 양심에 따라 독립하여 심판한다"(103조)는 조문에는 '스폰서 검사'니 '전관예우'니 하는 말과 더불어 몇몇 재벌가 '오너'들의 얼굴이 포개진다. 앞선 대통령들처럼 이 대통령도 취임에 즈음해 "조국의 평화적 통일과 국민의 자유와 복리의 증진에 노력하겠다"(69조)고 선서했다. 그 선서가 실천으로 이어졌다고 생각하는 사람은 많지 않을 것이다.

대한민국 헌법을 지키는 것은 대통령만이 아니라 대한민국 시민 모두의 의무다. 현실이 그 헌법을 파괴하고 있을 때, 거리에서 학교에서 노동현장에서 투표소에서 그 현실을 바로잡으려 애쓰는 것 역시 국민의 의무다. 그러려면 우선 헌법을 읽자. 한 시간이면 족하다.

〈한겨레〉, 2011. 7. 4.

11

자궁이 양심을 대신할 순 없다

✦

~~~~~~~~~

이 글의 도발적 제목은 미국의 프리랜서 기자 바버라 에런라이크의 짧은 에세이 제목을 그대로 옮겨놓은 것이다. 에런라이크는 그 글에서 이라크 아부그라이브 교도소에서 이라크인 포로들이 당한 끔찍한 고문의 미국인 수행자 가운데 여자들이 포함돼 있었다는 걸 알고는 가슴이 비통함으로 찢어졌다고 털어놓는다. 그러면서 그녀는 '순진한 페미니즘'은 아부그라이브에서 종말을 고했다고 선언한다. 그 자신 저명한 페미니스트이기도 한 에런라이크가 '순진한 페미니즘'이라고 부른 대상은, 사회화에 따른 것이든 생물학적 바탕을 지닌 것이든 여성이 남성보다 윤리적으로 우월하다는 가정 아래 여성에 대한 남성의 가해가 모든 불평등의 근원이라고 보는 페미니즘이다.

벌써 10년 가까운 세월이 지난 일이기는 하나, 린디 잉글랜드 일병의 그 유명한 사진을 보고 메스꺼움을 느끼지 않은 사람은 드물었을 것이다. 여자든 남자든 말이다. 그 사진 속에서 린디 잉글랜드는, 벌거벗긴 채 머리에 두건이 씌워진 이라크 남자들의 목에 줄을 묶어 개처럼 끌고 다니며 포로들의 성기를 가리키고 있었다. 에런라이크의 말마따나, 알카에다의 가장 뛰어난 홍보 전문가라고 하더라도 전세계 이슬람 원리주의자들을 선동하기 위한 용도로 그보다 더 멋진 장면을 연출하지는 못했으리라.

에런라이크는 여성의 윤리적 우월성이라는 가정 위에 세워진 페미니즘이 순진할 뿐만 아니라 태만하고 자기만족적이라고 지적했다. 그것이 자기만족적인 것은 여성의 승리를 그 자체로서 모든 사람의 승리로 가정하기 때문이며, 그것이 태만한 것은 싸워야 할 다른 대상이 많이 있는데도 오직 성평등을 위한 투쟁 하나만 필요하다고 여기기 때문이다.

나는 에런라이크의 견해에 대체로 공감한다. 그런 한편, 비록 페미니스트는 못 되지만 견결한 여성 애호자로서, 나는 아직도 여성성의 한 귀퉁이에 높은 윤리성이 자리 잡고 있으리라는 기대를 접지 않았다. 오랜 기간 누적된 환경적 요인에 의해서, 내가 더 믿고 싶어하는 바대로는 훨씬 더 기다란 지질학적 시간대에 걸쳐 누적된 진화생물학적 이유에 의해서, 나는 여성이 남성보다 더 윤리적인 존재일 것이라고 생각한다.

그러나 설령 내 믿음이 옳다 해도 그것은 하나의 경향일 따름일 것이다. 여성이 남성보다 더 윤리적인 경향이 있다는 것과 어떤 여성 개인이 어떤 남성 개인보다 윤리적이라는 것은 전혀 다른 얘기다.

역사는 16세기 잉글랜드 여왕 메리 1세를 비롯해, 같은 시기 프랑스 왕후 카트린 드 메디시스를 거쳐, 19세기 조선의 '국모' 민씨에 이르기까지 피에 굶주린 여성 권력자들을 여럿 목격했다. 신교도에 대한 메리 1세의 탄압이 얼마나 가혹했으면 후세 사람들이 그녀에게 '피 묻은 메리Bloody Mary'라는 별명을 붙여주었겠는가. '명성황후'라는 멋진 이름으로 추서된 민비는 또 얼마나 많은 제 신민을 학살했는가. '나는 조선의 국모다'라는 자대自大의 발언이 민비의 입에서 직접 나왔는지 만담가들의 상상력에서 나왔는지는 모르겠으나, 이 잔인한 국모는 당대 조선인들에게 그저 두려움의 대상이었을 뿐이다.

어떤 개별적 여성의 윤리적 허약함은 최고권력을 누린 여성에게서만 발견되는 게 아니다. 우리는 일상적 경험을 통해서 어떤 남자들보다 윤리적으로 취약한 어떤 여자들을 많이 알고 있다. 그리고 남자의 경우와 마찬가지로, 힘 있는 여자들의 윤리적 허약함은 힘없는 여자들의 윤리적 허약함보다 사회에 더 해롭다.

이명박 정권 초기, 국무위원을 비롯한 고위직에 지명됐다가 윤리적 이유로 낙마한 힘 있는 여자들은 한국 사회의 윤리적 허무주의를 세차게 부추겼다. 우리는 국회의원들 가운데서도 평균적 남자들에 견줘 윤리적으로 더 허약한, 적어도 더 허약해 보이는 몇몇 여성을 알고 있다. 단지 여성이라는 이유로 그들을 지지하는 것은 에런라이크가 명명한 바 '순진한 페미니즘'의 오류일 것이다.

올겨울 치를 대통령선거에서 당선이 유력해 보이는 이는 여성이다. 그리고 나는 한국에 여성 대통령이 나오길 바란다. 그러나 그 여성 개인이 윤리적으로 매우 허약하다면, 그 바람을 잠시 미루려 한다. 박근혜 의원은 과연 평균적 한국인만큼이라도 윤리적일까? 판단이야 제각각이겠으나, 에런라이크의 말을 잊지는 말자. 자궁이 양심을 대신할 순 없다!

《시사IN》, 2012. 2. 18.

12

미국에 귀염받는 대통령

✦

~~~~~~~~~~

달포 전 한 일간신문에 나는 "때때로 이명박 대통령이 미국으로부터 '존중'받는다기보다 '귀염'받는 것 같다는 느낌을 지울 수 없다"라고 썼다. 미국 나들이에 나서 조지 부시 2세나 버락 오바마 대통령에게 환대를 받을 때마다, 그가 쇠고기 시장 개방이나 한·미 자유무역협정 비준 같은 큰 선물을 미국에 건네곤 했기 때문이다. 그러나 그때까지 그것은 내 육감이었을 뿐이다. 세계를 경영하는 초강대국으로서, 미국이 '귀여워하는' 국가지도자들이 어찌 없겠는가?

'존중'은 (거의) 대등한 관계를 맺고 있는 주체들 사이의 태도, 수평적 감정이다. '귀염'은 상위 주체가 하위 주체에게 건네는 긍정적 태도, 수직적 감정이다.

비록 몰락하고 있기는 하나 미국은 여전히 이 행성에서 가장 힘센 나라이므로, 미국과 완전히 대등한 처지에서 똑같은 수준의 상호 존중을 확보할 수 있는 나라는 거의 없다. 미국 우방의 지도자들은 미국으로부터 '존중'과 '귀염' 사이의 어떤 대접을 받을 것이다. 그리고 그 대접의 수준은 국가의 힘과 주체성, 국가지도자의 외교 역량, 미국 지배계급과의 친밀도 같은 것에 달려 있을 테다.

새해 들어 처음 읽은 책에서 나는 충격적 사실과 마주쳤다. 그 책은 KBS 김용진 기자가 쓴《그들은 아는, 우리만 모르는》이다.《그들은 아는, 우리만 모르는》은 재작년부터 세계를 떠들썩하게 만든 '위키리크스' 문건을 분석한 책이다. 이 문건들에는 전 세계에 둥지를 틀고 있는 미국 공관이 그 나라 국가수반이나 정부수반의 친미도親美度를 가늠한 내용이 포함돼 있다. 한 문건에서 이명박 대통령은 '매우 친미적인(strongly pro-American 또는 strongly pro-U.S.)' 인물로 표현되었다.

그럼 미국이 이런 '칭찬'을 한 국가지도자는 몇이나 될까? 김용진 기자에 따르면 위키리크스가 공개한 미국 외교 전문 25만 1287건 전체에서 이 표현을 사용한 전문은 단 세 개였다. 그리고 그 문건 셋은 모두 주한 미국 대사관에서 작성되었다. 다시 말해 '매우 친미적'이라고 평가받은 최고권력자는 이 대통령 한 사람뿐이었다. 이보다 한 단계 낮은 표현, 그러니까 '매우'라는 부사를 빼고 그저 '친미적인' 인물로 표현된 국가지도자는 다섯이었다. 지난 10년간 전세계 미국 공관이 작성한 외교 전문 수십만 건에서 오직 이 대통령만이 '매우 친미적'이라 평가된 것이다.

이것은 여러모로 부자연스러운 일이다. 물론 한국과 미국은 긴밀한 우방이고, 앞으로도 그래야 한다. 그러나 미국 처지에서 보면, 한국이 영국이나 이스라엘 또는 일본만큼 중요한 우방은 아니다. 지정학적으로도 그렇고, 문화적으로나 국내 정치적으로도 그렇다. 더구나 미국인에 대한 한국인의 호감도는 세계 최고 수준이 아니다. 미국 여론조사기관 퓨리서치Pew Research가 지난해 3월에서 5월 사이에 23개 나라 국민들을 대상으로 실시한 미국 호감도 조사에 따르면, 지구상에서 미국을 가장 좋아하는 국민은 일본인(85%)이었고, 케냐인(83%, 오바마 대통령의 뿌리와 관련 있을 테다), 프랑스인(75%), 리투아니아인(73%), 이스라엘인(72%)이 그 뒤를 이었다.

이 조사에는 한국이 빠져 있었는데, 한번 견줘보려고 한국사회여론연구소KSOI가 지난해 11월 실시한 조사에 따르면 한국인의 56.8%가 미국에 호감을 보였다. 이 결과만 보자면 이 대통령은 '특별한 한국인'에 속하는 셈이다.

'매우 친미적인 대통령' 이명박 얘기는 《그들은 아는, 우리만 모르는》의 끝머리에 붙은 작은 에피소드일 뿐이다. 김용진 기자는 2006년부터 2010년 2월 사이에 주한 미국 대사관이 워싱턴에 보낸 외교 전문 1,980건 가운데 기사 가치가 있다고 판단된 문건을 추려 분석하며, 한국에 대한 미국 권력층의 눈길을 더듬는다. 그것을 읽으며 나는 내내 심란했다. 거기에는 한국이 미국에 얼마나 얕보였는지, 한국 정부가 국내 정치적 목적을 위해 미국에 얼마나 애걸복걸하며 물질적·상징적 국익을 갖다 바쳤는지가 세세하게 서술돼 있다.

이 정권에는 '닥치고 친미!' 말고는 외교라는 것이 없었다. 나는 미국을 존중한다. 그와 더불어 나는 우리 대통령이 미국에 귀염받는 게 아니라 존중받기를 바란다.

《시사IN》, 2012. 1. 14.

13
홍준표의 '종북' 타령

✦

〜〜〜〜〜〜

뒷북치는 감이 없지 않다. 그러나 10·26 서울시장 보선에서 나경원 캠프와 한나라당이 구사한 네거티브 선동 가운데는 꼭 짚고 넘어가야 할 부분이 있다. 선거를 바로 앞두고, 아니나 다를까 박원순 후보를 '종북주의자'로 몬 것 말이다. 홍준표 한나라당 대표는 "지금 북한이 박원순을 서울시장 만들기 위해 열심히 찬양하고 있지 않냐. 서로 말하진 않지만 뜻이 통하기 때문에 그런 것 아닐까"라는 말까지 했다. 북한이 박 후보를 '열심히' 찬양했다는 '고급 정보'가 북한과 박 후보의 '이심전심'론, '염화시중의 미소'론과 양립할 수 있는가? 색깔론은 한나라당과 그 전신 정당들이 애호해온 전가의 보도지만, 그 당 대표가 직접 나서서 궁예를 뛰어넘는 '관심법'을 실천하는 것을 보고는 웃어야 할지 분노해야 할지 아연했다.

'종북'이라는 고약한 단어의 저작권자가 보수 언론인지 아니면 반북 좌파정당인지는 확실치 않다. 아무튼 이 말은 그 이전의 '친북'이라는 말보다 훨씬 더 공격적이고 모멸적인 낙인효과를 지녔다. 한나라당이 박 후보를 '종북'으로 몬 근거의 핵심은 박 후보가 국가보안법 폐지를 주장했다는 것과, 천안함 사태와 관련해 이명박 정부의 책임을 물었다는 데 있었다. 선거철이 되면 왜 이렇게 '애국자들'이 나부대는지 모르겠다.

내가 홍 대표만 한 애국자는 못 된다. 그러나 나는 북한 체제를 최악의 체제 가운데 하나로 여기고, 김정일을 최악의 독재자 가운데 하나로 여긴다. 대한민국 시민인 것을 다행스럽게 생각하고, 우리가 북한을 흡수하는 방식의 통일이 아니라면 통일을 바라지도 않는다. 내가 대통령이라도 된다면 헌법이 내게 부여한 의무에 따라 '조국'을 평화적으로 통일하기 위해 노력하겠지만, 일개 시민으로서 나는 통일에 별 관심이 없다. 그리고 통일과 평화가 조금이라도 맞바꿈의 관계에 있다면, 당연히 평화를 택한다. 사실 김대중 정부와 노무현 정부의 대북 화해·협력 정책도 평화의 지평에서는 큰 의미가 있었지만 통일의 지평에선 별 의미가 없었다.

북한 체제를 한심하게 여기는 만큼, 북한이 10·26 서울시장 보선을 앞두고 '우리 민족끼리'라는 인터넷 사이트를 통해 한마디한 것도 나는 주제넘은 짓이라 여긴다. 그 주제넘은 짓이 '열심 찬양'으로 해석돼 박 후보를 공격할 빌미를 주지 않았는가. 하여튼 평양 정권은 대한민국 민주주의의 영원한 걸림돌이다. 평양 정권에 대해서는 정이 조금도 없지만 그 정권 아래서 고생하는 인민에게는 차마 정을 끊을 수 없어, 냉전주의 잔당들이 주장하는 북한인권법 제정에도 나는 반대하지 않는다. 물론 세심하고 분별 있는 축조심의(逐條審議, 한 조목 한 조목씩 차례로 심의하는 것—편집자)를 전제한 상태에서, 그리고 무엇보다도 우리 국가인권위원회를 제자리로 되돌려놓은 뒤에 말이다. 나는 내 반공주의가 자랑스럽다.

그러나 나는 박원순과 마찬가지로 국가보안법을 없애거나 고쳐야 한다고 생각한다. 그 법이 내가 신봉하는 자유민주주의의 핵심인 사상의 자유에 족쇄를 채우고 있기 때문이다. 국가안보는 억압적 법률로 보장되는 것이 아니라, 그 체제에 대한 시민들의 자부심과 충성심으로 보장된다. 그리고 자유민주주의자라면, 사상의 자유를 제약하는 체제에 단단한 자부심과 충성심을 느끼기 어려울 것이다. 나는 천안함 사태에 대해서도 정부 발표가 사실에 가까우리라 짐작한다. 이런저런 '합리적 의혹'이 제기된 만큼, 확신할 수는 없지만. 그런데 정부 발표가 사실이라고 해서, 그 꽃다운 나이의 군인들에게 닥친 비극적 죽음에 과연 이 정부의 책임이 전혀 없단 말인가?

자, 그러면 나는 종북주의자인가? 내가 종북주의자라면,

박원순이 종북주의자라면, 이 나라에서 자유와 이성을 신봉하는 사람은 죄다 종북주의자일 것이다. 무엇보다도 홍 대표의 '종북' 타령은, 이명박 정부가 남북관계를 파탄냄으로써 대한민국의 '국익'을 중국과 러시아에 갖다 바쳤다는 사실을 잊은 망언이다. 홍 대표는 그 자신이 비판해 마지않았던 '탤런트 정치인'의 전형이다(연기인들을 폄훼하는 게 아니다. 홍 대표가 자신을 '극중 인물'로 여기면서, 출연 드라마에 따라 다른 역을 맡는다는 뜻이다). 개성 갔다 온 지 얼마나 됐다고 '종북' 타령인가. 자발없기도 참.

《시사IN》, 2011. 11. 12.

14

박근혜가
대통령이 돼서는 안 될 이유 _ I

✦

~~~~~~~~~~~~~~~~~

"한나라당 박근혜 의원이 내년 대선에서 대통령으로 뽑힐
확률은 90%가 넘는다."

어느 정치평론가가 하고 다니는 말이다. 그러나 그가 '박근
혜 대통령'을 적극적으로 바라는 것이 아니라면, 그런 발언은 되
도록 삼가는 것이 좋겠다. 그의 예측이 생뚱맞다는 뜻은 아니다.
지금 시점에서, 대한민국 유권자 다수는 차기 대통령으로 박 의
원이 가장 유력하다고 여긴다. 그러나 '90% 이상'이라는 것은 거
의 확정적이라는 뜻이다. 그리고 대중매체에 빈번히 노출되는 논
평가의 예측은 자기충족 예언이 될 가능성이 높다. '90% 이상'
운운하는 것 자체가 발언자의 뜻과 상관없이 박 의원을 돕는다.
'박근혜'라는 기표와 '차기 대통령'이라는 기표가 이미 바짝 다가
가 있는 상태에서 '얼씨구나!' 하고 시멘트를 발라주는 격이다.

게다가 그의 자신에 찬 발언은 한국 정치의 탄력성을 너무 낮추어 본 예측이기도 하다.

나는 '박근혜 대통령'이 2012년 대선에서 유권자가 저지를 수 있는 최악의 선택이라는 점을 거듭 지적해왔다. 그리고 그 최악은 '상징적 차원'의 평가라는 점도 강조해왔다. 박 의원 말고 한나라당의 누군가가, 또는 민주당의 누군가가 차기 대통령이 된다 하더라도, 박 의원이 대통령이 됐을 경우보다 실질적 민주주의가 크게 전진하거나 곤두박질치지는 않을 것이다. 이명박 정권 아래서, 민주화 이후 권력 핵심부의 무능과 파렴치는 바닥을 친 듯하다. '박근혜 대통령'이 아무리 애를 써도, 이명박 대통령보다 더 못할 수 있을 것 같지는 않다. 최악의 경우에라도 '박근혜 정권'은 '이명박 정권 2기'가 될 것이고, '박근혜 대통령'이 이 대통령보다 잠만 조금 더 잔다면 이명박 정권보다 조금 나은 정권이 될 수도 있으리라. 그러니까 '박근혜 대통령'은 대한민국의 '물질성'을 크게 바꾸지 못할 것이다.

그러나 상징 차원에서는 얘기가 전혀 다르다. 민주화 이후의 정권들은 '박정희'라는 기호와 일정한 긴장이나 무관심의 관계를 유지해왔다. 그 결과, 한국 제도권 안에는 꽤 튼튼한 박정희 비판세력이 생겨날 수 있었다. 그리고 내년 대선에서 박 의원 말고 다른 사람이 대통령으로 뽑힌다면, 박정희에 대한 제도권의 평가는 지금 같은 균형 속의 길항을 이어나갈 것이다.

그러나 '박근혜 대통령'이 탄생하는 순간, 이 균형은 와르르 무너질 것이다. 일단 제도권의 큰 자리들은 박정희족으로만 채워질 것이다. 이 정권 들어 권력과 민간 우익의 합작으로 개칠되고 있는 국사 교과서는 친일과 독재에 한결 더 너그러운 방향으로 개악될 것이다. 다시 말해 이승만-박정희-전두환으로 이어져온 종속 파시즘이 20세기 한국사에서 정통성을 부여받을 것이다. 승패가 불 보듯 뻔한, '박근혜 체제' 아래에서 벌어지는 역사 전쟁은 대한민국을 얼마나 초라하게 만들 것인가. 한 국가의 자산에는 경제력이나 군사력 같은 물질자산만이 아니라 '긍지'라는 것이 포함된다. 그리고 이 '긍지'라는 상징자산의 가치는 때로 물질자산의 가치보다 크다. 그 상징자산은 이 정권 들어 자주 들려오는 '국격'이라는 말과도 통한다. 한 나라 역사의 정통성이 식민주의 부역세력·파쇼세력에게 주어질 때, 그 나라 구성원이 긍지를 느끼기는 어렵다.

박 의원이 대통령이 돼서는 안 될 이유는 이 밖에도 많다. 그는 태어나서 한 번도 월급을 받아보지 못했으리라. 다시 말해, 진정한 뜻에서 노동을 해본 적이 없을 것이다. 그런 사람이 한국의 '보통 사람들'을 대표하는 것은 불가능하다. 그런데 노동 없는 삶을 살아온 그가 지닌 재산은 도대체 어디서 난 것일까? 그 재산을 그가 지니는 것이 정당할까? 게다가 그가 북한 김정일과 남북정상회담을 한다고 가정해보자. '박근혜 대통령'은 틀림없이 정상회담을 추진할 것이다. '박근혜-김정일 정상회담'! 몸에 소름이 돋지 않는가.

물론 '박근혜 대통령'은 김정일 '장군님'과 달리 아버지에게서 직접 권력을 물려받지는 않았다. 그러나 그가 박정희의 딸이 아니었더라면, 그 언저리에 근접도 할 수 없었으리라는 점 역시 또렷하다. '박정희 2세와 김일성 2세의 정상회담'! 그 장면은 한국 현대사의 온갖 모순을 응축한, 슬프고 잔인한 '개그 콘서트'다.

《시사IN》, 2011. 8. 27.

15

이승만은
고종, 김일성에 이은 넘버 쓰리

◆

~~~~~~~~~~

20세기 한반도 최고권력자 가운데 민족사에 가장 큰 죄를 저지른 자는 누구일까? 이런 '퀴즈놀이'는 역사의 흐름을 특정한 개인들의 행위로 환원한다는 비난에 곧 맞부딪치겠지만, 그 나름대로 흥미롭고 계발적이다. 우리가 세계사적 개인이라 부르는 사람들도 결국 역사의 꼭두각시에 지나지 않는다는 난폭한 결정론은 잠시 잊자. 누가 최악의 권력자였을까?

나는 고종과 김일성 사이에서 망설인다. 제 나라와 신민을 일제에 갖다 바친 무력하고 이기적인 군주와, 끔찍한 동족상잔을 일으키고 한반도 북쪽에 파천황의 전체주의 '왕조'를 수립한 독재자. 그들이 저지른 죄의 크기를 비교하는 일이 내겐 쉽지 않다.

두 사람 모두에게 강력한 변호인들이 있을 것이다. 그 변호인들이 지닌 것은 법률 지식이 아니라 역사 지식이거나 역사관일 것이다. 그러나 그 변호가 아무리 화려한 수사와 치밀한 역사 지식으로 짜인다 할지라도, 을사늑약 체결부터 태평양전쟁 종전까지 40년간 한반도 주민집단을 핍박받는 식민지인으로 만든 최종 책임이 고종에게 있다는 사실은 변하지 않는다. 마찬가지로, 설령 어떤 종류의 선의가 개입됐다 할지라도, 수백만 사상자를 내고 나라 전체를 초토화한 한국전쟁의 최종 책임자가 김일성이라는 사실 역시 변하지 않는다.

이 전쟁을 1950년 6월 25일 훨씬 전부터 시작된 내전으로 보고 첫 번째 총탄이 어느 쪽에서 발사됐느냐는 중요하지 않다고 주장하는 이른바 수정주의는 이제 갖다 버리자. 스탈린과 마오쩌둥을 설득해 한반도에서 전면전을 일으킨 최종 책임자는 김일성이다. 더구나 김일성은 최초 분단선을 거의 그대로 유지한 채 민족사에 지울 수 없는 상처만 낸 그 전쟁이 끝난 뒤에도, 무자비한 정적 숙청과 개인 숭배를 통해 역사에서 보기 드문 괴물 국가를 한반도 북쪽에 확고히 다져놓았다. 그가 1930년대 중국 동북지방에서 이끈 항일무장투쟁에 아무리 큰 점수를 준다 해도, 해방 뒤 그가 저지른 역사적 죄악은 용서할 수 없다.

고종과 김일성을 놓고 누가 최악의 권력자였는지를 따지는 일이 힘든 것과 달리, '넘버 쓰리'는 쉽게 짚을 수 있다. 이승만이다.

하와이와 미국 본토를 오가며 강대국에 청원하는 방식으로 독립운동을 했다는 사람, 가는 곳마다 불화를 일으켜 자신이 우두머리가 돼야만 직성이 풀렸던 사람, 해방 뒤 미국의 도움으로 단독정부를 수립한 사람, 그래서 민족분단의 문을 연 사람, 한국 전쟁이 터지자 제일 먼저 남으로 줄행랑친 뒤 한강철교를 폭파해 서울 시민의 피난을 막은 사람, 그러면서도 자신은 여전히 서울에 있고 국군은 북진하고 있다는 거짓 방송을 내보낸 사람, 서울이 수복되자 한강을 못 건너고 인공 체제를 견딘 이들을 '잔류파'라 부르며 '부역자'로 몰아 단죄한 사람, 전쟁 발발 앞뒤로 제주도에서 거창에서 또다른 많은 곳에서 잔악한 민간인 학살을 저지른 사람, 공식적으로 전향한 이른바 보도연맹원들을 죄다 공산주의자로 몰아 학살한 사람, 제 정적이면 좌익이든 우익이든 사정없이 제거한 사람, 전쟁 중의 대통령선거에서 자신의 세가 불리하자 계엄령을 내리고 헌법을 고쳐 다시 대통령이 된 사람, 전쟁이 끝나자 오직 저 한 사람에게만 적용되는 중임 제한 철폐 개헌안을 발의해 국회 투표에서 한 표가 모자라자 '4사5입'이라는 해괴한 논리로 헌법을 고쳐 종신 대통령이 되고자 한 사람, 수도 서울의 명칭을 제 호號 '우남'으로 바꾸고 싶어했던 사람, 독재와 부패와 부정선거에 맞선 전국적 시민항쟁으로 사람들이 죽어나가자 그제야 마지못해 권좌에서 물러나 하와이로 내뺀 사람, 자신이 대통령 자리에 있는 동안 서울 탑골공원과 남산에 제 동상을 세우고 환화貨에 제 얼굴을 새긴 사람.

4월혁명과 함께 사라진 이 사람의 동상이 대한민국 어딘가에 몇 개 세워진 모양이다. 최근에는 서울 세종로에 그의 동상을 세우자는 해괴한 주장도 나왔다. 세종로는 4월혁명 때 시민들의 피가 흥건했던 곳이다. 이순신 장군 입상과 세종대왕 좌상이 이미 들어선 이 거리에 동상을 또 하나 세울 자리가 있는지도 의심스럽지만, 마땅히 거기 세워져야 할 것은 4월혁명을 기리는 군중상이다. 그것이 역사의 정의다.

《시사IN》, 2011. 7. 30.

16

인류가 과연 21세기를 무사히
통과할 수 있을까

✦

〰〰〰〰〰〰〰

21세기의 첫 10년이 흘렀다. 인위적으로 새긴 시간의 금에 무슨 별다른 뜻이 있으랴마는, 그래도 새로운 연대는 희망과 동행하기 마련이다. 그러나 인류가 새 세기를 맞으며 막연히 품었던 희망은 지난 10년간 속절없이 무너진 모양새다. 9·11사건을 빌미로 삼은 서남아시아 지역의 전쟁은 지난 10년 내내 포연을 멈추지 않았고, 그 포연이 마침내 한반도에서까지 피어올랐다. 신자유주의 세계화로 요약될 10년간의 경제 질서도 크고 작은 금융위기를 낳으며 인류를 불안으로 몰고 있다. 계급과 문화(종교)와 국가 이성은 그 이전 시대와 마찬가지로 지난 10년을 갈등의 한가운데로 밀어붙이는 열정의 기원이었다. 그것들은 때로 나란했고, 때로 교차했다. 부유한 나라의 가난한 사람들은 자신들의 계급적 소속을 잊고 인종주의자가 되었으며, 이슬람 전제국가의 지배계급은 서방 기독교 세계의 지배계급과 거래하기를 마다하지 않았다. 그것은 혼돈이었다. 그 혼돈 속에서 피아의 구분, 적과 친구의 구분은 쉽지 않았다.

따지고 보면 이상적인 세계의 모습은 그런 피아의 구분, 적과 친구의 구분이 사라진 상태일 것이다. 그러나 그 세계는 우리 시야 안의 가까운 앞날에는 올 것 같지 않다. 아니, 영원히 오지 않을 것도 같다. 그것이 근원적으로 인간이라는 종의 진화 단계와 관련 있을지도 모르니 말이다. 이상적 세상이 오기 전에 인류는 제 욕망들을 발산하는 과정에서 멸종할 수도 있다. 우리의 배려가 자신이나 직계가족 바깥으로까지 번지는 법은 거의 없다. 이웃의 슬픔은 우리의 무관심 속에 용해되거나 심지어 기쁨의 원료가 되기까지 한다. 아니 이 말은 정확하지 않다. 자신이나 가족이 의제擬制라는 과정을 통해 동심원을 그리며 집단으로, 지역으로, 국가로 번지기는 한다. 그러나 그런 경우에도 '우리'와 '그들'의 구별은 엄연하다. '형님 예산' 에피소드는 그 구별의 천박한 일단이다(이명박 대통령은 재임 당시 친형 이상득 의원의 지역구인 포항의 사회간접자본 예산을 대폭 늘렸다 ─ 편집자).

지구 식량 자원이 넉넉해도 세계 도처에 굶는 이들이 수두룩하듯, 대한민국 경제력이 그 주민집단 모두를 넉넉히 먹여 살릴 수 있어도, 우리 주위에는 굶는 아이들이 지천이다. 휴전선 북쪽에서 굶는 아이들은 말할 것도 없다. 우리는 연평도에서 죽은 이들을 그저 '운 나쁜' 사람들로 여기거나 '우리'들의 욕망을 정당화하기 위한 선전도구로 삼을 뿐, 그런 사태를 막기 위해 평화 체제를 만들려고 애쓰지는 않는다. 게다가, 눈에서 멀어지면 마음은 몇 곱으로 멀어진다. 팔레스타인의 일상적 죽음들과 제3세계의 어린이 노동이 애달파 내가 피눈물을 흘려본 적이 있었던가. 세계화는 사정없이 진행되지만, 우리는 세계시민이 되지 못했다.

월스트리트의 최첨단 금융업이든 한국의 원시적 대부업이든 파리아(천민) 자본주의라는 점에서는 매한가지다. 이 파리아 자본가들이 단기적 '먹튀'에 집착하는 것은 대중의 분노에 따른 사회 불안정 때문이지만, 이들은 자신의 이익을 나누어 대중과 화해할 생각이 없다. 위키리크스가 최근 폭로했듯, 미국의 세계 경영 역시 또다른 의미에서 천민적이다. 건국의 아버지들이 선양했던 시민적 자유는 그 후손들의 손에서 무자비하게 훼손되고 있다. 청와대의 대포폰이나 기무사의 민간인 사찰, 삼성SDI의 노동자 불법 도청을 그 위에 포개는 것은 자연스럽다. 게다가 4대강 사업이라니.

물론 생태근본주의자들의 이상주의적 실천은 아마 영원히 불가능할 것이고, 그것이 꼭 바람직한지도 알 수 없다. 그러나 생태계에 대한 인간의 폭력은 이미 도를 넘어섰다. 이른바 4대강 사업은 인간의 정신 나간 탐욕이 낳은 참혹한 풍경이다. 박테리아에서 유인원에 이르기까지 지구 생태계의 구성원 모두가 궁극적으로 인간의 형제라는 점을 생각하면, 그리고 인류가 지구 생태역사상 결코 있어본 적 없는 잔혹한 포식자라는 점을 생각하면, 우리 모두가 적어도 조금씩은 생태주의자가 되어야 할지 모른다.

과학소설이나 에세이들은 흔히 먼 미래를 그린다. 그러나 인류가 과연 21세기라도 무사히 통과할 수 있을까? 인류가 지난 10년간의 행태를 계속한다면, 쉬이 긍정적 답을 내놓기 힘들다. 그러나 낙관주의는 인류의 의무다. 노예에서 농노로의 변화가 발전이었다면, 농노에서 임금노동자로의 변화가 발전이었다면, 우리는 또다른 발전을 기대할 수 있다. 계급적으로나 인종적으로나 문화적으로나 구속되지 않은 세계시민으로의 발전을, 지구 만물의 너그러운 만이로의 발전을.

《시사IN》, 2010. 12. 31.

17

도덕 허무주의

✦

∼∼∼∼∼∼∼∼∼∼

하나의 원리로 세상을 해석하고 그 원리를 유일한 실천 지침으로 삼는 것은 편리하고 매력적이다. 거기에는 깊고 섬세한 사색의 귀찮음이 끼어들지 않기 때문이다. 수많은 사람이 근본주의에 끌리는 것은 그래서 이상하지 않다. 우리는 쉽사리 평화지상주의자가 되거나 자유지상주의자가 되거나 생태지상주의자가 된다. 민족이나 계급, 종교적 신념처럼 덜 보편적인 가치들도 근본주의를 추동한다. 그러나 인류사는 그런 근본주의들이 그것들의 선한 의도를 훨씬 뛰어넘는 해악을 낳는다는 것을 가르쳐주었다. 그 이유 가운데 가장 큰 것은 인간 존재와 사회 구성의 복잡함에서 찾을 수 있을 것이다. 인간은 모순적 존재다. 그 모순적 존재들로 이루어진 사회는 매우 불투명한 유체流體다. 그것들을 해석하고 바르게 인도할 수 있는 단 한 가지 원리는 사실상 존재하지 않는다.

평화나 자유나 생태 같은 것들과는 완전히 다른 차원의 거대 개념이겠으나, 도덕도 우리를 근본주의 쪽으로 유혹하는 매력적 원리다. 여기서 '도덕'은 매우 평이하게 쓴 말이다. 다시 말해 도덕에 관한 철학적 논의 바깥에서 인간의 암묵지暗默知로 존재하는 도덕을 가리킨다. 물론 우리는 살인이 도덕적이 되는 극한 상황을 상상할 수도 있고, 이른바 '도덕의 안경 모델spectacles model of morality'에 따라 인간의 행위를 포함한 세계가 아무런 도덕적 가치 없이 존재한다고 주장할 수도 있다. 반면 사람이면 누구나 지니고 있는 평범한 이성과 양심이, 어떤 것이 도덕적이고 어떤 것이 그렇지 않은지를 대부분의 일상 속에서 무리 없이, 그리고 물의 없이 가늠하는 보편적 잣대로 작용하는 것도 사실이다.

평화나 자유 같은 근본주의의 다른 매개물처럼, 그것들을 쓸어 담은 도덕이라는 가치도 고귀한 외양을 지녔다. 그런 한편 다른 근본주의들처럼 도덕적 근본주의도 해악을 낳는다. 도덕은 기존 주류 가치들에 바탕을 두기 십상이어서 도덕 근본주의는, 예컨대 부크먼의 도덕재무장운동에서 보듯, 보수주의자들을 돕는다. 그것은 개인들의 자연스러운 욕망을 옥죄기도 하고, 요즘 사이버 공간에서 간간이 보듯 비뚤어진 열정의 원기소가 되기도 한다. 반면 공동체 구성원들이 대체로 동의하는 도덕적 원칙이 없다면, 그 공동체 자체가 견고하게 존속할 수 없을 것이다. 도덕은 한 사람의 내면을 통합하는 원리들의 총합일 뿐만 아니라, 그 개인들을 공동체에 통합하는 원리들의 총합이기 때문이다.

이명박 정부가 출범한 이래 한국 사회가 목격한 가장 불길한 현상은 도덕의 총체적 붕괴다. 물론 도덕 붕괴가 이명박 정부와 함께 비로소 시작된 것은 아니다. 전쟁에 이은 오랜 독재 체제는 한국 사회에서 도덕의 공간을 점점 좁혔다. 그러니까 이명박 정부가 도덕 붕괴를 가속화했다고 말하는 것이 옳다.

여기서, 얄궂은 역사적 에피소드 하나가 떠오른다. 이 정권에 대한 지지를 거듭 표명하고 있는 김영삼 전 대통령은 거의 스무 해 전 자신이 집권하자마자 "정치권력과 부富를 함께 누릴 수 없는 사회를 만들겠다"라는 도덕적 레토릭을 구사한 바 있다. 실제로 그의 집권기에 이르러, 재산 현황이나 그 형성과정을 중심으로 한 도덕적 심문이 고위 공직자들에게 실행되기 시작했다. 김영삼 정권의 도덕 드라이브가 설령 정략에 밑바탕을 둔 것이었다 할지라도, 그것은 당대 민심에 부합하는 일이었을 뿐만 아니라 버젓한 민주화의 시동을 건 일이었다.

오늘날 우리는 고위 공직자들에게 요구되는 도덕적 기준이 김영삼 정부 시절보다 훨씬 느슨해진 세상에 살고 있다. 대통령 자신이 대선 기간 중 숱한 도덕적 의혹에 시달렸을 뿐 아니라, 그 주변 인물 다수가 비슷한 유형의 도덕적 흠을 드러낸 바 있다. 김영삼 정부 때라면 지금 고위 공직자 상당수는 그 자리를 차지할 수 없었을 것이다. 권력 중심부의 이런 도덕불감증은 사회 전체에 도덕 허무주의를 퍼뜨린다. 대통령과 그 주변 인물 다수가 군대에 안 간 사회에서 '조국을 위한' 군 복무를 흔쾌히 여길 젊은이는 드물 것이다. 가장 공정해야 할 권력기관들이 돈과 얽혀 있는 사회에서, 배금주의를 깔볼 사람은 드물 것이다.

다른 모든 근본주의와 마찬가지로 도덕 근본주의는 나쁘다. 그러나 그것보다 더 나쁜 것은 지금 우리가 목격하는 도덕 허무주의다. 그것은 공공연하게, 또는 슬며시, 대한민국 공동체의 피륙을 찢어내고 있다.

《시사IN》, 2010. 11. 6.

18

'친일' 청산은 역사적 정의다

✦

～～～～～

광복절과 국치일을 함께 보듬고 있는 8월이다. 새삼 친일 문제를 되짚어보게 된다. 민족문제연구소가 지난해 출간한 《친일인명사전》이 논란을 일으켰듯, 친일은 우리 사회에서 아직도 뜨거운 감자다. 따지고 보면, 친일 문제 당사자들(의 후예나 옹호자들)의 (자기)변호에 들을 만한 점이 아예 없는 것은 아니다. 일본의 식민통치가 한반도의 근대화에 이바지했다? 부분적으로 그랬을 수 있다. 일본이 패망할 거라는 생각은 꿈에도 해보지 못했다? 아마 그랬을 것이다. 식민 시대 말기 조선 저명인사들의 전쟁 선동이 설령 반反인도적 범죄에 가까웠다 하더라도, 그들을 전혀 변호할 수 없는 것은 아니다. 서방에 맞서는 '대동아 공영권'은 그들에게 양심을 밑절미로 삼은 신념이었을 테니.

한번 이런 반反사실 추론을 해보자. 태평양전쟁에서 일본이 미국을 이겼다면? 이기지는 못했더라도 적당한 선에서 전쟁을 멈추고 한반도를 여전히 영유하고 있다면? 민주화한 일본의 조선 동화 정책이 성공해 한반도 주민집단이 일본 열도 주민집단과 똑같은 정치적 권리를 누리고, 그 결과 자신들을 일본인이라 여기게 됐다면? 그래서 한반도가 일본의 식민지가 아니라 고유한 영토가 됐다면? 그랬더라면 오늘날 '친일 문제'가 제기될 일은 거의 없었을 것이다. '거의'라는 말을 붙인 것은, 그런 상황에서도 조선의 독립을 희원하는 조선인이 있을 것이기 때문이다. 그 상황에서 이들은 '분리주의자'라 불릴 것이다. 그러나 100년 동안의 정치적 동거가 한반도를 일본화해, 대다수 한반도 주민이 일본 열도 주민에게 별다른 적의를 지니지 않게 되었을 법하다. 물론 지금의 한국이 그렇듯, 열도와 반도를 아우르는 상상 속의 일본에서도 선거 때가 되면 두 지역 사이에 경쟁심과 적대감이 기승을 부릴 수도 있겠다. 그러나 그것이 나라를 두 동강 낼 정도로 큰 힘을 발휘하기는 어려울 것이다.

그때, 역사 교과서에서 '친일'이라는 말은 긍정적 함의를 지니게 됐을지 모른다. 지난 천 년 동안 중국 역사에서 '구국의 영웅'으로 추앙받던 남송 시대의 주전파主戰派 무장 악비가 오늘날 비판적으로 조명되고, 금나라와의 화친을 주장해 '간신'이라 비난받던 진회가 재평가되면서 긍정적으로 조명되듯 말이다. 그 옛날 금나라 영토를 영유하는 지금의 중국이 남송의 '정통성'에 집착해 금나라를 제 역사 바깥으로 밀어낼 수는 없는 노릇이다. 이 것은 어떤 사건이나 인물에 대한 역사적 평가가 흔히 '정치적'이라는 뜻이다.

다시 상상 속의 일본으로 돌아가자면, 그 나라의 역사 교과서에서 20세기 전반기 한반도의 '친일파'는 독일이나 이탈리아 통일과정에서 프로이센이나 사르데냐 왕국을 지지했던 사람들처럼 '진보적' 정치세력으로 평가될지도 모른다. 그리고 그 시기의 '독립운동가'들은 분열주의적 테러리스트로 폄훼될 것이다. 그때 일본 열도 주민들의 역사적 상상력 속에서 이순신은 통일신라 이후의 한국인들(특히 한반도 동남부 지방의 한국인들)이 생각하는 계백 같은 이들과 중첩될 것이고, 그 일본이 지금처럼 입헌 군주국이라면, '천황'의 혈통을 한반도(특히 고대 백제)와 연결시키는 역사학적·정치학적 담론이 널리 퍼져 있을 것이다.

문제는 실제 역사가 이 같은 상상대로 흘러오지 않았다는 데 있다. 일본은 태평양전쟁에서 미국에 졌고, 한반도는 일본에서 분리되었다. 그리고 대한민국(한국)과 조선민주주의인민공화국(조선)이라는 두 국민국가가 한반도에 들어섰다. 한국이든 조선이든, 건국의 이념적 버팀목은 '일본제국주의의 부정'이었다. 그래서 '친일' 문제는 두 나라에 피할 수 없는 숙제가 되었다. 한국과 조선의 건국은 친일파 청산과 나란히 이뤄졌어야만 했다. 친일파 청산에 더 적극적이었던 조선이, 그 문제에 소극적이었던 한국에게 '정통성'을 뽐내던 시절이 있었던 것은 이런 상황을 배경으로 삼았다.

역사를 긴 눈으로 볼 때, 국민국가 체제는 언젠가 해체될지도 모른다. 그 세계에선 20세기 전반부 한반도에서 있었던 친일세력과 반일세력의 갈등도 하찮은 일로 보일지 모른다. 그러나 그것이 눈앞의 일은 아니다. 우리가 지금 사는 세계는 국민국가로 이뤄진 세계이고, 이 국민국가 체제가 쉽사리 해체될 것 같지는 않다. 그것이 우리가 친일 문제를 덮어둘 수 없는 이유다. 대한민국이라는 국민국가가 존속하는 한, 친일 문제를 망각의 벽장 속에 집어넣을 수도 없고, 집어넣어서도 안 된다. 그것이 지금 단계의 역사적 정의다.

《시사IN》, 2010. 8. 21.

19

보수주의자들이 4대강을 지켜야 한다!

◆

~~~~~~~~

생태적 감수성이 사람마다 다른 것은 생래적인 것일 수도 있고, 정보의 차이 때문일 수도 있다. 내 경우에도 그 둘 다가 원인이 돼, 예컨대 이반 일리치 같은 이를 '구루'로 삼는 근본적 생태주의에는 약간 저항감을 느낀다. 근본적 생태주의에 귀를 열어놓기가 쉽지 않은 것은, 그것이 더러 과거를 무작정 미화하고 '진보'(기술과 관련됐든, 체제와 관련됐든)를 적대시하는 낭만주의로 비치기 때문이다. 승용차를 타지 않고, 쓰레기를 덜 만들고, 세제를 덜 쓰는 정도의 실천은 그리 어려운 일이 아니다. 그러나 그 생태주의가 '과거가 나았다, 과거로 돌아가자'라는 낭만적 함축을 지닐 때, 그것을 기꺼이 받아들이기는 어렵다. 나는 세탁기나 냉장고가 있는 세상을 그것들이 없는 세상보다 더 '진보적'이라 여긴다. 또 나는 한 개인이 속한 신분에 따라 그가 누릴 수 있는 재화와 서비스들이 천차만별인 사회보다, 공동체 구성원 대부분이 비슷한 질과 양의 재화와 서비스를 누릴 수 있는 사회를 더 '진보적'이라 여긴다. 더 나아가, 한 개인이 공동체의 촘촘한 규율에 얽매여 있는 사회보다는, 적절한 연대 속에서 개인주의가 만개한 사회를 더 '진보적'이라 여긴다.

그러나 모든 것은 '정도程度' 문제다. 근본적 생태주의가 자연과 '인간성'의 보전을 위해 다른 가치를 가볍게 여기듯, 흔히 물질적 진보를 내세운 개발주의 역시 기술 제일과 '인간의 편의'를 내세우며 다른 가치를 하찮게 여긴다. 둘 중 더 위험한 것은 후자다. 근본적 생태주의가 인류를 포함한 생태계의 '살림'을 목적으로 삼는 데 반해, 개발주의는 (그 선한 의도와는 무관하게) 생태계의 '죽임'으로 이어질 수 있기 때문이다. 산 것을 죽이기보다 죽은 것을 살리기가 훨씬 어렵다. 이명박 정권이 서둘러 진행하는 이른바 '4대강 프로젝트'는 이 '죽임'의 철학에 바탕을 두고 있다.

생태 문제가 걸린 다른 일과 마찬가지로, 4대강 프로젝트 역시 찬성파와 반대파가 맞서 있다. 그리고 그 찬반 여부는 개인들의 타고난 생태적 감수성과 축적된 정보에 달려 있다. 사실 4대강 프로젝트의 경우, 축적된 생태적 감수성은 그만두고라도 적지 않은 시민에게 이 사업이 옳은지 그른지 판단할 정보가 충분치 않다. 그래서 시민들은 정부의 말을 들으면 그 사업을 그럴듯하게 여기다가도, 생태주의자들의 말을 들으면 이쪽 말에 귀가 솔깃해진다.

그러나 4대강 프로젝트는 한때 생태주의자들과 치과 의사들 사이를 불편하게 만들었던 '수돗물 불소화' 사업에 견주면, 그 당부當否의 판단에 전문적 지식이 훨씬 덜 필요한 사업이다. 정부는 이 4대강 프로젝트를 '4대강 살리기 사업'이니 '녹색 뉴딜 사업'이니 하는 그럴듯한 이름 아래 추진한다. 그러나 이것이 시민사회의 반대로 정부가 포기하겠다고 공언한 '한반도 대운하' 사업의 변형된 형태라는 점은 평범한 시민의 눈에도 명확하다. 우리 사회의 대표적 생태론자 김종철 선생이 《녹색평론》 최근 호(112호, 2010년 5·6월)에서 지적했듯, 이 '4대강 살리기'라는 것은 대운하를 전제하지 않고서는 합리적으로 설명할 수 없는 내용으로 일관돼 있다. 강의 흐름을 끊고 대규모 댐을 곳곳에 세우고 강바닥을 깊게 파헤친다는 것은 결국 뱃길을 만들겠다는 의도이기 때문이다.

나는 《시사IN》 독자들이, 생태주의자든 아니든, 이번 호 《녹색평론》을 꼭 구해 읽기 바란다. 지면의 3분의 1 이상을 4대강 프로젝트에 배당한 이번 호를 읽고 나면, 정부가 이 사업의 효과로 내세우는 홍수 방지나 수질 개선 따위가 얼마나 군색한 핑계인지 단박에 알 수 있다. 그리고 코앞으로 다가온 지방선거에서 4대강 문제가 큰 쟁점 가운데 하나가 돼야 하는 이유를 알 수 있다. 비판자들이 4대강 프로젝트를 '4대강 죽이기'라고 비판하는 데는 다 그럴 만한 이유가 있다.

사실, 이 4대강 문제는 정치적 좌우로 판단할 수 있는 성질이 아니다. 아니, 굳이 판단하자면, 4대강을 그냥 놓아두는 것이 정치적 보수가 해야 할 일이다. '보수주의保守主義'란 그 사회를 지탱해온 인문적·자연적 환경을 '지켜나가자'는 주의 아닌가.

이명박 대통령으로서는 자신의 임기 안에 이 사업을 마무리해 그것을 치적으로 삼고 싶을지도 모른다. 업적에 대한 정부 수반의 욕망과 조바심은 이해할 수 있다. 그러나 그것이 멀쩡한 강들을 '죽이는 것'이라면, 거기 동의할 수는 없다. 그것은 우리 세대만이 아니라 우리 다음 세대들을 위해서도 버려야 할 욕망이다. 4대강 프로젝트는 접는 것이 옳다.

《시사IN》, 2010. 5. 29.

20

대한민국 '국격' 높이는 지름길

✦

⌇⌇⌇⌇⌇⌇⌇⌇⌇⌇⌇

이 정부 들어서서 언제인가부터 '국격'이라는 말이 여기저기서 들린다. 특히 대통령이 '국격을 높이겠다'는 말을 쓰면서부터 매스미디어의 국격 타령이 흔하게 되었다. 국어사전에는 표제어로 오르지도 않았지만, '국격'이 '나라의 격格'을 뜻한다는 것은 한국어 사용자라면 누구라도 짐작할 수 있다. '국격'이 국민국가를 구성하는 시민 개개인의 인격을 고스란히 합산해 평균을 낸 것은 아닐 터이다. 그렇다고 해서 개인의 격과, 그 개인들이 모여 이룬 나라의 격이 무관하지도 않을 것이다.

개인의 격처럼, 나라의 격에도 한눈에 짚어낼 수 있는 부분과 눈에 잘 띄지 않는 부분이 있다. 이른바 출세한 사람의 격은 그렇지 못한 사람의 격보다 높다 할 수 있다. '세속적 위계'라는 뜻의 '격'이다. 노무현 정부 때 장관을 지낸 어느 정치인은 퇴임한 뒤, 이야기 상대가 자신과 격이 맞지 않는다며 어느 토론 프로그램의 초청을 사양한 일도 있다. 그러나 그 격이 인격의 영역으로 들어갈 때, 격을 견주고 판단하는 것은 쉽지 않다. 물론 그것이 불가능한 것도 아니다. 한 사람의 인격은, 드물지 않게, 그 언행을 통해 드러나기 때문이다. 전직 장관의 격이 여항 장삼이사의 격보다 반드시 높다 할 수 없는 이유가 거기 있다.

국격도 그럴 것이다. 잘사는 나라의 격은 가난한 나라의 격보다 높을 가능성이 크다. 힘센 나라의 격은 힘이 약한 나라의 격보다 높을 가능성이 크다. 이럴 때의 국격은, 거칠게 환산한 '국력'일 것이다. 이런 차원에서는 미국의 국격이 소말리아의 국격보다 높고, 일본의 국격이 한국의 국격보다 높다. 이와 비슷한 맥락에서, 올림픽 메달을 많이 따내는 것이나, G20 정상회의를 주최하는 것은 국격을 높이는 일일 수 있다. 강대국의 이해관계에 휘둘리는 자리이기는 하지만, 아니 오히려 그렇기 때문에 국제기구의 우두머리를 배출하는 것도 국격을 높이는 일이라 할 수 있겠다. 이럴 때 국격은 물리적 수준의 국력을 뜻하거나 그 국력과 거의 겹친다.

개인의 격에도 또렷한 부분과 흐릿한(그러나 결코 덜 중요하진 않은) 부분이 있듯이, 국격 역시 여러 겹으로 이뤄져 있다. 전직 장관의 격이 장삼이사의 격보다 반드시 높다 할 수 없듯, 힘센 나라의 격이 힘이 약한 나라의 격보다 반드시 높다고는 할 수 없다. 국격은 그 나라 바깥에서 보면, 요즘 유행하는 속언으로 '국가 브랜드'다. 그런데 그 국가 브랜드가 물리적 국력에 반드시 비례하는 것은 아니다. 또 국격은 내부자 시선으로 보면, 국민국가 시민의 자부심과 깊이 관련돼 있다. 그런데 이런 자부심 역시 국력에 꼭 비례하지는 않는다. 특히 이 자부심이 부분적으로라도 명예심과 포개진다면, 다시 말해 일정한 윤리적 바탕을 지닌 것이라면, 더욱더 그렇다. 1930년대 이후 10여 년간 독일은, 지금도 그렇지만, 유럽에서 가장 힘센 나라였다. 그러나 흔히 '제3제국'이라 부르는 당시의 독일에 자부심을 지닌 독일인은 오늘날 온전한 사람으로 취급되지 않는다.

　물론 국가 브랜드가 꼭 물리적 국력에 비례하지 않듯, 제 나라에 대한 긍지(애국심?)가 국격을 결정하는 것도 아니다. 국격을 따져보는 것은 그 나라 문화의 양상을 가늠해보는 것이기도 할 텐데, 문화는 한편으로 상대적인 것만큼이나 다른 편으로 보편적이기 때문이다. 예컨대 지금 중국은 미국 다음으로 힘센 나라이고, 국가에 대한 시민의 일체감이 매우 큰 나라다. 그러나 이 나라의 국격이 이 행성에서 두 번째로 높다고 생각할 사람은 거의 없을 터이다. 사실 가장 힘센 나라 미국조차 최상위 국격을 지녔다고 말할 수는 없다. 중범죄자를 공개 처형한다거나 세계의 모든 크고 작은 전쟁에 개입하는 나라들을 놓고 국격을 따지는 것은 차라리 사치스러운 일이다. 그러나 그런 '범죄와의 전쟁'이나 '테러와의 전쟁'에서 자부심을 끌어내는 중국인이나 미국인이 적지 않은 모양이다. 이런 괴팍한 자부심은 당사자 개인의 인격과 함께 그들 나라의 국격을 떨어뜨린다.

나는 내 조국 대한민국의 국격이 지금보다 높아지기를 바란다. 그 높아진 국격의 대한민국에 국가보안법 같은 야만적 법규범은 없을 것이다. 공권력 집행은 절도를 잃지 않아 용산참사 같은 일은 결코 일어나지 않을 것이고, 가난해서 밥을 굶는 아이도 없을 것이며, 언론의 독립 의지가 공고할 것이고, 이주노동자를 학대하는 일도 없을 것이다. 무엇보다 한 재벌기업이 정치기구를 사유화하는 일도 없을 것이다.

《시사IN》, 2010. 3. 6.

21

친일분자 박정희 < 폭군 박정희

✦

~~~~~~~~~~

　　민족문제연구소의《친일인명사전》발간에 즈음해 박정희의 친일행위가 다시 사람들 입길에 오르내렸다. 곰팡내 풀풀 날 만큼 해묵은 사실이어서 조용히 넘어갈 수도 있었으련만, 자제 한 사람이 아버지의 이름 기재와 사전 배포를 금지해달라는 가처분 신청을 법원에 내는 바람에 소란이 커졌다. 법원은 이를 기각했고, 민족문제연구소는 박정희가 만주군에 지원하며 썼다는 '충성혈서'를 다룬 당시 신문기사 사본을 공개했다.

　　상식을 가진 사람이라면 누구나 박정희가 친일분자였다고 판단할 것이다(국가정상화추진위원회라는 정체불명의 단체에서《친일인명사전》에 맞서《친북인명사전》이라는 걸 만들고 있다니, 남로당 출신 박정희는 2관왕이 될 게 분명하다). 그러나 박정희 평가에서 친일 여부가 가장 큰 잣대가 되는 것은 공정치 못하다. 비장하면서도 코믹한 그의 충성혈서에서 '열도 우익'과 '반도 우익'의 맥놀이를 듣는 듯해 귀가 간지럽고 입이 쓰긴 하지만, 그의 친일이 일본제 국주의와 천황제 파시즘에 큰 도움을 줬다고 할 수는 없다. 그는 이광수나 김성수 같은 명망가가 아니었기 때문이다. 기실, 그의 친일이 끼친 해악은 그보다 두 살 위였던 서정주의 친일 시 몇 편이 끼친 해악보다 작다.

이리 말하는 것은 박정희의 친일을 그냥 넘기자는 말이 아니다. 대한민국 국가의 법적·정치적·역사적 기초가 일본군국주의의 부정이었던 만큼, 일본 육사를 나와 일제 괴뢰군에 복무했다는 사실은 대한민국 시민으로서 큰 흠이다. 그러나 '친일분자 박정희'가 '폭군 박정희'를 압도하는 세평은 위험하다. '남로당원 박정희' 역시 마찬가지다. 그가 일본제국주의를 떠받든 하급 장교였다는 사실, 건국을 전후해 남로당원으로 활동하다 동지들을 밀고하고 목숨을 구했다는 사실 따위는, 그가 쿠데타로 민주주의를 파괴하고 대한민국 전체를 병영으로 만든 죄에 비하면 크달 수 없다. 그의 친일행위, 그의 공산주의 활동, 그의 비열한 전향 따위에는 이해할 만한 구석이 있다. 그러나 길게는 18년, 짧게 잡아도 7년(유신체제 또는 제4공화국이라 불렸던 1972~1979년)간 그가 잔인하게 저지른 군사깡패 두목 짓에는 용서할 만한 구석이 전혀 없다. 그는 민족반역자를 넘어선 인류 파괴자였다.

정적 탄압만을 두고 하는 얘기가 아니다. 그가 죽이고 싶을 만큼 김대중을 미워하고 불안해했다는 것은 이해할 수 있다. 인혁당 사건은 그가 저지른 가장 유명한 인간 백정질이지만, 그것이 널리 비난받았다는 점에서 얼마쯤 정의를 회복했다고도 할수 있다. 그러나 박정희는 그의 정적이나 비판자들만을 학대한 것이 아니다. 선거가 다가오거나 여론이 나빠질 때마다 터지곤 했던 간첩 사건 가운데는, 도무지 영문 모를 일이 많았다. 그 조작된 간첩 사건에 연루돼 자신과 가족의 인생을 망쳐버린 이들이 박정희의 정적이나 비판자들만은 아니었다는 이야기다. 그들은 그야말로 '재수 없이' 엮인 이른바 '컬래터럴collateral'이었다. 그리고 이런 컬래터럴 만들기를 전두환이 이어받았다.

이런 짓을 실무 차원에서 주도했던 중앙정보부(중정)는 국가정보원(국정원)의 전신이다. 그러나 '중정'이라는 말에서 당대 사람들이 느꼈던 공포감은 오늘날 우리가 '국정원'이라는 말에서 느끼는 감정과 전혀 다른 것이었다. 중정은 심지어 전두환이 그것을 대체한 국가안전기획부(안기부)보다도 더 끔찍한 곳이었다. 안기부만 해도 그 마지막 나날들이 김영삼 정부와 겹쳐 있어서, 군부 정권 시절의 어두운 이미지를 조금은 씻어냈다. 그리고 보면 김재규는 박정희의 가장 큰 은인이다. 인간 도살자에게 순교자 이미지를 입혔으니 말이다.

박정희를 존경하는 것은 자유다. 세상에는 별 사람, 별별 취향이 다 있으니까. 그러나 그 이름을 공개적으로 찬양하는 것은 사람 할 짓이 아니다. 무고하게 그의 손에 죽거나 다친 이들의 직계가족이 지금도 살아있으니 말이다. 꼭 그를 찬양하고 싶으면, 죽기 직전 상태에 이르도록 물 담긴 욕조에 머리를 처박고 있거나 고압 전류를 온몸에 흘려보라. 또는 인연이 닿는 조폭에게 부탁해 내장이 터져 나올 정도로 얻어맞아보라. 그러고 나서 아는 검사나 판사에게 부탁해 괜히 10년이고 15년이고 감옥살이를 해보라. 그 감옥살이 동안 역사학자 한홍구의 글을 읽어보라. 그 뒤에도 사람들 앞에서 박정희를 찬양하고 싶다면, 말리지 않겠다. 병은 죄악이 아니고, 병증은 설득으로 없앨 수 있는 게 아니니.

《시사IN》, 2009. 12. 12.

22
중국의 개운찮은 애국주의

✦

〰〰〰〰〰〰〰

　"중국 푸단復旦매체여론조사센터가 최근 실시한 설문조사에 따르면 중국인 98%가 자신이 중국인인 것에 자부심을 느낀다. 또 세계 모든 나라를 놓고 조국을 고를 수 있더라도 중국인이 되겠다고 밝힌 이들이 94.9%나 됐다. 더 나아가 응답자의 95.9%가 중국인은 무조건 중국을 지지해야 한다는 의견을 내놓았다." 국내 한 경제신문의 지난 10월 5일 자 기사를 요약한 것이다.

　건국 60돌을 맞아 중국에서 이는 애국주의 캠페인 와중에 실시된 조사이니, 여론이 얼마쯤 부풀려졌을 수도 있겠다. 실제로 이 설문조사 타이틀이 '공화국 60년의 발전'이었다 한다. 응답자의 신원이 드러나지 않는다 하더라도 애국심이 표출되기 좋은 분위기였던 셈이다. 또다른 국내 경제신문이 영국 주간지 《이코노미스트》를 인용해 보도한 브랜드 컨설팅 기관 레퓨테이션연구소의 최근 조사에 따르면, 중국인의 자기 나라에 대한 자부심은 프랑스·스페인·칠레·미국·러시아·독일·영국·일본 사람보다는 앞섰지만, 오스트레일리아·캐나다·핀란드·오스트리아·싱가포르·인도 사람에게는 뒤졌다. 그러니 푸단매체여론조사센터의 설문조사 결과를 곧이곧대로 받아들일 일은 아니겠다.

그러나 그것을 감안해도, 인류 다섯 가운데 한 사람이 특정 국가를 향해 드러내는 이 배타적 연대의 풍경에는 뭔가 무시무시한 데가 있다. 유엔개발계획UNDP이 10월 5일 발표한 '2009 인간개발지수HDI' 순위에서 중국은 92위였다. HDI는 소득과 교육 수준, 평균수명과 유아사망률 따위를 종합해 매기는 나라별 '삶의 질' 성적이다. 이 순위에서 앞자리를 차지한 열 개 나라는 오스트레일리아(2위)와 캐나다(4위), 일본(10위)을 빼면 모두 유럽국가였다. 미국은 13위, 한국은 26위였다. 물론 HDI의 객관성을 맹신할 것은 없다. 또 삶의 질과 애국심의 농도가 비례하라는 법도 없다. 하지만 그 둘이 전혀 무관하지도 않을 것이다. 아무튼 중국인이 누리는 삶의 질이 그리 높지 않은 것은 분명하다. 그런데도 그들의 애국심은 세계 최고 수준이다. 중국에 살든, 중국 밖에 살든 마찬가지다. 이들의 애국심은 지난해 베이징올림픽 성화 봉송과정에서도 인상적으로 드러났다.

중국인 일반의 애국주의는 중국 엘리트의 애국주의를 반영하는 것일 테다. 역으로, 이들 중국인 일반의 애국주의가 중국

엘리트의 애국주의에 반영된다 해도 마찬가지다. 애국주의는 중국과 중국인을 묶을 뿐 아니라, 자신을 중국인으로 여기는 5분의 1 인류와 베이징의 정치 엘리트들을 묶는다. 이 거대한 '애국동맹'은 19세기 이래의 제국주의자들만 위협하는 게 아니다. 중국과 지정학적 인연을 끊을 수 없는 '작은 나라' 한국에도 상서롭지 않다.

북한처럼 작은 나라가 애국주의로 충만해 있을 때, 그것은 세상에 커다란 위협이 되지 못한다. 본디 지닌 덩치가 작으므로, 그 덩치에서 나오는 주먹 힘에도 한계가 있다. 그러나 중국의 애국주의는 얘기가 다르다. 중국인들이 누리는 삶의 질이 어떻든, 중국은 지금 미국에 이은 세계 제2의 강대국이다. 이 나라의 힘은 곧 미국에 맞먹을 참이고, 이번 세기 안에 미국을 넘어서리라 관측된다. 설령 중국이 세계 경영의 완력에서 미국에 앞서지 못한다 할지라도, 적어도 동아시아 경영의 지분에선 이내 미국을 제칠 것이다. 초강대국의 애국주의가 세계에 얼마나 파멸적인지는 근년의 미국이 충분히 보여준 바 있다. 중국이라 해서 그 길을 가지 말란 법이 없다. 강대국의 애국주의는 곧 대국주의이고, 그 대국주의는 지금보다 힘이 약했던 시절 중국이 그리도 비판했던 패권주의의 다른 이름이다.

지난 한 세기 남짓 일본과 미국에 하도 괴롭힘을 당하느라, 한국은 그 이전 오랜 세월 중국대륙의 왕조국가들에 당한 괴로

움을 잊었다. 역사의 원근법이 중국을 '선한 나라'로 만들어버린 것이다. 그러나 초강대국 중국의 국가 이성이 미국이나 일본의 그것보다 덜 사악하리라는 보장은 없다. 한국의 민족주의세력이 그리도 미워하는 미국은, 사실 한반도와 질긴 지정학적 인연을 맺은 강대국 가운데 이곳에 영토적 욕심을 내지 않은 유일한 나라다. 한반도의 단기적 미래가 통일과정이든 분단고착과정이든, 번영의 길이든 퇴락의 길이든, 거기 가장 큰 힘을 행사할 나라는 중국이다. 중국문화를 숭상하고 중국인들에게 친밀감을 느끼는 내가 그 나라의 애국주의를 두려워하는 이유다.

《시사IN》, 2009. 10. 17.

23
마르크스라는 유혹

◆

~~~~~~~~

'마르크스의 거대한 귀환.' 프랑스 시사 주간지 《누벨 옵세르바퇴르》 최근호의 커버스토리 제목이다. 표제가 하도 거창해서 본문에 눈길을 주었는데, 별것 아니었다. 근년의 경제위기가 다시 마르크스 붐을 일으키고 있다는 것, 자본주의 심장부인 뉴욕 월스트리트에서까지 '마르크스가 옳았다'는 외침이 터져 나온다는 것, 이 19세기 경제학자가 예언한 '자본주의 체제의 필멸'을 많은 사람이 다시 떠올리고 있다는 것. 상투적 마르크스 예찬도 고명처럼 얹혀 있다. "오늘날의 세계화 시장경제를 분석할 수 있는 최량의 지적 도구들은 마르크스의 책에 있다" "돌아와요 마르크스! 사람들이 미쳤어요!"

마르크스를 향한 이런 초혼가招魂歌는 지금까지 그래왔듯 앞으로도 때때로 울려 퍼질 것이다. 세계 경제가 어려울 때마다 그럴 것이고, 어렵지 않을 때라도 지식인 사회 일각에서는 무시로 그럴 것이다. 종교가 민중의 아편이라는 마르크스의 말을 어느 프랑스인이 야유의 맥락에서 비틀었듯, "마르크스주의는 지식인의 아편"이므로. 유럽만이 아니라, 한국에도 마르크스주의자를 자처하는 지식분자가 적잖다. 그러나 가까운 앞날에 자본주의가 사멸할 것 같지는 않다. 지금의 야만스러운 신자유주의적 자본주의가 크게 교정된다 하더라도, 우리가 숨 쉬는 공기는 여전히 자본주의의 공기일 것이다. 시장경제라는 의미의 자본주의 말이다. 무엇보다도, 마르크스 예찬은 그의 이름으로 20세기의 70년간 저질러진 '역사의 범죄'에 눈을 감는 짓이다. 지금부터 스무 해 전 베를린 장벽이 무너지면서 사회주의 체제에 금이 쩍 갔을 때, 그것을 역사의 반동이라고 말할 수는 결코 없었다. 그것은 자유와 존엄을 향한 인류의 욕망이 내딛은 거대한 발걸음이었다. 일각에서 고르바초프는 제 권력 기반인 공산당을 스스로 무너뜨린 '바보'로 기억되지만, 그는 더 많은 사회주의가 더 많은 억압을 뜻한다는 걸 깨닫고 용기 있게 세계사의 물줄기를 바꾼 위대한 단독자다.

    물론 마르크스의 연인들은 그 이름을 때 묻은 현실사회주의와 연루시키지 않는다. 그들은 스탈린이나 마오쩌둥이, 더 근본적으로는 레닌이 구부러뜨리기 이전의 '진정한' 마르크스주의를 꿈꾼다. 그러나 마르크스라는 이름을 역사적 사회주의에서 떼어놓으려는 시도는 덧없고 비겁하다. 우리에게 알려진 마르크스주의 체제는 유혈 낭자했던 역사적 사회주의 체제뿐이므로. 스탈린의 사회주의, 마오쩌둥과 엔베르 호자의 사회주의, 차우셰스쿠와 폴 포트와 김일성의 사회주의 같은 것들 말이다. 지상에 건설된 마르크스주의 체제는 이 독재자들의 체제였다. 이 학살자들이 입에 달고 살았던 마르크스가 바로 역사적 마르크스, 우리가 아는 실존인물 마르크스다. 이들에게 불려나온 마르크스 말고 다른 '진정한' 마르크스 같은 것은 없다. 아니 '진정한' 마르크스, '진정한' 마르크스주의가 있다 하더라도, 지금의 자본주의를 지양해 이룩할 더 나은 사회에 그 이름을 갖다 쓰는 것은 부적절하다. 20세기 '마르크스주의 체제'가 이 이름의 함의를 거의 남김없이 빨아들였기 때문이다.

실상 마르크스의 새 연인들도 그의 부활을 실제로 바라는 것 같지는 않다. 그들 가운데 다수는, 그저 '진정한 마르크스'라는 때깔 좋은 장신구로 저를 치장하고 싶은 것일 게다. 그것은 이해할 만한 일이다. 그리고 가장 '자본주의적인' 자본가들 처지에서도 받아들일 만한 일이다. 담론은, 그것의 '불온함'이 근본주의에 가까워질수록, 현실과의 접촉면을 잃어버리기 마련이니 말이다. 현실의 자본과 권력을 불안하게 하는 것은 '자본주의 타도'를 요구하는 근본주의적 구호가 아니다. 그들을 힘들게 하는 것은 법인세율을 조금 높이라는 요구, 서민 복지를 조금 늘리라는 요구, 노동현장에서든 거리에서든 법정에서든 양식良識이 통하는 사회를 만들겠다는 연대의 움직임 같은 것이다.

용산참사가 일어난 것이 마르크스주의 부족 때문이 아니듯, 재벌이 죄짓고도 벌 받지 않는 것이, 기무사가 민간인들을 사찰하는 것이, 평화 시위가 공적 폭력에 노출되는 것이 마르크스주의가 모자라서는 아니다. 심지어 실업자와 비정규 노동자가 늘어나고 사회양극화가 심해지는 것조차 마르크스주의 부족 때문은 아니다. 우리에게 필요한 것은 마르크스주의가 아니라 자유와 평등과 연대를 향한 한 줌의 정치적 욕망, 한 줌의 정의감, 한 줌의 시민적 양식이다.

《시사IN》, 2009. 9. 19.

24

그에 대한 단상

✦

～～～～～～

1971년 그가 처음 대통령선거에 출마했을 때 내게는 투표권이 없었다. 부정이 없었다면 그 선거에서 그가 이겼으리라 말하는 관측자가 많지만, 부질없는 소리다. 설령 그가 당선했더라도 박정희가 순순히 정권을 넘겼을 것 같진 않다. 어쩌면 그는 그 선거에서 아슬아슬하게 진 덕분에 목숨을 보전했는지 모른다. 동토의 16년 세월을 보내고 1987년 그가 다시 대선에 나왔을 때, 나는 그에게 표를 주지 않았다. 다른 야당 후보의 당선 가능성이 조금이나마 더 높아 보였기 때문이다. 그것이 잘한 짓이었는지 지금은 잘 모르겠다. 1992년과 1997년 대선에서 나는 투표를 하지 못했다. 외국에 있었기 때문이다. 투표를 할 수 있었다면, 나는 그에게 표를 던졌을 것이다. 그가 15대 대통령에 당선했다는 소식을 이역에서 듣고, 나는 기뻤다. 콧등이 시큰해질 지경이었다.

그는 준비된 대통령이었다. 적어도 다른 대통령들에 견주면 그렇다. 내가 정치적 스트레스를 가장 덜 받았던 시절이 그의 집권기 5년 동안이었다. 물론 불만이 없지는 않았다. 그가 유신잔재세력과 손을 잡지 않고 단독 집권했더라면 더 좋았을 것이다. 그러나 그것은 불가능한 일이었다. 이른바 DJP연합이라는 것을 막무가내로 비판했던 민주주의자들을 나는 무책임하다고 여긴다. 그런 '더러운' 거래가 없었더라면, 자유주의 정권 10년은 불가능했을 게다.

당선하자마자 그가 처음 한 일이 내란죄 수괴를 풀어주라고 현직 대통령에게 건의한 것이라는 점도 매우 못마땅하다. 그를 대통령으로 뽑은 사람들에게, 민간인 학살자 면책은 뒤숭숭한 일이었을 것이다. 17년 전 자신을 죽이려 했던 자를 용서하는 것이 그의 가톨릭적 박애주의나 국내 정치적 타산에는 부합했을지 모르나, 그것은 1980년 5월 학살된 이들에 대한 예의에서 크게 벗어난 정치행위였다. 외환위기를 치유하기 위해 그가 채택한 신자유주의적 처방은 사회양극화를 심화하는 방아쇠를 당겼다. 그가 양식 있는 자유주의자로서 어렵사리 늘린 서민 복지(예컨대 기초생활보장제)는 그 양극화를 중화하기에 태부족이었다. 전임 정권들에서처럼, 그의 정부에서도 부패 스캔들이 거듭 터져 나왔다. '나라의 어른'으로서, 그가 자식들에게 사사로이 드러낸 집착도 보기 흉했다.

그러나 그는 대한민국 역사상 역사와 대화할 줄 안 첫 대통령이었다. 역사의 도전에 적절히 응전한 세계사적 개인이었다. 프린스턴대학교 박사학위나 서울대학교 졸업장은 없었으나, 그는 전임자들 누구보다 더 지적이었다. 그가 정치인의 자질로 꼽은 '서생書生의 문제의식과 상인의 현실감각의 조화'를 고스란히 체현한 이는 바로 그 자신이었다. 그가 가장 관심을 기울인 분야는 한반도의 평화 정착과 궁극적 통일이었다. 그가 정적들의 비판 속에서 꿋꿋이 수행한 대북 화해·협력 정책은 이미 그의 재임 중에 긍정적 효과를 낳았고, 그다음 정권에서 남북교류를 더욱 활성화하는 동력이 되었다.

　　그의 정부 아래서, 대한민국의 정치적 자유주의는 극성기를 맞았다. 그의 반대자들은 그의 '좌파 정책'이 자유를 위협하고 있다며 가장 비열하고 모난 언어로 그를 두들겨 패는 자유를 마음껏 누렸다. 소수파 정부라는 한계와 여론 때문에 그는 국가보안법도 사형제도 없애지 못했지만, 그의 집권기에 들어 처음으로 사형 집행이 중단됐고 보안법이 그 사나운 발톱을 숨겼다. 독립기구로 설치된 국가인권위원회는 상징 차원에서나 실제 차원에서나 인권 신장의 원기소가 되었다.

　　그의 집권기에 내가 쓴 시사 칼럼들을 훑어보니, 그에게 호의적인 것보다 비판적인 것이 훨씬 더 많다. 저널리즘의 본령은 비판이라는 강박관념 때문이었을까? 내가 전라도 사람이라는 사실이 내게 강요한 자기검열 때문이었을까? 적어도 뒤쪽은 맞는 것 같다. 내가 그와 넓은 의미에서 동향이라는 사실은 나로 하여금 그에 대한 호의를(설령 그것이 정치적으로 정당한 호의라 판단된 때라도) 드러내는 것을 절제하게 하고, 그의 자잘한 잘못들에까지 엄격해지도록 만들었다.

그러나 나는 안다. 내가 그에게 표를 던지지 않은 1987년에도, 아니 투표권이 없었던 1971년에도 이미 나는 그의 지지자였음을. 그리고 나는 또 안다. 1998년 2월 말부터 다섯 해 동안, 자신이 있어야 할 바로 그 자리에 그가 있었음을. 지난 쉰 해 동안 그와 동시대인이었던 것이 자랑스럽다.

《시사IN》, 2009. 8. 22.

25

증오의 언어

✦

～～～～～～～～

한국어가 거칠어지고 있다. 한국어의 거칢은 한국 사회의 거칢을 반영하는 것이지만, 그 언어의 거칢이 한국 사회를 다시 거칠게 만들기도 한다. 언어 이전에 실재가 있으나, 그 결정력이 한쪽 방향으로만 작용하지는 않는다. 한국어의 거칢의 근원지는 조폭 사회가 아니라 정치권이다. 어쩌면 정치권이 조폭 사회와 닮아서 그렇게 됐는지도 모르겠다. 한국 정치권에서 휘날리는 언어의 거칢이 어제오늘 일은 아니지만, 그 정도가 점점 심해지고 있어 걱정이다. 아름다운 말을 골라 쓰자는 게 아니다. 최소한 인간에 대한 예의는 지키자는 말이다.

거친 언어가 담고 있는 것은 증오다. 그것은 한국 사회의 정치계급과 시민사회가 증오로 분열돼 있다는 뜻이겠다. 한국어에 상처를 입히는 것은, 국어순화론자들이 생각하는 것과 달리, 외래어의 범람이 아니다. 우리가 일상적으로 사용하는 말에 담긴 증오가 한국어에 상처를 낸다. 한국어가 거칠어지고 증오를 담게 된 원인을 인터넷에서 찾는 견해가 있다. 그럴 듯은 하나, 인터넷 언어의 거칢은 원인이 아니라 증상이다. 사이버세계의 증오가 현실세계로 나오는 정도보다는, 현실세계의 증오가 사이버세계에 반영되는 정도가 훨씬 크다.

언젠가 한 시인은 "정치는 한국 남자들의 히스테리"라는 말을 한 적이 있지만, 그것이 남자만의 문제는 아닌 것 같다. 정도 차이는 있겠으나, 정치는 한국인의 히스테리다. 서로 친하지 않은 사람끼리 얘기를 나눌 때, 화제가 정치 쪽으로 나아가는 법은 좀처럼 없다. 상대가 어느 '진영'에 속해 있는지를 안 뒤에야 입을 열게 된다. 같은 진영에 속한 사람끼리는 편하게 얘기를 나눈다. 상대가 다른 진영에 속해 있다는 것이 확인되면, 정치에 대해서는 입을 다물고 만다. 싸울 준비가 돼 있지 않다면 말이다. 택시 기사가 정치에 대해 말을 건네도, 그 기사가 어느 진영에 속해 있는지를 확인하기 전에는 대답하기가 꺼려진다.

나는 앞에서 한국어의 거칢의 근원지가 정치권이라고 말했다. 여기서 정치권은 입법부를 중심으로 한 좁은 의미의 정치권이 아니다. 내가 가리키려 하는 것은 '언론'이라는 탈을 쓰고 각 정치 진영의 선전국 노릇을 하는 신문들이다. 한국 사회의 이른바 메이저 신문사라는 것은 정상적 의미의 언론이 아니라, 부자를 대표하는 정파의 선전국이다. 그들은 한 지면에서는 화합을 외치면서, 다른 지면에서는 증오의 언어를 뿌려댄다. 거대 보수신문 셋의 발행부수 총합이 만일 600만 부라면, 그들은 매일 600만 번 증오의 언어를 퍼붓는 셈이다. 한국어가 거칠어지지 않을 도리가 없다.

이 보수신문들은 '좌파'신문도 마찬가지 아니냐고 항변할지 모른다(잊지 말아야 할 것은, 한국의 극우 보수 담론에 등장하는 '좌파'는 조지 오웰의 《1984년》에 나오는 '더블스피크'의 일종이라는 점이다. 그들은 온건 우파 진영을 '좌파'라 부르고, 사회민주주의 진영을 '극좌파'라 부른다). 일리가 전혀 없는 말은 아닐지도 모른다. 그러나 내가 판단하기에, 증오 언어에 대한 변태적 사랑은 보수신문이 훨씬 더 강한 것 같다. 그들은 제 정적이라고 상정한 정파를 학대하면서 한국어를 학대한다. 이 판단은 내가 속한 '진영'의 편견에 휘둘린 결과일까? 변명하자면, 나는 어떤 진영에도 속해 있지 않다. 굳이 규정하자면, 민주주의적 좌파와 함께 살 준비가 돼 있는 온건한 우파 정도가 될 테다.

한국어의 거칠음은 이명박 정권이 들어선 뒤 더 악화하고 있다. 한 여당 국회의원이 일찍이 발설한 '좌파 적출' 작업과 이에 대한 저항 때문인지도 모른다. 다시 한 번 내 '진영적 편견'일지 모르겠으나, 말의 거칠음은 지금 권력을 쥔 쪽이 더하다. 대개 싸움에서는 밀리는 편의 언어가 더 거칠어지기 마련인데, 어찌 된 일인지 '좌파 적출 작전'에서는 강자의 언어가 더 날이 서 있다. 그리고 그 거칢은 노무현 전 대통령의 서거 이후 더 심해지고 있다. 최선의 방어는 공격이라는 것이 권력 쪽의 생각이어서 그런지 모른다.

　　최근 한예종 사태나 진중권 씨에 대한 공격도 그렇다. 좌파를 적출하겠다는 '충정'은 이해하겠으나, 그 언어가 너무 졸렬하다. 군이 상대방을 파렴치범으로 몰아서 쫓아내야만 속이 시원하겠는가? 거친 언어란 꼭 쌍시옷이 들어간 언어가 아니다. 증오를 야비함으로 버무린 언어가 거친 언어다. 그 증오의 큰 부분은 소통 부재에서 말미암은 것일 테다. 언론학자들이 최근 거듭 강조하는 소통의 문제를 다시 생각하게 된다.

《시사IN》, 2009. 6. 27.

26
'북한 문제'라는 짐과 진보정치

✦

∿∿∿∿∿∿

한국 사회에서 보수세력과 진보세력이 평화롭게 공존할 수 있는 방식을 모색한 최근 세 차례의 포럼을 보면서, 가장 먼저 든 생각은 '우리에게 북한은 무엇인가'였다. 북한은 언젠가 우리와 한 나라를 이뤄야 할 잃어버린 반쪽일 수도 있고, 그저 폭정과 가난에 찌든 폐쇄적 이웃나라일 수도 있다. 거의 60년 전 우리와 참혹한 전쟁을 벌였고 아직도 법률적으로는 잠재적 전쟁 상태인 주적이면서, 1,000년 넘는 역사를 공유한 동족국가이기도 하다.

확실한 것은, 북한이 지난 60여 년 동안 남한의 진보세력에게 '짐'이었다는 것이다. 전쟁과 그에 이은 레드 퍼지(red purge, '적색분자' 숙청—편집자)는 남한 사회에서 진보정치운동의 싹을 잘라냈다. 남쪽에서 '무장공비'라고 불렀던 1960년대 도시 게릴라(?)들은 북한 체제에 대한 남쪽 주민집단의 공포와 혐오감을 강화했다(물론 남쪽에서도 '북파 공작원'이라는 것을 보냈다). 1980년 대 남한 일부 운동권에 스며든 이른바 '주체사상'이라는 것은 남쪽의 진보운동에 '봉건성'의 옷을 입히며, 치유하기 힘든 내부 분열을 낳았다. 만약에 북한이 없었다면, 대한민국의 진보정치운동은 훨씬 날랜 몸으로 훨씬 먼 거리를 내달릴 수 있었을 것이다.

개성공단을 존폐 위기로까지 내몰고 있는 최근 북한의 대남 강경책에는 이해할 만한 점이 있다고 생각한다. 첫 단추를 잘못 끼운 것은 북한 당국의 자존심을 전혀 고려하지 않은 채 경거망동을 되풀이한 이명박 정권의 아마추어들이었다. 그들은 전임 정권과의 차별화를 과시하고 지지자들에게 영합하기 위해 남북 관계의 가장 민감한 뇌관을 건드리고 말았다. 그리고 그 실수를 깨닫고는 이를 교정하는 과정에서 사태를 더욱 악화시켰다.

남과 북이 언젠가 통일을 이루게 될지 그러지 못할지, 또 그 통일이 전쟁을 수반할지 평화롭게 이뤄질지는 확실치 않다. 확실한 것은, 만일 통일이 된다면, 그 통일한국의 체제가 지금의 대한민국 체제에 가까우리라는 것이다. '농성 체제'라 부르든 '유격대 국가'라 부르든, 지금의 북한은 현대의 정상적 국가가 아니다. 국호에 '공화국'이라는 말을 달고는 있지만, 북한 주민집단은 공화정을 경험해본 적이 없다. 그들은 이씨 봉건왕조에서 천황제 일본을 거쳐 김씨 봉건왕조로 넘어갔다. 북한 사람들은 인민이든 지배자든 근대적 의미의 민주주의를 체험해보지 못했다. 이른바 진보 진영을 포함해서, 남한 주민집단 가운데 통일한국의 체제를 지금 북한 체제와 비슷하게 상정하는 사람은 거의 없을 것이다. 그 점에서 우리(대한민국 국민 말이다)는 모두 흡수통일론자다.

흔히 햇볕 정책이라 불렸던 지난 10년간의 대북 화해 정책은, 그 주체가 의도했든 그러지 않았든, 그 흡수통일을 평화롭게 이루기 위한 기초 다지기였다고 할 수 있다. 북한 곳곳에 남한 자본이 들어가는 것만큼 북한 체제를 위태롭게 하는 일이 있을까? 그 점에서 화해 정책을 '대북 퍼주기'라고 비난하며 강경책을 요구했던 사람들(이른바 보수주의자들)은 자신들의 이익이 무엇인지, 자신들이 무슨 일을 하고 있는지도 몰랐던 셈이다. 국내 정치의 셈법을 떠나서, 사실 전임 두 정권이야말로 그들의 진정한(그리고 은밀한) 친구였다. 북한 문제가 아니더라도 말이다. 그 두 정권 아래서 부자들은 더욱더 부유해졌고, 가난한 이들은 더욱더 가난해졌다. 이명박 정권이 보수 정권이든 '실용중도 정권'이든, 이 정권이 추구하는 것은 장기적으로 흡수통일일 수밖에 없다. 그렇다면, 이 정권이 취할 수 있는 정책은 대북 화해 정책밖에 없고, 그러자면 망설임 없이 남북관계를 전임 정권 수준으로 되돌려야 한다. 그 과정에서 체면을 좀 구기더라도 말이다.

민주당을 말의 본디 뜻에서 진보정당이라고 할 수 없다면(더구나 최근 이 자유주의정당은 더욱 우경화하고 있다), 지금 남한 정치 지형에서 진보정치세력의 힘은 미약하기 짝이 없다. 그 조그만 힘을 '남의 숙제'에 탕진하거나 분산하는 것은 어리석다. 나는 남한의 진보정치세력이 '북한 문제'를 잊어버렸으면 한다. 사실 북한 문제에 어떤 영향을 끼칠 만한 힘이 진보세력에게 있는 것도 아니다. 북한 문제에 대한 고려는 진보정당이 지금의 민주당만큼이라도 힘을 키울 때까지 미뤄놓는 것이 낫겠다. 그리고 그때까지는 좌파 본연의 가치(민중 생존권과 복지, 사회 연대, 소수자 인권, 환경 문제 등)에 힘을 쏟는 것이 좋겠다.

《시사IN》, 2009. 5. 30.

27
심상정 생각

✦

～～～～～～～～

    1985년 6월 구로동맹파업이 일어났을 때, 나는 3년 차 직장인 겸 석사과정 3학기 대학원생이었다. 파업을 지지하며 연대를 건네는 대자보들이 교정 곳곳에 나붙어 있었다. 다니던 직장도, 정보를 캐내 파는 회사였으므로, 동맹파업 얘기로 시끌시끌했다. 그때 나는 심상정이라는 이름을 몰랐다. 그러나 그 잔혹했던 군부파쇼 시절, 동맹파업을 조직한 이들에게 동시대인으로서 부끄러움을 느끼지 않을 수는 없었다. 그 부끄러움은 부러움이기도 했다. 나는 교정의 대자보들에서 지천으로 발견되는 세 겹 느낌표(!!!)를 핑계 삼아, 그 부끄러움과 부러움을 억지로 눅였다. 젊어서부터 나는 세 겹 느낌표를 경멸했다. 그것이 독선과 반反지성의 기호처럼 보였기 때문이다.

    파업이 가혹하게 진압된 직후 서울노동운동연합(서노련)이라는 '대중정치조직'이 만들어졌을 때도, 나는 심상정이라는 이름을 몰랐다. 다만 그 조직을 이끄는 이의 실명이 김문수라는 것을 직장 동료에게서 얻어들었다. 동료의 (어쩌면 편견에 찬) 논평에 따르면, 김문수는 '골수 빨갱이'라는 것이었다. 그 말이 옳았든 글렀든, 김문수는 지금 '하얗디하얀' 경기도지사가 돼 있다. '전향' 자체는 선도 악도 아니다. 사람과 상황은 변하게 마련이니까. 그러나 그것도 정도 문제다. 노동운동가 시절의 극좌 인사가 극보수정당의 중진 정치인이 돼 있는 것을 보면, '인간은 모두 존엄하다'는 말이 허언虛言를 같다.

내가 심상정이라는 이름을 처음 들은 것은 새 천년이 돼서였다. 그는 당시 금속노조 사무처장이었다. 그즈음에야, 나는 구로동맹파업과 서노련의 중심에 심상정이라는 여자가 있었음을 알게 됐다. 그리고 '금속노조'라는 '무시무시한' 산별노조를 이끄는 헌신적 노동운동가가 여자라는 데 '조금' 놀랐다. '붉은 로자'라는 별명으로 불렸던 로자 룩셈부르크를 떠올리며, 나는 더러 '붉은 상정'이라는 말을 되뇌어보곤 했다. 그러나 17대 총선에서 민주노동당 소속 국회의원으로 뽑혔을 때, 심상정은 한 세기 전의 로자만큼 붉어 보이진 않았다. 말하자면 그도 전향을 한 셈이다. 그 전향은 레닌의 《무엇을 할 것인가》를 통째로 암송하던 이십대의 급진 사회주의자에서, 의회 활동을 통해 사회를 변화시키려는 사십대 사회민주주의자로의 전향이었을 것이다. 그것은 당당하고 아름다운 전향이었다. 역사에서 확실히 패배한 체제에 이끌려 현실과 유리된 언어를 계속 농하는 것은 부정직하고 무책임한 짓이므로.

17대 국회 재정경제위원회에 소속돼 심상정이 펼친 '잔 다르크적' 활동을 여기서 재론할 필요는 없겠다. 전문성이 가장 요구되는 위원회에서 그는 부지런히 공부하며 경제 관료들에게 뒤지지 않는 식견을 결기 있게 펼쳤고, 이내 진보정치의 한 상징이 되었다. 지나간 역사를 가정하는 것만큼 허망한 짓도 없지만, 만일 17대 대선에서 '반反신자유주의 연합전선'의 단일 후보 심상정이 이명박과 맞붙었다면, 승자와 패자의 득표 차이는 크지 않았을 것이다. 18대 총선에서 진보신당 후보로 고양 덕양에 출마했다가 석패한 심상정은 이제 새로운 시작을 준비하고 있다. 그러나 대선에서 이명박에게 압승을 안기고 총선에서 심상정을 떨어뜨린 '그' 유권자들과 더불어 진보정치의 희망을 조직하는 일이 쉽지는 않을 것이다.

심상정은 최근《당당한 아름다움》이라는 책을 냈다. 편집이 세련되긴 하나, 정치인들이 흔히 내는 그만그만한 책이다. '봉하마을 어른' 덕분에 지난 다섯 해 동안 내 염세주의는 한층 악화했다. 그래서 심상정에게서도 경계의 눈초리를 말끔히 거두지는 못하겠다. 그러나 책 표제 '당당한 아름다움'은 과장돼 보이지 않는다. 쉰 살 심상정은, 지금까지 그랬던 것처럼, 당당하고 아름답

다. 앞으로도 이 책의 표제가 심상정의 삶에서 빛바래지 않았으
면 좋겠다.

<한국일보>, 2008. 10. 30.

28
지난여름의 한기寒氣

✦

~~~~~~~~~~

　역사의 진행이 단선적일 수야 없겠지만, 이명박 정권의 가파른 반동개혁은 걱정스럽다. 제6공화국의 두 번째 집권자 김영삼이 한국 정치에서 군부의 생식선을 제거해낸 이래, 한국인들의 정치적 자유는 발랄하게 뻗어 나갔다. 보수신문들이 뭐라고 투덜댔든, 김대중·노무현 시대에 한국 언론은 무람없이 자유를 누렸다. 경제적 최약자들의 정치적 몸부림이 더러 표독스럽게 (다시 말해 반민주적으로) 억눌리기는 했으나, 그 두 자유주의 정권은 시민들이 누릴 수 있는 자유의 폭을 빠른 속도로 넓혔다. 그와 함께, 소위 '공안정국'이라는 말이 신문에서 사라졌다.

　그러나 최근의 사회주의노동자연합(사노련) 사건에서 보듯, 야릇한 기시감旣視感과 함께 이 불길한 말이 역사의 박물관에서 밖으로 기어 나오고 있다. 이 정권은 촛불집회가 장기화하면서 지지율이 곤두박질치자, 낡아빠진 레드 콤플렉스 깃발을 다시 쳐들기로 한 모양이다. 그런데 이 희비극적 사태는, 사노련 운영위원장 오세철이 지적했듯, 그 책임의 작지 않은 부분이 김대중·노무현 정권에 있다. 특히 과반 의석을 차지하고도 국가보안법 하나 없애지 못한 노무현 정권은 크게 비판받아야 한다.

보안법 문제를 정면돌파하기보다 소위 '사문화론死文化論'을 내세우며 어물쩍 넘어가던 당시의 여권을 나는 이 자리에서 이렇게 비판한 적 있다.

주로 지금의 집권세력 한쪽에서 나오는 사문화론은, 보안법이 악법이기는 하지만 실제론 거의 작동하고 있지 않으니 굳이 이 법을 놓고 분란을 일으킬 필요가 없다는 것이다. 이런 편의주의자들이 잊고 있거나 모른 체하고 있는 것은, 한순간 사문화한 듯 보이는 보안법이 정권 담당자나 사법부의 변덕에 따라 언제든지 되살아나 사람들을 선택적으로 처벌할 가능성이다. 악법의 적용을 삼가는 '좋은 정권'과 '좋은 검찰'과 '좋은 사법부'를 기대하고 악법을 놓아두자는 주장은 법의 지배를 포기하자는 것이다.

_ "다시, 국가보안법에 대하여", 〈한국일보〉, 2005. 3. 31.

내게 무슨 '혜안'이라도 있었다고 젠체하려는 것이 아니다.

막 어섯눈 뜬 십대 소녀들도 이해할 법한 이 간단한 이치를 당시의 여권이 모른 체했다는 데 화가 난다는 것이다. 겨우 두 번 대선에서, 그것도 가까스로 이긴 처지에, 자기들 정권이 영원할 줄 알았던 모양이다. 보안법을 양보하고 무슨 대단한 민생입법을 받아낸 것도 아니다. 그들은 소리 높여 '개혁'을 외칠 줄만 알았지, 그 개혁을 무를 수 없을 정도로 제도화하는 데는 무심했다. 그 결과는 법의 자의적 남용을 통해 시민의 기본권을 억누르고 시장 숭배를 통해 사회양극화의 심화를 굳건히 제도화하려는 반동 자본가 정권의 등장이다. 이명박 정권은, 앞선 세 정권의 진화를 거슬러 오르며 노태우 정권으로 퇴행하고 있다. 노태우 정권의 개혁과 이명박 정권의 반동개혁은 유사 권위주의적 자본가 정권이라는 지점에서 만난다. 1990년 3당 합당 이후의 민자당과 당시 민주당(평민당)의 원내 세勢도 지금과 엇비슷하다.

그러나 사정은 지금이 더 나쁘다. 노태우 정권 때의 개혁파는 공세를 취할 만한 대의와 지지 기반이 있었다. 정권 쪽에서도 일정한 한계를 넘지 않는 선에선 양보할 의사가 있었다. 그 시절, 유사 권위주의 정권과 보수신문들의 동맹은 지금처럼 견고하지 않았다. 그러나 지금의 소위 개혁세력은 수세에 처해 있다. 이미 정권의 그늘 아래 들어간 듯한 공영방송사에서 노태우 정권 때와 같은 대규모의 방송민주화운동이 일어난다 해도, 그 당시처럼 여론의 호응이 클지 의심스럽다. 정권 역시, 설령 물리력을 사용하지 않는다 해도, '재능 넘치고 영혼 없는' 법률가들을 동원해 방송사 내의 민주파를 압살할 것이다. 지난여름의 폭염에서 열기보다 한기가 더 느껴졌던 이유가 거기 있다. 올겨울은 또 얼마나 추울까. 겨울은 없는 사람들에게 가장 힘겨운 계절인데.

〈한국일보〉, 2008. 9. 4.

29
허물어지는 '영광의 20년'

✦

〜〜〜〜〜〜〜〜〜

경찰이 촛불시위를 거칠게 진압하고 KBS 건물에 난입하면서 공격성을 뾰족이 드러낸 뒤, 야당과 시민사회 일각에서 이명박 정권을 전두환의 제5공화국에 비유하는 일이 잦아졌다. 정치 공세에는 과장이 따르기 마련이라는 점을 감안해도, 이것은 위험한 언행이다. 결과적으로, 현재의 '(상대적으로) 덜한 악'을 비판하기 위해 과거의 '절대악'을 두둔하는 짓이기 때문이다. 이런 경박한 비유는 5공을 겪지 못한 젊은 유권자들의 정치적 상상력을 크게 왜곡한다.

5공 때라면 촛불집회 자체가 불가능했을 테고, 경찰이 굳이 KBS 건물 안으로 쳐들어갈 필요도 없었을 테다. 그 시절, 정치적 반대자에 대한 고문은 일상적이었고, 파업이나 시위는 제 삶의 큰 부분을 거는 모험이었다. 꼭 5월이 아니더라도, 젊은이들은 제 몸을 불사르거나 내던짐으로써 민주주의를 위한 싸움을 생명과 맞바꿨다. 집권 방식도 다르다. 수백 구의 시신을 짓밟으며 총으로 집권한 전두환과 달리, 이명박은 표로 집권했다. 지난해 12월 대한민국 유권자들이 아둔했든 약삭빨랐든, 이 정권은 전두환 정권과 달리 정통성을 지닌 정권이다. 이 정권을 두고 '5공으로의 회귀'니 하는 말을 입에 담는 이들은 5공을 역사적으로 복권시키고 있는 것이다.

그러나 대통령직 인수위원회 시절 이후 이 정권의 행보가 지난 스무 해 동안의 개혁에 대한 반동개혁의 성격을 띠고 있는 것은 사실이다. 두 노 씨와 두 김 씨가 이끌어온 6공 스무 해 동안, 대한민국은 시민적 자유의 빠른 신장과 한반도의 긴장 완화에 더해, 만만찮은 경제성장을 이뤄냈다. 1997년 말의 환란을 극복하는 과정에서 사회양극화가 크게 심화하기는 했으나, 그 IMF 구제금융 시절을 제외하곤 경제위기라 할 만한 것이 없었다. 앞선 네 정권의 권력엘리트들이 능력이 있어서 그랬든 국내외 환경이 좋아서 그랬든, 대한민국은 대체로 '영광의 20년'을 보냈다. 문제는 그 영광의 빛이 경제적 약자들에게, 사회에 새로 진입하는 젊은 세대에게 전혀 미치지 못했다는 것이다.

지금 이 정권은 그 '영광의 20년' 동안 대한민국이 이뤄낸 성과들을 허물어뜨리는 한편, 그 영광의 빛을 쬐지 못한 사회·경제적 약자들을 더욱 큰 절망의 구덩이로 내몰고 있다. 교육을 포함한 사회 모든 분야를 적자생존의 무한경쟁 체제로 전환함으로써, 이 정권은 계급 재생산 기제를 공고히 다지고 있다. 정연주를 KBS 사장 자리에서 끌어내면서, 또 MBC 〈PD수첩〉을 길들이려 하면서 이 정권이 보여준 난폭함과 조잡함은 시민적 자유의 핵심인 언론의 자유만이 아니라 민주주의의 근간인 법치주의에까지 어두운 그늘을 드리웠다. 친미 일변도의 서툰 외교는 당사국인 미국을 포함한 주변국들의 조롱과 경멸과 적의에 대한민국을 노출시켰다. 북한에 대한 대통령의 경솔한 발언은 남북관계를 김일성 사망 직후로 경색시켰다. 해외 요인이 깊이 개입했다고는 하나, 이 정권은 경제의 양적 성장조차 앞선 정부들이 이룬 만큼 해내지 못할 듯싶다.

부패 문제도 그렇다. 국제투명성기구의 부패인식지수나 뇌물공여지수 순위에서 한국이 비슷한 경제 규모의 딴 나라들보다 훨씬 뒷자리에 있는 것이 이 정권 탓은 아니지만, 새 정권 초기부터 사방에서 터지고 있는 부패 스캔들은 이 정권이 좋아하는 '국가경쟁력'에 틀림없이 큰 장애가 될 것이다. 국제투명성기구의 관찰에 따르면, 국가경쟁력과 부패는 대체로 역의 관계에 있다. 나처럼 견결한 반공주의자가 레닌의 수사법을 훔쳐오는 게 스스럽긴 하지만, 이 정권의 핵심부와 그 둘레는 경제적 강자들과 '수천 가닥의 실로 묶이고 엮여' 있는 것 같다. 이 정권은 분명히 5공 정권이 아니다. 그러나 이 정권은 노태우 정권까지 포함한 6공의 다섯 정권 가운데 가장 무엄하고 미련한 정권이다. 걱정이다.

〈한국일보〉, 2008. 8. 21.

30

어째서 이런 일이 벌어졌을까?

✦

~~~~~~~~~~

한 시인의 표현을 훔쳐오자면, "어째서 이런 일이 벌어졌을까?" 취임하고 백일도 안 된 세월이 마치 천일처럼 느껴지고, 그래서 남은 임기를 초 단위 미만으로 알려주는 '이명박 퇴임 시계'가 등장하고, 국민 지지도가 20%대에 머무는 일이. 민주화 이후 선거 역사상 최다 득표차로 당선하고, 여론시장을 손아귀에 넣은 주류 신문들이 한목소리로 밀어주는 대통령에게.

어째서 이런 일이 벌어졌을까? 무능하다고, '아마추어'라고 비판하던 정권을 대신해 들어선 정권이 전임 정권보다 훨씬 더 무능하게 굴고, '아마추어'라는 말도 아까울 정도로 견습 정권 짓을 저지르는 일이.

"이게 다 이명박 때문이야!"는 농담이 아니라 사실이다. 이 사태의 가장 큰, 그리고 최종적인 책임은 이명박 대통령에게 있다. 그가 말 그대로 국정 최고책임자이기 때문이다. 그렇다면 국민은 왜 이명박에게 화가 났을까? 그가 너무 보수적이어서? 그럴 수도 있겠다. 그는 시장 만세를 외치는 경쟁지상주의자라는 점에서도 보수적이고, 촛불집회가 상징하는 시민저항권을 '질서'로 대치하고 싶어한다는 점에서도 보수적이다. 그러나 그게 다는 아니다. 그렇다면, 그가 최근에 농담인지 진담인지 알 수 없게 자신을 규정했듯 '매우 진보적'이어서? 그럴 수도 있겠다. 방향이 어느 쪽인지 가늠하기도 어렵지만, 한국 사회를 변화시키고자 하는 그의 욕망은 멀미가 날 정도로 가파르다. 그러나 이 설명 역시 유권자 대다수의 이반을 온전히 납득시키지 못한다.

그렇다면 보수파든 중도파든 진보파든, 국민은 이명박에게 왜 화가 났을까? 가장 결정적 이유는 한 나라의 수석 공직자에게 공심公心이 결여돼 있다는 걸 그들이 마침내 확인했기 때문일 것이다. 공직에 들어서기 전부터 윤리적으로 미심쩍은 경력을 지녔던 그는 수석 공직자가 돼서도 그 습속을 버리지 못했다. 그 첫 증거는 인사다. 자신의 발밑이 불안하면 그렇지 않은 사람들로 주변을 채워야 했건만, 그는 그러지 않았다. 이명박은 내각과 대통령실을 한 나라의 정책을 짜내고 집행하는 공조직으로 여겼다기보다, 자신과 사적 인연들로 맺어진 지인들의 동아리로 여겼던 것 같다. 지난 대선에서 그가 크게 이긴 것이, 무능한 것보다는 부패한 게 차라리 낫다는 민심 때문이었다는 분석도 있었지만, 적어도 공적 영역에서는 무능과 부패가 일정한 정正의 상관관계에 있음을 이명박 정부 백일은 보여주었다.

이명박에게 공심이 결여돼 있다는 또다른 증거는 그의 잦은 실언과 식언이다. 후보 시절의 마사지걸 발언("마사지걸을 고를 때는 못생긴 여자를 고르는 것이 서비스가 좋다"―편집자)부터 최근의 "(미국산 쇠고기가) 위험하면 안 먹으면 될 것 아니냐"는 발언에 이르기까지, 그의 실언 리스트는 길다. 실언보다 더 큰 문제는 식언이다. 그리고 그의 실언과 마찬가지로, 그의 식언이 특히 문제되는 것은 그가 수석 공직자라는 점 때문이다. 이명박은 우리가 겪은 대통령들 가운데 자기 말을 가장 가볍게 여기는 사람일 것이다. 후보 시절의 정부조직에 관한 공약은 당선 뒤 그가 말을 뒤집음에 따라 큰 소란을 겪었고, 대운하나 쇠고기 협상과 관련해 거듭된 그의 말 바꾸기는 국민을 의심증 환자로 만들었다. 이미 지난 일이기는 하나, 설령 그가 BBK와 아무런 관련이 없다 하더라도, 국민들은 자신이 BBK를 설립했다고 말하는 이명박의 동영상을 또렷이 기억하고 있다. 제 말을 뒤집을 땐 변명이라도 하는 것이 여항인의 관례인데, 이명박은 그런 변명조차 불필요하다 여기고 세월이 베푸는 망각의 힘에 기대는 듯하다.

자신의 말을 믿지 않는 국민에게 지도자가 어떻게 리더십을 발휘할 수 있겠는가? 결국 우리는 공직자가 될 준비가 전혀 안 된 사람을 수석 공직자로 뽑아놓은 셈이다. 하릴없는 바람은, 그가 대통령 자리의 엄중함을 깨닫고 공심을 터득하는 것이다. 그 첫 번째 실천은 자신의 말을 무겁게 여기는 것이다.

〈한국일보〉, 2008. 5. 29.

31

민주노동당과 진보신당

✦

~~~~~~~~~~~~~~~~

　당내 주류의 친북 노선과 패권주의를 비판하며 민주노동당을 나온 이들이 2일 진보신당 창당준비위원회를 만들어 새 진보 정당의 돛을 올렸다. 민노당 안에 오래 잠복해 있다가 지난 대선 참패를 계기로 불거져 나온 정파 갈등이 분당으로 마무리된 것이다. 소위 자주파나 평등파의 핵심 인사들이야 앓던 이 빠진 듯 홀가분한 기분일 수도 있겠으나, 정파를 의식하지 않던 평당원들이나 당내 사정을 모른 채 그저 진보의 대의에 손을 건넸던 지지자들로선 마음이 개운치 않을 것이다.

　자주파가 조직적 입당운동을 통해 당내 다수파를 이뤄 패권주의를 추구했다는 관측이 몇 해 전부터 있었다. 아마 옳은 관측일 것이다. 그런 한편, 민노당이 그 시초부터 민주적 사회주의자들과 민족주의자들의 연합체였던 것도 사실이다. 진보 진영의 정치세력화에 한쪽은 적극적이었고 다른 쪽은 소극적이었다는 점을 들어 당 내부의 적통嫡統을 다투는 것은 부질없다.

민노당의 원류라 할 1980년대 사회운동이 민족민주운동이라고 불렸을 때, 그 운동은 이미 이름에서부터 민족주의 지향과 민주사회주의 지향을 함께 품고 있었다. 자주파라 해서 이 미쳐 날뛰는 시장지상주의 해일을 경계하지 않았을 리 없고, 평등파라 해서 한반도가 제국주의자들의 놀이터가 되는 걸 걱정하지 않았을 리 없다. 그러나 주사위는 던져졌다.

대선 이후의 힘겨루기 마당에 '종북주의'라는 자극적 어휘가 나풀댄 탓에, 이제 민노당에 남아 있는 이들은 종북주의자가 되고 말았다. 이 고약한 딱지에 반대파들의 얄은꾀가 묻어 있다 하더라도, 자주파는 남 탓하기 앞서 신실히 반구反求해야 한다. 그들이 제멋에 겨워 남발한 민족지상주의 수사는 평범한 유권자들의 눈살을 찌푸리게 했고, 민노당을 별난 집단으로 보이게 만들었다.

자주파라는 말도 허망하다. 이들이 평양에 대해 자주적이지 못했다고 비아냥거리려는 게 아니다. 자주파의 자주란 민족자주를 뜻하는 것일 테고, 자주파는 평양 정권을 자주의 모범으로 여기는 듯하다. 그러나 평양 정권이 과연 자주적인가? 평양이 제 뜻대로 할 수 있는 일이 도대체 뭔지 곰곰 생각해보자. 제 인민 사납게 통제하고, 굶겨 죽이고, 핵카드를 들었다 놓았다 하며

손 벌리는 것밖에 없다. 바깥 도움 없이는 제 인민도 못 먹여 살리는 자주국가가 북한이다.

지난 10년간 남북관계는 그럭저럭 좋아졌지만, 민노당 자주파가 거기 이바지한 바는 거의 없다. 남북관계가 나아진 것은 다수의 민족주의자들을 안고 있는 중도자유주의 세력 덕분이었다. 그러니 이제 민노당도 평양 정권과의 주관적 연대는 접는 게 좋겠다. 연대감은 마땅히 북한 인민과 탈북자들을 향해야 한다. 그게 올바른 친북이다. 북한 같은 억압적 사회에서 살 생각이 추호도 없는 이들이 그 무능하고 파렴치한 정권에 추파를 보내는 건 꼴사납다.

진보신당은 평등·생태·평화·연대라는 기치를 내걸고 이명박 정권의 신개발주의, 신자유주의에 맞서 싸우겠다고 다짐했다. 그 다짐이 빛바래지 않기 바란다. 그에 앞서, 민노당이 먹고살 만한 정규직 조직노동자들만의 당이 된 게 온통 자주파의 책임이었는지도 되돌아보았으면 좋겠다. 또 패권주의라는 것이 자주파의 전유물이었는지도 되짚어보았으면 한다. 큰 권력이든 작은 권력이든, 날것의 권력이든 상징권력이든, 권력을 향한 욕망은 사람 마음속에 늘 이글거린다. 그것은 흔히 이념을 구부러뜨리고 패거리를 낳는다. 진보신당이 또다른 분열을 겪지 않기 바란다.

4월 총선을 앞두고 진보정당 간의 출마 지역구 조정 문제가 거론되고 있는 모양이다. 지역구 조정은 분당의 명분 자체를 허무는 일이다. 그러나 몇몇 지역구의 전략적 조정은 불가피하다. 진보정당들의 서너 후보는 가느다라나마 지역구 당선 가능성이 있다. 근친증오 때문에 그 가느다란 희망의 싹까지 잘라내선 안 된다.

<한국일보>, 2008. 3. 6.

32
부자들의 문화헤게모니

✦

~~~~~~~~~

"북北은 핵폭탄! 남南은 세금폭탄! 불안해서 못 살겠다!!"

서울 강남의 한 아파트 단지 앞에 입주자 대표회의 이름으로 내걸린 플래카드 문구다. 빼어난 선동이다. 핵무기와 세금의 유비는, 비록 현실을 구부러뜨리고 있긴 하지만, 뛰어난 수사학적 성취다. 리듬도 힘차다. 수사학 교과서에 예문으로 오르기에 손색이 없다. 게다가 그 진솔함이라니. 서울 강남의 살 만한 사람들에겐, 눈에 뵈지 않는 북핵보다 제 재산을 갉아먹는 듯한 세금이 훨씬 더 불안할 것이다.

'세금폭탄'의 세금은, 그것이 아파트 입주자 대표회의 이름으로 적시됐으니, 부동산 보유나 거래와 관련된 세금일 테다. 그렇잖아도 한나라당에 막무가내로 우호적인 서울 강남 유권자들이 지난 대선 때 앞다투어 투표소를 찾아 이명박 후보를 꾹꾹 눌러 찍어준 것도 부동산 세제 때문일 것이다. '공시가격이 고작 6억 남짓 하는 아파트인데 종합부동세라니, 원' '팔아치우려 해도 그놈의 양도세 때문에.'

서울 강남 민심이 천심이라는 걸 깨달은 게 한나라당만은 아니다. 통합신당의 새 대표가 된 손학규 씨는 첫 기자회견에서 "부동산 취득세와 등록세 1% 포인트 인하 정책은 곧바로 추진돼야 하며 1가구 1주택자 양도세 완화 조치도 2월 국회에서 바로 처리할 생각"이라고 말했다. 이를 환영한다는 한나라당 정책위 의장의 화답도 바로 이어졌다. 곧 자리를 맞바꿀 여당과 제1야당이 고가 아파트 보유자들을 위해 한목소리를 낸 것이다. 사실 손학규 씨 주장은 대통령선거운동 기간 동안 제 당 후보 정동영 씨가 내세웠던 주장을 되풀이한 데 불과하다. 여야를 가리지 않고 부자들의 환심을 못 사 안달이다. 종부세 과세 기준을 9억이나 10억으로 올리겠다는 새 정부 뜻도 곧 이뤄지리라. 대기업에 대한 출자총액제한제도와 금산분리 원칙도 사라질 테고.

20세기의 한 정치철학자는 사회가 부자들에게 유리하게 유지되는 것은 부자들이 추구하는 가치를 일종의 '상식'으로 만드는 헤게모니 문화를 통해서라고 말한 적 있다. 이 문화헤게모니에 휘둘려, 가난한 사람들은 부자에게 이로운 것이 제게도 이롭다 여기게 되고, 그래서 부자들처럼 세상을 바라보게 된다는 것이다. 부자들의 가치를 자연스러운 규범으로 만드는 이 문화헤게모니를 해체해야 좀더 평등하고 정의로운 사회를 향해 나아갈 수 있다는 것이 그 철학자의 생각이었다. 지난 대선 때 우리 사회의 가난한 사람들이 부자들을 대표해온 정당의 후보에게 투표한 데는 여러 이유가 있겠지만, 그 가운데 하나는 부자들의 문화헤게모니에서 찾을 수 있을 것이다.

지금 대한민국에서 부자들의 문화헤게모니는 그 어느 때보다 튼튼해 보인다. 오로지 '경제'라는 구호를 선점했다는 이유로, 그것이 어떤 경제인지는 묻지도 생각해보지도 않은 채, 부자고 서민이고 '경제 후보'에게 몰표를 던졌다. 그 후보가 속한 정당을 포함해 올 4월 총선에서 원내 1·2·3당이 되리라 예상되는 정당들의 대표는 모두 한 정당 출신, 최상층 부자들을 대표해온 정당 출신이다. 대다수 정당이, 더 나아가 가장 가난한 사람들을 포함한 유권자 다수가 부자들의 문화헤게모니에 빨려 들어갔다는 뜻이겠다. 그 문화헤게모니의 이름은 시장지상주의다. 그러나 지금 한국인들의 몸을 잠식하고 있는 시장은 합리성의 연산으로 작동하는 투명한 시장이 아니다. 그 시장은 여러 규모의 '패밀리'들이 온갖 연緣줄의 폭력으로 개인들을 억압하며 경쟁을 왜곡하는 전근대적 시장이다.

강력한 복지가 시장의 냉혹함을 누그러뜨리고 주체적 개인들의 합리성이 마피아적 연줄을 끊어내는 투명한 연대 사회를 세우려면, 부자들의 이 문화헤게모니를 무너뜨려야 한다. 그리고 그 헤게모니를 무너뜨릴 가느다란 희망은 민주노동당 같은 비주류 정당 언저리에 있다. 요즘 시끌벅적한 민주노동당에 자꾸 눈길이 가는 이유다.

<한국일보>, 2008. 2. 17.

33

민주노동당, 시간이 없다

✦

〰〰〰〰〰〰〰

오직 한 캠프만 환호작약이고 다른 모든 정치세력은 상혼낙담이다. 집권의 길이 아득함을 다시 한 번 깨달은 민주노동당은 뒤쪽에 속할 테다. 그러나 낙담은 사치다. 시간이 넉넉지 않기 때문이다. 18대 총선은 넉 달도 남지 않았다. 시간은 이번 대선에서 패배한 모든 정치세력에게 넉넉지 않지만, 민주노동당에겐 특히 그렇다. 다른 정치세력들은 꽤 두툼한 전통적 지지층이 있어서 내년 4월 총선에서 쓴맛을 본다 해도 이내 세력을 복원할 수 있다. 그러나 기존 지지층이 가녀린 민주노동당은, 18대 총선에서 지역구 의석을 얻지 못하면, 영원히 원내외院內外 경계정당으로 남거나 가뭇없이 사라져버릴 수도 있다. 이합집산이 상례인 보수정치권에서야 정당 하나가 몰락하는 것이 대수로운 일은 아니다. 그러나 한국 진보정치사상 처음으로 8년 역사를 이끌어온 민주노동당의 몰락은 진보정치 전체의 영락으로 이어질 수도 있다. 그것이 뜻하는 것은 시장독재의 만개다. 낙담할 여유가 없다.

이번 대선 국면에서 민주노동당은 보수정파나 중도자유주의정파에 견주어서는 분열상을 덜 드러냈다. 적어도 당원들이나 핵심 지지자들의 이반이 또렷한 흐름을 이루지는 않았다. 그러나 그것은 겉모습일 뿐이다. 완고한 민족주의자들과 사회민주주의자들의 동거는 이 정당의 역사 내내 그랬듯 이번 대선 경선과정에서도 삐걱 소리를 냈고, 당내 자주파의 도움으로 어렵사리 후보가 된 권영길 씨는 민족주의 수사와 북핵에 대한 모호한 태도로 당내 후원세력을 만족시켰다. 그리고 그 사실이, 당 밖의 적잖은 진보 유권자들로 하여금 이 정당과의 유대를 재고하도록 만들었다. 바뀌지 않는다면, 민주노동당은 내년 4월 이후 그저 무책임한 직업적 비순응주의자들의 동호회가 되거나 둘로 쪼개질지 모른다. 민주노동당은 바뀌어야 한다.

어떻게? 우선, 당 안팎에서 지적해왔듯, 민주노동당은 민족통일이라는 의제를 제 가치 목록의 변두리로 밀어내야 한다. 다시 말해 조선민주주의인민공화국과의 정분을 공식적으로 끊어내야 한다. 민주노동당의 기반은 이웃나라 정권이나 인민이 아니라 대한민국의 노동계급과 농민, 사회적·경제적·문화적 약자라는 점을 잊지 말자. 이것은 북한이 지금과 같은 시대착오적 가산국가家産國家가 아니라 해도 마찬가지다.

무엇보다도, 민족지상주의와 통일근본주의는 좌파정당 민주노동당의 근본 가치가 될 수 없다. 그것들이, 적어도 역사의 지금 단계에선, 반동적이고 복고적인 가치, 다시 말해 극단적으로 우익적인 가치이기 때문이다. 21세기 대한민국에서, 낭만적 민족지상주의에 이끌리는 통일 담론은 수많은 사회·경제 문제들을 '관념 속의 핏줄'로 환원한다는 점에서 우익적이다. 더 나아가, 역사상의 어떤 민족주의가 진보적 역할을 수행했다 해도, 민족의 이익이나 재결합 같은 가치는 복지나 사회 연대나 인권 같은 가치가 보편가치인 것과 달리 본디부터 특수가치다.

다음, 민주노동당은 자신이 설계하고 있는 사회의 내용과 그 프로그램을 지금보다 더 또렷이 보여주어야 한다. 유권자들은 민주노동당식 사회민주주의의 속살은커녕 그 테두리조차 잘 알지 못한다. 이 정당이 추구하는 평등과 복지의 한계는 어디인지, 비정규 노동자와 대기업 조직노동자의 서로 엇갈리는 이해관계는 어떻게 조정할 것인지, 다양한 수준의 문화적 소수자 인권이나 환경 의제는 이 정당의 가치 목록에서 어디쯤 자리 잡고 있는지 같은 것들 말이다. 이것들을 또렷이 하는 것은, '북한 문제'와 더불어, 민주노동당이 '새로운 진보'를 자임하는 한국사회당과 어떻게 다르고 닮았는지를 유권자들에게 설명하는 일이기도 하다. 민주노동당의 상대적으로 긴 역사가 저절로 이 정당을 좌파 정치세력의 주류로 붙박아두는 것은 아니다. 대선 결과를 두고 좌절하거나 안도할 때가 아니다. 시간이 없다.

<한국일보>, 2007. 12. 20.

34
끔찍한 동심童心

◆

〜〜〜〜〜

'동심의 세계'라는 말이 나쁜 뜻으로 쓰이는 경우는 별로 없다. 동심은 대개 무구함, 순수함, 깨끗함 따위와 이어진다. 이런 관념의 틀 안에선, 어른이 된다는 것은 마음에 때를 묻히는 것이다. '우리는 깨끗하게 태어났지만, 세상 속으로 깊숙이 들어가면서 더럽혀진다; 선한 사람이란 어릴 때 마음을 그대로 간직한 사람이다; 어른들은 아이들의 그 깨끗한 마음을 더럽히지 않도록 애써야 한다.'

그러나 조금만 돌이켜보면, 이런 어린이 찬가의 근거가 허술하다는 게 드러난다. 개개인의 차이는 있지만, 우리들이 알고 있는 아이들은 선함과 거리가 있다. 아이들은 대체로 지극히 자기중심적이고, 드물지 않게 공격적이다. 놀이방이나 유치원 교사 노릇하기가 힘든 것은 동심이라는 게 일반적 관념과 달리 그리

아름답지 않기 때문이다. 초등학교 교실도 마찬가지다. 그곳에선 아이들끼리의 폭력과 따돌림이 난무하고, 경쟁자를 거꾸러뜨리기 위한 음모가 횡행한다. 그런 현상이 큰 사회 문제로 잘 떠오르지 않는 것은, 아이들은 육체적 힘이나 지능이 충분치 않아 그런 폭력과 음모가 어마어마하지 않기 때문이다. 아이들을 보호해야 하는 것은 그들이 선하기 때문이 아니라 약하기 때문이다. 그들이 어른들보다 더 선해 보이지는 않는다.

외려 그 반대가 진실에 가까워 보인다. 그러니까 대부분의 아이들은 교육을 통해서야 윤리적 자극을 얻게 되는 것 같다. 사람들이 염치, 너그러움, 수치심, 배려, 협동심, 겸손, 예의 따위에 가치를 부여하게 되는 것은 대개 교육을 통해서다. 물론 이런 미덕들은 사람의 마음속에 잠재해 있던 것일 테다. '교육'에 해당하는 서양 말의 어원은 '밖으로 끌어낸다'는 뜻이다. 본디부터 없었던 것을 끄집어낼 수는 없다. 그러니까 잠재적으로는 사람이 윤리를 지향한다고 볼 수도 있겠다. 그러나 그런 윤리성을 발현시키는 것은 교육이다. 대개의 아이들은, 윤리적으로 자라날 가능성은 있지만 아직 윤리적이지 못한 존재다. 동심은 흔히 비윤리적이다. 아이들은 선한 게 아니라 유치하다.

공동체가 교육을 통해 새 세대의 마음속에서 윤리를 끄집어내는 것은 공동체 자체의 존속을 위해서다. 만인에 대한 만인의 투쟁이 세상살이의 한 본질적 측면이고, 그래서 모든 사람은 모든 사람에 대해서 궁극적으론 늑대 노릇을 할 수밖에 없다 할 지라도, 그것을 대놓고 선양할 경우 사회는 무뢰한들의 놀이터 로 변해 궁극적으로 무너져 내릴 것이다. 유전자가 본디 이기적 이라 할지라도, 공동체가 개체들로 하여금 그 유전자들의 이기 적 목적을 이타적 외양으로 이루도록 독려하는 것은 종種의 안 녕에 크게 이롭다. 그것은 윤리교육의 한 측면이 위선교육이라 는 뜻이기도 하다. 위선僞善 자체는 선이 아니지만, 그것은 위선僞 善을 통해서, 곧 선의 형식적 실천을 통해서 이뤄진다. 그럼으로 써 그것은 일정하게 악을 제어한다. 동심이란 아직 그 위선에 이 르지 못한, 날것으로 이기적인 마음이다.

선한 사람으로 그득한 세상이 가장 좋은 세상이겠지만, 그 것은 영원히 이루지 못할 꿈이다. 우리가 바랄 수 있는 최선은, 그 만저만한 윤리적 굴레로 이기심을 조이며 선을 겉치레로라도 실 천하는 사람들(곧 위선자들)이 세상에 넘쳐나는 것 정도일 테다. 넘쳐나지는 않더라도, 그렇게 윤리를 의식하는 위선자들이 득세 하는 세상은 지옥은 아니다. 실제로 인류 문명의 역사는 상당 부 분 위선의 역사였다. 위선자들이 우리를 다스렸다.

새 천년 들어 상황은 한결 나빠져가고 있는 것 같다. 약한 사람들을 표적으로 삼은 미국 행정부의 이지메에는 위선조차 없 다. 그저 날것 그대로의 동심만이 펄럭일 뿐이다. 대한민국의 다 음 대통령이 되겠다고 나선 이들도 대개 그렇다. 그들은 부끄러움의 능력마저 완전히 잃은 듯, 유치하고 사악한 동심만을 내보이고 있다. 위선자들이 다스리는 세상도 그리 좋은 세상은 아닐 게다. 그러나 정말 끔찍한 세상은 아이들이 다스리는 세상이다.

〈한국일보〉, 2007. 8. 16.

35

민주노동당과 성 소수자

✦

〜〜〜〜〜〜〜〜

　지난주 민주노동당 노회찬 의원이 서울 이태원의 한 레스토랑에서 흔히 LGBT(레즈비언, 게이, 바이섹슈얼, 트랜스젠더)라 묶어 부르는 성적 소수자 30여 명과 정책간담회를 가졌다. 이 자리에서 노 의원은 자신을 '삼반'이라 지칭했다. '이반(동성애자)'은 아니지만 '일반(이성애자)'의 배타적 주류 문화에 비판적인, 그래서 '이반'을 존중하며 따라가려 애쓰는 이성애자라는 뜻이었다. 이 '삼반'이라는 말이 본디 있었는지, 아니면 익히 알려진 노 의원의 기발한 작명술에서 나왔는지는 모르겠으나, 성 소수자와 연대하는 성 다수자를 앞으로 '삼반'이라 불러도 좋겠다.

　진보정당이 성 소수자와 연대하는 것은, 외국의 예에서도 보듯, 자연스럽다. 사실 민주노동당은 대한민국 기존 정당들 가운데 이들에게 연대의 손길을 건넨 유일한 정당이기도 하다. 민주노동당 안에도 '붉은 이반'이라는 이름의 성 소수자 모임이 있다고 한다. 그래도 이 정당의 상징적 인물 가운데 한 사람이 성 소수자들과 한자리에 앉아 정책간담회까지 연 것은 눈길을 끌 만했다.

2002년 서울시장 선거에 민주노동당 후보로 나선 이문옥 씨는 그즈음 한 인터뷰에서 동성애에 대해 설핏 불편한 심사를 드러낸 바 있다. 이문옥 씨가 별난 당원이어서 그랬던 것은 아닐 게다. 사실 기층 민중을 주요 지지세력으로 삼는 정당이 성 소수자와의 연대를 공공연히 표방하는 것이 전술적으로 이득이 되는지도 확실치 않다. 노동계급문화나 농민문화가 전통적 가치에, 곧 보수적 가치에 친화적이기 때문이다. 다시 말해 성 소수자에 대한 이들의 편견이 완강할 가능성이 크기 때문이다.

성 소수자가 문화적 소수자(주류 사회로부터 소극적 이미지를 주입받는 집단)와 사회적 소수자(양적 소수집단)를 겸한 이중 소수자라는 점도 이들과의 연대를 여느 정치인들에게 덜 매력적으로 보이게 만든다. 모든 문화적 소수자가 사회적 소수자인 것은 아니다. 노동계급이나 여성은 문화적 소수자집단이긴 하지만 사회적 소수자집단은 아니다. 다시 말해 이 계급적 성적 범주는 중간계급 이상의 남성으로 이뤄진 주류 사회로부터 소극적 이미지를 주입받고 있긴 있지만, 수적으로 열세는 아니다. 그래서 어떤 정치세력이 노동계급이나 여성의 벗으로 여겨지는 것은 선거에 도움이 된다.

　반면에 성 소수자라는 범주는, 양심에 따른 병역거부자나 혼혈인이나 귀화인이나 장애인과 마찬가지로, 문화적으로만이 아니라 사회적으로도 소수자집단이다. 그들은 주류 사회로부터 소극적 이미지를 주입받고 있으면서 그 수數도 선거에 영향을 끼칠 만큼은 많지 않다. 그래서 어떤 정치세력이 이런 이중 소수자집단의 친구로 여겨지는 것은, 이 연대와 우애에 윤리적으로 공감하는 박애주의자들의 지지를 간접적으로 이끌어낼 수는 있겠으나, 적어도 단기적으로는 선거에 큰 도움이 되기 어렵다. 이 이중 소수자집단을 백안시하는 보수적 문화에 노동계급과 농민이 계속 휘둘리는 한, 진보정당의 두드러진 소수자 연대는 오히려 지지층의 부분적 이반을 초래할 수도 있다.

　물론 다른 분석과 전망도 있을 수 있겠다. 외국의 좌파정당이 흔히 그렇듯, 민주노동당 지지층도 사회·경제적 약자들만이 아니라 문화적 감수성이나 지향하는 가치가 진보적인 중산층 이상의 사람들을 포함하고 있다. 제가 속한 계급과 무관하게 옳다고 생각하는 이념에 따라 민주노동당을 지지하는 이런 사람들에겐, 성 소수자 등의 이중 소수자집단에 대한 민주노동당의 연대가 호소력을 발휘할 것이다.

　나는 위에서 이중 소수자와의 연대를 두고 표에 도움이 되느니 안 되느니를 따졌다. 이것은 얼마나 역겨운 산수인가. 진보정당 지지자를 자임하는 이라면, 진보정치인이라면, 표를 헤아리기에 앞서 소수자들과 무조건 연대해야 할 테다. 차별 철폐야말로 진보의 핵심 가치이니 말이다. 노회찬 의원의 이번 이니셔티브에 박수를 보낸다.

〈한국일보〉, 2007. 6. 21.

36

브레히트에 기대어

✦

〜〜〜〜〜〜〜〜〜

민주주의는 그 말을 이루는 한자들의 뜻에서도 드러나듯
적어도 형식적으로는 국민이 주인 노릇을 하는 정치 체제다(여기
서 '국민'은 영어 단어 'nation'이 아니라 'people'에 상응한다. 국가주의
뉘앙스를 띤 '국민'이라는 말보다 '인민'이나 '민중'이라는 말이 더 적절하
겠으나, 분단 이후 한국 사회의 관행에 따라 '국민'이라는 말을 쓰기로 하
자). 그러니까 현대 민주주의 사회의 주권자는 국민 일반이다.

그 국민의 판단이 꼭 옳다는 법은 없다. 그것을 여론이라 부
르든, 아니면 민의라 부르든, 시평(時平, time horizon)의 크기에
따라 여론과 민의를 구별하든, 아니면 '민심'이라는 말로 그 둘
을 뭉뚱그리든, 주권자들의 이 집단의사는 때로 공동체의 거룩
한 가치와 어긋날 수도 있고, 궁극적으로 주권자 개개인의 이익
을 해칠 수도 있다. 세상사를 꿰뚫는 현자의 눈에, '국민의 뜻'은

어리석게 보이기 십상일 것이다. 흔히 파시즘이라 부르는 반동적 체제는 부분적으로 국민의 자발적 동원에서 에너지를 얻는다. 이 것 하나만으로도 민심이라는 것에 의혹과 경계의 눈길을 보내야 할 이유는 충분하다. 민심은 자주 변덕스럽고 성마르고 이기적이 고 난폭하고 비합리적이다. 그것이 '최고의 사려 깊음'에 이르는 경우는 거의 없다. 민주주의가 중우정치로 타락할 위험을 늘 지 닐 수밖에 없는 것은 민심의 이런 반복무상反覆無常 때문이다.

그러나 이것은 논평가나 사회과학자가 할 수 있는 말이다. 민주주의 사회의 정치계급에게는, 특히 집권세력이나 최고권력 자에게는 이 '진실'을 공적으로 입 밖에 낼 권리가 없다. 그들에 게 권력을 부여한 주체가 바로 민심이고 국민이기 때문이다. 권 력을 선출한 국민과 권력을 비판하는 국민은 다른 실체가 아니 다. 더구나 국민의 판단은 그나마 옳을 가능성이 가장 큰 견해 다. 민주주의가 좋은 체제는 아니지만 그래도 가장 덜 나쁜 체제 라는 말이 뜻하는 것 하나가 바로 이 언저리에 있다. 한 사회가 민주주의 체제를 채택하기로 결정한 이상, 공적公的 옳음의 근거 를 여론이나 민의 바깥에서 찾기는 어렵다.

참여정부 들어 국민의 판단, 곧 민심을 질타하는 목소리가 집권세력 내부에서 간간이 들려왔다. 최근에도 노무현 대통령은 "한나라당의 막강한 뱃심을 뒷받침하는" '여론'과 '민심'을 타박 했다. 이것은 해괴한 일이다. 지금 집권세력에게 시큰둥한 '여론'

'민심'의 거처는 참여정부를 분만하고 노 대통령을 탄핵의 위기에서 구해낸 '여론' '민심'의 거처와 다르지 않기 때문이다. 세 해 전, 네 해 전의 저 국민이 바로 지금의 이 국민이다. 지금처럼 그때도, 여론과 민심은 여러 수준의 이기주의와 편향된 관심으로 흉한 모습을 드러내고 있었고, 무책임한 선동가들과 정치화한 언론의 손에 부박하게 놀아나고 있었다. 그러나 그때 노 대통령은 국민을 질타하지 않았다. 그때처럼 지금도, 민주공화국의 제1 공복公僕에게 국민을 질타할 권리는 없다. 설령 어리석을지라도 국민은 주권자고, 그래서 공복의 존재근거이기 때문이다.

　　베르톨트 브레히트는 1953년 6월 17일 동베를린의 노동자 시위가 정부와 외세에 진압된 뒤 이런 시를 썼다.

　　6월 17일 봉기 뒤에

　　작가동맹 서기는

　　스탈린가에 전단을 배포케 했다

　　거기 씌어 있기를

　　"인민이 어리석게도 정부의 신뢰를 잃어버렸으니

　　이것은 오직 두 배의 노동을 통해서만

　　되찾을 수 있다"나

　　차라리 정부가 인민을 해체하고

　　다른 인민을 선출하는 것이

더 간단하지 않을까?

대한민국 국민은 현자賢者 대통령의 신뢰를 잃었다. 노 대통령에게 가장 간단한 해결책은, 반세기 전 브레히트가 동독 정부에 조언했듯, 이 어리석은 국민을 해체하고 지혜로운 국민을 새로 선출하는 것일 게다. 종(공복)의 깊은 뜻을 잘 헤아려 늘 거기 순종할 주인(주권자)을.

<한국일보>, 2007. 5. 10.

37

'중도中道'라는 농담

✦

〜〜〜〜〜〜〜

1970년대 후반 제1야당 신민당을 이끌던 이철승 씨의 중도 통합론이 당 안팎의 자유주의자들로부터 드센 비판을 받은 것은 그의 '중도'가 유신 파시즘의 안보 논리에 맥없이 포섭됐기 때문이다. 박정희 정권의 안보 캠페인이 시민적 자유와 빚어내는 긴장을 모른 체함으로써, '참여하의 개혁'을 내세운 이철승 씨의 '중도'는 그 제창자의 파시즘 협력을 그럴싸하게 치장하는 횡소리가 되고 말았다. 한 세대가 지난 지금, '중도'라는 말이 화사하게 복권되고 있다. 문단 명망가들 입에서, 대학과 언론사 둘레의 논평가들 입에서, 그리고 무엇보다도 여야 정치인들 입에서 '중도'는 시대정신의 열쇠어로 추앙되고 있다. 이 중도는 이철승 씨의 중도보다 더 좋은 중도일까?

중도는 그것을 실천함으로써 지양하고자 하는 대립물의 차이가 벌어져 있을수록 뜻이 크다. 명도明度를 잣대로 삼은 '검정과 하양 사이의 중도'라든가, 색상환色相環의 자리를 기준으로 삼은 '초록과 빨강 사이의 중도' 같은 것 말이다. 실상 이런 맥락의 중도는 인류 사회의 윤리적·정치적 이상을 함축한다. 평등지상주의와 자유지상주의 사이의 중도, 민족허무주의와 민족지상주의 사이의 중도, 무정부주의와 경찰국가 사이의 중도, 성장제일주의와 분배제일주의 사이의 중도 따위가 그 예다. 이런 중도는, 극단주의자들의 '선명 노선'보다 덜 매력적으로 보이게 마련이지만, 한 공동체의 쏠림을 막아 균형을 잡아주는 '덕德의 길'이라 할 만하다.

요즘 한국 정치의 복음으로 선양되는 중도는 이런 중도가 아니다. 그것은 흔히 '친북좌파'라고 (터무니없이) 비판받는 집권세력과 '수구반동'이라고 (대체로 정당하게) 비판받는 주류 야당 사이의 중도를 가리킨다. 이런 중도도 선양할 만한가? 전혀 그렇지 않다. 이런 중도가 제창된 배경은 이해할 수 있다. 집권세력과 주류 야당의 싸움이 워낙 격렬하다는 점 말이다. 주고받는 말들의 데시벨과 비속함만 놓고 보면, 이들은 이념적 대척에 서 있는 불구대천 원수로 보인다.

그러나 이들은 다른 점보다 같은 점이 훨씬 많은 이념적 동료들이다. 집권세력과 주류 야당은 이 나라를 이끄는 원리를 공유하고 있다. 2002년에 한나라당이 집권했다 해도, 노 정권 이상으로 미국과 총자본에 고분고분할 수는 없었을 게다. 과거사 문제를 비롯해 몇몇 지점에서 집권세력과 주류 야당이 태도를 달리하고 있긴 하지만, 그것은 이 두 세력의 동질성을 해칠 만한 본질적 차이가 아니다. 노 대통령 자신이 대연정 제안을 비롯한 수많은 계기에서 주류 야당과의 동질성을 시인했다. 그렇다면 이들은 왜 이리 격렬하게 싸우는가? 그 싸움에 밥그릇이, 권력을 포함한 여러 형태의 자본이 걸려 있기 때문이다. 싸움은 격렬하지만 차이는 잗다랗다. 이런 잗다란 차이를 지닌 노선 사이의 중도란 도대체 뭘까?

나는 청와대 사람들과 과점 언론 사이의 중도가 어디인지 짚을 수 없다. 그들은 같은 길을 걷는, 다른 패거리(가 아니라면 '패밀리'?)이기 때문이다. 나는 또 조기숙 씨와 전여옥 씨 사이의 중도가 어디인지도 짚을 수 없다. 그들은 저잣거리 언어의 격렬함으로 각자의 '패밀리'에 대한 충성심을 뽐내며, 앞서거니 뒤서거니 한길을 걷고 있기 때문이다. 이 두 이름을 나란히 놓은 것이 어느 쪽에 더 결례인지는 모르겠으나, 행태만이 아니라 이념에서도 이들은 쌍둥이 자매다. 노 정권과 주류 야당(과 과점 언론)은 같은 길을 경쟁적으로 내닫는, 사이 나쁜 쌍둥이일 뿐이다. 이들 사이의 중도란, 다시 색상환을 끌어오자면, 고작 파랑과 남색 사이의 중도일 테다. 이런 중도에도 뜻이 있을까? 지금 근육을 움찔거리는 중도는 민낯(요즘 말로 '쌩얼') 우익 노선과 화장한 우익

노선 사이의 중도다. 이들의 싸움이 소란스럽다 해서 이런 동질적 분파 사이의 중도에 '균형 한국'의 미래를 걸 수는 없다. 이름값을 하는 중도는 이 치우친 중도보다 훨씬 왼쪽으로 뻗어 있을 게다.

〈한국일보〉, 2007. 2. 15.

38

통일보다 중요한 것

✦

~~~~~~~~

1945년 미·소 양국군의 한반도 진주부터 치면 60년이 넘었고, 1948년 서울과 평양의 단독정부 수립부터 쳐도 60년이 돼간다. 분단 말이다. 그 세월, 통일의 열정은 남북 양쪽에서 드세게 요동쳤다. 그 열정은 분단 초기에 참혹한 전쟁으로 폭발했고, 휴전 이후에도 운동량을 길게 유지했다. 그것은 남북 주민집단 내부의 자발성에 바탕을 두기도 했고, 남북 양쪽 정부의 계산된 동원에 기대기도 했다. 외세가 강요한 분단이었던 만큼, 그 부자연스러운 질곡을 바로잡겠다는 열정이 그리도 오래간 것은 자연스러웠다.

오늘날, 통일의 열정은 남북 모두 많이 잦아든 듯하다. 환호와 감동 속에서 새 천년을 열어젖힌 6·15공동선언도, '평화'의 지평에서라면 몰라도 '통일'의 지평에서는, '선언적' 의미를 넘어서는 동력을 얻고 있지 못하다. 분단의 세월이 쌓이면서 그것을 '배 냇조건'으로 자연스레 받아들이는 세대가 한반도 주민집단의 큰 부분을 차지하게 된 데다, 남북 양쪽의 내부 상황과 국제정치의 역학이 한반도 통일에 친화적이지 않은 탓일 테다. 남쪽의 경우, 지금도 새된 목소리로 통일을 되뇌는 세력은 한 무리의 국가주의 논객들과 민주노동당 안의 소위 '자주파' 정도다. 앞쪽은 명백히 수구우파고 뒤쪽은 그 수구우파에 의해 '친북좌파'로 불리지만, 국민국가의 자기확장 욕망에 마구 휘둘리고 있다는 점에서 그들은 둘 다 어기찬 우익이다.

이런 어기찬 우익 분파에 속하지 않으면서도 통일을 어기차게 이야기하는 이로 계간지 《창작과 비평》의 편집인 백낙청 씨가 있다. '분단 체제'라는 개념을 벼려내고 이 체제의 극복 방안을 궁리해온 이 원로학자 덕분에, 우리 사회의 통일 담론에는 정파적 슬로건 바깥의 우아함이 더해졌다. 백낙청 씨는 1월 1일 자로 창비 홈페이지에 올린 〈2007년, 색동담론 아롱진 한 해가 될까〉라는 글에서도, 6·15공동선언 제2항의 '남북연합'(또는 '낮은 단계의 연방') 개념 속에 '평화 대 통일'의 양분법을 녹여내자고 제안하고 있다. 그의 생각으로는, "국가연합의 성립은 평화론의 견지에서는 하나의 주권국가로 통합되기 전에도 아름다운 공존이 이뤄지는 셈이고 통일론의 입장에서는 '1단계 통일'로써 비로소 가능해진 평화공존"이다.

그러나 그의 견해는 아리따운 만큼은 실속 있지 못하다. "시민참여에 의한 실질적 통합 작업이 축적되었을 때 비로소 남북의 당국자가 합의하고 선포하는 국가연합 구상이야말로 수많은 소모적 갈등을 해소할 길을 열어준다"고 말할 때, 백낙청 씨는 언어(의 변증법)로 현실을 대체하는 관념론자로 보인다. 그 관념론이 그에게서 건강한 비관주의를 앗아간다. 그래서 그의 전망 속에선, 국가연합(연합 이후 단계는 말할 것도 없고!)에 합의하고 선포하는 것을 상황에 따라 목숨 걸고 막을 남북 지배계급(외세는 그만두고라도!)의 사악한 이성과 변덕도, '시민참여'의 자리를 남기지 않는 북 체제의 전일성도 대수롭지 않아 보인다. 연합 뒤의 한반도에 들어서서야 할 민주주의가 어떤 것이든, 그 민주주의는 양쪽의(지금 형세로는 주로 북쪽의) 정치유산과 역사를 부정할 수밖에 없다. 그리고 그런 자기부정의 위기는 적어도 한쪽 지배계급을 전쟁의 유혹에 취약하게 만들 것이 분명하다. 다시 말해 '평화 대 통일'의 양분법은, 상황에 따라, 백낙청 씨 생각과 달리 '쓸모없는 담론'이 아닌 것이다.

　이렇게 평화와 통일이 맞바꿈의 관계를 조금이라도 지녔다면, 우리가 선택해야 할 것은 통일이 아니라 평화다. 한반도의 남북 주민이 자유롭게 오가고 사이좋게 지내는 길이 꼭 남북이 한 나라를 이루는 데 있는 것은 아니다. 중요한 것은 한반도에 평화 체제를 확고히 구축하는 것이고, 그 평화 체제 속에서 복지를 축적하는 것이다. 통일은 당위가 아니다. 통일부도 '남북교류부' 정도로 이름을 바꾸는 게 어떨까?

〈한국일보〉, 2006. 12. 28.

39

허영의 용도

✦

〰〰〰〰〰〰〰

"삼성증권의 고객이신 OOO 씨는 이태원 길모퉁이에서 코지코너Cozy Corner라는 레스토랑을 하십니다. 직원 사이에서는 미인 사장님이지만 친구들 사이에서는 책 많이 읽는 사장님으로 통하지요."

한 시사 주간지에서 맞닥뜨린, 삼성증권 광고 카피의 첫머리다. 보기에도 숨막힐 정도로 빼곡한 책들 사이에 서서 여성 모델이 환하게 웃고 있다. 사진 가운데쯤, 그녀의 오른쪽 팔꿈치를 살짝 가린 채 쌓여 있는 책 다섯 권의 제목이 유난히 또렷하다. 다른 책들의 제목이 거의 보이지 않는 것으로 보아, 광고 제작자가 이 다섯 권의 책에 포인트를 주려 했음이 분명하다. 위에서부터 차례로《스콧 니어링 자서전》《바가바드기타》《괴테의 이탈리아 기행》《프란츠 파농》《닥터 노먼 베쑨》이다. 증권회사 고객의,

다시 말해 증권투자자의 독서 목록이 따로 있어야 한다는 법은 없겠으나, 이 광고가 보여주고 싶어하는 책들이 증권의 세계와 그리 어울려 보이지 않는 것도 사실이다.

힌두교 경전이나 괴테의 여행기야 시공을 뛰어넘은 '교양서'라 치자. 그러나 스콧 니어링, 프란츠 파농, 노먼 베순이라니. 외과 의사 베순과 정신과 의사 파농은 각각 중국혁명과 알제리혁명의 한복판에서 제 삶을 소진시켰다. 경제학자 니어링은 평화주의적 견해 때문에 주류 사회에서 계속 내쳐진 끝에 만년을 '독립 농부'로 산 생태주의자다. 이들은 제가끔 서로 다른 세계관을 지니고 살았지만, 한 가지 점에서는 일치했다. 이들 모두는, 적어도 생애 후반부엔, 어기찬 반反자본주의자였다. 그런데 이들의 이름이 자본주의의 가장 뜨거운 상징이라 할 증권회사 광고에 동원되고 있는 것이다.

이게 지난 세기 저물녘부터 손에 먹물 묻힌 자들이면 한마디씩 거들곤 했던 포스트모더니즘이란 걸까? 그런 것 같진 않다. 한때는 반자본주의의 상징이었던 이름들을 자본주의 찬미에 써먹는 이 광고의 너그러운 우아함은 무엇이든 닥치는 대로 삼켜버리는 자본의 먹성을, 이념과 체제의 전선에서 자본주의가 거둔 '최종적' 승리를 보여주는 것일 테다. 이 반항자들의 이름은 이 이름들이 저주했던 세계자본주의의 평안에 이제 아무런 위협이 되지 않는다. 외려 그것은 상품이나 기업의 이미지에 기품과 순정함을 부여하는 소도구로 봉사한다. 폭약이 제거된 파농이라는 이름, 베순이라는 이름, 니어링이라는 이름은 이 난만한 자본주의 소비 사회에서 그저 하나의 스타일로 소비되는 것이다.

소비되는 스타일로써 이 이름들보다 훨씬 많이 팔려나간 것이 체 게바라일 게다. 그의 얼굴이 박힌 티셔츠를 입고 그의 평전을 옆구리에 낀 채 거리를 활보하는 청년들은 세계 어디에나 있다. 좌파를 자임하는 지식분자는, 극우신문의 지면을 빌려, 게바라의 '진정성'을 본받아야 한다며 이 청년들을 계도한다. 자본은 이 모든 것을 그냥 놓아둔다. 게바라 티셔츠를 입은 거리의 청년들이든 극우신문에 얼굴을 들이미는 좌파 지식분자든, 그들에게 게바라가 스타일 이상은 아니라는 걸 자본은 잘 알고 있기 때문이다.

반자본주의적 이름들을 마스코트나 장신구로 삼아 소비하는 자본주의의 허영이 꼭 눈살을 찌푸릴 일만은 아니다. 응용심리학 전문가들이라 할 광고제작자들까지 군침을 흘릴 만큼 이 '불온한' 이름들이 끊임없이 소비된다는 것은, 가장 탐욕스러운 자본주의형 인간도 내면 한구석에 공동체적 정의감각이나 생태주의 감수성을 간직하고 있음을 뜻한다. 유럽의 한 모랄리스트는 위선을 "악이 선에게 바치는 경배"라 정의했거니와, 증권회사 광고에 등장하는《스콧 니어링 자서전》이나 탈정치 세대가 걸친 티셔츠 위의 게바라 얼굴도 '자본주의적인 것'이 '자본주의 아 닌 것'에게 건네는 경배라고 볼 여지가 있다. 그것이 인류의 가느 다란 희망이다. '자본주의 이후'를 모의할 의지와 지혜는 바로 이 허영에서 나오리라.

〈한국일보〉, 2006. 11. 2.

40

'원산 상륙'이라는 망상

✦

~~~~~~~~~

전쟁의 세련된 정의定義 하나는 19세기 프로이센 군사이론가 카를 폰 클라우제비츠가 발설한 "다른 수단들에 의한 정치의 계속"일 것이다. 전쟁이 정치의 '계속'이라는 것은, 프랑스 철학자 앙드레 글뤽스만이 일깨웠듯, 군사부문(전쟁)과 민간부문(정치)이 언제라도 미끈미끈하게 호환될 수 있다는 뜻이다. 글뤽스만은 이 점을 걱정스러워하면서, 군국주의나 '전쟁 신앙'은 민간부문을 복종시키려는 군사부문의 의지에서만이 아니라, 너무도 쉽사리 군사부문으로 빨려 들어가는 민간부문의 자발성에서도 나온다고 부연했다.

최근 북한 미사일과 핵실험에 관련된 뉴스가 쏟아지면서, 군사부문으로 이끌리는 민간부문의 자발성이 우리 정치권 일각에서 운동량을 키우고 있다. 미국이나 일본 극우정치인들의 전쟁 선동이야 그러려니 할 수도 있겠으나, 만일 전쟁이 일어난다면 바로 그 현장이 될 한국에서 민간부문의 군사적 자발성을 목격하는 일은 섬뜩하다. 이들은 전쟁을 정치의 계속으로 여기는 클라우제비츠의 제자이기는 하나, 21세기 전쟁이 19세기 전쟁과 근본적으로 다르다는 점을 잊고 있거나 모른 체하고 있다. 지난주 지미 카터 전 미국 대통령은 한반도에서 전쟁이 날 경우 남한과 미국은 쉽게 북한을 이길 수 있지만 대가가 따른다고 지적했다. 그 대가는 '한국전쟁 때를 능가하는 희생자 수'다. 희생자 수가 설령 그 10분의 1이라 할지라도, 그런 엄청난 희생을 감수하고도 우리가 지켜내야 할 이익이 무엇인지는 헤아리기 어렵다.

전쟁에서 폭탄이나 총탄은 사람을 가리지 않지만, 그렇다고 모든 사람을 평등하게 겨누는 것도 아니다. 카터 전 대통령의 발언이 있었던 19일 김대중 전 대통령은 서울대 강연에서 "전쟁터엔 40세가 넘은 사람들만 나가라"는 찰리 채플린의 말을 인용하며 최근의 군사적 대결 분위기를 경계했다. 전쟁의 가장 큰 불공평함은 그것을 결정하는 사람과 그것의 가장 큰 피해자가 분리된다는 점이다. 천연덕스럽게 '원산 상륙'을 운운한 50대의 공아무개, 송아무개 의원이 죽음을 무릅쓰고 원산상륙작전에 참가하리라고 믿는 사람은 없을 게다. 기성세대가 결정한 전쟁을 가장 직접적으로 감당해야 할 사람들은 젊은이다.

그런데 젊은이들 모두가 평등하게 전쟁의 일차적 희생자가 되는 것도 아니다. 유달리도 몸이 부실한 경우가 많아 징집 면제율이 높은 한국 사회 상류층 자제들이, 전쟁이 터진다 해서 뒤늦게 동원돼 일선전투에 참가하리라고도 내다보기 어렵다. 전쟁의 일차적 희생자는 개전 결정에 아무런 영향을 끼칠 수 없는 힘없는 사람들의 자식들일 것이다. 그러니까 지금 주전론자들에게는 전쟁의 참혹함에 대한 상상력만이 아니라 최소한의 양식이나 명예심조차 없는 것이다.

미국의 이라크 침공 뒤치다꺼리를 한국군이 하도록 결정한 정부와 국회의 결정에 한국 여론이 거칠게 저항하지 않았던 것은 전쟁이라는 재앙에 대한 상상력 부족 때문이었을 것이다. 이라크와의 지리적 거리가 심리적 거리를 넓히며 그 상상력 부족을 거들었을 테다. 그것은 물론 부끄러운 일이다. 그런데 지금 북한을 상대로 한 주전론은 그런 부끄러움마저 사치로 만들 치명적 경솔함이다. 주전론자들이 거론하는 전쟁에서 폭탄이 떨어질 곳은 바그다드가 아니라 서울이기 때문이다. 미국의 이라크 침공에 반대했던 사람들도 후세인이 형편없는 망나니였다는 사실을 알고 있었듯, 지금 대북 군사행동에 반대하는 사람들도 김정일이 파렴치한 독재자라는 사실을 알고 있다. 부시는 후세인 하나를 권좌에서 끌어내리느라 군인, 민간인 가리지 않고 수십만의 사람을 이라크에서 죽였다. 이제 김정일이라는 독재자를 끌어내리기 위해 이라크에서보다 더 많은 사람을 한반도에서 죽여야 하나? 전쟁은, 더욱이 영향력 있는 공인이라면, 쉽사리 입에 담을 말이 아니다. 북핵 사태 책임의 적어도 절반이 부시 행정부에 있다는 점을 제쳐두더라도 말이다.

<한국일보>, 2006. 10. 19.

41

'안티조선'의 추억

✦

옛날옛적에 '안티조선운동'이라는 게 있었다. 김대중 정부의 정책 입안에 간여하던 정치학자 최장집 씨의 사상을 검증하겠다고 〈조선일보〉와 《월간조선》이 소동을 벌이자, 이 신문의 행태를 보다 못한 시민사회 일각에서 벌인 일종의 소비자운동이다. 정치인 노무현도 이 운동에 한 발을 걸쳤다. 사실 그가 대통령이 될 수 있었던 데는 〈조선일보〉와 단호하게 각을 세운 것도 한몫했다. 냉전수구세력의 선전국과 표나게 맞섬으로써, 그는 자신을 개혁의 아우라로 치장할 수 있었다. 노 정권이 들어선 뒤에도, 〈조선일보〉는 정권 핵심부의 '좋은 파트너'였다. 정권 주변에서 추문이 터져도, 제 구실 못해서 지지율이 곤두박질쳐도 모든 게 다 〈조선일보〉 탓이었다. 그것이 처음엔 어느 정도 먹히기도 했다. 한국 저널리즘 언어의 비속화를 선도한 신문답게, 〈조선일보〉의 정부 비판은 가히 저잣거리의 싸움질을 연상시켰으니까.

그러나 싸우면서 닮아가는 것인지, 노 정권 핵심부의 말대꾸도 그리 점잖지는 않았다. 게다가 〈조선일보〉 기자들이 슈퍼컴퓨터가 아닌 다음에야, 늘 틀린 말만 하고 살 수는 없다. 예컨대 노 대통령의 말에 절제가 없고 사람 쓰는 방식이 비상식적이라는 건 〈조선일보〉가 지적하든 〈한겨레〉가 지적하든 옳은 말이다. 이 정권의 흐트러진 몸가짐은 자주 〈조선일보〉 기사의 사실성을 높이며 안티조선운동을 웃음거리로 만드는 데 크게 기여했다. 그 흐트러진 몸가짐이 〈조선일보〉에 대한 일종의 '계산된 보은'인지도 모르겠다. 그런 한편, 정권의 〈조선일보〉 탓하기도 지침 없이 이어지고 있다. 늘 몇 걸음 뒤처져서 〈조선일보〉 따라 하기에 바쁜 〈동아일보〉도 언젠가부터 정권의 블랙리스트에 올랐다.

지난주에 청와대가 〈조선일보〉와 〈동아일보〉의 취재를 거부하겠다고 선언했다. 빌미가 된 기사들이 한 인터넷 신문에 전재돼 있었는데, 읽어보고 좀 뜻밖이라는 생각이 들었다. 청와대의 조처가 정당하다거나 부당하다는 판단을 하려는 게 아니다. 〈동아일보〉 칼럼 둘은 과연 눈살을 찌푸리게 했다. 그런데 청와대에서 문제삼은 〈조선일보〉 기사("계륙 대통령")는, 막말에 관한 이 신문의 오랜 명성을 생각하면, 차라리 온건했다. 지난 대선 때의 노 대통령 발언을, 경쟁자의 비열한 색깔론에 대한 정당한 대응이라는 맥락을 거세하고 난데없이 인용한 대목에서 말의 비수가 느껴지긴 했으나, 그것은 이 신문이 어제오늘 해온 짓이 아니다. 갑자기 이 기사에 청와대가 화를 낸 것이 뜻밖이었고, 그래서 〈조선일보〉가 '부당하게 끼워 팔린 것' 아닌가 하는 생각 도 들었다.

사실, 노 정권과 〈조선일보〉의 티격태격에는 기이한 구석이 있다. 이라크 파병에서부터 한·미 FTA 밀어붙이기에 이르기까지 그들은 '국가운영 철학'을 큰 테두리에서 공유하고 있으니 말이다. 그러니까 이들의 상호 증오는 유전자에 기인한 '인종적 배타성'이거나, 시쳇말로 '적대적 상호 의존'에 가까운 것 같다. 노 정권은 〈조선일보〉를 계속 탓함으로써 다 떨어진 '개혁성'을 과시하고, 〈조선일보〉는 정부를 물어뜯음으로써 알량한 '비판지'의 명성을 누린다.

이렇게 이념이나 철학으로 보아 안티조선운동을 안 해도 될 청와대 사람들은 이 운동에 열심이고, 정작 안티조선운동을 해야 할 사람들은 예나 지금이나 꿀 먹은 벙어리다. 지난주, 출판사 창비 사이트의 '창비주간논평'이라는 방에는 백낙청 씨의 〈시민참여형 통일과 민간통일운동〉이라는 글이 실렸다. '시민참여형 통일'이나 '민간통일운동'에 대한 그 글의 진단과 전망이 얼마만큼 현실에 뿌리박고 있는지에 대해선 판단하고 싶지 않다. 확실한 것은, 백낙청 씨가 생각하는 통일운동에 가장 적대적인 세력이 〈조선일보〉라는 점이다. 안티조선이 꼭 '운동'이 돼야 하는 것도 아니다. 그것은 때로 '태도'나 '몸가짐'으로 족하다. 백낙청 씨와 창비가, 아름다운 말씀들을 늘어놓는 틈틈이, 안티조선의 '태도'나 '몸가짐'이라도 갖추었으면 좋겠다. 분열증은 미덕이 아니다.

<한국일보>, 2006. 8. 3.

42

'버핏의 경기장'을 넘어서

✦

〜〜〜〜〜

　자기 재산 대부분을 자선단체에 기부하겠다는 '투자의 현인' 워런 버핏의 선언이 최근 미디어의 눈길을 크게 끌었다. 몇몇 언론은 버핏의 이 결정을 삼성이나 현대차 그룹 '오너'의 행태에 견주며 우리 기부문화의 척박함을 한탄하기도 했다. 아닌 게 아니라 한국 기부문화를 지탱해온 것이 주로 '김밥 할머니'들이었다는 데 생각이 미치면, 그 속사정이야 어떻든 외국 부자들의 기부문화에 부러운 구석도 있다. "내 자식들은 능력주의를 지향하는 이 사회에서 엄청나게 유리한 출발을 했다. 거대한 부의 대물림은 우리가 평평하게 만들어야 할 경기장을 더욱 기울어지게 할 것"(경제잡지 《포천》과의 인터뷰)이라는 버핏의 멋진 말을 우리 사회 부자들에게선 듣기 어렵다.

　그러나 버핏에 대한 이 환호는 '나눔의 방식'에 대한 논점 하나를 흐려버릴 수 있다. 그것은 가난 퇴치가 부자들의 기부를 통해, 그들의 자선을 통해 이뤄져야 하는가 하는 점이다. 기부에 바탕을 둔 자선사업을 선양하는 것은 사회적으로 덜 혜택받은 사람들을 일종의 '구걸자'로 만드는 것이다. 자선의 아름다운 손길 뒤에는 음험한 위계 철학이 웅크리고 있다. 가난한 사람은 부자의 너그러움과 친절에 기대어 살아가게 마련이라는 생각 말이다. 그러나 부富는 '환원'의 대상이 아니라 '분배'의 대상이다. 그리고 그 분배의 엔진은 개인의 너그러움이 아니라 공동체의 법이다. 가장 너그러운 부자들도 듣기 싫어하는 '세법' 말이다. 기술적 문제들을 잘 풀어나가며 부자들에게 세금을 걸을 만큼 걸어 이를 온전히 서민 복지에 쓴다면, 부자들이 굳이 기부나 자선사업을 해야 할 이유가 없다. 그리고 프랑스 사회학자 피에르 부르디외의 말마따나 '국가의 왼손'(복지 관련 부처들)은 과거의 사회투쟁이 국가 한복판에 남겨놓은 흔적이므로, 서민들 역시 부자들에게 고마워해야 할 이유가 없다.

위에 인용한 버핏의 인터뷰 발언을 나는 '멋진 말'이라 치켜세웠다. 그러나 그것은 그 정도 말조차 할 줄 모르는 우리 사회 부자들을 생각하면 그렇다는 얘기다. 버핏은 자기 자식들이 살아갈 사회, 곧 미국 사회를 '능력주의를 지향하는 사회'라 규정했다. 능력주의 사회는, 말할 나위 없이, 갖가지 불합리한 연줄로 사람의 값어치가 매겨지는 사회보다 좋은 사회다. 능력은 마땅히 보상받아야 한다. 만약에 능력이 아무런 덤의 보상을 받지 않는다면 누구도 능력을 키울 생각을 하지 않을 테고, 그런 사회가 퇴락할 것은 정한 이치다.

그런 한편, 그 보상의 차이가 능력 차이보다 터무니없이 커서는 안 된다는 점도 엄연하다. 그것이 정의감각에 부합한다. 더욱이, 버핏의 고백대로, 부자의 자식들이 능력주의 사회에서 "엄청나게 유리한 출발을 하게 마련"이라면 말이다. 그러나 실제에서는, 능력주의가 견고한 사회일수록, 보상 차이는 능력 차이보다 훨씬 더 커지기 쉽다. 이런 '쏠림'은 이른바 '슈퍼스타의 경제학'이 고스란히 작동하는 연예계나 프로스포츠계에서 두드러지지만, 이미지가 구매심리를 주무르는 현대의 시장 일반에서 흔히 볼 수 있는 일이다. 1등과 2등의 능력 차이는 아주 작을 수 있지만, 그들이 받는 보상의 차이는 터무니없이 크다. 그 차이를 줄여 사회 갈등을 눅이는 것이 세법이다.

미국 자유주의 철학자 존 롤스는 이른바 '사회적 일차 상품'(자유, 기회, 소득, 부, 자존감 따위)을 둘러싼 갈등을 조정하기 위해 '정의의 원칙들'이라는 분배규칙을 고안한 바 있다. 그 원칙 하나는 "모든 사회적 일차 상품들은 이것들의 일부 또는 전부의 불평등한 분배가 최소 수혜자의 이득이 되지 않는 한 평등하게 분배돼야 한다"는 것이다. 버핏이 꿈꾼 '평평한 경기장'은 '부자의 자식들에게 유리하게 더욱 기울어진 경기장'보다는 정의로운 경기장이다. 그러나 더 정의로운 경기장은 '서민의 자식들에게 유리하게 약간 기울어진 경기장'일 것이다.

<한국일보>, 2006. 7. 6.

43

사형死刑 존치론에도 일리는 있지만

✦

～～～～～～～

　　김대중 정부가 들어선 이래 지금까지 한국에서는 사형 집행이 없었다. 그 여덟 해 남짓 동안 사법부가 사형을 확정한 사람은 예순 명이 훌쩍 넘는다. 국제사면위원회의 표현을 빌려오자면, 이 나라에서는 '사형의 비공식적 모라토리엄(유예)'이 이뤄지고 있는 것이다. 사형제도에 반대하는 국가수반의 철학과 아직은 이 제도의 존치에 더 호의적인 여론 사이의 어중간한 타협이랄 수 있다. 그러나 이런 비정상적 상황을 질질 끌 수는 없다. 무엇보다도, 정부 스스로 법을 어기고 있다. 형사소송법은 사형판결이 확정된 날로부터 여섯 달 안에 법무장관이 집행명령을 해야 한다고 규정하고 있다. 사형제도가 옳지 않다고 정부가 판단했다면, 그 뒤에 해야 할 일은 사형 집행명령이라는 '더러운 일'을 다음 정권에 떠넘기는 것이 아니라 국회의 협력을 얻어 사형제도를 없애는 것이다.

사형제도에 대한 가치판단은 쉽지 않다. 폐지론자들은 사형제도가 살인범죄율을 낮추는 데 아무런 도움이 되지 못한다는 점을 힘주어 강조한다. 옳기는 하다. 그동안 여러 사회에서 축적된 통계들은 사형제도와 살인범죄율 사이에 상관관계가 거의 없다는 것을 입증했다. 말하자면 잠재적 살인범죄자에 대해 사형제도가 지니는 위하威嚇효과는 거의 없다고 보아도 좋다. 그러나 그런 사실이 존치론자들을 쉽게 설득할 수 있는 것은 아니다. 존치론의 가장 큰 근거는 그런 프래그머티즘 너머의 정의감각이기 때문이다. 존치론자들은 지은 죄에 상응하는 보복, 다시 말해 응보를 정의의 실현이라고 판단하는 것이다.

응보를 형벌의 본질로 여기는 이른바 응보형론은 형법학 교과서에서야 '구파舊派'라는 딱지가 붙은 채 한물간 보수주의 이론으로 치부되고 있지만, 사람들의 보편적 정의감각에는 더할 나위 없이 부합한다. 자유의지로 무고한 사람의 생명을 빼앗은 자는 오직 제 생명으로써만 그 죄를 씻어낼 수 있다는 생각에 저항하기는 쉽지 않다. 탈리오법lex talionis은 태고의 화석이 아니라 지금 이 순간에도 작동하는 법감정이다. 살인자에게도 인권은 있다는 말은 옳지만, 그 인권이 피해자나 그 가족의 인권에 앞설수는 없다고 존치론자들은 생각한다. 게다가, 사형제도의 위하효과와 마찬가지로, 다른 형벌의 교육효과도 입증된 바 없다. 그렇기는커녕 교도소는 흔히 범죄학교 노릇을 하고 있다. 최근 언론에 자주 오르내리는 이른바 '사이코패스' 살인범죄자들에게는 죄의식을 갖게 하는 것 자체가 불가능하다고 정신의학자들은 말한다.

존치론의 이런 근거들에 나는 깊이 공감한다. 그러면서도 사형제도를 없애는 것이 옳다고 생각한다. 이유는 여럿이지만 크게 두 차원이다. 첫째는 정의의 이름으로 동류同類의 생명을 앗는 것이 인류의 자존감을 크게 해칠 수 있다는 판단 때문이다. 둘째는 오심의 가능성 때문이다. 국제사면위원회에 따르면, 1970년대 이래 사형이 확정된 사람 가운데 재심을 통해 무죄판결을 받은 사람이 미국에서만 1백 수십 명에 이른다. 이들은 죄 없이 형장의 이슬로 사라질 수도 있었던 사람들이다. 인간의 판단 능력은 제한적인데, 이런 제한적 판단력에 기대어 돌이킬 수 없는 형을 집행하는 것은 너무 위험하다. 사형 대상 범죄를 지금보다 크게 줄인다고 해도 이런 사정은 달라지지 않는다. 이미 86개 나라에서 사형제도를 없앤 데에는, 이 제도가 살인범죄를 억제하지 못한다는 경험칙 말고도 그런 철학적·실천적 판단들이 작용했을 것이다.

지금의 사형제도는 가석방이 거의 불가능한 종신형제도로 바꾸는 것이 좋겠다. 사회로부터의 종신 격리는 살인범죄자에 대해 피해자 가족이나 사회 일반이 지니게 마련인 보복감정을 어느 정도 충족시키면서, 혹시라도 있을지 모를 오심에 대해 치유 가능성을 열어둘 수 있다. 종신형은 또 사회방위 효과에서도 사형에 뒤지지 않는다. 굳이 사형을 통해 범죄자에게 보복하려는 집착은 사회적 차원에서 피해자 가족을 도우려는 연대의 노력으로 바뀌어야 한다.

<한국일보>, 2006. 5. 25.

44

다시, 국가보안법에 대하여

✦

～～～～～～～

국가보안법 폐지론이 언젠가부터 잦아들고 있다. 이 법을 없애면 세상이 당장 무너지기라도 할 듯 호들갑을 떨어온 수구 정파와 언론이야 그렇다 치더라도, '개혁' 완장을 두른 집권세력 안에서도 폐지 목소리를 듣기 어렵게 되었다. 야당의 드센 반발로 국회가 공전돼 개혁입법 전반이 좌초할 위기에 놓여 있다는 것이 그 명분이다. 민주노동당에서도, 보안법 폐지에 온 힘을 쏟는 것은 민중의 삶의 질 개선이라는 진보정당의 일차적 의무를 결과적으로 방기하는 전술적 패착이라는 반성이 나온 지 오래다. 개혁 진영의 명망 있는 학자들도 이런 상황인식을 이론적으로 거들고 있다. 한마디로 보안법 폐지론은 세련되지 못한 담론이라는 것이다.

이 세련되지 못한 담론을 다시 끄집어내고 싶다. 우선 열린우리당이 개혁법안들을 한 다발로 묶어 추진함으로써 반대파들을 응집시키는 전술적 오류를 범했다는 것은 보안법이 반드시 없애야 할 악법이라는 사실을 조금도 변경시키지 못한다. 심지어 특정 시점에 보안법 존치를 바라는 여론이 높다는 사실도 이 법이 악법이라는 사실에 아무런 영향을 주지 않는다. 보안법은 왜 악법인가? 이 법이 모든 자유의 바탕인 사상의 자유를 근본적으로 옥죄면서 역사의 유물이 돼버린 냉전 체제의 산소마스크 노릇을 하고 있기 때문이다.

보안법을 내버려두자는 논거의 두 축은 민생론과 사문화론死文化論이다. 수구정파와 언론에서 주창해 개혁정파 일부까지 감염시킨 민생론의 요점은 나라 경제가 어려운데 서민 살림살이와 직접적 관련이 없는 보안법 문제로 왜 나라를 들썩이게 하느냐는 것이다. 그런데 사실은 폐지론자들이 존치론자들에게 궁금해하는 것도 바로 그 대목이다. 나라 경제가 어렵다는데 서민 살림살이와 직접적 관련이 없는 보안법을 왜 그리 부둥켜안고 애지중지하며 나라를 들썩이게 하느냐는 말이다. 이 민생론은 더러 샛길로 빠져, 보안법으로 불편한 사람은 소수일 뿐인데 그냥 놓아두면 좀 어떠냐는 주장으로 이어지기도 한다. 그러나 사상검열법이라는 것이 늘 그렇듯, 보안법도 공동체 구성원 모두의 잠재의식을 억누른다. 더 나아가, 보안법으로 해를 입는 사람이 설령 소수에 지나지 않는다고 하더라도, 소수자 보호는 자유주의의 핵심 원칙 가운데 하나다.

주로 지금의 집권세력 한쪽에서 나오는 사문화론은, 보안법이 악법이기는 하지만 실제론 거의 작동하고 있지 않으니 굳이 이 법을 놓고 분란을 일으킬 필요가 없다는 것이다. 이런 편의주의적 태도가 법치주의를 근본적으로 부정하면서 시민들의 법 경시 풍조를 부추기고 있다는 사실을 우선 지적해두자. 편의주의자들이 잊고 있거나 모른 체하고 있는 것은, 한 순간 사문화한 듯 보이는 보안법이 정권 담당자나 사법부의 변덕에 따라 언제든지 되살아나 사람들을 선택적으로 처벌할 가능성이다. 악법의 적용을 삼가는 '좋은 정권'과 '좋은 검찰'과 '좋은 사법부'를 기대하고 악법을 놓아두자는 주장은 법의 지배를 포기하자는 것이다. 보안법의 특별법으로서 남북교류협력법을 내세우며 이런 사문화론을 거들려는 시도도 온당치 않다. 왜 똑같은 행위가 정부의 승인을 받으면 남북 교류협력행위가 돼 무사무탈하고, 정부가 변덕이 나 승인을 하지 않으면 반국가단체와 관련한 탈출 잠입, 회합 통신, 찬양 고무 따위의 무시무시한 범죄가 돼 가혹한 처벌을 받는가?

"사물은 극에 이르면 변하는 것이 정한 이치다. 바야흐로 이때 백성들은 익숙한 풍속에 얽매여 마치 큰 변괴나 만난 듯이 여겼으며, 서원書院에 붙어사는 유생 무리들은 하루아침에 갈 곳을 잃어 더욱 미쳐 날뛰며 소리치고 상소를 한다고 대궐 앞에 엎드

려 있는 것이 줄줄이 이어졌다. 식자들은 이를 비웃었다." 홍선대
원군에게 매우 비판적이었던 구한말 선비 매천 황현이 대원군의
서원 철폐를 지지하며 남긴 기록이다. 국가보안법을 둘러싼 지금
풍경과 닮은 데가 있지 않은가?

<한국일보>, 2005. 3. 31.

45

언론으로부터의 자유를 위하여

✦

~~~~~~~~~~

복고復古의 욕망으로 몸이 단 우익 만담가들의 엄살과 달리, 오늘날 한국에서 언론의 자유는 극성기를 맞은 듯하다. 올드미디어든 뉴미디어든, 거대자본 매체든 소자본 독립매체든, 제 하고 싶은 말을 못 해 끌탕을 하는 언론은 없어 보인다. 이제 한국의 언론을 규제하는 것은 자본의 운동력과 언론인 개개인의 양심 또는 셈속뿐이다. 1988년 이전까지만 해도 미디어 대부분이 정치권력의 직접적 통제 아래 있었다는 것을 생각하면, 오늘날 언론이 누리는 거의 무제한의 자유는 정녕 놀랍다. 언론은 그 자신 크게 기여한 바 없는 한국 민주주의의 가장 큰 수혜자다.

그러나 한국 언론이 커뮤니케이션의 공변된 매개물로 보이지는 않는다. 특정한 정파나 계급집단에 동화되지 않고 공동체 전체의 일반 언로가 되고자 하는 언론을 찾기는 쉽지 않다. 1987

년 시민항쟁의 결과로 표준적 선거제도가 복원되자마자, 몇몇 신문은 그 시기의 지배적 정파와 몸을 섞으며 수구 신성동맹의 일원이 되었다. 당초엔 동맹 내부의 하위 파트너였던 이 신문들은 강준만이 '권력변환'이라고 부른 과정을 거치며 수구동맹 전체를 지휘하는 상위 파트너가 되었다. 거침없는 막말로 신문언어의 음역音域을 넓히는 데 크게 이바지한 한 신문은 1987년 이후 네 차례 대통령선거에서 그 자신이 언론기관이라기보다 정치집단이라는 것을 주저 없이 드러냈다.

언론의 정치세력화가 수구 진영에서만 일어난 것은 아니다. 해직 언론인들을 중심으로 6월항쟁 이후 창간된 국민주 신문이 특정 중도정파로부터 비판적 거리를 잃어버리게 되는 데는 그리 긴 시간이 걸리지 않았다. 주류 언론 다수가 수구동맹의 일원이었던 상황에서 이 신문의 중도정파 감싸기는 균형을 위한 일종의 에누리라고도 볼 수 있었고, 그 점에서 정의로웠던 것도 사실이다. 그러나 주류 언론과 대항 언론의 정치적 편향은 오래지 않아 초기의 비대칭성을 치유했다. 올드미디어의 주류는 오늘날에도 여전히 수구동맹에 속해 있지만, 온라인매체의 주류는 개혁 담론에 휩쓸려 여권과 어깨를 겯고 있는 것 같다. 모든 정파가 언론행위의 중요성을 잘 인식하고 있다. 대통령이 국무회의에서 "홍보가 곧 정책"이라고 말했을 정도다.

그런 한편, 형식의 신구新舊를 가리지 않고 언론 전반이 자본에 깊이 포섭되고 있는 것도 민주화 시대의 특징적 현상이다. 오늘날 주류 매체는 대체로 총자본의 일원이다. 그렇지 않은 경우에도, 매체의 논조에 영향을 줄 수 있는 가장 큰 힘은 이제 정부의 의지도 시민들의 불매운동도 아닌 광고주의 평가다. 그래서 수구매체도 특유의 냉전적 논조가 우연히 자본의 운동을 거스르게 되는 특정 국면에서는 잠시나마 꼬리를 내릴 수밖에 없다. 마찬가지로, 개혁적 매체의 리버럴리즘이나 진보주의 역시 자본의 공세 앞에서 무너질 수밖에 없다. 광고는 매체의 힘에 비례해 따라붙고 매체의 힘은 그 소비자들의 (구매력) 크기에 비례하므로, 어쩌면 언론의 자본종속은 대중민주주의의 완성을 뜻하는지도 모른다.

그러나 이때의 대중은, 독자로 불리든 시청자로 불리든 네티즌으로 불리든, 언론(이 대표하는 정파나 언론을 통제하는 자본)에 얽매인 노예이기 쉽다. 독자들은, 지난 세기에 한 독일 비평가가 우려했듯, 기자들을 장교로 삼는 언론이라는 군대의 병사에 불과하다. 여느 군대에서처럼, 언론이라는 군대 안에서도 병사는 그저 명령에 복종할 수밖에 없다. 개전이나 휴전의 결정, 작전의 수립이나 변경에 그가 간여할 수 있는 부분은 전혀 없다. 독자들은 자신이 독립적으로 판단하고 있다고 생각하지만, 그 판단은 기실 언론군 사령부에서 내려온 것이다. 주체적 개인의 소멸, 이것이야말로 민주주의의 위기다. 그러므로 지금 이 순간 민주주의자가 외쳐야 할 것은 언론의 자유라기보다 언론으로부터의 자유다.

〈한국일보〉, 2005. 3. 3.

46

대통령 단임제는 옳다

✦

박정희에 대한 평가가 그의 치세를 겪어보지 못한 세대에서
까지 사뭇 후한 이유는 (실제로 그가 쓸 만한 지도자였을 가능성까
지 포함해서) 여럿이겠지만, 그 가운데 하나는 장기집권에 힘입어
그가 충순한 친구들을 수두룩하게 만들어놓았다는 데 있을 것
이다. 철권을 휘두르던 18년 동안 박정희는 다양한 영역의 물질
적·상징적 자본을 추종자들에게 분배했고, 그 자본의 수혜자들
은 오늘날 정·관계 같은 경성硬性권력의 처소만이 아니라 학예
술계·언론계·교육계 같은 연성軟性권력의 처소에까지 똬리를 튼
채 박정희에게 호의적인 여론을 만들어내고 있다.

그가 죽은 뒤에 흐른 세월이 집권기간보다도 길다는 점을
들어 이런 견해를 논박할 수도 있을 것이다. 그러나 박정희가 죽
은 뒤에도 군사정권이 이어졌다는 사실을 지나쳐선 안 된다. 전

두환·노태우 정권의 실속은 '박정희족'으로 채워졌고, 그래서 박정희는 1979년 10월 육체적으로 죽은 뒤에도 1993년 2월까지는 (일종의 유훈통치로서) 한국을 실질적으로 지배한 셈이었다.

김영삼은 임기 말의 외환위기 탓에 박정희 향수를 불러일으킨 당사자로 흔히 지목되지만, 한국 권력의 핵심부에 박정희족 바깥 사람들이 진입하기 시작한 것은 그의 치세에 들어서였다. 취임하자마자 정치군부를 과감히 도려냄으로써, 김영삼은 외과 수준에서나마 박정희족의 생식선生殖腺을 제거했다. 그 점에서 김영삼은, 비록 국가수반으로서 너무 무능하고 이기적이고 독선적이었다고 비판받기는 하지만, 한국에 정치적 자유주의의 바탕을 마련한 용기 있는 지도자이기도 했다.

김대중 정부와 노무현 정부를 거치며 박정희족은 정치권력의 복판에서 많이 밀려났다. 그러나 그들은 투박한 군복을 세련된 연미복으로 갈아입은 채, 파티장만이 아니라 강단과 연구소와 대기업 중역실과 세미나실과 편집실에서, 여전히 박정희의 성인전聖人傳을 써대며 그 시대의 끔찍함에 대한 상상력을 차단하고 있다. 생존과 번식을 위한 싸움은 모든 생물체의 일차적 본능이므로 그것을 비난할 수는 없다. 그러나 우리가 여기서 얻어야 할 교훈이 있다. 장기집권은 지배종족의 크기를 너무 비대하게 만들어 역사의 진화를 훼방놓는다는 사실 말이다.

민간 정부라고 예외는 아닐 것이다. 김대중 정부의 고위 관료는 김대중이 사라진 뒤에도 김대중의 친구로 남을 가능성이 높고, 노무현 정부의 국영기업체 경영자는 노무현이 사라진 뒤에도 노무현의 친구로 남을 가능성이 높다. 더 나아가 그들은 김대중이나 노무현의 (공적으로) 나쁜 측면까지도 감쌀 '사악한 패거리'가 될 가능성이 높다. 결국은 자기보호 본능의 현현에 지나지 않을 이런 '인연의 보전'을 인간 세상의 윤리는 '의리'라는 이름으로 두둔하기까지 한다.

우리 사회의 우익 만담가들이 떠벌리고 집권세력 일부가 철없이 동조하는 것과 달리, 노무현 정부 이후 이른바 '지배세력교체'가 일어난 것은 결코 아니다. 혁명이 일어나지 않는 한, 지배세력의 의미 있는 교체는 불가능하다. 아니 우리가 혁명이라고 부르는 세계사적 사건들도, 그 속살을 들여다보면, 지배세력을 바꾸지는 못했다. 단지 지배세력의 옷을 갈아입혔을 뿐이다. 변화의 구호로 목이 쉰 노무현 정부의 핵심 권력자들이 전통적 엘리트층에서 충원되고 있는 것은 그래서 조금도 놀랄 일이 아니다.

그러나 노무현 정부가 아니었다면 재야에 남아 있었을 몇몇 비주류적 개인들이 이 정부에서 중용된 것은 사실이고, 권력의 분배라는 측면에서 민주주의가 그만큼은 진전했다고 볼 수도 있겠다. 중요한 것은 권력자의 사악한 패거리를 양산할 장기집권의 문을 닫아놓는 것이다. '야합'의 산물이었든 뭐든, 대통령 단임제는 옳다. 혹여 개헌론으로 마음이 들뜬 정치인들은 지난 한 해 동안의 국회 몰골이나 되돌아보는 것이 좋겠다.

〈한국일보〉, 2005. 2. 17.

47

'시청 앞 인공기' 단상

✦

〰〰〰〰〰〰〰〰〰

'자유포럼' 완장을 두른 한나라당 안의 헌 우익이든 '자유주의 연대'라는 털가죽을 걸친 전향 386들의 새 우익이든, 한국 우익의 나쁜 습속 하나는 자유를 제 사유물로 여기는 것이다. 일찍이 로자 룩셈부르크는 러시아 혁명기 레닌의 독선적 행태를 비판하며 "일당의 당원들만을 위한 자유는, 그 당원들 수가 아무리 많아도, 결코 자유가 아니다"라고 일갈한 바 있다. '낡은 좌익'으로서 그녀가 혐오한 것은 특권화한 자유, 타인의 부자유를 대가로 누리는 자유였다. 한국의 신구 우익이 제 존재증명처럼 떠벌리는 자유가 바로 이 특권으로서의 자유, 자유가 아닌 자유다.

한국의 헌 우익과 새 우익은 한목소리로 국가보안법을 싸고 돈다. 그런데 국가보안법 문제는 모든 자유의 핵심인 사상의 자유에 대한 태도 문제다. 그리고 사상의 자유를 보장한다는 것은, 미국 법률가 올리버 홈스가 지적했듯, 공동체 주류가 증오하는 사상을 자유롭게 표현하도록 내버려두는 것이다. 국가보안법을 신주 모시듯 하는 한국의 신구 우익은, 그들이 내건 자유의 깃발에도 불구하고, 자유의 핵심을 짓밟고 있는 셈이다.

제가 동의하는 사상에 대해서는 파시스트도 공산주의자도 기꺼이 자유를 보장한다. 자유주의자들이 그들과 다른 점은 제가 증오하는 사상에 대해서까지 너그러운 것이다. 그런데 자유를 내세우는 한국 우익은, 헌 날개든 새 날개든, '다른 생각'에 대한 불관용을 도덕률로 삼고 있다. 문제의 핵심은 이들이 정략적으로 '빨갱이 만들기'를 일삼는다는 사실 못지않게, 생각이 다르다는 것 자체를 절멸 대상으로 여긴다는 데 있다. 국가보안법 존치론이 전가傳家의 보도寶刀처럼 휘두르는 논거 하나는, 이 법이 없어지면 서울시청 앞에서 인공기를 흔들어도 처벌할 길이 없다는 것이다. 한 토론회에서 이 문제가 불거지자, 폐지론에 선 법률가 출신 정치인은 형법상의 내란죄나 외환죄의 예비·음모로 처벌할 수 있다고 맞받았다. 그러나 그는 정직하지 못했다. 상대편 토론자가 반박했듯, 그것은 죄형법정주의에 어긋나기 때문이다.

그 폐지론자는 토론회에서, 인공기를 흔드는 것 자체가 왜 형벌의 대상이 돼야 하느냐고 되물었어야 했다. 어떤 사상을 표현하는 행위가 자유민주적 기본질서를 해치는 구체적 결과로 이어지기 전에는, 즉 표현의 자유 행사에 명백하고 현존하는 위험이 따르기 전에는 그 자유를 제한할 수 없다는 것은, 오늘날 제1세계에서 자유가 가장 위협받고 있는 미국에서까지 견지되는 원칙이다. 인공기를 흔든 사람이 우연히 도로교통법이나 집시법을 위반했다면 처벌받을 수는 있을 것이다. 또 그가 우연찮게 간첩행위를 했다면 간첩죄로 처벌해야 할 것이고, 예전에 전두환·노태우가 그랬듯 국토를 참절하거나 국헌을 문란하기 위해 폭동했다면 그 예비·음모까지도 마땅히 내란죄로 다스려야 할 것이다. 그러나 인공기를 흔드는 표현의 자유 행사 자체를 지금처럼 국가보안법상의 반국가단체 찬양·고무죄로 얽는 것은 자유주의와 양립할 수 없다.

시청 앞에서 인공기를 흔들어대는 것은 분명히 대다수 한국인들의 미감을 거스르고 눈살을 찌푸리게 할 것이다. 그러나 그런 철없음이나 유치함 자체를 형벌 대상으로 삼는 것은 시민적 자유의 밑바탕을 위협한다. 시청 앞에서 부시 당선을 위해 기도를 올리거나 히틀러 사진을 들고 있는 것 자체를 처벌하는 것이 자유주의를 위협하는 것과 마찬가지다.

국가보안법이 설령 필요악이라 하더라도 문제는 남는다. 법은 누구에게나 일반적으로 적용돼야 한다. 한나라당 박근혜 대표는 두 해 전 북한에 들어가 김정일을 만나고 오는 과정에서 국가보안법의 거의 모든 조항을 철저히 위반했다. 한국의 신구 우익이 국가보안법을 유지하고자 한다면 우선 박 대표 구속을 촉구해야 한다. 자유는 '당원'에게만 소중한 것이 아니다.

〈한국일보〉, 2004. 12. 16.

48

삼가 옷깃을 여미며

◆

~~~~~~~~~~~

어제는 '순국선열의 날'이었다. 이 날의 내력은 일제 강점기인 1939년까지 올라간다. 조선 독립운동의 한 구심점이었던 대한민국 임시정부가 그해 11월 임시의정원 임시총회에서 11월 17일을 순국선열 기념일로 지정했다. 11월 17일을 고른 것은 대한제국 주권의 핵심 부분을 일본제국에 넘긴 제2차 한일협약(을사늑약)이 1905년 11월 17일에 체결됐기 때문이다. 그러니까 이날 그 행적을 기리는 순국선열이란 주로 일제에 맞서 국권을 되찾기 위해 헌신한 이들을 가리킨다.

의로운 죽음에는 여러 유형이 있을 수 있겠지만, 순국은 그 가운데서도 두드러지게 고귀한 죽음으로 간주된다. 순국행위가 기념일을 거느릴 만큼 높이 평가되는 것이 그 죽음의 내재적·본원적 가치 때문만은 아닐 것이다. 제가 속해 있거나 옹호하는 계급이나 신분이나 지역이나 혈연집단이나 이념을 위해서 몸을 내던지는 공적 죽음이 제가 속해 있는 국민을 위해 몸을 내던지는 순국보다 내재적으로 더 작은 가치를 지녔다고 볼 근거는 없다. 그런 공적 죽음들 가운데서 특히 순국이 가치의 사다리 윗부분에 자리 잡고 있는 것은 지금의 세계가 국민국가 체제에 얹혀 있기 때문일 것이다. 순국은 우리가 공기처럼 숨 쉬고 있는 바로 그 국민국가 내부를 통합하는 상징적 힘인 것이다.

국민국가 체제는 물론 인류 모듬살이의 필연적·자연적 형태는 아니다. 그것은 역사의 특정 단계에 대응하는 한시적 얼개일 뿐이다. 그래서 국민국가 체제의 공식 이데올로기인 민족주의의 어두운 측면에 주목해 국민국가의 해체를 주장하는 사람들도 있다. 이런 사람들의 뜻은 말할 나위 없이 거룩하다. 그리고 국민국가를 해체한 뒤 세속적이고 단일한 지구공동체를 수립하는 것은 인류가 궁극적으로 지향해야 할 목표이기도 하다.

그런 한편, 세계시민주의적 수사를 남발한다고 해서 지금의 국민국가 체제가 이내 없어지지는 않으리라는 점도 엄연하다. 국민국가 체제는 완강한 현실이고, 우리의 중단기적 사고와 전략은 그 완강한 현실에 토대를 둘 수밖에 없다. 인류 대부분이 국민국가 체제를 자연스럽게 여기며 그것을 제 공적 삶의 테두리로 삼고 있는 터에 특정 주민집단만 중뿔나게 국민국가 해체를 선언한다면, 그것은 이상을 핑계 삼은 덧없는 자해에 지나지 않을 것이다. 우리가 우선 할 수 있고 해야 하는 것은 현실의 국민국가를 좀더 살 만한 공동체로 만들기 위한 노력일 것이다.

순국이 상정하는 국민국가는 계급을 비롯한 여러 범주의 주민집단이 얽히고설켜 사는 잡거雜居의 공간이다. 그리고 한 국민국가의 내적 연속성이 손상되지 않으면서도 순국을 주도하는 계급이나 이념은 얼마든지 바뀔 수 있다. 예컨대 1870~71년 프로이센-프랑스전쟁 때 전선에서 죽어간 프랑스인들의 주류가 자유주의를 지향했다면, 1940년대 전반기 독일 점령군에 맞서 저항운동을 하다 죽은 프랑스인들의 주류는 공산주의를 지향했다고 할 만하다. 해방된 프랑스에서 공산당은, 비록 힘이 만만치는 않았으나, 주류가 돼본 적은 없었다. 그러나 이 비非공산 프랑스는 공산주의자들의 순국을 기리는 데 망설임이 없었다. 마찬가지로, 자본주의 러시아는 제2차 세계대전 당시 독일 나치즘에 맞서 무더기로 산화한 공산주의자들을 역사에서 지우지 못했다.

반면에 우리는 어떤 순국선열이 맘에 들지 않는 이념을 지녔다는 이유로 그들을 공식 역사의 바깥으로 밀쳐내왔다. 그런 차별과 배제의 관행을 정당화하는 논거는 분단 현실이었다. 그러나 19세기 말 이래 한국사의 일차적 지향점은 통일된 자주적·민주적 국민국가의 수립이었고, 순국선열들은, 좌든 우든, 그 미완의 목표를 위해 목숨을 바친 의인들이었다. 독립운동 시기 선열들이 어떤 사상과 이념을 지녔든 그들의 헌신을 있는 그대로 밝혀야 한다는 노무현 대통령의 지난 8월 발언은 전적으로 옳다.

<한국일보>, 2004. 11. 18.

49

신성동맹과 함께 살기

✦

~~~~~~~~~~~~~~~~~

　이 정권의 큰 착각 하나는 자신이 한나라당과 비대肥大 신문의 수구 신성동맹으로부터 영일寧日 없이 두드려 맞는 이유가 여권과 신성동맹 사이의 이념적·정책적 차이에 있다고 여기는 것이다. 열린우리당은 최근 생뚱맞은 물타기로 개혁법안들을 멀겋게 만듦으로써 그런 시각을 또렷이 드러냈다. 그러나 웬걸, 신성동맹의 공세는 조금도 누그러지지 않았다. 당연하다. 신성동맹이 여권을 두드려 패는 이유는, 적어도 결정적 이유는, 이념이나 정책 층위에 있지 않기 때문이다.

　2002년 대선과 올해 총선에서 한나라당이 이겼더라도, 지금까지 현 정부가 펼쳐온 정책과 크게 다른 처방을 선보이지는 않았을 것이다. '이회창 정권'인들 무슨 수로 지금 정부보다 더 화끈하게 대미 종속과 가진 자 옹호를 실천하겠는가. 정권 출범 당시에야 여권과 신성동맹 사이에 이념 차이가 없지 않았겠지만, 이 정부는 지난 한 해 반 동안 그 차이를 실천으로 입증한 바가 거의 없다.

그렇다면 신성동맹은 왜 여권에 끊임없이 말의 팔매질을 해 대는가? 여권의 존재 자체가 그냥 싫기 때문이다. 마땅히 자기들이 꿰차야 했을 자리를 잇따른 선거 패배로 빼앗긴 것이 짜증스럽고, 게다가 그 자리를 차지하고 있는 자들이 평소에 깔보아왔던 무지렁이들이라서 더욱 짜증스러운 것이다. 한마디로 이 정권이 같잖다는 것이다. 여권에 대한 신성동맹의 감정은 맞수에 대한 미움에도 미치지 못하는 멸시에 가까운 것이다.

이런 가당찮은 멸시의 감정이야말로 멸시하는 주체의 천격賤格을 드러낸다는 사실은 접어두자. 아무튼 신성동맹이 바라보는 현 정부는 프랑스 왕당파 귀족들이 바라보았던 제1제정과 비슷하다. 김대중에 이어 노무현 역시, 코르시카의 미천한 신분 출신 황제처럼, 근본 없는 집안 출신의 '왕위 찬탈자'에 지나지 않는다. 신성동맹이 여권을 지칭하며 애용하는 '좌파'라는 말도 '그냥 싫은 놈'이라는 뜻일 뿐이다. 신성동맹이 이런 알량한 귀족주의로 여권을 대하고 있는 이상, 이 정부가 설령 가상의 한나라당 정권 이상으로 우향 돌진한다고 해도 이른바 '상생'의 정치는 불가능하다.

그러면 여권은 어떻게 해야 하는가? 그냥 신성동맹이 싫어하도록 내버려두고 제 갈 길 가는 수밖에 없다. 사실 이 정권은 출범 이후 지지자들 심정에는 아랑곳없이 신성동맹 눈치를 살피느라 끊임없이 우경화의 길로 매진함으로써 제 지지 기반을 허물어왔다. 그러다가 사면초가다 싶으면 사소한 '견수'를 잡아 온 나라가 들썩이도록 신성동맹과 각을 세우며 지지자들을 규합하는 방식의 조잡한 정치공학을 되풀이해왔다.

여권이 무슨 일을 하든 신성동맹이 거기 딴죽을 걸 준비가 돼 있는 한, 신성동맹의 영향 아래 있는 보수적 유권자들이 여권의 새로운 지지자로 충원될 가망은 거의 없다. 여권이 살 길은 정권 출범 당시의 초심으로 돌아가 실질적 민주주의 실현에 박차를 가하며 두 차례 선거에서 자신을 지지해준 유권자들의 뜻에 부응하는 것이다. 게다가 출범 이래 줄곧 좌파 정권이라는 '욕'을 들어온 바에야, 본때 있는 좌파는 못 되더라도 좌파 흉내쯤은 내볼 수 있는 것 아닌가.

개혁 피로증? 만약에 그런 물건이 있다면, 그것은 신성동맹의 악선동 때문만이 아니라 아무런 실천 없이 허공에 지겹게 난무하는 여권의 개혁 담론 때문이기도 할 것이다. 개혁은 개혁이라는 구호 안에 있지 않다. 지금 개혁법안이라고 불리는 것도 무슨 대단한 공사가 아니라 그저 우리 사회를 정상화하는 최소 조건에 지나지 않는다. 여권이 이 정도 일을 하면서 입으로 개혁 유세有勢를 떨어 덤의 반발을 자초할 필요가 없다는 뜻이다. 언어는 온건할수록 좋고, 실천은 어기찰수록 좋다. 지난 대선 때의 노무현 지지자들이 2007년 대선 때 민주노동당 후보 찍을까 아니면 기권할까 고민하는 일이 없었으면 한다.

<한국일보>, 2004. 10. 21.

50

북한 인권에 대해 발언하자

◆

∿∿∿∿∿∿∿∿

평양에 조선민주주의인민공화국 정부가 수립된 지 오늘로
꼭 쉰여섯 해다. 일제하 민족해방운동세력 일부가 주춧돌을 놓
은 이 정부와 국가를 남쪽에서는 오래도록 북괴로 불렀고, 남북
교류와 화해의 물꼬가 트인 1980년대 후반 이후에는 북한으로
부르고 있다. 2000년 남북 정상회담 이후에는 더러 '정치적으로
올바르게' 북측으로 부르기도 한다.

분단구조의 지속에 남한과 북한 그리고 외세 가운데 어느
쪽의 책임이 더 무겁거나 가벼운지는 쉽게 말할 수 있는 일이 아
니지만, 북한 역사 56년을 되돌아보는 마음은 편치 않다. 정권 초
창기에 기세 좋게 내세웠던 '민주기지론'이라는 허울과 달리, 북
한은 남한의 민주주의세력에게 도움을 준 적이 없다. 사실은 그
반대다. 남한 사람들의 일반적 감수성이 선뜻 받아들일 수 없는

과격한 언어와 모험주의적 실천으로 이른바 '남조선혁명'의 물장구질을 해대면서, 북한 정권은 남한 반민주세력의 든든한 친구 노릇을 해왔다. 1980년대 남한 민족민주운동권 일각에 스며든 그들의 기괴한 사회정치철학은 운동 자체의 퇴행을 불러왔다. 흔히 북핵 문제로 불리는 사태도 남한의 민주주의자들에게는 곤혹스러운 일이다.

그러면 그들 내부는 어떤가? 살아보지 않았으니 실감을 토로할 수야 없지만, 이 사회는 쉰여섯 해 전 선의와 감격에 차 있었을 정권 창건자들의 전망과는 대척에 놓여 있는 집단주의적 디스토피아인 듯하다. 어렵기 짝이 없다는 경제 사정은 차라리 주변적 문제다. 정작 큰 문제는 중세 가산家産국가와 현대 전체주의 국가를 섞어놓은 것 같은, 그래서 독립적이고 자주적인 개인을 질식시키는 사회구성 원리의 퇴행성에 있을 것이다. 그리고 북한 사회가 이렇게 기형화한 것이 오로지 미국 탓만은 아니다.

1980년대 후반부터 얼마간 남한 학계 일각에서 유행한 내재적 접근방법이라는 것은 북한 체제에 대한 무책임한 온정주의다. 주체사상이 형성된 특수한 역사적 조건과 현실적 영향력을 객관적으로 바라볼 것을 권고하는 이 논변은, 그 어떤 이론적 곡예를 하더라도, 결국 기존 체제의 합리화에 기여한다. 사실 내재적 접근방법은 만병통치약이다. 우리는 이 내재적 접근방법을 통해 북한 체제만이 아니라 박정희 유신 체제도, 심지어 나치 체제도 정당화할 수 있다. 이런 내재주의는, 철학적으로, 각각의 사유 방식은 저마다 고유한 진리와 도덕을 만들어낼 수 있다는 상대 주의에 바탕을 두고 있을 터이다. 그러나 상대주의자들은, 이미 2천 수백 년 전에 플라톤이 프로타고라스를 비판하며 지적했듯, 모든 진리가 상대적이라는 그들 자신의 진리마저 상대화함으로써 스스로의 논증을 무너뜨릴 운명에 처한다.

북한의 인권 문제에 대한 남한 민주주의자들의 무관심과 너그러움은 그래서 무책임하고 위선적이다. 이런 지적이 제가 사는 사회의 인권 문제에는 한 번도 눈길을 건네본 적 없는 남한의 극우분자들로부터 주로 나오고 있다고 해도 마찬가지다. 게다가 이런 무관심과 너그러움은 일종의 오리엔탈리즘일 수도 있다. 거긴 아예 그런 사회거니 하고 한 수 접어주는 '문명인'의 시선 말이다. 북한을 방문하고 싶은 남한 사람들은 수두룩하겠지만, 그들 가운데 지금의 북한 사회에 정착해 살고 싶은 사람은 거의 없을 것이다.

헌법재판소와 대법원에 포진한 냉전주의자들의 국가보안법 존치론이 반동적 정파·언론의 환호와 겹쳐지며 으스스한 맥놀이를 만들어내고 있는 상황에서 북한 체제에 험담을 하는 것이 개운치는 않다. 말할 나위 없이 국가보안법은 당장 없애야 한다. 그것은 지금의 북한 체제에나 어울리는 야만의 올가미이기 때문이다. 그러나 그와 동시에 남한의 민주주의자들은 북한의 민주주의와 인권에 대해 발언해야 한다. 민주주의나 인권은 선택적으로 적용되는 특수가치가 아니라, 인류라면 누구나 누려야 할 보편가치이기 때문이다.

<한국일보>, 2004. 9. 9.

51

신기남 사태의 미적 효과

✦

～～～～～～

신기남 의원의 여당 의장직 사퇴가 일차적으로 야기한 '미적' 효과는 코믹함이다. 긍정적 함의만 담긴 것은 아닌 '탈레반'이라는 별명을 기꺼이 받아들였을 정도로 윤리적 원리주의를 뽐내던 그가 무슨 대단한 정치적 과오가 아니라 개인 윤리 문제로 낙마했으니, 쓴웃음이 나오지 않을 수 없다. 맥락이 다르기는 하나, 그저께 이 난(《한국일보》 논설란—편집자)에서 강병태 논설위원이 지적했듯 신 의원은 제가 던진 부메랑에 맞은 셈이다.

원리주의라는 기준으로 보자면, 특히 언어 차원의 원리주의라는 기준으로 보자면, '탈레반'은 신 의원에게 사뭇 어울리는 별명이다. 민주당 분당을 선동하며 "호남에서 표 떨어지는 소리가 들려야 영남에서 표를 얻을 수 있다"는 과격한 언사로 지역주의 타파의 챔피언을 자임한 이래, 그는 현실의 복잡다단한 매듭을 선명한 언어의 칼날로 단번에 베어내며 한국 정치의 주관적 해결사 노릇을 해왔다. 신 의원의 급진적 말버릇이 어떤 문제의 해결에 도움이 된 적이 있는지는 모르겠으나, 그는 한국 정치의 오묘한 파동방정식에 힘입어 여당의 대표까지 되었다.

지적해야 할 것은 신 의원의 언어적 원리주의가 극에서 극으로 치달았다는 사실이다. 지난 1월 윤영관 당시 외교부장관 낙마를 전후해 "숭미주의崇美主義 사고로 가득한 외교부 대미 라인 간부들을 즉각 경질해야 한다"고 목소리를 높였던 그는 6개월 뒤 미국을 방문해서는 "미국 말고 우리에게 동맹이 어디 있느냐"며, 김선일 씨 살해 위협을 무시하고 이라크 추가파병 원칙을 재확인한 정부의 '결단'을 잘한 일이라고 치켜세워 많은 사람을 놀라게 했다. 이런 언어 수준의 반미원리주의와 친미원리주의 사이의 왕복은 노무현 대통령이 이미 보여주었거니와, 신 의원의 어지러운 행보 역시 그의 언어적 원리주의가 기회주의적 원리주의라는 것을 보여준다.

이 기회주의적 원리주의자가 여당 의장직에서 물러나야 했던 가장 큰 이유는, 여권이 주장하고 싶어하는 것과는 달리, 그가 일본제국 군대 헌병의 아들이어서가 아니라 선친의 과거를 숨기고 외려 미화했기 때문이다. 이런 지적이 한나라당 박근혜 대표와 과거의 친일세력을 보호하기 위해 총궐기한 수구·보수 담론에서 주로 나왔다는 사실은 그 지적의 옳고 그름에 아무런 영향을 주지 않는다. 내전 당시 빨치산 토벌대장이었다는 선친의 경력을 자랑스레 내세우는 신 의원의 천박한 역사인식을 비판할 수는 있을지언정, 친일행위자의 후손이라는 사실 자체가 어떤 개인을 평가하는 기준이 될 수는 없다. 설령 여러 증언대로 신 의원 선친의 일제 협력행위가 사뭇 '악질적'이었다 해도 마찬가지다.

그러나 신기남 사태의 미적 효과는 단지 코믹일 뿐인가? 〈오마이뉴스〉는 의장직에서 물러나기로 결정하고 고향으로 선친 묘를 찾은 신 의원을 취재해, 그와의 인터뷰 기사에 곁들여 그의 선친 묘역 사진을 큼직하게 실었다. 한눈에도 호사스럽게 조성된 이 묘역과 고인의 비문 뒤에 이름을 새긴 자녀들의 면면은 신기남 사태의 미적 효과가 단지 코믹만은 아니라는 사실을 씁쓸히 보여주었다.

코믹함이 없었던 것은 아니다. 대학교수 겸 무대예술가, 국회의원 겸 변호사, 의학박사 등으로 잘 장성한 자식들이 선친의 묘비에 구태여 제 미끈한 직함들을 밝혀놓은 데서는 어떤 '봉건적' 촌스러움이 느껴졌고, 그것은 코믹의 한 영역이라 할 만했다. 그러나 고인의 자식들이 해방 뒤 어려운 상황에서 저렇게 버젓하게 자란 것이 오로지 재능과 노력 덕분만은 아닐지도 모른다는 데 생각이 미치자, 그리고 민족해방운동에 헌신한 이들의 후손들이 이 나라에서 어떤 대접을 받았는지에 대해 생각이 미치자, 이 봉건적 촌스러움은 더이상 코믹하지만은 않았다. 거기에선 한국 현대사를 관통해온 지랄 같은 비극의 냄새가 배어나왔다. 글피가 아흔네 번째 맞는 국치일國恥日이다.

〈한국일보〉, 2004. 8. 26.

52

기억하라! 기억하라!

✦

〜〜〜〜〜〜〜〜〜

역사의 기득권자들이 공동체의 상처를 아물린답시고 내리는 처방 가운데 가장 흔한 것은 '망각을 통한 화해'다. 장기사長期史 수준에서 이 처방이 그 나름의 효험을 지닌 것도 사실이다. 하나의 공동체가 꽤 단단한 통합을 이루는 데 꼭 필요한 조건은 그 공동체 구성원들이 기억만이 아니라 망각까지 공유해야 한다는 것이다. 예컨대 역사적으로 민족의 형성과정은 거의 예외 없이 폭력적 정복과 학살을 내포하고 있었는데, 이런 피비린내 나는 폭력 체험이 집단적 망각 속으로 빨려 들어가지 않으면 민족정체성이라는 것이 도시 이뤄질 수 없을 것이다.

이것은 개인의 수준에서도 마찬가지다. 경험하는 모든 것을 현미경사진기처럼 기억하는 사람은 도무지 일상생활을 영위할 수 없을 것이다. 아르헨티나 작가 호르헤 루이스 보르헤스의 단편 〈기억의 명수 푸네스〉의 주인공 이레네오 푸네스가 바로 그런 사람이다. 평범한 농촌 소년 푸네스는 어느 날 말에서 떨어져 뇌를 다친 뒤 무한대의 기억력을 지니게 됐다. 그의 귀에 들리는 모든 단어와 숫자는 그대로 뇌에 입력돼 지워질 줄 모르고, 그가 본 모든 숲의 모든 나무의 모든 잎사귀가 그의 뇌에서 떠나지 않는다. 푸네스는 이 모든 자잘한 기억으로 잠을 이루지 못한다.

이런 불망증不忘症 환자로 소설 주인공이 아닌 실제 인물에 대한 보고도 있다. 옛 소련의 신경정신과 의사 알렉산드르 루리야가 30여 년 동안 관찰한 셰레셰프스키라는 사나이가 바로 그 사람이다. 셰레셰프스키는 자신이 경험한 모든 대상을 세세히 개별화해 기억하는 바람에 개념을 형성하는 데 큰 어려움을 겪었다. 그의 머리는 하나하나의 구체적 고양이들, 구체적 개들에 대한 기억으로 가득 차 있어서, '고양이'라는 개념, '개'라는 개념이 들어설 자리가 없었다. 마침내 루리야는 셰레셰프스키를 돕기 위해 '레토테크닉'(망각의 기술)이라는 치료법을 고안하기까지 했다.

'레토테크닉'이라는 조어는 그리스 신화에서 저승의 동굴 너머에 흐르고 있다는 망각의 강 레테에 뿌리를 두고 있다. 레테는 망각의 여신 이름이기도 한데, 헤시오도스의 서사시 〈신들의 계보〉에 따르면 그녀는 불화의 여신 에리스의 딸이다. 고대 그리스인들이 이 신화적 은유를 통해 무슨 말을 하고 싶었는지는 또

렷하지 않지만, 공적 차원에서든 사적 차원에서든 불화의 치유
제가 더러 망각인 것은 사실이다. 그래서 망각의 유혹은 가해자
들에게나 피해자들에게나 늘 강렬하다.

그러나 특히 공적 차원에서, 망각을 통한 불화의 치유는 문
제를 해결하는 것이 아니라 단지 그 해결을 뒤로 미루는 것일 뿐
인 경우가 많다. 그리고 그 유예기간 동안 불화의 상처는 더 커지
며 곪아간다. 전두환 집권기간 내내 광주학살은 강요된 망각의
동굴 안에 갇혀 있었지만, 그것이 이 문제를 해결하지는 못했다.
6·25 전후의 민간인 학살이나 군사정권 시절의 숱한 의문사도
그렇다. 진정한 화해는 진정한 용서 위에서만 가능하고, 진정한
용서는 드러낸 진실을 가해자와 피해자가 함께 인정하고 기억할
때만 가능하다.

기억은 역사의 보복을 막기 위해서도 필요하다. 전쟁이 터
지자마자 제 한 목숨 건지겠다고 먼저 내뺀 주제에 제가 버린 시
민들을 부역자로 몰아 마구 학살한 자가 이승만이라는 것을 우
리가 잊을 때, 그 자신 좌익사범 출신인 처지에 비판자들을 북의
간첩으로 몰아 교수대로 보낸 자가 박정희라는 것을 우리가 잊
을 때, 피 묻은 손으로 시민들의 자유를 옥죈 뒤 지금까지도 피
묻은 돈을 꽁꽁 간직하고 있는 자가 전두환이라는 것을 우리가
잊을 때, 역사는 또다른 도살자의 손을 통해 반드시 우리에게 보
복할 것이다. 친일진상규명법이나 의문사진상규명위원회를 수호

하는 것이 모든 양식 있는 시민의 의무가 돼야 하는 것은 그래서
다. 역사의 '삭제 키'는 섣불리 누를 수 없다.

<한국일보>, 2004. 7. 29.

53
환멸을 견디는 법

✦

～～～～～～

　김선일 씨 피랍 소식이 처음 전해진 지난달 21일 잘 알려진 논평가가 한 웹사이트에 올린 파병 반대 주장이 대통령에게 무례한 언사를 써서 논란을 빚은 바 있다. 이 글을 격렬히 비난한 사람들은 노 대통령 개인에게 (설득된 것이 아니라) 매혹된 세칭 '노빠'들로 보였다. 그러나 비난자들은 그 글의 '발칙함'을 물고 늘어졌을 뿐, 파병 문제에서 노 대통령과 유시민 의원이 《월간조선》의 조갑제 사장이나 한나라당 송영선 의원을 비롯한 대미 종속적 우익세력과 다를 바 없다는 내용적 핵심을 반박하지 못했다. 당연하다. 그들은 다르지 않기 때문이다.

　파병 문제만이 아니다. 노 정권은 출범 이래 지속적인 퇴행을 통해 한나라당과의 차이를 하나하나 지워냈다. 그것을 잘 지적한 것이 같은 날 〈경향신문〉에 실린 송영승 편집국 부국장의 칼럼 "'진보 정권'이라는 풍문"이다. 송 부국장은 이 칼럼에서 노 정권의 정책이 경제와 외교·복지를 비롯한 거의 모든 분야에서 진보적 가치와 아무런 관련이 없다는 점을 찬찬히 들춰냈다.

정작 큰 문제는 이 보수 정권의 최고책임자가 국내 정치에서 진보주의 수사를 기분 내키는 대로 남용한다는 데 있다. 송 부국장은 그것을 '서글픈 아이러니'라고 가볍게 넘어갔지만, 이것은 그가 칼럼에서 지적한 노 정권의 '취약한 외교력'과도 무관치 않은 치명적 악습이다. 이런 허황한 진보 수사는 대통령의 자기기만이나 '매혹 만들기'에 대한 기여로 제 사명을 마치지 않는다. 대통령의 그 언어적 허세는 신바람 난 국내 보수신문들에 부풀려 인용되고 미국 보수언론에 재인용됨으로써, 미국 조야에 노 정권이 그야말로 (잠재적) 좌파 정권으로 비치게 만든다. 이 정부가 부시 정권에게 내줄 것 다 내주면서도 박대받는 비밀 가운데 하나가 거기 있을 법하다.

노 정권의 우향右向 질주가 보수세력을 만족시킨다고 해서 한나라당의 공세가 멎지는 않을 것이다. 이념이나 정책보다 더 인화성 강한 정쟁 연료는 밥그릇이기 때문이다. 이제 노 정권은 인정해야 한다. 정부와 한나라당의 다툼, 또 정부와 일부 신문들의 다툼이 세계관과는 무관한 패거리 싸움에 지나지 않게 됐음을.

파병 결정과 김선일 씨 사건에서 노 대통령은 몰라도 유 의원에게 결정적 책임이 있다고는 할 수 없다. 그 점에서 유 의원은 논란이 된 논평가의 글에서 자신이 여권 인사 가운데 표나게 거론된 것을 납득할 수 없을지도 모른다. 그러나 유 의원은, 노 대통령이 그랬듯, 반듯해 보이는 윤리 교사 노릇으로 공적 삶의 대부분을 채우며 자신에 대한 사람들의 윤리적 기대지평을 너무 높여놓음으로써, 스스로 그 기준에 이르지 못했을 때 따르게 될 세간의 환멸을 두드러지게 만들었다.

노 대통령과 유 의원에 대한 환멸이 견디기 힘들 때, 나는 또다른 두 사람의 얼굴을 떠올리며 그 환멸을 치유한다. 한 사람은 16대 총선에서 치졸한 전략으로 노무현 후보를 이긴 허태열 의원이고, 또다른 이는 대통령 탄핵정국의 한 방송 토론에서 야비한 언사로 유 의원을 제압한 한나라당 전여옥 대변인이다. 내 나름의 시민윤리적 센서가 가장 격하게 반응하는 두 얼굴의 도움을 받아서야, 나는 두 사람에 대한 환멸을 겨우 다독일 수 있다.

그런데 요즘 들어 그 일도 쉽지 않다. 당사자들로서는 매우 부당하게 내 처방전에 징발됐을 정치인들이 노 대통령이나 유 의원과 결정적으로 다른 점은, 내가 보기에, 부끄러움의 부재였다. 그런데 김선일 씨의 참혹한 죽음이 알려진 뒤 기자들 앞에 나와 테러에 단호히 대처하겠다고 말하는 대통령의 얼굴에선, 그리고 '콜레라와 페스트 사이의 선택'이라는 궤변으로 파병을 합리화하는 유 의원의 목소리에선 부끄러움이 읽히지 않았다. 내가 둔

한 탓에 못 읽은 것이기 바란다. 인간의 어떤 무능도 부끄러움의
능력을 잃은 것만큼 부끄럽지는 않다.

〈한국일보〉, 2004. 7. 2.

54

장미, 피어나다

✦

～～～～～

이달 초 받아본 프랑스 시사 주간지 《누벨 옵세르바퇴르》 표지에선 푸아투샤랑트 지방 의회와 정부를 새로 이끌게 된 세골렌 루아얄이 두 팔을 활짝 펼친 채 함박웃음을 짓고 있었다. 커버스토리 제목은 '좌파: 봄이다!'였다. 지난달 프랑스 지방선거에서 좌파가 압승한 것을 가리키는 말이다.

올해 51세인 루아얄은 여러 차례 장관과 국회의원을 지낸 사회당 소속 여성 정치인이다. 동거인인 사회당 제1서기 프랑수아 올랑드와 함께 미래의 프랑스 대통령감 가운데 한 사람으로 꼽히기도 한다. 커버스토리 본문을 찾아가 보니 루아얄이 이번에는 붉은 장미를 한아름 안고 환히 웃고 있다. 붉은 장미는 프랑스 사회당만이 아니라 전세계 사회민주주의 정당들의 상징이다.

15일 밤 총선 개표 방송을 보고 있자니, 민주노동당 최순영 당선자의 얼굴 위에 루아얄의 얼굴이 포개졌다. 세상에 대해 비슷한 꿈을 나누고 있을 이 두 동갑내기 여성은 사뭇 다른 과거를 지녔다. 루아얄은 20대 말에 프랑수아 미테랑 대통령의 비서실에 들어간 이래 내각과 의회를 오가며 호사스러운 정치 훈련을 받았다. 반면에 성장기 이후 최순영 당선자의 거처는 인간의 존엄성이 시시각각 위협받던 노동현장이었다. 최 당선자만이 아니라 이번 총선을 통해 국회에 들어가게 된 민주노동당 후보들 대다수는 매끈하지 않은, 실로 경의에 값하는 삶을 살아왔다. 그것은 민주주의적 진보정당이 제도정치의 한 축을 이루고 있는 사회와 그렇지 못한 사회의 차이였다.

5·16군사반란 이후 처음으로 대한민국 국회에 붉은 장미가 피었다. 그것도 한꺼번에 열 송이가 흐드러지게 피었다. 우리 사회의 진보정치에도 작은 봄이 온 셈이다. 진보주의자들의 세계관에 온전히 공감하지는 않지만 우리 사회 정치적·이념적 지형이 정상화되기를 바라는 시민의 한 사람으로서, 민주노동당의 원내진입을 축하한다. 그리고 당선자들을 포함해 이번 선거에 출마한 1백 수십 명의 민주노동당 후보들에게, 더 나아가 당원들 모두에게 경의를 표한다. 그들의 삶은 존경받을 만한 삶이다. 좌우파의 정치적 충원과정이 별다르지 않은 유럽과는 달리, 우리 사회에서 진보정당 당원이 된다는 것은 특별한 선택이고 자기반성적 결단이기 때문이다.

그러나 대안적 정치세력이 될 가능성을 민주노동당이 과연 지니고 있느냐 여부는 네 해 뒤에야 판가름 날 것이다. 이번 선거에서 얻은 정당 지지율 13%가 곧바로 민주노동당의 정치적 지분이라고 판단하는 것은 섣부르다. 그 13%에는 기존 보수정당들에 대한 유권자들의 발작적 혐오감이 반영돼 있기 때문이다. 물론 13%의 지지율을 가지고도 고작 3.3%의 의석밖에 얻지 못하게 한 제도적 편파는 그것대로 시정돼야겠지만, 민주노동당이 대안적 정치세력임을 증명하기 위해서는 지역구에서도 경쟁력을 발휘해야 한다. 앞으로 4년간의 의정활동이 민주노동당의 지역구 경쟁력을 결정할 것이다.

민주노동당이 처음 경험하게 될 중앙 의회정치는 당 지도부에 지금까지보다 더 섬세한 기술적 세련을 요구할지 모른다. "부자에게 세금을, 서민에게 복지를!"이라는 멋진 캐치프레이즈로 수렴될 수 없는 많은 미묘한 문제들이 민주노동당을 괴롭힐 것이다. 사회적 약자와의 연대라는 대원칙은 그 실천과정에서 이런저런 역설들과 맞닥뜨릴 수도 있다. 원내 정당으로서의 민주노동당은 앞으로 잔글씨와 숫자에, 시적 표어보다는 산문적 현실에 좀 더 많은 관심을 기울여야 할 것이다.

흔히 지적되는 노무현 대통령의 큰 약점 하나는, 언어는 과격하고 실천은 보수적이라는 것이다. 실천의 의지만 어기차다면, 굳이 언어의 급진성으로 자기정체성을 선포할 필요는 없을 것이

다. 다시 한 번 민주노동당의 원내 진입을 축하하며, 네 해 뒤에
는 더 많은 장미가 여의도에 피어나기를 기대한다. 봄이다!

<한국일보>, 2004. 4. 22.

55

아무리 바른말일지라도

✦

~~~~~~~~~~~~

조순형 민주당 대표의 널리 알려진 별명이 '미스터 바른말' '미스터 쓴소리'다. 성격의 올곧음을 즉각 환기시키는 이 별명은 바른말과 쓴소리를 쉽게 할 수 없는 우리 정치판에서 당사자에게 큰 명예라고 할 만하다. 조 대표의 올곧은 성격을 드러낸 일화 가운데 하나는 1987년 대통령선거에서 두 김 씨가 분열해 정권교체 희망이 무산되자, 그가 이듬해 총선에서 김영삼 씨의 통일민주당에도 김대중 씨의 평화민주당에도 가지 않고 진보적 색채의 한겨레민주당 후보로 출마해 낙선한 일이다. 5선을 채우면서도 그가 그럴듯한 당직을 맡지 못한 데는 그의 그런 올곧은 성격도 한몫 했을 터이다. 그런 그가 민주당 대표가 됐으니 경하할 만한 일이다. 대표라는 직책이 늘 바른말만 할 수 있는 자리는 아니겠지만, 그래도 그의 바른말이 여전했으면 한다.

그러나 말 자체가 아무리 바르더라도 그것이 부적절한 맥락에서 발설되면 힘을 잃거나 추하게 들릴 수도 있다. 조 대표는 지난 3일 오후 취임인사 차 전두환·노태우 씨를 방문해 얘기를 나눴다. 개인적으로 기자는 뭐 그런 사람들까지 찾아가나 하는 생각이 없지 않다. 그러나 어떤 식으로 집권을 했든 그들이 한때 이 나라의 대통령 노릇을 했던 것은 사실이니, 의례적으로 찾아갈 수는 있겠다. 문제는 조 대표가 전·노 씨와 나눴다는 대화다.

전두환 씨를 만난 자리에서 조 대표는 전 씨에게 "노무현 대통령은 신뢰가 모자라고 말을 너무 좋아한다"고 말했고, 전 씨는 그 말에 공감하며 "대통령은 국민의 신뢰를 받는 말을 해야 한다"고 맞장구쳤다고 한다. 또 노태우 씨는 조 대표 앞에서 "최근 노무현 정부를 두고 말만 하고 행동은 없는 '나토 정권NATO, No Action Talk Only'이라는 농담이 돌고 있다"고 정부를 비판했다고 한다.

우선 전 씨와 노 씨는 분수를 아는 것이 좋겠다. 그들이 여생 동안 해야 할 일은 자신들이 저지른 군사반란과 내란, 내란 목적 살인, 부정축재 따위를 반성하는 것이다. 그리고 노 씨도 그렇지만 특히 전 씨의 경우엔, 미납 추징금을 하루빨리 내서 죄를 조금이라도 씻는 것이 국민에 대한 최소한의 도리다. "대통령은 국민의 신뢰를 받는 말을 해야 한다"거나 "노무현 정부가 말만

하고 행동은 없다"는 비판은 '민주정의당'이라는 웃기는 간판으로 민주주의와 정의를 압살한 전직 조폭-군벌 두목들이 할 수 있는 말이 아니다. 전 씨는 특히 조 대표에게 "조 대표의 선친인 조병옥 박사는 민주당을 창당하신 분인데 조 대표가 열린우리당으로 가는가 걱정했다"고 말했다는데, 이것도 너무 주제넘은 걱정이다. 그 걱정할 시간이 있으면 자신의 권력욕에 치여 무고하게 죽고 상한 사람들의 영혼 앞에 엎드려 비시라.

그러나 전·노 씨에게 양식을 기대하는 것은 어차피 나무에 올라가 물고기를 구하는 일만큼이나 부질없는 짓일지 모른다. 기자가 정작 이해할 수 없는 것은 조 대표가 이들 앞에서 대통령을 비판했다는 점이다. "노무현 대통령은 신뢰가 모자라고 말을 너무 좋아한다"는 그의 발언에 동의할 사람은 꽤 될 것이다. 지난 대선 때 조 대표처럼 노무현 후보를 지지했던 사람들조차 노 대통령에게 점점 믿음을 잃어가고 있는 것이 사실이다. 그 점에서 조 대표의 말은 그의 트레이드마크인 '바른말'에 속할지도 모른다. 그러나 그 '바른말'을, 권력을 틀어쥐기 위해 민간인들을 무더기로 살해하고 8년 동안 대한민국을 동토로 만든 도살자 앞에서 해야 하는가?

조 대표가 염두에 두었을 여권의 분열 방조를 비롯해 노 대통령이 잘못한 일은 수두룩하다. 그러나 적어도 자유민주주의자의 관점에서 노무현은 전두환보다 천만 배 나은 사람이다. 최

악의 노무현조차 최선의 전두환보다 천 배, 만 배 낫다. 바른말도
해야 할 자리가 따로 있는 법이다.

〈한국일보〉, 2003. 12. 11.

56

참여정부의 억약부강抑弱扶强

✦

〜〜〜〜〜〜

　지난해 이맘때쯤 서울 광화문을 비롯해 전국의 밤을 밝히던 촛불들에는 인권과 자주와 평화를 향한 시민들의 염원이 담겨 있었다. 그 염원에 크게 힘입어 노무현 정부가 태어났다. 그런데 '참여'라는 브랜드를 내세워 출범한 지 1년도 채 안 된 지금, 정부는 핵폐기물 처리장 건설을 반대하는 부안 주민들의 촛불시위를 살벌한 방식으로 막고 있다. 정치란 게 늘 그런 거지 하며 편안한 냉소로 도피하기도 쉽지 않은 것이, 참여정부의 탄생을 결정적으로 거든 힘은 시민들이 노무현 캠프에 투사한 윤리적 열정이었기 때문이다. 16대 대선이라는 연금술 대회에서 '노 후보'를 '노 대통령'으로 변화시킨 '현자의 돌'은 소박하다 할 억강부약(抑强扶弱, 강한 자를 억누르고 약한 자를 도와줌—편집자)의 대의였다. 그런데 지금 참여정부의 실천은 자주 '억약부강'으로 휘어지고 있다.

대통령은 이라크의 전쟁터로 우리 젊은이들을 더 보내겠다는 결정을 되돌릴 생각이 없는 듯하다. 힘이 약한 나라가 힘센 나라의 요구에 나 몰라라 하는 것은 물론 쉽지 않다. 더구나 미국처럼 한반도의 지정학에 깊이 개입돼 있는 강대국의 요구를 우리 정부가 물리치기는 특히 쉽지 않다. 그 요구가 지금처럼, 저들이 멋대로 저질러놓은 침략전쟁의 뒤치다꺼리를 해달라는 기막힌 것일 때조차 그렇다. 그러나 노 대통령은 후보 시절 그런 쉽지 않은 일을 하겠다고 자임했다. 그리고 유권자들은 그런 그를 지지했다. 그런데 그는 지금 자신의 말을 실천에 옮길 지혜도, 용기도 없어 보인다. 그 지혜와 용기를 발휘하는 것이, 쉽지는 않겠지만 불가능한 일도 아니다. 힘이 세든 약하든 미국의 거의 모든 동맹국이 합리적 계산 끝에 미국의 파병 요구에 난색을 표했다. 우리 대통령의 안면근顔面筋이라고 그런 난색의 표정을 짓지 못할 게 뭔가.

반면에 노동운동에 대한 정부의 표정은 어느새 차갑고 단호해져, 노-정 관계는 손배·가압류와 노동자 대량 구속의 물살에 실려서 파국으로 치닫고 있다. 당선자 시절 민주노총과 한국노총을 방문해 "재계와 노동계의 힘의 불균형을 시정하겠다"고 말한 바 있는 대통령은 이제 희망을 잃은 노동자들이 잇따라 분신을 해도 태연하다. 외려 그는 "분신을 투쟁 수단으로 삼는 시대는 지났다"고 노동자들을 훈계하는가 하면, "민주노총은 더이상 노동운동단체가 아니다"라며 감정적으로 대응하고 있다. 노동계에 비판받을 점이 없다는 얘기가 아니다. 노동단체들은 너무 조급해 보이고, 더러는 이기적으로 보인다. 그러나 정부의 눈에는 늘 사용자들의 부당노동행위보다 노동자들의 불법 파업이 먼저 들어오는 것 같다. 무엇보다도, 절망 속에서 자기 몸을 불사른 노동자들에 대한 대통령의 발언은 인간에 대한 예의를 한참 벗어난 것이다.

약자에 대한 정부의 힘자랑이 부안에서만큼 인상적으로 드러나고 있는 경우도 없을 것이다. 부안 상황을 이 지경으로까지 몰고 간 가장 큰 책임은 주민들의 의사를 힘으로 누르고 주민투표에 대해 이리저리 말을 바꾼 정부에 있다. 더구나 대통령은 사태 초기인 지난 7월, 주민들의 뜻을 거스르며 핵폐기물 처리장 유치를 신청한 김종규 부안군수에게 직접 전화를 해 그 '소신'을 격려한 책임이 있다. 대통령이 그 통화에서 군수에게 약속한 '치안 유지'는 이제 유사 계엄 상황으로까지 나아갔다. 그런데도 대통령은 사태의 심각성을 아는지 모르는지 "주민들의 반발이 도를 지나쳤다"며 상황의 책임을 지역민들에게 돌리고 있다.

노 대통령은 대한민국에서 합법적 폭력의 사용을 최종적으로 결정할 수 있는 사람이다. 그런데 지금 그 폭력은 어디를 향하고 있는가? 바로 참여정부의 탄생을 반겼던 힘없는 사람들이다. 대통령과 정부가 권위와 자존심을 내세울 데는 그 힘없는 사람들이 아니다. 강자에게 고분고분한 사람이 약자에게 휘두르는 주먹만큼 보기 흉한 것도 없다.

〈한국일보〉, 2003. 11. 27.

57

언론의 자유에 대하여

✦

〰〰〰〰〰〰〰

노무현 대통령은 후보 시절 언론의 자유는 언론사주의 자
유가 아니라 기자들의 자유라고 말한 바 있다. 지금처럼 그 시절
에도 몇몇 보수신문의 눈 밖에 나 있던 그는 사주에 대한 기자들
의 독립성을 북돋움으로써 그 기자들이 쓰는 기사의 논조가 자
신에게 덜 적대적이 되기를 바랐던 듯하다. 그의 기대는 이뤄지
지 않았다. 그것은 언론의 자유에 대한 그의 인식이 흐릿했던 것
과도 무관하지 않다.

언론의 자유에 대한 노 대통령의 발언은 반만 옳다. 다시 말
해 완전히 틀렸다. 언론의 자유는 물론 언론사주(만)의 자유가
아니지만, 기자들(만)의 자유도 아니다. 우리 헌법 제21조가 명
확히 규정하고 있듯, 언론 자유의 향유자는 모든 국민이다. 17세
기 영국에서 언론의 자유라는 개념이 태어났을 때, 신문으로 대

표되는 대중적 저널리즘은 존재하지도 않았다. 그러니까, 영어의 'Freedom of speech'나 독일어의 'Redefreiheit'라는 말이 또렷이 드러내듯, 언론의 자유는 말의 자유다. 다만, 근대 이후 신문을 비롯한 대중 인쇄매체가 중요한 언로가 됨에 따라, 언론의 자유가 흔히 언론출판의 자유로 묶여 거론되며 저널리즘의 자유인 듯 좁게 이해되고 있을 뿐이다.

그러면 오늘날 한국의 언론 자유 상황은 어떤가? 언론의 자유를 정치권력과의 맞버팀 속에서 소극적으로 해석할 때, 한국 땅에 넘쳐나는 것이 언론의 자유다. 누구라도 신체적 위협을 느끼지 않은 채 길거리에서 큰 소리로 대통령을 조롱할 수 있고, 심지어 쿠데타를 부추기는 듯한 선동문을 제 잡지에 실을 수도 있다. 그러나 언론의 자유를 민주주의의 적극적 구성 원리로 이해할 때, 다시 말해 효과적 커뮤니케이션의 자유로 이해할 때, 한국 사회에 언론의 자유는 크게 부족하다. 그것은 총량 과잉 상태의 언론 자유가 너무 한쪽으로 쏠려 있다는 뜻이다. 우리가 옛 사회주의 체제를 자유 사회라고 부르지 않은 것은 그 사회에서 자유라는 재화가 '노멘클라투라'라고 불렸던 핵심 당원들에게만 쏠려 있었기 때문이다. 자유는 그것이 고르게 분배됐을 때만 의미를 지닌다. 언론의 자유도 예외가 아니다.

우리 사회에서 언론의 자유는 우선 시민사회 일반보다 언론 기업에 너무 쏠려 있다. 게다가 이 언론사들 다수는 정치적으로 짙게 오염된 언론당들이다. 이 언론당 당원들은, 언론당으로부터 후보 당원증을 발급 받은 일부 지식인들과 더불어, 일반 시민에 견주어 훨씬 더 큰 적극적 언론의 자유를 누린다. 그런데 어느 사회에서든 한 개인이 지닌 발언권의 양은 그가 누리는 권력의 양과 비례하는 경향이 있다. 그래서 현대 정치의 한 측면은 미디어크라시(미디어 지배)다. 발언권을 과점함으로써 언론당들은 선출되지 않은 권력이 되었다.

다음, 언론의 자유는 그 언론당들 가운데서도 거대자본의 밑받침을 받는 몇몇 보수신문당에 쏠려 있다. 쌍방향 매체라는 찬사를 받는 인터넷도 아직은 이 비대·보수 신문들이 설정하는 의제의 틀에서 자유롭지 않다. 그리고 비대 신문사에서 사주와 기자들의 이해는 일치하는 경향을 보인다. 노 대통령이 언론의 자유는 기자들의 자유라고 강변하며 사주와 기자들의 긴장 가능성에 주목했을 때, 그는 몰라서 그랬든 일부러 그랬든 순진했던 셈이다. 기자들이 점차 중산층 이상에서 충원되고 그들이 소속 언론사의 경제적·상징적 재산을 나누고 있다는 현실을 생각하면, 언론사주와 기자들의 갈등 가능성을 과장해서는 안 된다.

한 해외 망명객의 조국 방문에 즈음해 국가보안법 문제가 개인의 처신 문제로 변질돼버린 것이나 생존권을 위해 싸우는 노동자들에게 난데없이 '귀족'의 작위가 내려진 것도 우리 사회에서 언론의 자유가 고르게 분배되지 못했기 때문이다. 이른바 언론 개혁이라는 것은 언론의 자유라는 재화의 재분배를 모색하는 데서 출발해야 한다.

<한국일보>, 2003. 11. 13.

58

이보다 더 좋을 수는 없다

✦

~~~~~~~~~~~~~~~~~~~~

후보 시절의 노무현 대통령은 적어도 그 지지자들에게 한국 현대사의 어떤 정치인보다 더 매력적이었다. 취임하고 여덟 달이 지난 지금, 그는 지난 대선에서 그를 지지한 사람들 다수에게 매력 없는 사람이 되어버렸다. 도대체 그 사이에 무슨 일이 일어났던 것일까?

우선, 노 대통령의 지적대로, 이 정부를 둘러싸고 있는 의회 환경과 언론 환경이 매우 모질다. 여론시장과 의회를 지배하고 있는 거대 언론과 야당의 수구 신성동맹은 거의 하루도 거르지 않고 대통령 개인과 정부에 대해 저주에 가까운 폭언을 퍼붓는 표현의 자유를 행사해왔다. 그들은 스스로 기여한 바가 거의 없는 한국 민주주의의 과실을 누구보다도 탐욕스럽게 먹어대고 있는 것이다. 그런데 대통령의 옛 지지자들이 그에게 등을 돌린 것이 반드시 이 적대적 언론과 야당의 선동 탓일까?

아니다. 대북송금 특검법 공포에서부터 이라크 추가파병 결정에 이르기까지, 노 대통령은 줄곧 지지자들 다수의 뜻을 거스르며 반대파를 기쁘게 하는 방향으로 발걸음을 내딛어왔다. 그는 시민사회의 개혁적 요구에 차갑게 응답했고, 내란 선동에 가까운 수구분자들의 헌정 파괴 책동에 너그러웠으며, 미국의 일방주의에 보기 민망하리만큼 굴욕적으로 휘둘렸다. 얄궂게도, 노 대통령은 수구파의 조롱을 날마다 받아가며 결국은 그들의 정파적·계급적 이익을 실현시켜주고 있었던 것이다. 제 이익을 관철시키면서도 책임을 직접 지지 않아도 되니, 수구세력으로서는 이보다 더 좋을 수가 없는 상황이다. 그들 가운데 계산속 밝은 자들은 내심 쾌재를 부르고 있을 것이다. 대통령 잘 뽑았다고 말이다.

그러면 그들은 왜 이런 '어여쁜' 정부에 매일 말의 돌팔매질을 해대는가? 우선, 그들이 노무현 개인을 싫어하기 때문이다. 그들은 한국 사회의 주류에 끼일 만한 번듯한 배경을 못 갖춘 이단자가 국정의 최고위직에 있는 것이 그저 싫은 것이다. 그래서 그들의 비판은 정부의 정책보다는 대통령의 언동이나 스타일을 겨누고 있다. 그 못지않게 중요한 것은, 아무리 어여뻐도 남의 당 사람이 대통령이 되는 바람에 그들이 차지해야 할 당장의 밥그릇을 잃었기 때문이다. 그들은 제 동아리가 차지했어야 할 금박 입힌 자리들을 노무현 사람들이 차지하고 있는 것이 싫은 것이다. 얼마나 싫은가 하면, 그 돌팔매질로 나라가 결딴나도 상관없을 만큼 싫은 것이다.

그러니까 다수당과 언론의 무책임한 공격으로 정부의 처지가 어려워졌다는 노 대통령의 변명에 절반의 진실은 있는 셈이다. 그러면 이 무책임한 반대자들로부터 대통령을 지켜줄 사람은 누구인가? 결국 지난 대선 때 그를 지지한 사람들이다. 그러나 노 대통령은 자신의 반대자들이 좋아할 정치적 결정들을 잇따라 내려 지지자들을 실망시킨 데서 더 나아가, 어리석게도 여권의 신당新黨 놀음을 거들고 나섬으로써 지지층을 갈기갈기 찢어놓았다. 특검법 공포와 마찬가지로, 신당론의 한 측면은 힘센 자를 새 친구로 사귀기 위해 그가 싫어하는 옛 친구를 멀리하자는 것이었다. 그런데 잃기보다 얻기가 훨씬 더 어려운 것이 사람의 마음이다. 지지율이 곤두박질치지 않았다면, 그것이 놀라운 일이었을 것이다.

그리고 추락하는 지지율 속에서 노 대통령은 난데없이 재신임 카드를 꺼내 들었다. 법적 논란을 떠나서, 이 재신임 카드는 윤리적으로도 바탕이 무르다. 결과적으로 그것은 지지자들에 대한 정치적 자해공갈이기 때문이다. 그의 잘못으로 서로 갈라선 지지자들은 위기에 빠진 옛 친구를 구하기 위해 다시 힘을 합칠 것이고, 미국이 저지른 침략전쟁의 뒤치다꺼리를 위해 우리 젊은이들의 피흘림도 마다하지 않겠다는 대통령을 울며 겨자 먹기로 신임할 것이다. 그러나 재신임 소란이 어떻게 마무리되든, 그의 지지자들은 예전의 살가운 눈길로 그를 바라보기 어려울 것이다.

〈한국일보〉, 2003. 10. 30.

59

네오콘? 터미네이터!

✦

〜〜〜〜〜〜〜〜〜〜

네오콘(신보수주의자)이라는 말이 몇 해 전부터 유행을 타고 있다. 조지 부시 2세가 이끄는 미국 행정부 안팎의 매파 관료들과 지식인들을 가리키는 말이다. 그러나 네오(neo, 신新)든 팔레오(paleo, 구舊)든, 이들을 콘서버티브(보수주의자)라고 부르는 것은 언어의 오용이다. 이들을 보수주의자라고 부를 수 없는 것은, 이들의 관심이 지켜 간직하는 데 있지 않고 부수어 제거하는 데 있기 때문이다.

이들은 윌슨과 루스벨트와 유엔 헌장에 연원이 닿아 있는 다원적 국제 질서를 때려부수었다. 그들은 '우방'에게 '비용의 분담'이나 '책임의 분담'을 요구하면서도, '결정의 분담'을 제안하는 법은 결코 없다. 전통적 다원주의 질서를 뒤엎고 섬뜩하게 치켜든 이 일방주의를 통해 이들은 아프가니스탄의 탈레반 정권을 제거했고, 이라크의 후세인 정권을 제거했다. 이들이 제거한 것이 이교도 정권과 이교도적 가치만은 아니다. 이들은 이른바 '애국자법'이라는 것을 통해서, 양심의 자유와 적절한 법적 절차라는 미국 헌법의 본질적 가치를 짓밟았다. 그러니 이런 터미네이터 정권에 어떻게 보수주의라는, 제 나름의 매력을 발하는 이름을 헌정할 수 있겠는가? 부시 주니어 정권을 적절히 기술할 이름은 '반동적 근본주의' 정도가 될 터이다.

문제는, 이 반동적 근본주의자들이 이끄는 나라가 예전의 슈퍼파워가 아니라는 데 있다. 미국은, 프랑스의 전 외무장관 위베르 베드린의 용어를 훔쳐오자면, 하이퍼(hyper, 과대)파워다. 하이퍼파워를 냉전 시대의 슈퍼파워와 구별하는 가장 큰 특징은 그 유일성이다. 미국이라는 하이퍼파워에 견주면, 러시아 같은 옛 슈퍼파워조차도 하이포(hypo, 하위)파워에 지나지 않는다. 미국은 은유로서가 아니라 실제로 제국적 공화국이, 제국의 메트로폴리스가 되었다. 결국 지금의 이 천하대란을 배태한 것은 2000년 부시 주니어의 집권이나 그 이듬해 9월의 끔찍한 테러 사건이 아니라, 1989년의 베를린 장벽 붕괴인 셈이다. 제동을 걸 만한 맞수가 사라지자 미국은 반동적 파괴·확장 욕망에 급격히 노출되었다. 그리고 그 욕망은 빌 클린턴이라는 솜씨 좋은 디자이너 덕분에 8년간 비교적 단정한 옷을 걸치고 있다가, 이른바 '네오콘'에 의해 알몸을 드러냈다.

그렇다는 것은 또 지금의 을씨년스러운 세계 질서(차라리 세계 무질서)가 도널드 럼스펠드나 폴 월포위츠나 리처드 펄 같은 부시 2세 주변의 우익 터미네이터들 책임만은 아니라는 뜻이기도 하다. 더 큰 책임은 무지와 무책임과 자만심 속에서 이들을 용인하고 이들에게 환호한 미국 시민들에게 있을 터이다. 그리고 미국이라는 하이퍼파워의 변덕을 적절히 제어하지 못한 다수의 하이포파워 정부와 시민사회도 그 책임의 일단을 나눠 져야 할 것이다.

지금 미국 정부를 제어할 수 있는 가장 큰 힘은 미국 유권자들에게 있다. 인도 작가 아룬다티 로이가 적절히 지적했듯, 미국은 결코 위대한 나라가 아니지만 미국인은 위대한 국민이 될 수 있다. 역사가 지금 그들에게 위대해질 수 있는 기회를 주고 있다. 미국인들은 이 기회를 놓치지 말아야 한다. 건국의 아버지들이 간직했던 이념의 거처는 제국이 아니라 자유였다는 것을 기억해 내고, 제국의 무차별적 확장 욕망을 막아야 한다.

미국인 이외의 사람들에게는, 미국인만을 위해서가 아니라 지구 문명 전체를 위해서, 위대해지려는 미국 시민들의 노력을, 제국의 확장을 멈추려는 그들의 노력을 도울 책임이 있다. 제국의 경영에 너무 많은 비용이 든다고 판단될 때만, 제국은 그 확장을 멈추고 물러설 것이다. 이라크에 전투병을 보내는 것은, 스스로 결정하지도 않은 전쟁에 대한 책임을 어리석게 나눠 지는

짓일 뿐 아니라, 제국 경영의 비용을 줄여서 제국의 확장 욕망을
북돋우는 짓이다.

〈한국일보〉, 2003. 10. 2.

60
표준적 민주주의를 향하여

✦

～～～～～

　노무현 정부의 출범 이래 우리는 크고 작은 규모의 반북 시위를 몇 차례 목격했다. 일부 기독교세력과 한나라당의 지지·격려 속에 이뤄진 이 시위들은 북한과 정부 그리고 평화세력에 대한 증오를 여과 없이 표출했고, 이 '관리되지 않은 증오'를 우려하는 목소리도 작지 않다. 기자는 그런 우려에 공감하는 한편, 최근의 반북 시위에서 우리 사회의 희망을 보기도 한다.

　널리 지적되었듯, 최근의 반북 시위는 군사정부 시절의 반북 시위와 달리 관제 시위가 아니라 시민들의 의사擬似자발적 시위다. 다시 말해, 그 동원의 주체가 국가가 아니라 민간단체들이다. 이것이 뜻하는 바는 대한민국 국가의 권력 핵심부와 냉전 극우세력이 분리되고 갈등하기 시작했다는 것이다. 그것은 극우가 해묵은 국가 체제에서 하나의 사회운동으로 변화하고 있다는 뜻이기도 하다. 여기까지 오는 데만 정부 수립 이후 반세기가 걸렸다.

극우가 국가 체제에서 사회정치적 운동으로 변화하고 있다는 것은, 한국 사회에서 민주주의적 좌우파가 평화적으로 공존하며 협력적 경쟁을 실천할 최소한의 발판이 마련되었다는 뜻이다. 여기서 민주주의적 우파는 노무현 정부와 민주당 둘레의 세력 그리고 자유주의적 언론을 가리키고, 민주주의적 좌파는 민주노동당을 비롯한 사회민주주의 정당들 둘레의 세력을 가리킨다.

최근의 반북 시위를 주도한 세력이나 한나라당 그리고 일부 과점寡占신문은 민주주의적 우파가 아니라 극우파다. 왜 그런가? 이들이 국가보안법의 수호천사를 자임하기 때문이다. 한국 사회에서 우파와 극우파를 구별하는 가장 미더운 시금석은 국가보안법에 대한 태도다. 양심과 표현의 자유를 옥죄는 악법의 존치를 주장하는 세력은 좌우를 불문하고 민주주의적이랄 수 없다. 인공기를 불태우며 자신들의 거룩한 표현의 자유를 행사한 사람들만이 아니라 한나라당과 일부 과점신문 역시, 자신들이 반민주적·반사회적 극우파가 아니라 민주주의적 우파라는 것을 증명하려면, 표현의 자유를 옥죄고 있는 국가보안법을 폐지하라고 외쳐야 한다.

한국 사회에서 좌파라는 말은 아직도 낙인의 언어다. 물론 급진적 좌파라는 자기규정을 훈장처럼 뽐내며 실제로는 부르주아적 습속을 실천하는, 몸과 머리가 따로 노는 사람들이 대학 강단 일각에 있기는 하다. 그러나 정치권을 포함한 한국 사회 일반에서 좌파라는 말은 아직 부정적 어휘다. 이제 이 좌파라는 말을 복권시켜야 한다.

그러기 위해서는 우선 북한의 봉건적 가산국가를 이끄는 세력을 좌익 정권이라고 부르는 잘못된 관행부터 뜯어고쳐야 한다. 과도한 국제주의나 평등주의의 실천과도 무관하다는 점에서, 북한 정권은 극좌 정권도 아니다. 반민주적 지도자 원리로 수렴되는 민족주의에, 사실은 국가주의에 이끌린다는 점에서 북한은 가장 완고한 우익국가, 곧 극우국가라 할 만하다. 국적이 다른 극우파들이 서로 증오하는 것은 드문 일이 아니다. 1990년대 초 세르비아와 크로아티아 사이의 유고 내전은 왕년의 공산주의자였던 두 극우 국가주의자, 곧 슬로보단 밀로셰비치와 프란요 투즈만 사이의 증오의 경연장이었다. 북한 극우 정권에 대한 남한 극우세력의 증오도 이해할 만하다.

한국의 사회·정치적 지형에 아직도 유사 파시즘의 그림자가 짙게 드리워 있는 터라, 민주주의적 좌파의 힘은 너무 미약하다. 그것은 우리 사회에 더 많은 좌파가 필요하다는 뜻이다. 대학 강단만이 아니라 정치권과 일터와 시민사회에서 더 많은 좌파가 나와 복지와 연대 같은 좌파적 가치를 외쳐야 한다. 그래서 자유와 자율을 외치는 민주주의적 우파와 더불어 극우파와 싸우며,

이념적 정규 분포를 지닌 표준적 민주주의로 우리 사회를 이끌어야 한다. 민주주의를 향한 이 도약의 결정적 디딤돌은 국가보안법의 폐지다.

〈한국일보〉, 2003. 9. 4.

61

기억을 회복한 뒤에야

✦

〰〰〰〰〰〰〰

조지 오웰의 소설 《1984년》의 공간 속에서 세계는 거대국가 셋으로 나뉘어 있다. 소설의 무대 오세아니아는 미국의 대영제국 병합으로 태어났다. 이와 거의 동시에 소련이 유럽을 합병해 유라시아를 출범시켰고, 그보다 십 년쯤 뒤에는 지금의 중국과 일본을 포함하는 이스트아시아가 통일국가로 등장했다.

소설의 전반부에서 오세아니아는 유라시아와 전쟁 상태에 있는데, 공교롭게도 이 두 거대국가는 지난봄 미국의 이라크 침략을 두둔한 나라들과 비판한 나라들에 얼추 대응한다. 소설 속의 오세아니아 영역이 지난봄의 주전主戰 국가들과 고스란히 포개지는 것은 아니지만, 미국·영국·호주·스페인·일본 등 이라크 침략을 주도하거나 지지한 국가들은 전통적 해양국가들이었다. '오세아니아'는 어원적으로 해양국을 뜻한다. 반면에 이 전쟁에 반대했던 대표적 세 나라 곧 프랑스·독일·러시아는 소설 속에서나 바깥에서나 유라시아에 속한다. 국제적 편가르기의 양상은 《1984년》이 의도했던 메시지가 아니지만, 이 소설을 쓰던 1940년대 후반의 오웰은 반세기 뒤의 어떤 편싸움까지도 우연히 내다볼 만큼 용한 점쟁이였던 셈이다.

실제의 1984년은 백남준의 경쾌한 비디오 아트 〈굿모닝, 미스터 오웰!〉과 함께 시작됐다. 소설 《1984년》 속의 음산한 감시 사회는 기우杞憂에 지나지 않았다는 것이 백남준의 메시지였고, 많은 사람들이 거기 동의했다. 그러나 그로부터 스무 해가 채 지나지 않은 지금, 우리들은 오웰 쪽이 옳았다는 것을 점점 더 두렵게 실감하고 있다. 《1984년》 속의 텔레스크린은 이제 한국에서도 폐쇄회로 텔레비전이라는 이름으로, 차량 위치추적시스템AVL이라는 이름으로, 교육행정정보시스템NEIS이라는 이름으로 구체화하면서 '안전과 편리를 위한 자유의 헌납'을 종용하고 있다.

감시 사회의 도래는 《1984년》에 담긴 통찰의 핵심이지만 전부는 아니다. 그 감시 사회의 또다른 중요한 측면은 증오와 망각이다. 소설은 주인공 윈스턴 스미스가 증오 주간을 맞는 것으로 시작된다. 이 기간에 모든 오세아니아 사람들은 증오를 실천해야 한다. 테러 예방을 명분으로 이웃을 의심하고 증오하도록 부추기는 미국의 '애국자법'이라는 것이 연상되지 않는가? 소설 속에서 오세아니아 사람들이 유라시아보다 '상상 속의' 반당분자들을 더 증오하듯, 오늘날의 평균적 미국인들도 유럽인이나 러시아인보다는 아랍계 미국인 같은 '상상 속의' 반역자들을 더 미워한다. 기독교의 깃발 아래 오직 증오를 표현하기 위해 모인 군중을 보는 것은 이제 한국에서도 범상한 일이 되었다.

시민들의 이런 자동인형화에 필수적인 것은 기억의 봉쇄다. 소설 후반부에서 오세아니아의 전쟁 상대가 유라시아에서 이스트아시아로 바뀌자, 이제 모든 기록이 새롭게 쓰여 사람들은 오세아니아가 유사 이래 줄곧 이스트아시아와 싸워왔다고 믿게 된다. 한때의 사담 후세인이 미국의 친구였다는 사실을 미국인 대다수가 까맣게 잊고 있듯 말이다. 옛 기억을 지우고 새 기억을 만드는 수단은 날조된 기록의 반복적 주입이다.

소설 밖의 현실세계에서 그런 기억의 조작을 맡고 있는 것은 비대 언론일 것이다. 천황 찬양을 일삼던 〈조선일보〉는 이 새로운 기억 속에서 갑자기 항일 민족신문이 되고, 유신 파쇼 정권에 맞서던 언론인 1백 수십 명을 거리로 내몬 〈동아일보〉는 갑자기 자유 언론의 수호자가 된다. 소설 속의 당처럼 현실 속의 비대 언론도 "현재를 지배하는 자는 과거를 지배하고 과거를 지배하는 자는 미래를 지배한다"는 것을 알고 있으리라.

《1984년》은 바로 우리 곁에 있다. 그것에 맞서는 첫걸음은 기억의 회복이다. 그 기억의 회복 이후에야, 우리는 사랑의 회복,

자유의 회복에 다가갈 수 있을 것이다.

〈한국일보〉, 2003. 7. 24.

62

유시민, 민주당, 개혁정당

✦

～～～～～～～

이 난의 지난번 글 〈추미애가 옳다〉에 대해 개혁국민정당 유시민 의원이 강하게 항의해왔다. 유 의원은 그 칼럼에서 자신의 견해로 인용된, "지난 대통령선거 때 노무현이 오로지 민주당 후보여서 그를 지지한 사람은 (신당의 지지 기반에서) 버려두자"(《인물과 사상》 26권 좌담)는 표현이 자신의 뜻을 정반대로 왜곡했다며 내게 자신의 홈페이지에 들어가 4월 4일 자 '아침편지'를 읽어볼 것을 권했다. 들어가 읽어보니 과연 유 의원은 "단지 민주당 후보이기 때문에 또는 민주당 후보이기도 하기 때문에 노무현을 지지했던 전통적인 민주당 지지 유권자들을 (개혁당이) 배척해서는 안 된다"고 쓰고 있었다. 정당이 유권자들을 배척하느니 마느니 하는 것은 주객이 뒤바뀐 느낌도 있지만, 유 의원이 전통적 민주당 지지자들까지를 개혁정치의 지지 기반으로 꼽고 있는 것이 적어도 그 글에서는 또렷하다.

같은 사람의 글과 말이 서로 어긋난 듯 보일 때는 글 쪽을 따르는 것이 더 안전할 것이다. 글은 말보다 더 정제된 표현 양식이기 때문이다. 그러니까 《인물과 사상》 좌담의 "버려두고"라는 표현은 뜻 없이 미끄러져 나온 말일 터이다. '아침편지'들을 챙겨 읽지 못해 그의 생각을 곡해하게 된 것을 유 의원에게 정중히 사과드린다. 그러나 유 의원의 권유로 들어가 본 그의 홈페이지에서 그가 김근태 의원에게 쓴 편지(5월 15일 자)를 내처 읽으며 내 생각은 다시 혼란스러워졌다. 유 의원은 그 편지에서 김 의원의 '개혁적 통합신당론'을 "선거 때마다 민주당 후보를 찍어온 유권자들을 그대로 안고 가야 한다는 것"이라고 해석하고, 이를 비판적 맥락에 배치하고 있다. 이것은 4월 4일 자 편지와는 어긋나는 얘기다.

그러니까 내 혼란은 유 의원의 혼란에 기인하고 있다. 유 의원에게 전통적 민주당 지지자들은 이러지도 저러지도 못할 애물인 듯하다. 결국 《인물과 사상》 좌담에서 "버려두고"라는 말이 미끄러져 나온 것도 괜한 일은 아닐지 모른다. 범여권이 새로 확충해야 할 지지 기반으로 유 의원이 상정하고 있는 대상이 두 편지에서 다르게 표현된 것도 눈에 띈다. 4월 4일 자 편지에서 그들은 "개혁을 바라지만 민주당 후보라는 이유 때문에 노무현을 지지하지 않은 유권자"로 표현된다. 5월 15일 자 편지에서 그들은

"죽어라고 한나라당만 찍어온 대중"으로 표현된다. 내 생각에 이 두 집단은 아주 다르다. '개혁을 바라지만 민주당 후보라는 이유 때문에 노무현을 지지하지 않은 유권자'는 지난 대선 때 권영길 후보를 지지했거나 기권했을 터이다.

사실 바로 이 지점에서 정치 개혁운동의 방향이 암시된다. 지난 대선에서 노무현 후보와 권영길 후보를 지지한 유권자는 과반에 이르렀다. 중단기적으로는, 이들 범개혁 유권자들의 뜻 이 총선에도 고스란히 반영되도록 길을 내는 것이 '한나라당만 찍어온 대중'을 새로 붙잡으려고 애쓰는 것보다 더 합리적이다. 다시 말해, 지역구 국회의원 수가 비례대표 의원 수의 다섯 배나 되고 최대 선거구 인구가 최소 선거구 인구의 네 배에 가까워 유 권자 다수의 뜻이 파묻혀버리는 지금의 위헌적 상황을 근본적 으로 바꾸는 시스템 개혁이 최우선 과제가 돼야 한다. 여기에는 범여권 정파만이 아니라 민노당을 비롯한 진보정당 그리고 시민 단체들이 힘을 합할 수 있을 것이다. 여야를 막론하고 기득권세 력은 이런 시스템 개혁에 저항할 것이다. 개혁파는 바로 이 시스 템 개혁을 내년 총선의 쟁점으로 삼아야 한다.

민주당은 물론 썩은 정당이다. 그러나 이 정당은 지닌 것이 라고는 명분밖에 없었던 비주류 정치인을 대통령 후보로 뽑았을 만큼은 맑은 정당이다. 개혁은 인적 청산을 수반하게 마련이지 만, 동시에 기존 구성원과는 '종자'가 다른 신한국인이나 신인류를 상상하는 동화적 판타지에 이끌려서도 안 된다.

<한국일보>, 2003. 6. 26.

63

추미애가 옳다

✦

~~~~~~~~~~~~

민주당을 중심으로 한 범여권 정파의 지루한 신당 논의가 지금의 민주당과 이념적으로 또렷이 구별되는 정당을 염두에 두고 있는 것 같지는 않다. 신당의 실천적 목표는, 그 '개혁적' 주창자들이 공언하듯, 여당의 전국정당화다. 지금의 민주당은 지역당, 구체적으로 호남당이어서 앞으로도 다수당이 될 가능성이 거의 없으므로, 지역색을 말끔히 씻어낸 완전히 새로운 당을 만들어 내년 총선에 임하자는 것이 신당론의 취지다.

민주당 내 신당 추진세력의 별동대원이라 할 신기남 의원에 따르면, 신당 창당은 영남 의석의 절반을 얻기 위해 호남 의석의 절반을 버리는 것이다. 민주당 바깥에서 신당 건설을 풀무질하고 있는 개혁국민정당 유시민 의원에 따르면 신당은 "지난 대통령선거 때 노무현이 오로지 민주당 후보여서 그를 지지한 사람들은 버려두고, 그가 민주당 후보임에도 불구하고 그를 지지한 사람들과 노무현은 좋은데 민주당이어서 안 찍어준 사람들을 아우르는 정당"이다. 유 의원이 버려두자고 한 첫 번째 부류의 사람들 다수는 호남 출신 유권자들일 터이고, 새로 아우르자고 한 세 번째 부류의 사람들 가운데는 영남 출신 유권자들이 많을 터이다.

놀랍게도, 신당 만들기의 최전위에 서 있는 이 두 '개혁적' 정치인의 실천 노선은 한나라당이 일관되게 실천해온 선거 전략, 곧 호남 표를 일부러 얻지 않음으로써 영남 표를 얻어왔던 전략을 원리의 수준에서 따르고 있다. 한나라당은 지난 몇 차례 선거에서 당세를 호남으로 넓히려는 노력을 거의 하지 않았다. 호남에서 배척받아야만 영남에서 환영받을 수 있다는 판단 때문이었을 것이다. 영남과 호남의 유권자 수가 크게 차이 나므로 이것은 합리적인 전략이었다. 그러나 그것은 지역적 소수파를 희생양으로 삼아 지역적 다수파에게 영합하려 했다는 점에서 두드러지게 비윤리적인 전략이기도 했다.

그런데 지금 '개혁적'이라는 신당론자들이 이 아이디어를 베끼고 있다. 자신들이 간절히 원했던 노무현 정부의 탄생에 결정적으로 이바지한 호남 유권자들의 투표용지에서 몹쓸 병균이라도 발견한 듯, 이들은 난처한 표정으로 손사래를 치고 있는 것이다. 더 얄궂은 것은, 이들의 분별없는 호남 때리기가 민주당 박상천 최고위원이나 정균환 원내총무 같은, 지난 대선과정에서의 후안무치한 배덕으로 마땅히 당 변두리로 밀려나야 했을 사람들에게 '비빌 언덕'을 마련해주고 있다는 사실이다.

영남 유권자들과 한나라당 사이의 정서적 유대가 워낙 튼튼해 이들 '개혁파'가 뜻을 이루지 못하리라고 예단할 필요는 없겠다. 대북송금 특검법 공포로 영남 유권자들과 대북 대결주의자들의 반김대중 정서에 첫 '코드'를 맞춘 이래 현기증 나는 돌출행보로 국내외 보수세력과 거듭 '코드'를 맞추고 있는 대통령의 도움도 받을 수 있을 테니, 이 신당은 내년 총선에서 영남 유권자들의 지지로 전국정당의 꿈을 이룰지도 모르고, 더 나아가 원내 1당의 꿈을 이룰지도 모른다. 지금은 비아냥거리기에 바쁜 수구언론도 낯빛을 바꾸어 진지하게 정부와 신당을 지지하게 될지도 모른다.

그러나 그때의 신당은, 이 당이 '진보정당'이 되리라는 박상천 의원의 악선전과는 정반대로, 지금 민주당의 개혁성에도 훨씬 못 미치는 보수정당이기 쉬울 것이다. 또 하나의 한나라당을 만들어서 이들 '개혁파'는 무슨 개혁을 하고 싶은 것일까? 그들의 분별 있는 개혁파 동료 추미애 의원이 적절히 지적했듯, 전국정당화는 개혁의 한 수단이지 그 자체로 정당의 이념에 우선하는 절대적 가치가 아니다. 정당 명부식 비례대표제 도입 등을 포함한 시스템 개혁을 통해 중장기적으로 지역 구도를 허물어야 한다는 추 의원의 견해에 이들 '개혁파' 의원들이 귀를 기울였으면 한다. 박상천의 그름이 신기남의 옳음을 증명하는 것은 아니다. 추미애가 옳다.

〈한국일보〉, 2003. 6. 12.

64

잔인한 어릿광대의 초상

✦

～～～～～～

자신의 재산은 은행 예금 29만 1000원뿐이라는 전두환 씨의 지난달 28일 법정法廷 발언이 실마리가 돼, 5월 한 달간 그의 이름이 신문 한 귀퉁이에 다시 오르내렸다. 널리 알려져 있듯, 대법원은 1997년 4월 17일 전 씨가 대통령 재임 중에 엄청난 규모의 부정축재를 했다고 밝히고, 국가로 하여금 그에게 2205억 원을 추징하도록 판결한 바 있다. 그러나 전 씨는 지금까지 추징금의 14.3%에 해당하는 314억 원만을 냈을 뿐이다. 돈이 없어 더는 못 낸다는 것이다.

전 씨의 재산 규모가 얼마나 되는지는 당사자와 그 주변 사람들만 알 것이다. 그러나 재임 중 9500억 원에 이르는 비자금을 모았다는 그의 현재 재산이 29만 1000원뿐일 것이라고 믿는 사람은 대한민국에 아무도 없을 것이다. 그즈음 전 씨가 경기도의 한 골프장에서 부인 이순자 씨의 홀인원을 기념해 수백만 원짜리 나무를 심었다는 보도도 있었거니와, 그가 무일푼이라면 그 주위에 지금처럼 사람이 꾀지도 않을 것이다. 어딘가에 꽁꽁 숨어 있을 검은돈은 젖혀두더라도, 보도에 따르면 전 씨의 3남 재만 씨는 100억 원대 건물을 소유하고 있고, 10대의 손녀·손자 역시 30억 원대 부동산을 지니고 있다. 장남 재국 씨가 경영하는 출판사 시공사의 서울 서초동 건물이 전 씨의 부정축재와 무관하다고 생각하는 사람도 드물 것이다.

보다 못한 민주노동당이 5월 9일 전 씨가 숨겨놓은 재산을 신고하는 이에게 1000만 원의 현상금을 주겠다고 밝힌 데 이어 13일에는 '전두환 은닉재산 신고센터' 현판식을 가졌고, 시민단체 회원들도 1인 시위로 화답했다. 물론 전 씨의 '버티기'는 비판받을 만하다. 그러나 그가 정녕 비판받아야 할 것이 이 '버티기'일까? 우리는 추징금과 관련된 이 '버티기' 소동에 웃고 기막혀하느라 정작 중요한 것을 잊고 있는 것 아닐까? 말하자면 전 씨는 단지 파렴치한 부정축재자일 뿐인가? 아니다. 그는 다른 무엇에 앞서 살인자다.

1996년 전 씨가 '평생 동지' 패거리들과 기소됐을 때, 그의 혐의는 크게 세 가지였다. 첫째는 1979년 12월 12일의 군사반란이었고, 둘째는 1980년 5월 17일 이후의 내란이었고, 셋째는 대통령 재임 중의 뇌물수수였다. 1996년 8월 26일의 1심판결에서 그가 사형을 선고받은 것은 뇌물수수와는 상관없었다. 법원은 그에게 반란죄와 내란죄를 물어 사형을 선고했다. 법원은 특히 전 씨에 대해 내란목적살인죄를 인정했다. 내란목적살인죄는 국헌을 어지럽히기 위해 사람을 살해하는 범죄다. 전 씨에게 인정된 이 범죄는 말할 나위 없이 그가 1980년 5월에 광주 일원에서 저지른 일을 가리킨 것이다.

전 씨의 형량은 항소심에서 무기징역으로 낮춰졌고, 그 뒤 권력을 인계하고 인수하던 김영삼·김대중 씨의 어리석고 비겁한 타산 속에서 그는 자유의 몸이 되었다. 그러나 그의 자유가 그의 엄중한 범죄 사실을 지울 수 있는 것은 아니다. 전 씨에게 내란목적살인죄가 인정됐다는 것은 그가 살인자라는 뜻이다. 그것도 그냥 살인자가 아니라 국헌을 짓밟으며 집단살해를 저지른 인물이라는 뜻이다. 전 씨는 죽음으로도 씻을 수 없는 반인도죄反人道罪의 당사자이자 반역자인 것이다. 추징금을 둘러싼 그의 우스꽝스러운 행태에 대한 경멸과 조소가 그의 더 큰 범죄인 집단살해에 대한 분노를 지워서는 안 된다.

전 씨의 타고난 복 가운데 하나는 그가 내면의 잔인함과는 어울리지 않는 '코믹함'의 인두겁을 쓰고 있다는 것이다. 그 우스꽝스러움 앞에서 별 생각 없이 웃다 보면 그의 진짜 모습인 잔혹함을 잊기 쉽다. 1980년 이후 스물세 번째 5월을 보내며, 우리는 다시 한 번 되새겨야 한다. 전 씨는 살인자라는 것을. 그의 손과

돈은 그해 5월에 학살된 사람들의 피로 얼룩져 있다는 것을.

〈한국일보〉, 2003. 5. 29.

65

열정의 계절 앞에서

✦

~~~~~~~~~~

글 잘 쓰는 어느 기자 말대로 '애국의 계절'이 돌아왔다. 애
국의 계절이 돌아왔다는 것은 열정의 계절이 돌아왔다는 뜻이
기도 하다. 국민국가 시대 최고의 열정은 '나라 사랑'의 열정일
테니 말이다. 이 애국의 열정은 또 이 시대의 가장 잘 팔리는 상
품이기도 하다. 그래서 이 열정은 숭고한 열정이면서 비천한 열정
이다. 아무려면 어떠랴? 신문·잡지 지면과 브라운관은 이 열정
으로 출렁이고 있고, 이 열정의 브로커를 자임한 이동통신업체
들은 제 신바람의 불길을 대한민국 전체로 번지게 할 풀무질에
여념이 없다. 아니, 대한민국을 태워버릴 듯한 이 열정의 책임을
매스미디어와 이동통신회사들의 장삿속에 돌릴 일은 아니겠다.
한 언론학자가 적절히 표현했듯, 국민들 스스로가 '월드컵을 기
회로 더욱 세차게 뒤집어질 만반의 준비'를 하고 있다. 애국주의

는 미디어와 자본가들이 창조해낸 것이 아니다. 그것은 우리들 안에 이미 있었다. 미디어와 자본가들은 그것을 고무·찬양하며 팔아먹고 있을 뿐이다.

이 월드컵 애국주의는 썩 나쁘지 않다. 우리 살 깊숙이 새겨진 국민국가 체제가 어차피 애국주의의 열정을 이글거리게 하고 있다면, 그 열정의 마그마를 분출할 분화구로는 총싸움보다 공놀이가 한결 낫다. 물론, 네 해 전 월드컵 때 중국 네티즌들이 '시범적으로' 보여주었듯 이번 월드컵 때도 증오의 언어들이 인터넷에서 춤출지 모른다. 경쟁국가 팀 응원군중 사이의 충돌로 관중석이 난장판이 될 수도 있다. 너무 잘하거나 너무 못한 선수 하나가 흥분한 관중에게 살해될 수도 있다. 텔레비전으로 제 나라 팀을 응원하던 누군가가 너무 기쁘거나 슬퍼서 심장마비를 겪을 수도 있고, 홧김에 자살하거나 이웃을 살해할 수도 있다. 그러나 이 정도의 불상사는 전면적으로 발산된 애국주의의 값으론 결코 비싸지 않다. 폭탄과 총탄이 날아다니는 전장에서 우리가 애국주의의 값으로 치러야 할 그 헤아릴 수 없는 주검들에 견주면 말이다.

이런 공놀이의 우아함 못지않은 것이 선거의 우아함이다. 비록 월드컵을 앞둔 탓에 이번 지방선거에 쏟아진 열정은 두드러지지 않았지만, 게다가 야당 대표가 겪은 흉악망측한 일로 분위기가 몹시 뒤숭숭해지긴 했지만, 선거는 공놀이와 마찬가지로 열정의 분출구로서 비교적 안전하다. 당파심이나 호승심好勝心이 정치동물로서의 인간에게 내재한 유전자 같은 것이라면, 그런 열정을 예전처럼 칼싸움이나 총싸움으로 터뜨리는 것보다는 선거로 터뜨리는 것이 한결 낫다. 언론은 입버릇처럼 '선거 과열' 운운하지만, 선거에 쏟아지는 열정을 나쁘게만 볼 일은 아니다. 그 '과열 선거'에 고압으로 내장된 사랑과 증오의 합선은 이 민주주의의 발명품을 피흘림 없는 카타르시스 공간으로 만든다. 가장 과열된 선거도 가장 차분한 총싸움보다 백만 배, 천만 배 낫다.

그러나 월드컵과 지방선거에 한국인들이 분배한 열정의 차이에서도 보이듯, 열정이라는 재화는 무한하지도 무차별적이지도 않다. 한쪽의 넘치는 열정은 다른 쪽의 빈곤한 열정을 초래한다. 또 열정은 그 분출자가 대상에 느끼는 심리적 거리에 반비례한다. 월드컵 축구에 대한 열정이 유난히 큰 것은 한반도 남쪽의 주민 개개인이 한국 축구팀을 대한민국 국가와 일치시켰고 자신을 대한민국 국가와 일치시켰다는 뜻일 테다. '우리는 대한민국입니다'라는 한 이동통신회사 광고 카피는 바로 그 예민한 신경 섬유를 움켜쥔 지혜의 언어다.

대추리나 비정규직 노동자에 대해서, 정치인들의 부패나 성추행에 대해서, 결식아동이나 매맞는 여성이나 축구공 꿰매는 소녀에 대해서, 관타나모나 라말라에 대해서 사랑과 증오의 열정이 그만큼 솟지 않는 것은 한국인 다수가 이들 사안에 자신을 일치시키지 못했다는 뜻일 테다. 어쩌면 이것은 문화적·교육적 차원을 넘어서 인류의 진화 단계에, 다시 말해 생물적 차원에 얽매인 현상인지도 모른다. 대추리고 결식아동이고 까맣게 잊은 채 텔레비전 앞에서 맥주로 목을 적시며 '세차게 뒤집어질' 내 모습이 벌써 아른거린다. 신의 형상대로 만들어졌다는 인간의 기품 따위는 찾아볼 수 없는 자동인형의 꼬락서니다.

《시사저널》, 2006. 5. 29.

66

원로님, 참으세요!

✦

~~~~~~~~~

운동선수들은 대개 30대면 은퇴한다. 자연스러운 일이다. 사람의 체력이 정점에 이르는 때가 보통 20대니 말이다. 그렇다면 '공부선수'라고 할 수 있는 학자들은? 대학에 둥지를 튼 제도권 학자들은 보통 65세에 은퇴한다. 그것은 사람의 지적 능력이 예순 전후까지 고스란히 유지되거나 심지어 젊었을 때보다 더욱 벼려진다는 뜻인가? 그렇지는 않을 것이다. 인간의 정신 능력 역시 보통은 20대 때가 전성기다. 무엇보다도, 정신 능력이라는 것은 궁극적으로 육체 능력에 의존한다. 어떤 영역에서는 이 둘이 또렷이 구분되지도 않는다.

물론 정신 능력과 육체 능력은 많은 점에서 다르다. 정신 능력은 축적효과(다시 말해 '무르익음'의 효과)가 상대적으로 커서 쇠퇴과정도 상대적으로 느리다. 그러나 학자의 은퇴 연령이 운동선수에 견주어 크게 늦은 것이 이런 '무르익음 효과' 때문만은 아니다. 학자들은, 일단 취직을 하거나 제 권위를 확립하면, 그 뒤로는 시험다운 시험을 거의 보지 않는다. 그에 비해 운동선수에겐 시합 하나하나가 시험이다. 이 시험을 몇 번 잇달아 망치게 되면, 나이와 상관없이 은퇴를 생각하지 않을 수 없다. 연구 논문을 비롯한 저작물들이 학자들에게 시험 구실을 하기는 하지만, 이것은 운동시합과 달리 점수를 또렷이 매기기 어렵다. 그런 모호함 덕분에 학자들은 제 지적 능력을 어느 정도 가장할 수 있다. 이보다 훨씬 더 중요한 것은 학자 사회의, 더 구체적으로는 대학 사회 내부의 사승師承관계와 서열구조가 나이든 학자들을 보호하는 울타리 노릇을 하고 있다는 점일 것이다.

물론 지적 재능의 곡선에도 개인차가 있다. 역사상 가장 위대한 수학자로 꼽히는 가우스는 일흔이 넘어서도 지적 활기가 졸아들지 않았다. 가우스의 인격에 대해서 이런저런 험담을 늘어놓는 수학사가들도, 그의 지적 능력이 10대 때나 만년에나 별 차이 없었다는 점은 인정한다. 가까운 곳으로 눈을 돌려보아도, 예컨대 일흔 앞뒤인 영문학자 김우창 선생이나 유종호 선생의 글은 그들의 청장년기 때 글만큼이나, 어쩌면 그때보다 더 명료하다. 그러나 많은 학자들이 장년기를 통과하면서 학문적 전성기를 마친다는 사실도 엄연하다. 20세기 프랑스 지성계의 황제로 군림했던 사르트르가 지적 정점에 이른 것은 30대 후반에 쓴《존재와 무》에서였다. 시몬 드 보부아르가 기록한 그의 만년은 추레한 노인의 일상으로 심란하다. 학자 사르트르만이 아니라 작가 사르트르도 그 전성기는 30대 때였다. 사실 예술적 상상력은 학문적 능력보다 쇠퇴과정이 빠른 것이 상례다. 첫 시집이 제 대표 시집이 되는 시인은 문학사에 지천이다. 심지어 도덕적 판단 능력이라는 것도, 나이와 함께 무뎌진다고는 할 수 없겠지만, 그렇다고 나이와 함께 더 벼려지는 것도 아니다.

나는 지금 정신활동에 종사하는 사람들이 장년기에 은퇴해야 한다고 주장하는 것이 아니다. 그러나 과거 어느 순간 자신이 이룬 업적에 기대어, 심지어는 업적이랄 것도 없이 그저 연장자에게 유리한 풍속에 기대어, 너무 많은 힘을 누리고 있는 '원로들'을 보는 것은 개운치 않다. 이것은 또 나 자신이 아직 젊다고 생각해서 하는 말도 아니다. 아직 50줄에도 이르지 않았지만, 또 학자도 예술가도 못 되는 글쟁이에 불과하지만, 나 역시 20~30대 젊은이들의 잘 쓴 글을 보고 감탄할 때가 한두 번이 아니다. 지금의 알량한 나이를 앞세워 내 무딘 재능으로 그런 빛나는 재능들을 '지도'하려는 꿈을 꾸고 있지 않듯, 나는 나이가 지금보다 훨씬 더 들어서도 나이를 내세워 그들의 판관 노릇을 하지는 않으려 한다.

최근 한두 해 사이 우리 사회는 일부 '원로들'의 공적 개입으로 소란스러웠다. 대개 군사파쇼 정권의 협력자였다는 점에서 그들은 후안무치했지만, 그 가운데는 한때 지적·도덕적 권위로 사람들을 감화시킨 이들도 있었다. 이런 원로든 저런 원로든, 지긋한 나이나 화사한 경력이 곧바로 권위라는 생각은 버리고 말씀을 가려 하시는 게 좋겠다. 대뜸 생각나는 이가 노인정에서의 잡담 같은 말씀들을 언론 앞에서 심각한 표정으로 늘어놓으시는 가톨릭 지도자다.

《시사저널》, 2005. 12. 30.

67

'권위주의 체제' 유감

✦

〰〰〰〰〰

　박정희·전두환 시절의 유사 파쇼 체제를 '권위주의 체제'라고 부르는 것이 최근 10여 년 사이 학계와 저널리즘의 유행이 되었다. 이 말은 그전에 흔히 쓰던 '군사독재 체제'나 '군부독재 체제'라는 말보다 한결 '학술적'이고 '객관적'으로, 요컨대 세련되게 들린다. 속된 말로 이 말에선 '먹물티'가 배어난다. 그래선지 1970~80년대의 유사 파쇼 체제에 매우 비판적인 좌파 정치학자들도 그 시절을 '군부독재 체제'라고 부르기보다 '권위주의 체제'라고 부르는 일이 예사다.

　본디 권위주의라는 말을 학문적으로 사용하기 시작한 것은 정치학자들이 아니라 사회심리학자들과 사회철학자들이었다. 그리고 권위주의적 성격(에리히 프롬)이나 권위주의적 인격(테오도르 아도르노)에 대한 1940~50년대의 탐구는 나치즘과 반유대주의가 어떻게 태어나 작동했는가에 대한 탐구의 일부였다. 그러니까 권위주의 연구는 인간 내면에 숨겨진 파시즘의 씨앗에 대한 마르크스주의자들의 궁금증에서 비롯됐다.

그런데 권위주의적 성격이나 인격에 대한 사회심리학적 탐구가 권위주의 체제에 대한 정치적·이데올로기적 탐구로 이행하면서, 권위주의라는 말의 의미는 크게 휘어졌다. 우선 이 말은 파시즘과의 직접적 관련을 끊어냈다. 더 나아가, 권위주의 체제가 동의보다는 억압에 바탕을 두는 경향이 있다는 점에서 비록 참다운 민주주의랄 수는 없지만, 공산주의보다는 한결 나은 체제로 인식되었다. 당연히, 정치이데올로기 영역에서 이 말을 즐겨 사용하는 사람들은 우파에, 그것도 주로 극단적 우파에 속했다.

레이건 정권 시절 미국의 유엔 대사를 지내고 9·11 이후에는 '테러와의 전쟁'을 이론적으로 풀무질한 진 커크패트릭은 반공독재 체제를 권위주의 체제라는 말로 '미화'한 가장 유명한 보수주의자일 것이다. 그녀는 냉전 시기 제3세계 반공독재 체제에 대한 미국의 지원을 합리화하기 위해 권위주의 체제는 전체주의 체제(냉전 시기에는 고전적 의미의 파시즘은 거의 사라졌으므로 이 말은 공산주의 체제를 뜻한다)에 비해 더 불안정적이고(다시 말해 쉽게 민주주의로 이행할 수 있고), 이웃나라에 대한 전염성(흔히 도미노 이론이라고 불렸던)도 작다고 강변했다. 더 나아가 권위주의 체제는 국민의 행동만을 통제할 뿐이지만, 전체주의 체제는 선전과 세뇌와 재교육과 비밀경찰과 대중동원을 통해서 국민의 사상까지를 통제한다고 주장했다. 그래서 소비에트 체제는 (1980년대 시점에서) 앞으로 수십 년, 어쩌면 수백 년 지속되리라는 것이 커크패트릭의 생각이었다.

1990년 이후 공산주의 체제는 순식간에 무너져 그것이 수십 년 수백 년 가리라던 커크패트릭의 예측은 우스개가 됐지만, 그녀는 거기 개의치 않을 것이다. 그런 전제 아래 강경 노선으로 치달은 레이건 행정부의 대對소련 정책이 공산주의 체제의 몰락을 앞당겼다고 해석할 수도 있으니 말이다. 그런데 그녀가 권위주의 체제라고 불렀던 반공독재 체제에는, 그녀가 전체주의 체제라고 불렀던 공산주의 체제와는 달리, 선전과 세뇌와 재교육과 비밀경찰과 대중동원이 없었던가? 이른바 권위주의 체제는, 커크패트릭의 주장대로, 국민의 사적 영역에는 간여하지 않는가? 박정희·전두환 시절의 일상을 아직 망각하지 않은 한국인이라면 선뜻 그렇다고 대답할 수가 없다.

무엇보다도, 권위주의 체제라는 말은 너무 물렁물렁해, 순정 민주주의와 순정 전체주의 사이의 모든 체제를 지칭할 수 있다. 그것은 심지어, 은유적으로는, 권위주의적 대통령 드골이 통치했던 시절의 프랑스를 가리킬 수도 있다. 권위주의 체제는 일종의 '거시기 체제'인 것이다. 서양 우익 담론의 예를 좇아 한국의 군부독재를 권위주의 체제라고 부르고 싶은 유혹이 바로 여기서 솟아날 것이다. 이 말에서는 박정희·전두환 시절의 고문실이, 민간인 학살이, 삼청교육대라는 이름의 재교육 캠프가, 반공 궐기대회와 빨갱이 사냥이, 조작간첩 사건들이, 시민들 서로 간의 일상적 감시가 대뜸 연상되지 않는다. 그 권위주의 체제의 두목이었던 박정희와 전두환을, 경제적 효율의 밑바탕이었다고 주장되는 그 권위주의의 우두머리들을 그리워하는 것은 있을 수 있는 일이다. 그러나 욕조에 머리가 처박히거나 고압 전류로 온몸이 망가진 자신을 상상하며 그 그리움의 윤리성을 한 번쯤 점검해보는 것도 민주공화국 시민에겐 필요한 일이다.

《시사저널》, 2005. 11. 4.

68

환멸을 넘어서

✦

~~~~~~~~~

16대 대통령선거가 막 치러진 뒤 한 잡지에 쓴 글에서, 나는 노무현 씨의 정치적 업적 가운데 가장 큰 것은 대통령에 당선한 것이고 그것은 그의 임기가 끝나는 시점에서도 마찬가지일 것이라고 말했다. 그로부터 반 년쯤 지나서 나는 한 칼럼니스트가 그 말을 노 대통령에 대한 비판적 맥락에서 인용한 것을 보고 쓴웃음을 짓지 않을 수 없었는데, 사실 내가 그 말을 한 것은 노무현이라는 개인에 대한 지극한 편애에 바탕을 둔 것이었다. 나의 그 말은 소수파적 약점을 수두룩하게 지니고도 굽힘 없는 신념과 윤리적 다부짐으로 국가수반의 자리에까지 오른 정치인에 대한 경의였고, 그의 대통령 당선이 우리 사회의 소수자들에게 줄 희망과 자부심에 대한 예찬이었으며, 혹시라도 그에게 환상을 품고 있다가 실망해버릴지도 모를 지지자들의 기대지평을 미리 낮

취놓기 위한 예방주사였다. 나라고 '대통령 노무현'에 대한 내심의 기대가 왜 없었겠는가?

　노 대통령의 임기가 반이 지난 지금, 나는 두 해 반 전의 내 말이 옳았다는 것을 확인하며 씁쓸함을 금할 수 없다. 그 씁쓸함은 그 말이 부정적 맥락에서 인용된 의미로만 옳았기 때문이다. 오로지 실망하지 않기 위해 기대를 한껏 낮추고 있던 내 눈에도, 그가 대통령 당선을 넘어서는 업적을 남기기는 이제 어려워 보인다. 한 시인의 말을 빌리자면, 어째서 이런 일이 벌어졌을까? 가장 좋게 해석하자면, 노 대통령이 '모든' 국민으로부터 '우리들의 대통령'으로 인정받고자 하는 욕구를 버리지 못했기 때문일 것이다. 대북송금 특검법 수용에서부터 이라크 파병과 민주당 분당을 거쳐 재벌 감싸기와 최근의 대연정 제의에 이르기까지 그의 임기 전반은 지지자들의 마음에 상처를 입히며 정치적 반대파의 환심을 사는 데 통째로 바쳐졌다. 그러나 이런 영합은 별 효과가 없었다. 지금 그는 그런 정도의 비위 맞추기에는 꿈쩍도 않은 채 그를 여전히 '우리들의 대통령'으로는 여기지 않는 기득권층과, 그의 우향 돌진에 실망해 배신감을 곱씹고 있는 기존 지지층으로부터 동시에 고립돼 있다. 이제 그가 기댈 곳은 일본 우익이 얼떨결에 거들어주고 있는 한국인들의 민족주의적 열망이나, 야당 대변인의 거친 입에 대한 유권자들의 혐오감 정도밖에 없다.

　노 대통령이 지금까지의 방식으로 남은 임기를 채울 때, 그가 남길 유산은 정치적으로만이 아니라 문화적으로도 파멸적일 것이다. 그의 실패는 사회적·문화적 소수자에 대한 유권자들의 편견을 정당화하고 강화함으로써, 앞으로는 결코 그와 같은 배경의 인물이 정치의 중심에 서지 못하도록 만들 것이다. 게다가 노 대통령은 청와대에 입주하기까지의 정치 역정 동안 지극히 윤리적인 이미지를 지녔던 사람이다. 대통령선거운동 때부터 지금까지 노 대통령의 복심腹心 노릇을 하고 있는 유시민 의원이 출사표를 던지며 발설한 '단심丹心'이라는 말은, 유시민만이 아니라 그대로 노무현의 이미지이기도 했다. 누구도 그 진실성을 의심할 수 없는 표정으로 단심을 되뇜으로써, 그러나 결국 그 단심이 덧없는 단심이고 어쩌면 계산된 단심이라는 것을 너무 빨리 드러내버림으로써, 노 대통령은 그렇지 않아도 얄팍한 우리 사회의 윤리적 감수성에 치명타를 가했다. 그가 처음부터 현실정치인이었다는 사실을 환기시키는 것만으로 이것을 합리화할 수는 없다. 그를 지지한 사람들 다수는 그의 윤리성을 지지했기 때문이다. 그렇다면, 그의 대통령 당선마저 업적이 아니라 해악이 될 수도 있다.

그러나 2002년 12월에 한국의 개혁적 유권자들에게 노무현 말고 다른 대안이 없었던 것도 엄연하다. 이와 비슷한 난처함은 2007년 12월에도 되풀이될 것이다. 그리고 노 대통령의 우향돌진과 갈팡질팡은 그의 무능이나 변덕보다는 우리 사회에 미만

彌滿한 사회정치적 상상력의 질과 더 관련 있을지도 모른다. 그의 푸념이 아니더라도, 그는 국제 자본과 연결된 기득권세력의 사나운 욕망의 파도에 휘둘리는 일엽편주一葉片舟에 지나지 않을지도 모른다. '개혁정부'가 세상을 바꾼다는 환상을 깨끗이 버리고, 우리들 일상의 발걸음을 왼쪽으로, 좀더 왼쪽으로 옮기는 데 진력해야 할 이유가 여기에 있다.

《시사저널》, 2005. 8. 5.

69

빨강

◆

～～～～～～～

많은 사람이 지적했듯, 이번 월드컵 축구 경기가 우리 사회에서 엉겁결에 감당하고 있는 문화적 실천 가운데 하나는 붉은색 금기의 해제다. 전대미문의 규모로 흡수되고 배출되는 열정의 역학 속에서 붉은색은 대한민국을 뒤덮고 있고, 사람들은 그것을 당연하게 받아들이고 있다. 붉은색이 제 상징의 정원에 공산주의를 처음 맞아들인 것이 언제인지 나는 모른다. 아무튼 마르크스는 취향을 묻는 딸의 애교스러운 질문지에 대답하면서 자신이 가장 좋아하는 빛깔로 빨강을 꼽았다. 붉은색이 들어가는 표현들에서 이 빛깔은 흔히 공산주의(자)의 빛깔이다. 공산주의자 사냥을 뜻하는 레드 퍼지, 중국 문화혁명 시기의 홍전紅專논쟁, 1970년대에 악명을 떨치던 이탈리아 테러리스트 조직 '붉은여단', 일본 공산당 기관지 《아카하타赤旗》, 북한 중등학생들의 예비군 조직이라는 '붉은 청년 근위대'가 그 예다.

당연히, 분단 이후 오래도록 남한에서 붉은색은 금기에 속했다. 초등학교 운동회에서 청군의 맞상대는 색상표의 배치로 보아 자연스러운 홍군이 아니라 백군이었다. 노동자들이 쟁의 때 이마에 두르는 빨간 띠는 곧잘 언론으로부터 팔매질을 당했다. 공산주의자에 대한 경멸적 표현인 '빨갱이'는 모든 이성적 토론을 중단시키는 마법의 주문이었다. 그런데 이런 레드 콤플렉스가 적어도 외양으로는 일거에 사라지고 있다. 그리고 그 금기 해제 작업의 중심에 붉은 악마가 있다. 사실 '붉은 악마'라는 도발적 이름이야말로 레드 콤플렉스에 대한 치명적 조롱이다. 이들이 만들어낸 붉은 물결 덕분에 이제 이 정열의 빛깔은 대한민국을 상징하는 빛깔이 되었다. 한국은 '적화'되었다. 붉은색에 경기를 일으키던 극보수 언론도 이 적화 현상에 대해 딴죽을 걸지 못하고 있다. 반공의 최전선에 서 있다고 자부하는 한 언론사의 건물벽에는 '대한민국'이라는 네 글자가 놀랍게도 빨간색으로 쓰여 있다.

그러나 나는 텔레비전 카메라가 비춰주는 이 붉은 물결에 마음이 편치 않다. 이 붉은 물결이 실질적으로는 레드 콤플렉스의 해체와 무관하다는 판단 때문만은 아니다. 한국 경기가 있는 날이면 거리로 쏟아져 나오는 수백만의 인파는 유사 이래 한반도에서 터져 나온 최대의 열정을 증명하지만, 이 파천황의 열정은 과연 제대로 소비되고 있는 것일까? 열정이라는 것도 무한한 재화는 아닐 것이다. 그렇다면, 이 제한된 재화의 소비에 적절한 오리엔테이션을 주는 것은 열정의 생산 못지않게 긴요할 것이다. 거리를 가득 채운 온갖 사회적 배경의 수백만 군중의 입에서 '대~한민국' 이외에 아무런 정치적 구호가 나오지 않았다는 것은 나를 안심시키기는커녕 불안하게 한다.

《창작과 비평》여름호에는 팔레스타인 시인 마흐무드 다르위시의 연설문이 하나 실려 있다. 지난 3월 말 국제작가회의IPW는 팔레스타인 사람들에게 연대를 표하기 위해 월레 소잉카를 비롯한 대표단을 라말라에 보냈다. 요르단강 서안 팔레스타인 자치정부의 임시수도인 라말라는 그 직전 이스라엘군이 팔레스타인 민간인들을 무차별로 학살한 곳이다. 다르위시는 이들 동료 작가들에게 고마움을 표하며 '우리에게는 희망이라는 치유할 수 없는 병이 있습니다'는 제목으로 연설을 했다. 복스러운 병이랄 수도 있는 이 희망의 내용은 자식들이 안전하게 등교할 수 있게 됐으면 하는 희망, 임산부가 군 검문소 앞에서 죽은 아기를 낳는 것이 아니라 병원에서 살아 있는 아기를 낳게 됐으면 하는 희망, 팔레스타인 땅이 사랑과 평화의 땅이라는 원래의 이름을 되찾았으면 하는 희망이었다. 그리고 마지막으로, 피가 아니라 장미에서 빨간색의 아름다움을 느끼게 될 날에 대한 희망이었다.

로스앤젤레스를 배경으로 건물 청소부들의 애환을 그린 켄

로치 감독의 영화 〈빵과 장미〉에서 장미는 단지 먹고사는 문제를 벗어나 인간의 존엄이 보장되는 삶을 상징한다. 붉은 옷을 걸치고 우리 축구단의 승리에 열광하는 것은 자연스러운 일이다. 이 붉은색 열정이 합리적 수준에서 우리 사회를 통합하는 그런 열정이기를 바란다. 그러나 팔레스타인 사람들이나 거리의 청소부들을 포함해 모든 아웃사이더들에게 건넬 장미를 마련하기 위해 지금 이 붉은색 정열을 조금 여투어두는 것도 나쁘지 않을 것이다.

《시사저널》, 2002. 7. 4.

70

5월

◆

~~~~~~~~~~~

1980년 5월에 나는 스물두 살이었다. 지금 나는 꼭 그 갑절의 나이가 되었다. 그해 5월에 대학 졸업반이었던 나는 지금 한 인쇄업체의 계약직 사원이다. 그 5월의 기억들이 또렷하지는 않다. 5월 1일에 교정에서 계엄령 철폐를 촉구하는 시위가 시작되었던 것 같다. 한두 차례 학교에서 밤을 새운 기억이 아렴풋이 떠오른다. 13일부터인가 사흘간 서울 시내를 누빈 학생 시위대에 나도 뇌동자로 끼여 있었다. 차가 다니지 않는 서울역-남대문 일대를 구호와 노래 속에서 걷는 것은 불안하면서도 유쾌한 경험이었다. 그날이 아마 15일이었을 것이다.

계엄령이 제주도까지 확산되고 전국 대학에 휴교령이 내려진 17일이 일요일이었다는 기억은 엉클어진 회상 속에서도 비교적 또렷하다. 그날 조간신문을 읽으며 불편한 예감으로 '피의 일요일'이라는 말을 떠올렸으니까. 그러고는 곧 광주와 관련된 흉흉한 소문이 나돌았고, 이내 그 소문이 사실로 확인되었다. 1979년 10월 26일 저녁 서울 궁정동에서 시작된 '서울의 봄'은 1980년 5월 27일 새벽 광주 금남로의 전남도청에서 끝났다. 어쩌면 그 봄은 1979년 12월 12일 저녁 서울 한남동에서 이미 바스러져 버렸는지도 몰랐다. 사실 그해 봄은 매순간 바스러질 것 같았던 위태위태한 봄이었다. 이어진 여름은 길고 추웠다.

지난 22년을 나는 소박한 하층 프티부르주아로 살았다. 나는 결혼을 했고, 아이들을 낳아 길렀고, 단속적으로 직장생활을 했다. 서울이 지겨워져 외국을 떠돌기도 했다. 내가 어디에 있든, 일용할 양식을 구하는 것은 내 가장 큰 관심사였다. 그렇게 세월이 흘렀다. 어느덧 내년이면 큰아이가 스물두 살이 된다. 지난 22년 동안 내가 몇 차례나 그해 5월의 광주를 정녕 아프게 되돌아보았을까를 생각하면, 내 몸에 들러붙은 이기주의에 구역질이 난다. 내가 내 큰아이의 나이였을 때, 4·19는 이미 내게 까마득히 먼 역사였다. 그것이 내가 태어난 뒤의 역사인데도 그랬다. 제가 태어나기도 전에 있었던 광주의 5월은 내 큰아이에게 훨씬 더 까마득하게, 그래서 저와 무관하게 느껴질 것이다. 아닌 게 아니라 그 일은 이미 지난 세기의 역사다.

1987년 6월 이전까지 5월 광주는 대학 교정이나 자취방 안에서만 전수되는 외경外經이었다. 제6공화국이 들어선 뒤 그것은

'광주민주화운동'이라는 밋밋한 이름으로 '오피셜 스토리'에 편입됐다. 그러나 그것의 실질적 복권이 이뤄진 것은 아니다. 그것을 오로지 '지역'이라는 코드 안에 가두려는 집요한 노력은 꽤 성공적이었다. 게다가 망각은 인간의 본성에 속한다. 타인의 불행을, 또는 앞선 세대의 불행을 자기의 것으로 느낄 수 있는 상상력도 인간에게는 턱없이 부족하다. 팔레스타인 사람들의 비참을 생각하며 잠을 설치는 한국인이 얼마나 될까? 갑오년 농민군의 좌절을 생각하며 식욕을 잃는 한국인이 얼마나 될까? 아니, 더 가까이는 권인숙의 모멸감이나 박종철의 공포를 상상하며 치를 떨 수 있는 감수성이 이 사회에 얼마나 남아 있을까? 그들을 일상의 의식 바깥으로 밀어내는 내 건망증과 불감증 앞에서 나는 절망한다.

때로, 역사는 탐구되는 것이 아니라 구성되는 것이라는 의사擬似 허무주의의 유혹을 받는다. 모든 역사는 기록하는 자의 역사라는 생각, 또는 적어도 주류의 역사라는 생각 말이다. 그 생각은 누구도 어떤 당파성의 자장磁場에서 벗어나기는 어렵다는, 차라리 벗어나서는 안 된다는 생각이기도 하다. 5월 광주에 아직 그늘이 드리워져 있다면, 그것은 5월 광주가 아직 충분히 많은 벗들을 못 만났기 때문일 것이다. 그 벗들을 늘리기 위해서는 망각과 싸워야 하고 무심과 싸워야 한다. 이것은 역사 일반에 적용되는 말이다. 비판자들을 간첩으로 몰아 교수대로 보낸 자가 박정희라는 것을 우리가 잊어버릴 때, 전두환의 삼청교육대에서 짐승처럼 학대받았던 사람들이 나와는 무관하다고 생각할 때, 그래서 망각과 무심의 각질 속에서 박정희와 전두환의 협력자들에게 사람 좋은 미소를 보낼 때, 역사는 또다른 도살자의 손을 통해 반드시 우리에게 보복할 것이다. 이것은 다른 누구에게 앞서 나 자신에게 건네는 자경自警의 말이다. 겁 많아 살아남은 자의 부끄러움으로 삼가 5월 영령들의 명복을 빈다.

《시사저널》, 2002. 5. 23.

71

특권

✦

~~~~~~~~~~~~~~~~~~~~

　베르나르 프랑크라는 프랑스 문학평론가가 있다. '갈리그라 쇠유'라는 말을 만들어 저널리즘에 널리 유통시킨 사람이다. 갈리그라쇠유는 프랑스 출판시장을 손아귀에 넣고 문학상을 쥐락펴락하는 갈리마르, 그라세, 쇠유 세 출판사 이름의 앞부분을 따만든 말이다. 그래서 이 말은 프랑스의 출판권력을 상징한다.

　프랑크는 시사 주간지 《누벨 옵세르바퇴르》의 고정 칼럼니스트인데, 그의 최근 칼럼을 읽다가 재미있는 주장을 발견했다. "내가 이번 선거에서 시라크도 조스팽도 찍지 않겠다고 마음먹은 이유 가운데 하나는 대통령직과 총리직을 맡고 있는 그들 치하에서 사강이 금고형을 선고받았기 때문이다. 드골이나 퐁피두나 미테랑 치하에서라면 그런 일은 일어나지 않았을 것이다. 그들은 독서인이었다. 나는 사르트르에 대해 드골이 한 말을 기억하고 있다. 나는 퐁피두가 기자회견 중에 암송했던 시를 기억하고 있다. 나는 딱 한 번 미테랑과 함께 헬리콥터를 탔는데, 그때 그는 그라크의 책을 읽고 있었다."

잠깐 배경 설명을 하자. 프랑스 유권자들은 이달과 내달에 걸쳐 새 대통령을 뽑는다. 현직 우파 대통령 자크 시라크와 좌파 총리 리오넬 조스팽이 결선투표에서 맞붙을 가능성이 거의 100%다(실제로는 예상을 뒤엎고 극우정당 국민전선의 후보 장마리 르펜이 시라크와 결선투표에서 맞붙었다; 고종석,《자유의 무늬》, 2002). 19세의 소르본 학생이었던 1954년에《슬픔이여 안녕》이라는 세계적 베스트셀러를 쓴 바 있는 소설가 프랑수아즈 사강은 지난 2월 조세포탈죄로 금고 1년 집행유예 1년형을 선고받았다. 드골이 사르트르에 대해 했다는 말은 이렇다. "그를 내버려두지. 볼테르를 잡아들일 수는 없잖아." 알제리 독립전쟁이 한창이던 1950년대 말, 사르트르는 알제리에 주둔한 프랑스 군경이 비판적 알제리인들에게 가한 고문을 격렬히 비판하며 알제리 민족해방전선과 연대했고, 장송으로 대표되는 프랑스 내 급진 좌파의 폭력 사용을 과감히 옹호했다. 그때 드골은 사르트르를 반란죄로 잡아들이자는 측근의 제의를 거절하며 볼테르 운운했다고 한다. 미테랑이 헬리콥터 안에서 읽었다는 책의 저자 쥘리앵 그라크는 다소 비대중적인 소설을 쓴 20세기 작가다.

나는 프랑크의 발언에 담긴 생각이 무용할 뿐만 아니라 해롭다고 생각한다. 그의 발언은 강준만이 문화특권주의라고 부른 태도의 세련된 예다. 문화특권주의는 부르디외가 폭넓게 상징적 폭력이라고 불렀고 강준만이 폭을 좁혀 지식폭력이라고 부른 현상으로 이어지게 마련이다. 사실 한국의 지식인들도 프랑크류의 이런 생각에 깊이 감염돼 있다. 조정래의 《태백산맥》에 검찰이 관심을 보였을 때도, 장정일의 《내게 거짓말을 해봐》가 판사에게까지 읽히게 됐을 때도, 가수 전인권이 마약 복용으로 어려운 처지에 놓였을 때도, 지식인들이 그들을 변호하며 기댄 버팀목 가운데 하나는 예술(가)의 열외성列外性, 예술(가)의 존중이었다. 즉 《태백산맥》의 '좌경성', 《내게 거짓말을 해봐》의 '음란성', 마약 복용의 '반사회성'은 관련된 예술(가)의 가치를 통해 상쇄될 수 있다는 생각이 부지불식간에 깔려 있었다. 이것은 사르트르가 비록 국사범이지만 볼테르만큼이나 위대한 지식인이니 그대로 놓아두자는 생각과 구조적으로 비슷하다. 나는 이것이 매우 위험스러운 논리라고 생각한다.

　　법은 누구에게나 일반적으로 적용돼야 한다. 법 적용의 예외는 법의 권위를 무너뜨린다. 《태백산맥》에 대한 검찰의 관심이나 《내게 거짓말을 해봐》에 내려진 유죄판결이 부당했던 것은 그것들이 빼어난 예술품이어서가 아니라(나는 지금 그것들이 빼어난 예술품이 아니라고 말하는 것은 아니다), 그 판결이 대한민국 시민이면 누구나 누려야 할 표현의 자유를 부정했기 때문이다. 마찬가지로 전인권에 대한 유죄판결에 논란이 있을 수 있는 것은 그가 빼어난 뮤지션인 것과는 상관없이 그 판결이 자유의 한계에 대한 논의와 깊은 관련이 있었기 때문이다. 기실, 사강은 지난 1995년 코카인 복용 혐의로 유죄판결을 받은 뒤 "남에게 해를 끼치지 않는 한, 나는 나를 파괴할 권리가 있다"고 말한 바 있다. 예술이나 예술가, 학문이나 학자들을 치외법권 지대에 두려는 성스러운 노력은 일반적 수준에서 자유에 대한 법의 제재를 줄여가려는 세속적 노력으로 바뀌어야 한다. 자유는 볼테르나 사르트르에게만 소중한 것이 아니다.

《시사저널》, 2002. 4. 11.

72

전라도

✦

～～～～～

　한국 사회에서 전라도라는 기호가 함축하고 있는 문화적 뜻빛깔은 대체로 부정적이다. 그것은 속됨, 천스러움, 가난, 배덕, 너절함 같은 이미지를 걸치고 있다. 이런 이미지는 특히 중년을 넘긴 영남 사람들의 상상력 속에 짙게 새겨져 있지만, 그것은 다른 지역 사람들이나 젊은 세대에게도 있다. 이런 함의가 이른바 밥상머리 교육이나 술자리의 객담을 통해 종횡으로 퍼져왔기 때문이다. 주로 문화적 차원에 갇혀 있던 전라도의 이 부정적 함의는 1971년의 대통령선거를 기점으로 정치적 차원으로 확산되었다. 그 선거에서 박정희 캠프가 선도한 지역주의 공작은 한국 사에서 정치적 지역주의의 현대적 기원으로 기록될 만하다.

　전라도라는 기호의 부정적 뜻빛깔이 1971년을 기점으로 문화적 차원에서 정치적 차원으로 비화했다는 것은 바로 그 시기부터 전라도라는 지역과 김대중이라는 개인이 몸을 합쳐 하나의 기호가 되었다는 뜻이다. 문화적 층위의 전라도와 정치적 층위의 전라도는 서로를 보완하고 강화하며 1970년대 이후 한국의 정치·문화 지형에서 매우 민감한 의미망을 구축해왔다. 인격화한 전라도라고까지 할 만한 김대중 씨가 1997년 선거에서 대통령으로 뽑힌 뒤에도 전라도가 지닌 문화적 뜻빛깔은 크게 변하지 않았다. 물론 정치적 차원에서 이 기호는 새로운 부차적 시니피에(의미내용—편집자)를 획득하게 되었다.

전라도에 들러붙어 있는 부정적 함의들을 논리적으로 격파하기는 쉽다. 그러나 편견이라는 것이 본디 그렇듯 전라도라는 기호를 구성하고 있는 부차적 의미자질들도 논리 이전의 자발적 몽매정서의 문제여서, 깔끔한 설명으로 그 그림자를 거두어내기는 어렵다. 그것은 특히 나 같은 전라도 사람에게 더 어렵다. 듣는 사람들이 내 목소리에서 보편적 이성보다는 전라도 사람의 방어심리를 더 손쉽게 읽어내기 때문이다. 그래서 지금 이 글을 쓰는 기분도 더럽기 짝이 없다.

내가 환기하려고 하는 것은 시민운동단체들을 홍위병이라고 몰아쳤던 이문열 씨와 거기 항의해 이문열 씨의 책 반환운동을 펼쳤던 화덕헌이라는 이 사이에 있었던 어떤 장면이다. 화덕헌 씨는 부산에서 사진관을 운영하는 37세의 남성이다. 벌써 석달도 훨씬 전에 일어난 일을 지금 다시 들추는 것이 궁상스럽기도 하다. 그러나 대부분의 언론이 이 사건에 대해 침묵을 지켰던 터라, 이 사소하지만 의미심장한 에피소드를 아는 사람은 그리 많지 않다. 이문열 씨는 지난해 10월 16일 부산의 한 강연회에서 "부산 사람들에게 일러바칠 것이 있다"며 화덕헌 씨가 "부산 사람이 아닐 것이다"라고 말했다. 그리고 그 이튿날 화덕헌 씨를 만난 자리에서는 화 씨의 부모님 고향이 전라도가 아니냐고 거듭 캐물었다고 한다.

물론 이 사실을 밝힌 것은 화 씨다. 그리고 이 씨와 화 씨 사이의 대화는 두 사람만 아는 것이다. 이 씨는 화 씨가 밝힌 자신의 발언에 대해 시인도 부인도 하지 않았다. 화 씨의 말이 거짓이라면 이 씨가 화 씨에게 명예훼손죄를 물을 만하고 그 말이 참이라면 공개적으로 사과라도 할 수 있으련만, 그는 '대인大人'의 예로써 침묵을 지키고 있다.

사실, 이 씨가 지난 십수 년 동안 토해놓은 수많은 엽기적 언설들을 생각하면 그의 이 '전라도' 발언에 놀랄 것은 없다. 멀리 갈 것도 없이 〈술단지와 잔을 끌어당기며〉(《현대문학》, 2001년 10월)라는 문건이 드러내는 이 씨의 사람됨은 그런 발언을 능히 예측하게 만든다. 그리고 그것은 한나라당 의원들이 유권자들 앞에서 대수롭지 않게 구사하는 지역주의 선동에 견주면 별 것 아니라고도 할 수 있다. 언필칭 단일민족 사회라는 한국에서 지역적 소수파에 대한 차별적 발언은 예컨대 유럽 같은 곳에서의 인종적 소수파에 대한 차별적 발언에 견줄 만한 것인데, 대부분의 유럽 국가에서 그런 발언이 형사처벌 대상이 된다는 지적도 한가한 소리일지 모르겠다.

나는 이문열 씨에게 어떤 시민적 양식을 기대하지 않는다. 그러나 이 씨의 이런 반사회적 발언을 두고 문단을 포함한 시민 사회 일반이 침묵하고 있는 것은 놀랍다. 이문열 씨와 추미애 의원 사이의 다툼을 놓고 〈조선일보〉 지면에서 이문열 씨를 거든 이청준 씨께 묻는다. 문인까지 갈 것도 없이 한 시민의 처지에서, 이문열 씨의 발언은 받아들일 만한가? 아니 전라도 사람으로서, 이문열 씨의 발언은 받아들일 만한가?

《시사저널》, 2002. 2. 7.

73

있어야 할 것, 없어야 할 것

✦

〜〜〜〜〜〜〜〜〜〜〜

유럽의 큰 도시들과 서울의 거리 풍경을 달라 보이게 하는 것은 여러 가지다. 무엇보다도, 유럽의 도시들에는 역사가 있지만 서울의 거리에는 역사가 없다. 수도가 된 지 6백 년이 넘은 이 도시의 풍경은 1960년대 이후의 풍경이다. 그 이전 수백 년의 흔적을 서울에서 찾기는 쉽지 않다. 우리는 지난 40년 동안 한 도시를 완전히 파괴하고 새롭게 건설했다. 그 파괴와 건설에 심미적 고려가 개입된 것도 아니어서, 우리의 초현대적인 수도는 유럽의 낡은 수도들에 견주어 조형적 아름다움에서도 크게 뒤진다.

그런 것들이 좋은 일은 아니지만, 그렇다고 크게 걱정할 일은 아니다. 서울의 거리 풍경에서 우리가 정작 걱정스러워해야 할 일은 그런 문화보존적·조형적 차원 너머에 있다. 이 도시의 풍경에는 역사 말고도 마땅히 있어야 할 것이 없고, 조형적 몰취향 말고도 마땅히 없어야 할 것이 있다.

마땅히 있어야 할 것은 장애인들의 모습이다. 서울에서든 지방의 대도시에서든, 한국의 길거리에서는 장애인들을 발견하기 어렵다. 그러면 유럽에 견주어 우리나라에는 장애인들이 아주 적은가? 내게 통계가 없으니 확언할 수는 없지만, 그렇지 않다고 말하는 것이 안전할 것이다. 한국인이 장애인으로 태어나거나, 살아가는 과정에서 사고를 당해 장애인이 될 확률이 유럽인보다 낮다고 말하는 것은 어리석은 일일 것이다.

우리는 유럽인들이 겪은 제2차 세계대전을 겪은 뒤에도 6·25라는 커다란 전쟁을 겪었다. 한국의 산재율과 교통사고율은 세계에서 수위를 다툰다. 아무리 생각해도 장애인의 비율에서 한국이 유럽보다 높으면 높았지, 낮을 것 같지는 않다. 그러면 그 많은 장애인들은 다 어디에 있는가? 그들은 복지원이라는 이름의 수용소에 갇혀 있든지, 가족들의 보호 아래 집에만 머물러 있다.

그들은 왜 거리로 나오지 않는가? 우선, 서울이라는 도시에는 장애인을 배려한 시설이 거의 없다. 예컨대 휠체어에 몸을 실은 사람은 지하철을 탈 수도 없고, 화장실을 사용할 수도 없고, 높다란 건물을 쉬이 오를 수도 없고, 지하통로로 길을 건널 수도 없다.

그러나 그것보다 더 중요한 것은 집단주의적 또는 전체주의적이라고 할 만한 한국인들의 심성이다. 자신의 사지가 온전하다고 생각하는 사람들은 그렇지 못하다고 자기들이 판단한 사람들에 대해서 평심을 유지하지 못한다. 그들은 자기들처럼 '온전한' 사람들만이 거리에 있어야 한다고 생각한다. '사지 멀쩡'이라는 자신들의 규격에 맞지 않는 사람들을 그들은 따돌리고 내치고 백안시한다. 그것은 시선을 통한 집단적 폭력이다. 장애인들을 거리로 나오지 못하게 하는 한국인들의 집단주의적 심성과, 장애인들을 조직적으로 거세한 정부 정책에 동조했던 1940년대 독일 사람들의 심성 사이의 거리는 그리 멀어 보이지 않는다.

눈에 띄지 않는 장애인들은, 유니폼을 숭상하는 한국인들의 전체주의적 폭력을 가장 눈에 띄게 드러낸다. 옳고 '정상적'이고 다수파인 '우리'와, 그리고 '비정상적'이고 소수파인 '그들'로 만인을 나눈 뒤, 아무런 거리낌 없이 '그들'을 박해하고 백안시하는 이 전체주의적-마니교적 심성은 우리 사회의 이념 대립, 지역 갈등, 각종 연고주의의 기반을 이룬다.

조형적 아름다움에서는 유럽의 도시들을 능가할 평양은 그 전체주의적 표상에서는 서울을 훨씬 앞지른다. 그러나 텔레비전에 비친 평양 거리를 보자. 주체탑과 김일성 동상 같은 대형 건조물들이 위압적으로 들어선 그 깨끗한 거리에서 장애인을 본 적이 있는가? 중상모략이기를 바라지만, 프랑스의 한 북한 연구자는 장애인을 평양에서 추방하는 것이 북한 정권의 확고한 정책이었다고까지 말한다.

서울에 마땅히 없어야 할 것은 시내 요소요소에 배치된 이동 파출소라는 이름의 경찰 버스들과 모호한 법률적 근거로 검문 검색을 즐기는 경찰관의 모습이다. 도대체 '비상시국'도 아닌 상황에서 그들은 거기에 왜 서 있는가? 선량한 시민들을 겁주기 위해 그들이 거기 서 있는 동안에도 강력 사건은 줄어들 줄 모른다.

보이지 않는 장애인들이 우리들의 전체주의적 심성을 드러낸다면, 너무 많이 보이는 검문 경찰들은 새 정부가 아직 전체주의적 성격을 탈색하지 못했다는 것을 드러낸다. 불편한 다리를 이끌고 일생을 민주화운동에 헌신했던 인사가 대통령이 된 지금도 서울 거리에 있어야 할 것은 없고, 없어야 할 것은 있다.

《시사저널》, 1999. 7. 22.

74

장기수

◆

〜〜〜〜〜〜〜〜

　수십 년 옥살이 끝에 풀려나온 장기수 노인들의 얼굴에서
는 강철처럼 단련된 정치적 신념보다는, 사나운 역사가 할퀴어
남겨놓은 깊은 상처가 읽힌다. 그들이 '간첩'이었든 '통일 일꾼'이
었든, 그들이 자신들의 수십 년 전 행위에 대해서 치른 값은 누
가 보아도 너무 비싸다. 아니, 그 긴 옥살이의 전부가 수십 년 전
'행위'의 값은 아니었다. 자신들의 '행위'에 대해 값을 치른 뒤, 그
들은 연이어 자신들의 '사상'에 대해 값을 치렀다. '사상 전향'이
라는 것을 하지 않았다는 이유로, 그들은 행위 값을 치른 뒤에도
만기가 정해지지 않은 옥살이를 했다. '사상' 때문에, 행위로 표
출되지도 않은 머릿속 '사상' 때문에, 우리들은 그들을 그리도 오
래 가두어두었다.

　아무튼 그들은 이제 감옥을 나왔다. 물론 아직 감옥에 있는

사람도 있지만, 고령자들의 상당수가 풀려났다. 이제 우리는 그들에게 무엇을 어떻게 해야 하나? 결론을 앞당겨 얘기하자면, 우리들은 그들을 아무런 조건 없이 고향으로 돌려보내야 한다. 물론 한 가지 조건은 있다. 그들이 그것을 원한다는 조건 말이다.

그들이 고향으로 간다고 해서, 우리 사회가 입을 해는 아무것도 없다. 우선, 그들을 고향으로 돌려보내는 것이 그들이 수십 년 전에 한 행동을 우리가 정당화하는 것은 아니다. 그들의 행동이 '범죄'라고 우리 법정은 분명히 선언했고, 그들은 그 '범죄'에 대해 몇십 곱절 값을 치렀다. 그들의 귀향이 우리 사회에 갑자기 주체사상 붐이나 북한 사회에 대한 동경을 만들어낼 리도 없다. 자신이 만들었다는 '주체철학'과 그 '철학'에 의해 이끌리는 조국이 싫어서 가족을 팽개치고 남으로 내려온 북쪽 사람도 있다. 그 사람에 따르면 북의 주체사상이 변질됐고 자신은 민족을 구원하기 위해 내려왔다지만, 아무튼 그는 50년 동안 자신에게 최고의 명예와 안락을 베풀어준 북의 조국을 버리고 남으로 내려왔다. 그런 터에, 치기 어린 일부 젊은이들을 빼놓고 남쪽의 누가 주체사상에 매력을 느끼고 북한 사회를 동경하겠는가?

그들의 귀향이 북한 체제를 강화하는 데 기여할 리도 없다. 물론 그들이 돌아간다면 북한 당국은 대대적인 환영 행사를 할 테고, 그 환영 행사를 체제 선전에 이용하려고 애쓰기야 할 것이다. 그러나 그것이 얼마나 큰, 얼마나 지속적인 효과를 내겠는가?

수많은 사람들이 굶주려 죽어가고 있는 사회에서 말이다. 차라리 이 노인들이 남쪽에 계속 남아 있는 것이 북한 당국의 선전에는 더 유리할 것이다. 그래야, 북의 주민을 '억류'하고 있는 남한 당국의 '비인도적 처사'를 계속 비판할 수 있을 테니 말이다. 그렇다는 것은 이 노인들의 귀환을 북의 당국자들이 진정으로 바라지는 않을지도 모른다는 뜻이다. 요컨대, 노인들의 귀향은 우리에게 해롭지도 않고 북한의 권력자들에게 이롭지도 않다.

반면에 그들의 귀향은 당사자들과 그들의 가족에게는 크게 이롭다. 죽을 때 가족 곁에 있고 싶은 것, 늙은 어버이를 임종하고 싶은 것은 인간의 보편적인 감정이다. 보편적이 아니라면, 적어도 그것은 우리 민족의 전통적 정서다. 그들이 혹시라도 젊다면, 앞으로 남쪽에서 가족을 꾸려 새 삶을 살 수도 있을 것이다. 그러나 그들에게는 그런 가능성이 없다. 그들은 여생이 얼마 남지 않은 노인들이다. 그들은 과거에 남쪽에서 가족을 꾸릴 기회도 없었다. 그들이 귀향을 바라는 것은, 그 나이에 북의 체제나 이념에 굳이 집착해서는 아닐 것이다. 가족 곁에서 세상을 마감하고 싶어서일 것이다. 실상 그들이 그 오랜 세월 전향을 거부한 것도 순전히 정치적 신념 때문만은 아니었을 것이다. 고향에 남아 있는 가족에 대한 고려도 분명히 작용했을 것이다. 전향하지 않은 그들을 지난달에 석방하면서 정부도 그 점을 지적했다.

이들을 고향으로 돌려보내는 것은 우리에게도 이롭다. 북에서 결코 인정하지 않을 국군 포로 문제를 거론하며 시간을 끌기보다는 아무런 조건 없이 그들을 고향으로 돌려보냄으로써, 우리는 북쪽에 대해 도덕적 우위를 지키며 민족화해를 주도할 수 있을 것이다. 실상 이런저런 조건을 내세우며 역사의 상처를 덧내기보다는 우리가 그렇게 선손을 쓰는 것이, 국군 포로를 포함해 북에 억류 중인 남쪽 주민 문제를 해결할 실마리로 이어질 가능성이 더 높다.

아무에게도 해롭지 않은 반면 당사자들과 우리에게 좋은 일을 우리가 마다할 까닭은 없다. 사실은 지금이 적기다. 총선이 다가올수록 정부로서는 결단을 내리기가 더 어려울 것이다. 이런 민감한 문제가 총선의 쟁점이 되는 것을 여당이 원치 않을 테니 말이다. 그 노인들에게는 시간이 없다. 그들을 지금 가족 품으로 돌려보내자.

《시사저널》, 1999. 4. 8.

75

진리의 열정에서 해방되기

✦

〜〜〜〜〜

　광신에 대한 깔끔한 정의 가운데 하나는 '진리에 대한 무시무시한 사랑'이다. 진리나 사랑만큼 우리들 마음의 줄을 퉁기는 말을 달리 찾기는 어렵다. 그러나 그 둘이 죽자사자 들러붙으면 광신이라는 이름의 마음의 병을 낳는다. 진리나 사랑이라는 말을 가장 즐겨 사용하는 것은 종교적 언설들이다. 기독교의 역사가 십자군운동에서부터 종교재판을 거쳐 마녀사냥에 이르는 숱한 광신의 에피소드로 채워져 있는 것은 그래서 조금도 놀라운 일이 아니다. 기독교인들이 처음엔 자신들의 피흘림을, 그리고 나중엔 남들의 피흘림을 대수롭지 않게 생각했던 것은 진리에 대한 그들의 사랑이 지나쳤기 때문이다. 여기서 사랑이라는 말을 열정이라는 말로 바꿀 수도 있겠다.

　물론, 열정 없이 위대한 일이 이루어지기는 힘들다. 고대의 알렉산드로스 대왕에서부터 근대의 나폴레옹 황제를 거쳐 현대의 마오쩌둥 주석에 이르기까지 위대한 정복자, 위대한 혁명가들은 하나같이 열정의 인물이었다. 그들은 단지 자신들이 열정적 인물이었을 뿐만 아니라, 사람들로부터 열정을 이끌어내는 재능을 지니고 있었다. 그래서 그들은 한 사회와 한 시대를 열정으로, 무시무시한 열정으로 채웠다. 그러니까 위대한 시대란 열정의 시대라고 할 만하다.

그 위대함은 대체로 구경하기엔 아주 멋들어진 스펙터클이다. 그러나 그것은 막상 당사자가 되어 경험하거나 실천하기엔 너무 밉살맞은, 광기어린 무용武勇이기 쉽다. 노망한 교황의 십자군운동이든, 젊은 황제의 러시아 원정이든, 위기에 몰린 주석의 문화혁명이든, 제정신을 가진 사람이라면 누구도 그 위대한 과업의 표적이 되고 싶어하지는 않을 것이다. 실은 그 위업을 최전선에서 수행하는 병사가 되는 것조차 끔찍한 일이다. 그러나 실제로 많은 사람들이 거리낌 없이 그 위업의 첨병이 되거나 이해심 많은 총후銃後가 되어 한 시대를 피범벅으로 만들었다. 거기에는 물론 이런저런 개인적 이해타산도 작용했을 것이다. 그러나 그들을 그 위업으로 내몬 커다란 동력 가운데 하나는 그들에게 감염된 무시무시한 열정, 진리에 대한 지나친 사랑이었다. 그들은 광신자였던 것이다. 광신은 열정의 가장 나쁜 형태이지만, 한편으론 모든 열정에 광신이 잠재해 있는 것도 사실이다. 고대 이래의 현인들이 열정을 영혼의 병이라고 선고하고, 열정의 추방을 철학의 임무로 설정하고, 경계가 흐릿한 대로 중용지도中庸之道를 설파한 것은 그래서 이해할 만한 일이다.

우리가 20세기에 와서야 경험했고 결코 다음 세기로 물려주어서는 안 될 정치 체제는 전체주의다. 히틀러 시대의 독일과 스탈린 시대의 소련은, 사회 구성원의 사적 영역을 거의 말소시키는 한편 '이단異端-난민'의 생산과 확대재생산을 정치 체제의 초석으로 삼았다는 점에서, 인류가 그 이전까지 경험해본 전제정치나 독재정치와는 그 수준이 판이한 압제 사회였다. 파시즘-나치즘과 스탈린주의는 그것들의 이름을 탄생시킨 전형적 정치 체제가 유럽에서 몰락한 뒤에도 여기저기서 그 완구형玩具形 아류들을 쉴 새 없이 낳고 부양했다. 이 가공할 체제의 첫 단추를 끼운 것이 지도자의 교활한 정치공학이라고 하더라도, 대중에게 진리에 대한 지나친 사랑, 즉 광신이 잠재해 있지 않았다면 그런 체제가 구축되고 존속할 수는 없었을 것이다. 이제 정치 체제로서의 전체주의는 지구 위에서 거의 사라졌다. 그러나 문화로서의 전체주의, 생활 양식으로서의 전체주의까지 사라진 것은 아니다. '우리'가 아니라 '나'로 남는 것을 사람들은 여전히 두려워하고, '우리'와 다른 '그'를 우리는 여전히 따돌리고 박해한다. '우리'와 다른 '그'가 발견되지 않으면 억지로라도 만들어낸다.

실은 그런 문화로서의 전체주의는 엄밀히 말해 20세기의 산물은 아니다. 전체주의적 심성이 진리에 대한 동화의 욕망이라면, 문화로서의 전체주의는 인간의 역사만큼이나 유구할 것이다. 다만 그것은 우리가 20세기에 경험한 정치 체제로서의 전체주의에 이끌려 더 악화됐을 뿐이다. 그리고 이 문화적 전체주의는, 정치 체제로서의 전체주의가 완전히 소멸한 뒤에도 오래도록 존속해 사회적·문화적 소수파를 괴롭힐 것이다. 말하자면 이교도, 외국인, 장애인, 이혼녀, 사생아, 동성애자들에 대한 문화적 폭력은 쉬이 사그라들지 않을 것이다.

그것이 옳지 않은 일이라고, 즉 문화로서의 전체주의를 제어해야 한다고 생각하는 사람들이 해야 할 일은, 우선 진리의 전유권專有權을 포기하는 것이다. 그리고 그와 동시에 남들이 진리를 전유하는 것도 용납하지 않는 것이다. 다시 말해 진리에 대한 사랑을 줄이는 것, 열정의 사슬을 자유로써 끊어내고, 광신의 진국에 의심의 물을 마구 타는 것이다. 자유나 평등이나 민주주의나 인권이나 환경처럼 보편적이라고 알려진 가치들에 대해서까지도 이성의 계산기를 다시 들이대며 그것들을 섬세하고 구체적인 윤리의 체로 밭아보는 것이다. 민족이나 통일이나 애국이나 스크린 쿼터 같은, 더 유동적이고 제한적인 가치들에 대해서는 말할 것도 없고.

《시사저널》, 1999. 2. 4.

76

김대중 대통령에게 남겨진 일

✦

〰〰〰〰〰〰

김대중 대통령의 임기가 한 해 남짓 남았다. 길고 모진 정치적 시련을 겪은 뒤 극적으로 청와대에 입주한 김 대통령으로서 지난 네 해를 돌이켜보면 아쉬움이 적잖을 것이다. 특히 이전 정권들과 마찬가지로 부패 추문으로 얼룩지고 있는 자신의 임기 말이 허망할 것이다. 이 정권에 줄곧 적대감을 보여온 일부 언론에 대해 원망도 클 것이다.

그러나 대통령직은 남 탓을 하기에는 너무 큰 자리다. 연이어 터지고 있는 부패 독직 사건 앞에서 김 대통령은 자신이 국가 및 정부 수반으로서 충분히 도덕적이고 유능하지 못했다는 것을 겸허하게 인정해야 한다. 그리고 아직도 발톱을 거두지 않은 수구 언론을 탓하기에 앞서 우선 자신이 대통령으로서 떳떳하고 결기 있게 그 언론과 맞서지 못했다는 것을 인정해야 한다. 옆질러진 물을 다시 담을 수는 없다. 무엇보다도, 지금은 새로운 일을 벌이기보다 벌여놓은 일을 마무리해야 할 때다.

그렇다면 김 대통령이 퇴임 이전에 꼭 마무리해야 할 일은 무엇인가? 기자는 그것이 국가보안법의 개폐라고 생각한다. 국가보안법은 1948년에 제정된 이래 한국인의 기본적 인권을 크게 제약하며 대한민국과 자유민주주의를 갈라놓는 거대한 빙벽 노릇을 해왔다. 제3, 4공화국 때는 반공법과 역할 분담을 하기도 했고 제6공화국 초기에는 몇몇 조항이 개정·삭제되는 등 이 법은 정부 수립 이래 여러 차례의 손질을 거쳤으나, 여전히 인권을 침해하는 독소조항들이 수두룩하다. 특히 제7조 찬양·고무죄와 제10조 불고지죄不告知罪는 양심 및 표현의 자유를 근원적으로 부정하는 위헌조항이라는 지적이 나라 안팎에서 많았다. 지난 1998년에는 유엔 인권이사회도 찬양·고무죄 조항이 국제 인권규약에 어긋난다는 견해를 우리 정부에 통보한 바 있다. 또 잠입·탈출죄와 회합·통신죄를 규정한 이 법 제6조와 제8조는 법적 수준에서 남북의 접촉과 화해를 원천적으로 봉쇄하고 있다.

지금 이 법의 개폐를 선도할 사람은 김 대통령밖에 없다. 올해 대통령선거의 예비 후보들은, 속마음이 어떻든, 보수적 유권자들의 표를 잃을 이니셔티브를 취하고 싶어하지 않을 것이다. 그리고 민주주의와 인권과 평화의 한 상징적 인물이 이끄는 이 정권에서 국가보안법을 역사의 박물관으로 치워버리지 못한다면 다음 정권에서는, 어느 당이 집권하든, 이 법에 손을 대는 일이 훨씬 더 어려울 것이다. 김 대통령은 집권 이전에는 물론이고 이후에도 이 법을 개폐하겠다고 공약한 바 있다. 그는 지금 표를 의식하지 않아도 좋을 위치에 있다. 그가 의식해야 하는 것은 역사다. 그리고 이 법 때문에 자유를 잃은 국민의 피눈물이다.

물론 그것이 김 대통령 혼자의 힘만으로 되는 것은 아닐 것이다. 이 정부가 국가보안법에 손을 대지 못한 것이 뜻이 없어서라기보다는 힘이 없어서라는 것도 안다. 실제로 정부에서 이 법의 개폐 움직임을 보일 경우 수구 언론과 야당은 정략 차원에서 존치 캠페인을 대대적으로 벌일 것이다. 사실은 그래서 이 일을 선도할 사람이 김 대통령밖에 없는 것이다.

인권단체들이 지적하듯, 국가보안법 문제의 근원적 해결책은 폐지다. 이 법을 없애도 형법이 엄히 규정하고 있는 간첩죄나 내란죄 등은 국가의 안보를 든든히 지탱해줄 것이다. 그러나 보수적 여론과 꼭 타협해야 한다면 찬양·고무죄와 불고지죄의 삭제를 포함한 큰 폭의 개정을 마지노선으로 설정해도 좋을 것이다. 실상 민주당은 그런 취지의 개정안을 이미 마련한 바 있다. 민주당이 선도하든 정부가 선도하든 이 정권 아래서 국가보안법을 개폐하는 일은 꼭 필요하다. 그것은 대한민국이 적어도 형식적으로나마 자유민주주의를 완성하는 첫걸음이다. 그리고 그것은 김

대통령 개인으로서는 자신에게 역사의 합당한 자리를 마련하는
길이기도 하다.

〈한국일보〉, 2002. 1. 24.

77

개헌

✦

～～～～～～

　지난해부터 정계 한 모퉁이에서 일기 시작한 개헌론이 새해 들어서도 이어지고 있다. 개혁성을 자임하는 여야 정치인들이 내놓고 있는 개헌론의 골자는 대통령의 4년 중임제와 정부통령제正副統領制다. 대통령의 임기와 국회의 임기가 서로 어긋나 전국 규모의 선거를 자주 치르게 된다는 것, 단임 대통령의 레임덕이 너무 이르게 온다는 것, 부통령제를 두면 권력의 분산을 이룰 수 있다는 것 등이 개헌론의 근거다.

　그러나 이 근거들은 그리 튼실해 보이지 않는다. 우선 선거를 자주 치르게 된다는 것이 개헌의 이유가 될 수는 없다. 선거는 민주주의의 핵심적 과정이다. 선거를 통해서 정부나 정당의 정책은 시민의 검증을 받는다. 정치과정으로서의 선거가 사회의 다른 분야에 부담을 줄 때, 중요한 것은 선거가 합리적으로 치러질 수 있는 정치문화를 가꾸는 것이지 선거일을 줄이는 것이 아니다.

레임덕 문제도 이유가 되지 못한다. 중임 대통령에게도 레임덕은 오게 마련이다. 게다가 중임을 노리는 대통령은 단임 대통령보다 자신의 정책을 선거의 논리에 종속시키고 싶은 유혹에 오히려 더 쉽게 노출된다. 다시 말해 개헌론의 근거 가운데 하나인 대통령의 '제왕적' 행태(민주당 김근태 의원의 말)는 중임제 아래서 악화할 가능성이 크다. 이것은 잦은 레임덕보다 민주주의에 더 큰 위협이 될 수 있다. 의원내각제적 요소가 가미된 현행 헌법 아래서도 대통령이 마음만 먹으면 총리에게 권력을 나누어줄 수 있다. 부통령제를 신설해도, 대통령의 권력 독점 욕구가 강하면 부통령은 허수아비가 되고 만다. 개헌론의 근거인 레임덕 방지와 권력 분산은 서로 모순적이기도 하다.

개헌론자 가운데 한 사람인 민주당 정동영 의원은 "개헌을 통해 권력 시스템을 정상화하는 것은 정당 개혁보다 훨씬 더 근본적인 애국 차원의 개혁 과제"라고 했다는데, 이것은 우스꽝스러운 허풍이다. 지금 대한민국의 권력 시스템은 극히 정상적이다. 정부 수립 이래 지금만큼 권력 시스템이 정상적인 적은 없었다. 그리고 시스템을 개선하기 위해 꼭 헌법에 손을 대야 하는 것도 아니다. 지금의 헌법을 그대로 두고도 실천할 수 있고 실천해야 할 법률적 개혁(예컨대 정당명부식 비례대표제의 도입)의 여지는 매우 크다.

역시 개헌론자인 한나라당 이부영 의원은 "세 번에 걸친 5년 단임제 기간 중 IMF 사태와 지역주의 심화 등 단임의 폐해를 톡톡히 경험했다"고 말했다. 기자는 환란換亂과 지역주의를 단임제와 연결시키는 이 의원의 기발한 상상력에 입을 다물 수 없다. 무엇보다도, 이 의원은 현행 헌법의 역사적 의미를 너무 가볍게 보고 있는 것 같다. 이 헌법은 이 의원 자신이 재야인사로서 옥중에서조차 주도적으로 참여한 1987년 6월 민주항쟁의 열매다. 이 헌법이 시행된 지 15년이 돼간다. 만신창이의 대한민국 헌법사에서 최고의 수명을 누리고 있는 것이다. 그런 헌정사에 익숙한 정치인들의 감각으로는 15년이 헌법에 싫증을 내기에 충분한 기간일지 모르나, 역사적 감각으로 보면 민주주의가 깊이 뿌리내리기에는 너무 짧은 기간이다. 우리는 아직 민주주의의 유아幼兒다. 이 정도의 합리성을 지닌 헌법을 이 정도의 기간 동안이나마 운영해본 경험도 우리에게는 낯선 것이다.

언젠가는 헌법을 고쳐야 할 날이 오기야 하겠지만, 지금 이 헌법 아래서도 할 수 있고 해야 할 일은 너무 많다. 지역주의의 책임을 상대적으로 크게 져야 할 한나라당에 몸담고 있는 이부영 의원은 헌법을 탓하기 전에 민주당 노무현 의원의 반만큼이라도 지역주의에 맞서 싸우는 모습을 보이는 게 좋겠다. 국가보안법의 개폐를 당론으로 내세웠던 민주당의 정동영 의원이 '근

본적 애국'을 실천하는 길은 한나라당 김원웅 의원만큼이라도
보안법 개폐운동에 발벗고 나서는 것이다.

〈한국일보〉, 2002. 1. 10.

78
'단군 할아버지'는 없다

✦

~~~~~~~~~~

　《민족21》11월호를 읽다가 '단군릉은 우리에게 무엇인가'라
는 특집과 맞닥뜨리고 마음이 스산해졌다. 이 특집기사들은 지
난 1994년 개천절을 앞두고 개건됐다는 평양시 강동군의 단군
릉을 다뤘다. 거기 누워 있는 사람이 단군이라는 단정은 기사 어
디에도 없지만 《민족21》의 이 특집은, 강한 민족주의와 통일 염
원에 이끌리는 잡지의 기사답게, 그 무덤의 주인이 실제로 단군일
가능성에 무게를 두었다. 특집의 한 기사는 1930년대 초 〈동아일
보〉 기사를 인용하며, 단군묘로 알려진 강동의 무덤에 조선조 말
엽까지 조정 차원에서 제사를 올렸다는 사실도 전하고 있다.

　평양시 강동군의 무덤에 묻혀 있는 사람이 단군일 가능성
을 아예 부정할 필요는 없겠다. 그러나 그 문제를 두고 내기가 벌
어진다면 나는 아니라는 쪽에 걸겠다. 합리적인 도박꾼이라면

누구나, 수천 년 전 무덤의 주인이 누구인가를 놓고 내기가 벌어졌을 때, 특정한 한 사람보다는 그 이외의 모든 사람 쪽에 돈을 거는 것이 승산이 높다고 판단할 것이다. 특집의 기사가 인용하고 있는 북한 지도자의 말에 따르면, 1994년을 기준으로 그 무덤의 뼈는 5,011년 전의 것이라고 한다.

그러나 그런 내기가 실제로 벌어지더라도 승자와 패자는 가려지지 않을 것이다. 다시 말해 그 무덤의 주인이 누구인지는 영원히 밝혀지지 않을 것이다. 《민족21》의 기사대로 단군이 "그(북측 안내원)와 나(《민족21》 기자)의 공동의 할아버지"를 가리키는 것이라면, 그리고 그 '그'와 '나'가 한국인 전체를 의미하는 것이라면, 그런 뜻의 '공동 할아버지'는 있어본 적이 없기 때문이다. 이런 종류의 특집이 선결해야 할 문제들, 예컨대 단군이란 무엇인가, 그것은 어떤 개인의 이름인가 아니면 특정 시대 부족국가의 군주-제사장을 통칭하는가, 또 한국인은 무엇인가, 한국인과 한국인 아닌 사람의 경계는 어디인가, 거기서 본질적인 것은 혈통인가 문화인가 국적인가 하는 문제들을 이 기사들은 도외시하고 있었다.

이 특집을 읽으며 특히 마음에 걸렸던 것은 핏줄에 대한 집착이었다. 단군이라는 '공동의 할아버지'를 접착제로 삼아 남북을 하나로 묶으려는 이 잡지 편집진의 선의는, 예컨대 몽골 사람들과 동아시아 여러 나라 사람들의 유전자적 닮음의 비율을 제

멋대로 따져본 뒤 한국인들에게서 그 비율이 높게 나왔다며 흐뭇해하는 어느 극우인사의 칭기즈칸 예찬에서 얼마나 멀리 떨어져 있는가? 게다가 단군이 역사적 실존 인물이었다고 하더라도, 그는 노예제 사회의 통치자였을 뿐이다. 불과 1백여 년 전까지만해도 '일하는 물건'으로 취급되던 노비들의 후손과 그들의 노동력 위에 얹혀 살았던 지배계급의 후손에게 '공동의 할아버지'를 설정하는 것은 과학적 타당성을 떠나서 윤리적으로도 정당화하기 힘들다.

나는 내 빈약한 상상력으로 쉬이 그려볼 수 없는, 그러나 핏줄을 통해 나와 이어져 있다고 간주되는 어떤 옛 조상들에게보다는, 내 궁핍한 실존이 스치고 맞닥뜨린 지구 이편과 저편의 동시대인들에게 더 귀속감을 느낀다. 이를테면 나는 5천 년 전의 '단군 할아버지'(만일 그가 내 조상이라면)나 5천 년 뒤의 이름 모를 후손에게보다는 쌍둥이빌딩 테러 사건 뒤 한국 정부의 사찰과 악덕 사용자의 임금체불로 힘겨워하고 있는 국내의 이슬람권 노동자들에게 더 연대감을 느낀다.

《민족21》의 특집이 어떤 종류의 인종주의를 부추기고 있는 것은 결코 아니다. 그러나 5천 년 전으로까지 소급되는 핏줄의 연면連綿에 대한 몽상이 잠재적으로나마 인종주의 쪽으로 길을 터놓고 있는 것도 사실이다. 물론, 이렇게 역사적·사회학적 상상력이 거세된 단군 사랑조차 단군상의 목을 베는 것으로 믿음의

독실함을 뽐내고자 하는 종교적 근본주의자들의 몽매보다야
낫다.

〈한국일보〉, 2001. 11. 1.

79
'기념비적 대작'의 정치학

✦

〜〜〜〜〜

'2001 민족통일 대축전'에 참가하러 평양에 간 남측 대표단의 일부 인사들이 그곳에서 남쪽 사람들의 눈에 다소 선 행동을 하게 된 사정 가운데 하나는 평양이 너무 많은 기념 조형물들로 덮여 있다는 데 있을 것이다(당시 강정구 동국대 교수가 김일성의 생가인 만경대를 방문해 "만경대 정신을 이어받아 통일을 이룩하자"란 방명록을 작성해 논란이 일었다―편집자). 이번 논란으로 남한 사람들의 귀에 익숙하게 된 조국통일 3대헌장 기념탑 외에도 평양에는 대규모의 기념 조형물들, 이른바 '기념비적 대작'들이 수두룩하다. 지난해 6월의 남북 정상회담 이후 평양 풍경이 텔레비전 화면에 자주 비친 덕분에, 이제 남한의 일반 시민들 눈에도 그 도시의 기념 조형물들이 꽤 익었다.

일반적으로 이런 대형 기념물들은 자신의 시대를 역사에

각인하고 싶어하는 지배자들의 권력의지를 표상해왔다. 기념물의 크기는 권력자가 누리(고 싶어하)는 위엄의 크기였다. 그 기념물들이 노골적으로 한 개인의 이름과 관련돼 있든, 아니면 민중이나 민족이라는 추상적 주체에 가탁돼 있든 거기에 큰 차이가 있는 것은 아니다. 그런 기념물들이 즐비한 사회에서 민족이나 민중은, 우리가 북한 사회에서 목격하듯, 흔히 지도자 개인과 불가분의 관계에 있기 때문이다. 북한 사회의 공식 이데올로기는 지도자 곧 수령을 뇌수腦髓에 비유하는데, 어떤 기념물이 뇌수를 기념하든 아니면 몸통이나 사지四肢를 기념하든 그 뇌수로서는 별 차이가 없다.

문제는 이런 기념 조형물들이 웅장하면 웅장할수록 그 앞에 선 개인은 왜소해진다는 데 있다. 물론 그런 왜소함의 느낌 이면에는 자유로부터의 도피가 부여하는 어떤 편안함이 있다. 그 편안함은 자신의 주체성을 부분적으로 또는 전면적으로 희생하고 어떤 거대한 힘에 의탁함으로써 얻게 되는 감정이다. 이런 편안함을 반드시 나쁜 것이라고만 할 수는 없다. 그런 편안함은 공동체적 유대감의 일부라고 해석할 수도 있으니 말이다. 여기서 대형 기념물들의 순기능이 읽힌다. 즉 이런 대형 기념물들은 공동체의 보편적 가치와 집단적 기억을 응축함으로써 그 사회 구성원들을 하나로 묶는다. 모래알 같은 개인들로 사회의 통합을 이룰 수는 없다. 대형 기념물들이 아예 없는 사회가 있을 수 없는 것은 그래서다.

그러나 선현의 가르침대로, 지나침은 미치지 못함과 같다. 기자의 눈에 비친 텔레비전 화면 속의 평양은 대형 기념물들로 과부하 상태에 있다. 세계 최대 규모의 봉화탑이라는 170m 높이의 주체사상탑을 비롯해 만수대 김일성 주석 동상, 항일혁명 투쟁탑, 사회주의 혁명과 사회주의 건설탑, 개선문, 천리마 동상, 혁명렬사릉과 추모 군상, 보천보 전투 승리 기념탑 등 일일이 세기가 힘들 정도다.

이 많은 '기념비적 대작'들은, 북한 사회에서 권력이 생산되고 보위되고 승계되는 방식의 괴상함과 꼼꼼히 조응하며, 그 사회가 글자 그대로 전체주의 사회라는 것 즉 그 사회에 개인성의 공간이 대단히 좁다는 것을 함축한다. 역사의 진보가 담고 있는 핵심적 의미 가운데 하나가 개인적 자유의 확대라면, 북한 사회를, 그 경제적 낙후를 제쳐놓고서라도, 앞선 사회라고 말할 수는 절대로 없다. 이것은 언젠가 이루어야 할 통일한국의 체제가 지금의 북한 체제와는 근본적으로 달라야 한다는 것을 의미한다.

부기附記: 기자는 '2001 민족통일 대축전'을 둘러싸고 남한에서 일고 있는 소란의 책임이 평양에서 '부적절한' 행동을 한 일부 참석자들 못지않게, 그 상황을 의도적으로 부풀리고 거기에 과잉 의미를 부여한 우리 사회의 일부 언론에도 있다고 생각한다. '통일 일꾼'을 자임한 일부 참석자들의 '부적절한' 행위는, 그 행위가 살얼음판 같은 남북화해의 경로를 더 미묘하게 만들어놓았다는 점에서 물론 비판받을 만하지만, 결국은 하나의 해프닝이었을 뿐이다. 그들에 대한 '엄정한' 사법 처리는 과도하다는 생각이다.

〈한국일보〉, 2001. 8. 30.

80

친일

◆

～～～～～～

　일제하의 친일파(사실 '친일'이라는 말은 적절치 않다. '일본 제국
주의와 천황제 파시즘에 대한 협력'이라고 해야 할 터이다. 그러나 관례에
따라 '친일'이라는 말을 쓰기로 하자) 명단을 9월 정기국회에 제출해
이를 공개토록 하겠다는 윤경빈 광복회 회장의 인터뷰 기사를
읽는 마음은 착잡하다. 그 착잡함은 너무 당연한 일이 아직도 이
뤄지지 못했다는 자괴감에서 오기도 하지만, 이번에라고 제대로
되랴 하는 학습된 비관에서도 온다. 해방 56돌을 맞도록 일본 제
국주의의 협력자 명단조차 정부 차원에서 공표하지 못했다는 것
은 무엇보다도 우리 사회에서 친일파의 힘이 너무 컸고, 그들과
연계된 세력의 힘이 지금도 너무 크다는 뜻일 것이다.

　사실, 일제하의 친일에는 여러 층위가 있어서 그것을 한 묶
음으로 재단할 수는 없다. 조선 민족의 미래를 일본 국가와의 완

전한 통합에서 찾은 이념적 친일도 있었을 것이고, 개인적 이익을 취하거나 손해를 피하기 위한 타산적 친일도 있었을 것이고, 별 생각 없이 일본 제국의 신민으로 살다 보니 본의 아니게 연루된 친일도 있었을 것이다.

일제하에서부터 지령紙齡을 이어오고 있는 두 신문의 친일 문제도 그렇다. 우리는 두 신문이 일제하에서 민족문화 창달에 크게 이바지했다는 것을 알고 있다. 실제로 1920년대 말~30년대 초의 좌우합작 민족운동단체인 신간회는 그 신문들 가운데 한 곳을 둥지로 삼고 있었다.

그런 한편 이제는 누구나 알듯, 그 신문들이 낯뜨거운 친일을 했던 것도 엄연하다. 사실, 식민지 시기에 합법 출판물로 나왔던 두 신문이, 더구나 전시 상황에서라면, 친일을 피하기는 정녕 어려웠을 것이다. 그 두 신문의 친일은 당대의 다수 지식인들도 피할 수 없었던 덫이었다. 지식인들만이 아니다. 일제는 중일전쟁 이후 내선일체라는 허울 아래 강압적인 동화 정책을 펼쳤으므로, 친일은 명망가에서부터 필부필부匹夫匹婦에 이르기까지 누구도 쉽게 피하기 힘든 덫이었다.

그러나 그런 사정이 친일에 면죄부를 주는 것은 아니다. 친일에 면죄부를 줄 수 없는 것은 무엇보다도 대한민국이라는 국가의 법적 기반이 일본제국주의의 부정이기 때문이다. 이것이 뜻하는 것은 적어도 적극적 친일파는 해방된 조국에서 변두리로 물러나야 했다는 뜻이다. 우리가 잘 알고 있듯, 실제의 역사는 첫 걸음부터 그렇지 못했다. 그것은 제 한 몸 깨끗한 체하며 친일파를 권력 기반으로 삼았던 이승만 개인의 잘못만도 아니었다. 그것은 차라리 해방 공간을 메우고 있던 힘의 관계 때문이었다. 그 힘의 관계는 민족 내부의 역학이기도 했고, 국제정치의 역학이기도 했다. 우리는 그 힘의 관계를 뒤집지 못한 채 해방 반세기를 넘겼다.

논리적으로라면, 해방 공간에서 적극적 친일파에게 남겨진 길은 둘이었다. 첫째는, 자신의 과거를 철저히 비판하고 새롭게 태어나는 것이었다. 둘째는, 비록 미국의 힘에 눌려 좌절되기는 했으나 대동아 공영권은 아시아인의 궁극적 미래라는 논리를 굽히지 않은 채 일본으로 망명하거나 국내의 소수파로 남는 것이었다. 그러나 꾀 많은 그들은 둘 다를 거부했다. 그들은 자신들의 친일 사실 자체를 부정하거나 숨긴 채, 이제 새로운 가치가 된 반공의 전사가 되었다. 그 꾀는 적중해 그들은 해방된 조국의 주류로 남았다.

그러나 이들의 꾀는 대한민국에 분열증을 안겼다. 대한민국이 걸친 옷은 과거의 일본제국주의와 그것을 계승한 지금의 일본 우익을 부정하지만, 대한민국의 속살은 일본제국주의와 일본 우익의 자양분으로 채워져 있기 때문이다. 일본의 역사 교과서에 대해서, 일본 총리의 야스쿠니 신사 참배에 대해서 한국 정부나 언론이 내지르는 항의가 공허하게 들리는 것은 그래서다.

이제 친일의 당사자들은 거의 다 사라졌다. 그러나 적어도 역사를 바로 기록하는 일만은 필요하다. 그것은 새로운 한일관계의 첫걸음이기도 하다. 윤경빈 회장의 뜻이 이뤄지기를 빈다 (2002년 2월 28일 '민족정기를 세우는 국회의원 모임'은 광복회와 함께 708인의 주요 친일인사 명단을 발표했다―편집자).

<한국일보>, 2001. 8. 16.

81

애국투사

✦

~~~~~~~~~~

　황장엽 전 북한 노동당 중앙위원회 비서의 미국 방문 문제를 놓고 이종석 세종연구소 연구위원과 황 씨 사이에 오간 공개 서한은 우리 사회의 각 세력이 한반도의 평화 구축이라는 사업에서 서로 현격히 다른 손익계산서를 작성하고 있음을 새삼 일깨웠다(북한의 고위급 인사로서 1997년 남한에 망명한 황장엽은 2001년 미국 보수단체의 초청을 받아 방미를 계획했으나, 당시 김대중 정부는 남북관계에 끼칠 악영향을 우려해 이에 반대했다—편집자). 이 왕복 서한은 거기에 더해, 분단 시대의 북과 남에서 연이어 완고한 체제 지식인으로 살아온 한 개인의 내면 풍경을 날것으로 드러내 보였다. 기자는 이 두 번째 효과에 더 관심이 있다.

　기자는 이 씨가 그 예의바른 서신에서 찬찬히 열거한 논거들에 공감하면서, 황 씨가 자신의 방미 계획에 대해 다시 한 번 생각해 보기를 바란다. 그러나 다른 한편, 황 씨가 굳이 미국에 가야겠다고 고집한다면, 정부는 그의 신변안전보장 문제를 확실히 한 뒤 방미에 동의하는 것이 슬기롭다고 생각한다. 지금 황 씨의 방미를 두고 일고 있는 허깨비 같은 인권 논쟁의 소란은 그가 미국에 가서 만들어낼 한바탕의 에피소드보다도 정부에 더 큰 짐이 될 것이다.

그러나 황 씨의 글이 지닌 희극성은 지적해야겠다. 우선 그는 그 글에서 "조국통일 위업에 헌신하겠다"는 '결의'를 다시 다지고 있는데, 하루빨리 그 '결의'를 잊는 것이 '애국투사'로서의 도리인 것 같다. 통일의 전제조건이면서 오히려 통일보다 더 중요한 가치는 평화다. 그가 남한에 온 이래 거친 말로 구사해온 반평화 선동은 궁극적으로는 통일의 걸림돌이기도 하다.

황 씨는 또 "국익을 위해서 개인의 인권을 희생시켜야 한다는 것은 독재의 논리가 아닌가"고 묻는다. 옳다. 그런데 지금 황 씨의 인권은 침해당하고 있는가? 본인도 그렇다고 하고 그렇게 주장하는 정파도 있으니, 그렇다고 치자. 그래도 발화자들의 정체성 문제는 남는다. 지금 황 씨의 인권을 거론하는 이들은 직업적인 극우 선동가에서부터 일부 한나라당 의원들에 이르기까지 "국익을 위해서 개인의 인권을 희생시키"는 것의 전문가들이다. 그 '국익'이 뭔지는 둘째 치고라도 말이다.

더 중요한 것은 황 씨 자신의 정체성이다. 그는 삶의 대부분을 "국익을 위해서 개인의 인권을 희생시켜"온 체제의 핵심 인물로 살았다. 그리고 그 체제를 떠나 "조국의 품에 안긴 한국인"이 된 뒤에도 자신의 취향을 버리지 않은 것 같다. 그는 여전히 '국익'을 위해서 매섭게 선동하고 공격한다. 그 선동의 대상이 남한의 수구세력으로 바뀌고 그 공격의 대상이 자신에게 오래도록 안락한 생활을 베푼 북한으로 바뀌었을 뿐이다. '애국투사'를 자임하는 이 주체철학의 창시자가 "동맹국 국회의원들의 호의를 믿는가 믿지 않는가 하는 것은 한·미 동맹관계와 관련된 원칙의 문제이다"라고 쓰면서 어떤 표정을 지었을지 궁금하다.

황 씨는 남한에 '천재들'이 너무 많다며 그들의 '젖비린내'를 조롱한다. 기자는 이 대목에서, 황 씨가 창시했다는 주체철학이라는 것이 남한 사회의 대학생 리포트만도 못하다는 시각도 있음을 그에게 일깨우고 싶다. 진중권 씨가 《네 무덤에 침을 뱉으마!》라는 책의 한 장에서 경쾌하게 시도한 황장엽 텍스트의 해부는 그 소문난 철학사상의 속살이 얼마나 거친지를 보여준다.

기자는 외람되게도 대사상가 황 씨에게 또 한 사람의 저자를 추천하고 싶다. 간첩 사건으로 복역하고 나온 정수일이라는 이다. 그가 요즘 《신동아》에 연재하고 있는 〈이슬람 문명 산책〉이라는 글은 학자란, 사회주의자란, 애국자란 언제야 하는지를 일깨운다.

사실 황 씨의 오해와는 달리 한국 사회의 문제는 자칭 천재가 너무 많은 데 있는 것이 아니라, 황 씨 같은 자칭 '애국투사'가 너무 많은 데 있다. 사리를 분별하는 데 꼭 애국심같이 거창한 덕목이 필요한 게 아니다. 그저 소박한 시민적 양식이면 족하다(결국 황 씨는 2003년 미국을 방문해 한국 내에서 다시 한 번 논란이 일었다―편집자).

〈한국일보〉, 2001. 8. 2.

82
무서운 신세계

✦

~~~~~~~~~~

　불법 체류 외국인들에 대한 집중 단속 이후 거리에서 외국인노동자들이 자취를 감추고 있다는 언론의 보도는 자유와 관용을 소중히 여기는 사람들의 마음을 무겁게 누른다. 공무원들이야 법에 따라 직무를 수행하고 있는 것이니 그들을 탓할 수는 없다. 문제는 이주노동자들 다수를 불법 체류자로 만드는 법과 제도에 있을 것이다. 그러나 자유와 관용의 옹호자들을 더 우울하게 만드는 것은 그런 법과 제도에 스며 있는 우리들의 닫힌 마음이다.

　그런 닫힌 마음은 흔히 청결이나 순수를 향한 열망의 형태를 띤다. 어느 사회에서든 사람들은 대체로 청결이나 순수에 높은 값어치를 매긴다. 그러나 그럴 때 우리가 놓치는 것은 그런 청결이나 순수가 억압의 징표이기 십상이라는 사실이다. 담배꽁초

하나 없이 깨끗한 거리는 공중 도덕의 성숙을 드러내는 것 이상으로 그 사회의 억압성을 드러낸다. 그 거리의 청결함은 훼손된 자유의 대가이기 쉽다. 걸인들을 찾기 힘든 거리가 그 사회의 경제적 윤택을 드러내는 것 이상으로 그들을 수용시설에 감금하는 권력의 억압을 드러내는 것과 같은 이치다.

장애인이 도무지 눈에 띄지 않는 거리는 그 사회의 구성원들 모두가 육신이 온전하다는 것을 드러내는 것이 아니라, 장애인들을 백안시하는 그 사회 구성원들의 윤리적 타락, 장애인들을 위한 시설에 섬세한 배려를 하지 않는 그 사회의 폭력적 무관심을 드러낸다. 어느 사회에나 장애인은 있게 마련이다. 그들이 거리에 나서지 않는 것은 '정상인들'의 차가운 눈길을 받아내기 힘들기 때문이고, '정상인들'만을 상정한 시설들이 불편하기 때문이다.

자유의 적들은 반듯반듯한 것을 좋아한다. 그들은 동일한 제복, 동일한 헤어스타일, 동일한 몸가짐, 동일한 표정의 사람들이 거리를 채울 때야 안심한다. 그러나 자유의 옹호자들은 그런 풍경들 앞에서 불편하고 더 나아가 위기를 감지한다. 다양성은 자유의 핵심 징표이기 때문이다. 서로 다른 피부빛깔의 사람들이 거리를 활보할 때 자유의 옹호자들은 편안하다. 그들이 요즘처럼 거리에서 자취를 감출 때 자유의 옹호자들은 불안하다.

외국인노동자들을 둘러싼 문제는 일차적으로 법의 문제이

지만 근본적으로는 그들을 대하는 우리들 마음가짐의 문제다. 실상 우리들은 그들을 '법대로도' 대접하지 않고 있다. 우리 근로 기준법은 제5조에서 사용자가 근로자에 대하여 국적을 이유로 차별적 근로조건을 부여하지 못하도록 규정하고 있다. 이것은 그 외국인이 이른바 불법 체류자(미등록 이주노동자)라고 하더라도 마찬가지다. 우리 법원의 판례(1995년 9월 15일 대법원)는 산업 연수생 자격으로 입국해서 국내 사업장의 사용주와 고용계약을 맺은 이른바 '불법 노동자'도 근로기준법상의 근로자라고 명시한 바 있다.

그러나 현실은 가파르다. 불법 노동자든 합법 노동자든 이들 이주노동자들에 대해 한국인 사용자들이 저지르는 온갖 형태의 인권 침해와 착취는 이들의 노동을 거의 노예 노동에 가깝게 만든다. 그 외국인들을 바라보는 일반 시민들의 눈길도 곱지 않다. 그것 역시 청결주의, 순수주의의 한 표상일 것이다. 그리고 이제 우리는 범죄와 내국인들의 실업을 핑계로 그 외국인들 가운데 일부를 내쫓고 있다. 이것은 그들의 수치가 아니라 우리들의 수치다.

우리 사회의 청결주의와 순수주의가 극단적으로 드러나는 예는 우리들이 혼혈인들에 대해 내보이는 태도일 것이다. 한국은 혼혈아들이 정상적으로 자라나기가 불가능한 드문 사회 가운데 하나다. 담배꽁초에서 혼혈인에 이르는 '이물질'들을 말끔히 솎

아내 우리 거리가 마침내 청결과 순수를 이뤄냈을 때, 그때 우리의 몸은 전체주의라는 끔찍한 신세계에 갇힐 것이다.

〈한국일보〉, 2001. 7. 12.

83

유토피아에 반反해

✦

~~~~~~~~~~

　작곡가 윤이상은 만년의 한 인터뷰에서 지구의 역사상 가장 커다란 재난은 인류의 탄생이라고 말했다. 오래전에 읽은 인터뷰여서 그 맥락은 정확히 기억나지 않는다. 어렴풋한 기억으로는 생태론적 맥락에서 나온 일반적인 말이었던 듯도 하고, 자신의 험난한 삶을 되돌아보는 과정에서 불쑥 내비친 염세주의의 한자락이었던 듯도 하다. 평범한 사람들이 도달하기 어려운 높이에서 정신생활을 영위했을 한 위대한 예술가가 자기 생애의 막바지에 이르러 발설한 이 염세주의는 우리의 마음을 을씨년스럽게 만든다. 우리가 예술가들이나 사상가들에게 은근히 기대하는 것은 이 비루한 세속의 삶을 고양시킬 수 있는 어떤 희망의 빛, 낙관주의적 통찰이기 때문이다.

　그러나 그런 비범한 사람들의 눈에든 우리처럼 평범한 사람들의 눈에든, 인류의 미래가 그리 밝아 보이지는 않는다. 인류의 탄생이 지구의 역사상 가장 커다란 재난이라는 음악가의 발언이 꽤 과장된 것이라고 해도, 인류라는 종種이 그리 사랑스럽지도 고귀하지도 않은 동물인 것은 확실하다. 인류의 생명활동이 지구의 다른 생물들에게 흔히 치명적인 재난의 뿌리인 것은 물론이지만, 인류는 자주 그들 자신에게도 가장 커다란 재난의 원인이었다.

인류의 역사가 계급투쟁의 역사였다는 멋진 정식에는 분명히 진실의 일단이 담겨 있다. 그러나 더 포괄적으로 말하자면 인류의 역사는 그저 전쟁의 역사였다. 그 전쟁은 꼭 계급들 사이의 전쟁만은 아니었고, 또 더 나아가 집단들 사이의 전쟁만도 아니었다. 사람은 다른 사람에 대해 늑대이고 삶이란 모든 사람에 대한 모든 사람의 투쟁이라는 영국인의 정식이 독일인들의 선언보다는 역사를 더 공정하게 관찰한 것처럼 보인다.

바쁘게 돌아가는 일상의 일거리에서 잠시만 놓여나 자신을 포함한 사람들을 관찰해보면 염세주의자가 되지 않을 사람은 그리 많지 않을 것이다. 사람은 한없는 이기심의 동물이다. 그들은 자신의 작은 이익을 위해서 남에게 커다란 손실을 끼치는 것을 꺼리지 않는다. 권력에 대한 욕망은 족함을 모르고, 폭력에 대한 충동은 적절한 폭발의 기회만을 노린다. 이웃이 잘되면 호시탐탐 그를 끌어내릴 기회를 엿보고, 이웃이 못되면 꾹꾹 밟아 누른다. 자신이 조금만 잘나간다 싶으면 금세 교만해지고, 조금 안 풀린다 싶으면 이내 비굴해진다. 사람에 대한 사람의 감정은 기본적으로 적대감이고 경쟁심이다.

그런 사정을 비판적으로 되돌아볼 능력이 인간에게 없는 것은 아니다. 염치나 양심 같은 것이 그 반성적 능력의 이름이다. 그러나 그 염치나 반성의 항진亢進은 투쟁력의 수축을 의미한다. 반성하는 사이에 남의 밥이 될 수 있다는 것을 본능적으로 알고 있는 인간은 반성하기보다는 싸운다.

기독교나 마르크스주의를 포함한 종말론적 이데올로기들은 그런 염치나 양심 같은 인간의 반성 능력을 과대평가하거나 인간의 비루함의 원인을 인간 바깥의 구조에서 찾으면서 유토피아의 건설을 꿈꾼다. 그러나 유토피아니즘이라는 말을 거부하고 과학의 옷을 걸쳤던 마르크스주의를 포함해 모든 유토피아니즘이 실패로 돌아간 사실은, 인간의 반성 능력이 타인에 대한 사랑으로 전환될 만큼 크지는 않다는 것, 인간의 비루함의 원인은 그 적지 않은 부분이 인간 내부에 있다는 것을 우리에게 가르쳐준다.

기독교의 역사나 마르크스주의의 역사는 사랑의 이름으로 이룩한 증오의 역사다. 그들이 내건 사랑이 그렇게 크지만 않았더라도, 그들이 역사 속에서 실천한 증오의 크기가 그렇게 엄청나지는 않았을 것이다. 기독교나 마르크스주의를 포함한 모든 유토피아니즘이 그려온 유토피아는 먼 미래나 과거, 또는 외딴

섬에 설정돼 있다. 그들이 그리는 유토피아가 지금 이곳과는 동떨어져 있었기 때문에 그들이 그리는 사랑이나 우애는 무책임하게 클 수 있었고, 그 반동으로 그들이 실천한 증오도 덩달아 그리 클 수 있었다.

바로 여기서 반유토피아주의자의 금언이 나온다. "남을 도우려고 애쓰지 마라. 남을 해치지 않도록 애쓰라."

《씨네21》, 1998. 4. 7.

84
6공 변명

✦

～～～～～

　김영삼 정부가 자신을 '문민 정부'라고 일컬었듯, 차기 정부
도 자신을 일컬을 새로운 이름을 찾고 있는 듯하다. '국민 정부'
라는 이름이 검토되고 있다는 보도도 있었고, 대통령직 인수위
원회에서 새 이름을 공모한다는 보도도 있었다. 정부 수립 이후
처음으로 선거를 통한 정권 교체가 이뤄진 터라, 차기 정부측 사
람들의 그런 생각을 크게 탓할 수는 없다. 게다가 새로운 권력의
담지자들이 새로운 이름을 선호하는 것은 역사에서 수없이 확인
된 정치심리학이기도 하다. 그러나 확실한 것은, 법적으로 보든
사실관계로 보든, 김영삼 정부가 제6공화국의 두 번째 정부였듯
새 정부 역시 제6공화국의 세 번째 정부일 뿐이라는 것이다.

　다섯 해 전에 김영삼 정권이 제6공화국의 두 번째 정부라는
합당한 자기규정을 거부하고 군이 '문민 정부'라고 스스로를 일

컬은 것이 이해 못할 일은 아니다. 대통령직을 제대로 수행하지 못한 최규하 씨를 빼놓으면 31년 만에 민간인 출신 대통령이 나온 데다가, 제6공화국이라는 이름이 노태우 씨 개인 또는 노태우 정부의 이미지와 중첩되었으니 말이다.

하긴, 6공과 노태우 씨의 중첩이 별난 일도 아니니, 순탄치 않았던 우리 헌정사 탓에 일반인들의 뇌리에서 '공화국'이라는 것이 1인의 국가수반 또는 정부수반과 동일시되는 경향이 있기는 하다. 제1공화국과 이승만, 제2공화국과 장면, 제3, 4공화국과 박정희, 제5공화국과 전두환 하는 식으로 말이다. 집권을 하게 되면, 물론 그 집권이 정상적 방법으로 이뤄지지 않은 탓이 컸지만, 헌법을 갈아치우고 공화국의 번호판을 갈아 끼우는 것이 우리 권력자들의 못된 버릇이었다. 1792년 공화정을 수립한 이후 지난 2백여 년 동안 공화제와 군주제를 오락가락하며 극심한 정치적 격변을 겪었던 프랑스가 지금까지 공화국의 숫자를 5까지밖에 못 채운 데 비해, 1948년의 정부 수립 이래 한 번의 왕정복고도 겪지 않은 우리는 어느 틈엔가 프랑스를 추월해버렸다.

박정희는 자신이 만든 헌법을 스스로 때려부수고 유신헌법이라는 것을 만들어 제4공화국을 선포함으로써, 한 개인이 두 개의 공화국을 거느리는 희한한 기록을 세우기도 했다. 그것의 실상이 얼마나 우스꽝스럽건, 1969년 3선개헌 이후의 헌법을 포함한 제3공화국의 헌법들과 1972년 유신헌법 사이에는 질적인 단절이 있었으므로, 박정희가 자신의 유신체제를 제4공화국이라고 칭한 것은 법적으로는, 그러니까 형식논리적으로는, 정당하다고 할 수 있었다.

그러나 제6공화국 출범 이후, 우리는 근본적인 개헌은커녕 어떤 종류의 개헌도 경험한 바 없다. 지금 대통령도 바로 그 헌법에 의해서 대통령으로 선출되었고, 차기 대통령도 그렇다. 그러니 현 정부가 제7공화국 정부가 아니듯, 차기 정부도 제8공화국 정부가 아니다. 차기 정부는 제6공화국의 세 번째 정부다. 그 이상도 그 이하도 아니다. 이런 당연한 상식을 확인하는 것이 차기 정부의 정치사적 의미를 깎아내리는 것은 아니다.

새 정부를 제6공화국의 세 번째 정부로 규정하는 것은 법적으로 타당할 뿐만 아니라, 역사적으로 차기 정부의 지향점을 제공한다. 그 지향점이란 6월항쟁의 지향점, 민주주의라는 지향점이다.

우리가 자주 잊고 있는 것 가운데 하나는 제6공화국이 6월항쟁의 산물이라는 사실이다. 그 6월항쟁은 우리 사회 민주화의 출발점이었다. 노태우 정부나 김영삼 정부의 그 수많은 실정에도 불구하고, 그 기간은 우리 사회에 민주주의가 정착되는 과정이었다. 민주화의 시작은 '문민 정부'에서 시작된 것이 아니라 노태우 정부에서 시작되었다. 그리고 물론 그것은 김영삼 정부에서 진전되었다. 정치에 대한 군부의 간섭을 근절시킨 것은 김영삼 정권의 중요한 공로다. 그 두 정권은 박정희 정권이나 전두환 정권에 견주면 천 배나 만 배나 더 좋은 정부였다.

차기 정부의 임무는 6월항쟁으로 시작된 그런 민주화의 과정을 심화시키는 것이다. 앞서 들어섰던 두 정부가 왜곡시키고 자주 농락했던 6월항쟁의 정신, 민주주의의 정신을 실현하는 것이다. 그 6월항쟁이 탄생시킨 제6공화국의 전통 속에 있다는 것, 그것은 차기 정부에게 조금도 부끄러운 일이 아니다.

《씨네21》, 1998. 2. 10.

85

박정희의 웃음

✦

~~~~~~~~~~

　김영삼 정권 5년이 성공적이었다고 평가할 사람은 이제 거의 없을 것이다. 지금 우리 사회가 맞고 있는 여러 가지 어려움들이 오로지 김 대통령의 탓은 아닐지라도, 정책 결정의 최고위직에 있는 그에게 가장 커다란 책임이 있는 것은 분명하다. 우리 모두가 잘못이라는 식으로 귀책의 경계를 흐리는 것은 온당한 일이 아니다.

　권력투쟁의 가장 듬직한 자산이라고 할 강인한 성격과 이른바 '동물적인' 정치감각이 한 개인 속에서 무지나 독선과 결합했을 때 얼마나 우스꽝스러운 정치인이 빚어지는지를, 그러나 바로 그 정치인이 민주주의라는 마술을 통해 권력의 정점에 이르렀을 때 사회가 입게 되는 손실은 때때로 파멸적이어서 절대로 우스꽝스럽지가 않다는 것을 김 정권 5년은 우리에게 새삼스레 깨우

쳐주었다.

그런 새삼스러운 깨달음을 위해 우리가 치른 값은 아주 크다. 쉬이 생각하면, 자유로운 선거에서 김영삼 씨 같은 이가 대통령으로 선출되었다는 사실이 놀랍기까지 하다. 그러나 다시 생각해보면 그것이 딱히 놀랄 일도 아니니, 그런 불합리한 사회적 선택 역시 우리가 민주주의라는 괴물을 기르기로 작정한 이상 수시로 치러야 하는 값인지도 모른다.

김영삼 정권 5년이 한국 사회에 남긴 가장 커다란 폐해는 박정희 신드롬이다. 사실 이 박정희 신드롬은, 꼭 김 대통령 개인이나 김 정권의 책임이라고만은 할 수 없는 최근의 금융위기보다 훨씬 더 위험한 현상이고, 다른 누구보다도 김 대통령 자신이 뼈아프게 책임을 느껴야 할 사안이다.

박정희 신드롬이 아주 위험한 현상인 것은, 그것이 실상 지금의 금융위기와 무관하지도 않은 1970년대의 병영 사회로 돌아가자는 외침이기 때문이다. 그리고 그것에 다른 누구보다도 더 김 대통령이 책임을 느껴야 하는 것은, 지금 우리가 목격하고 있는 박정희 신드롬이라는 것이, 그것을 획책하고 실행하고 있는 사람들이 누구든, 분명히 김 정권의 거듭된 실정에서 가장 커다란 에너지를 얻었기 때문이다.

자신의 정치적 라이벌에 대한 향수를 국민들 사이에 불러일으키는 데 가장 커다란 공헌을 하게 된 것은 분명히 김 대통령의 불행이지만, 그것이 김 대통령만의 불행이라면 우리가 거기에 대해 왈가왈부할 필요는 없을 것이다. 박정희 신드롬은 김 대통령만의 불행이 아니라 한국 사회의 불행이다.

일종의 경의마저 담겨 거론되는 박정희의 무인 정신이란, 그 전범이었던 일본의 사무라이 정신이 바로 그렇듯, 편견 없이 해석된 경우에도 병적인 신경질에 지나지 않는다. 그 신경질 많은 개인이 자신의 변덕스러운 취향에 맞춰 공동체 전체를 전지剪枝했던 것이 박정희 시대의 한국 사회였다.

그 사회는 무엇보다도 병영 사회였다. 지금까지도 그 흔적을 남기고 있는 향토예비군, 학도호국단, 민방위대, 학생 교련, 반상회라는 것을 통해 자신의 신민 전체를 군대식으로 편제한 것이 박정희였고, 긴급조치, 물고문, 전기고문, 야간통금, 장발단속, 치마단속을 통해 그 신민 전체를 '표준적 인간'으로 만든 것이 박정희였다. 어린아이들에게 '국민교육헌장'과 '국기에 대한 맹세'를 매일 외게 한 것도 박정희였다. 그 시절 애국가는 극장에서고 학교에서고 거리에서고 하루도 쉼 없이 흘러나왔고, 신민들은 멈춰서고 기립하고 입다문 채 하루에도 몇 차례씩 경건해지지 않을 수 없었다.

박정희의 치적으로 곧잘 거론되는 한강의 기적이라는 것은 지금 우리가 목격하고 있듯 언제라도 신기루로 변할 수 있는 기적이지만, 설령 그것이 단단한 기적이라고 하더라도 그 기적은 한 세대의 총체적 희생을 대가로 한 기적이다. 그러나 어떤 세대도 뒷세대에게 희생을 요구할 권리가 없듯이, 어떤 세대에게도 뒷세대를 위해서 자신을 통째로 희생해야 할 의무는 없다. 언뜻 고결해 보이는 자기희생의 윤리는 집단주의와 쉽게 악수할 수 있는 노예의 윤리다.

새 정권의 짐은 박정희와 관련해서도 크다. 새 정권이 김영삼 정권의 과오에서 교훈을 얻지 못하고 권력에 흠뻑 취해 갈지자 걸음을 계속한다면, 생전에 웃음에 인색했던 독재자는 지하에서 껄껄 웃을 것이고, 그에 대한 국민의 향수는 더 커질 것이다. 그 향수가 유사 파시즘에 대한 유혹으로 변할 때, 그때가 정말 위험한 때다.

《씨네21》, 1997. 12. 30.

86
개인주의적 상상력 _ II

◆

〜〜〜〜〜〜

민주주의를 떠받치는 커다란 원리 가운데 하나는 다수의 지배다. 그것은 허울 좋은 구호가 아니라 오늘날 대부분의 사회에서 실제로 관철되고 있는 원리다. 한 공동체의 사회적 선택을 최종적으로 좌지우지하는 것이 소수의 정치 엘리트처럼 보이는 경우에도, 그 선택의 배후에는 '민'이라고 지칭되는 다수의 의사가 있다. 그 점에서 민주주의 사회란 대중 사회의 다른 이름이기도 하다. 사회적 선택의 배후로서의 그런 다수의 등장은 오르테가 이 가세트에 의해서 '대중의 반란'이라는 표현을 얻었다.

그러나 다수의 지배는 오르테가가 영 찜찜한 기분으로 '대중의 반란'을 관찰하기 훨씬 전부터 대부분의 인류 공동체를 얽어온 보편적 원리였다. 그러니까 그것은 현대 사회의 특징이라기보다는 차라리 (인간)사회라는 것의 구성 원리라고까지 할 만하

시사·1부 정치의 이성, 이성의 정치__353

다. 어떤 억압적인 체제도 그것이 사회 구성원 다수의 (적어도 소극적인) 동의에 기대지 않고는 존속할 수 없다면, 노예제 폐지 이후로 소수가 다수를 지배했던 사회는 거의 없었다.

그러나 모든 사회는 그 사회의 주류에 포섭되지 못하는 우수리를 남긴다. 르네 지라르에 따르면 사실 그 우수리야말로 사회를 통합하는 힘이다. 공동체는 자신을 붕괴시킬 수도 있는 내부의 상호 폭력을 소수 또는 일인의 우수리에 대한 공동체 전체의 집단폭력으로 '승화'시키면서 내부의 평화를 확보한다. 집단의 폭력을 자신의 온몸으로 받아내면서 공동체를 화해시킬 때, 우수리는 속죄양이라고 지칭된다. 말하자면 공동체의 화해과정은 희생제의의 과정이다.

그 우수리는 흔히 유대인, 집시, 절름발이, 전라도 사람, 미혼모, 동성애자, 이혼녀, 빨갱이, 간첩, 마녀, 이교도, 외국인, 정신병자, 사생아 따위의 이름을 지니고 있다. 그렇다는 것은 이 우수리들의 '죄'가 그들의 '표지'라는 것을 뜻한다. 그 표지 때문에 그들은 공동체의 주변부로 밀려나 속죄양으로 선택된다.

1970년대 이래 한국 사회의 지배집단과 그들의 지지자가 선택한 속죄양은 김대중이었다. 여럿에게 증오가 확산되면 그 증오는 응집력을 지닐 수가 없으므로 한 사람이 선택될 수밖에 없었는데 그가 김대중이었고, 그 하나는 여러 가지 표지를 지니고 있어야 했는데 바로 그가 그랬다.

그는 무엇보다도 전라도 사람이었고, '전라도 사람답게' 마키아벨리스트였으며, 의심스러운 이념적 과거와 '모호한 가계'를 지니고 있었다. 권력 핵심부에 의한 수장 선고, 교수형 선고, 추방 선고만이 아니라 공동체 전체를 배심원으로 한 종교재판에서의 유죄판결도 제지할 수 없었던 그의 불가사의한 재기는 권력에 대한 그의 집착의 증거였을 뿐만 아니라, 죽여도 죽여도 죽지 않는 악마성의 표지이기도 했다.

그래서 그는 만인 대 일인의 싸움의 한 축이 되었고, 그 덕분에 공동체의 주류는 총화단결할 수 있었다. 그들은 김대중을 미워하면서 서로의 미움을 떨어냈고, 죄의 사함을 받았고, 마음의 평화를 얻었다.

개인주의자는 공동체의 화해 기제로서의 그런 희생제의에 침을 뱉는다. 그런 희생제의의 밑받침인 다수의 지배를 위험시한다는 점에서 그는 반민주주의자다. 그의 눈길은 늘상 소수에, 그리고 복거일이 지적했듯 궁극적 소수인 개인에게 머문다. 그 눈길은 특히 속죄양으로 선택되기 쉬운 '표지'를 지닌 개인들에게 쏠린다(실상 '소수'의 정치적 의미는 그런 '표지를 지닌 개인들'이다).

그러나 집단주의자가 집단을 사랑하듯 개인주의자가 개인을 사랑하는 것은 아니다. 사랑이라는 감정은 너무나 강렬하고 자주 지배욕을 동반해서, 보상을 받지 못할 경우 흔히 배신감과 증오로 전화轉化하기 쉽다. 개인주의자는 개인을, 그러니까 타인을 '존중'한다.

집단의 자리에 개인을 들어앉히고 사랑의 자리에 존중을 들어앉히는 것, 그것은 20세기의 파멸적인 유토피아니즘들로부터 해방되는 길이자, 만인(다수)에 의한 일인(소수)의 박해라는 형식으로 인류사를 관통해온 희생제의에 마침표를 찍는 길이다.

《씨네21》, 1997. 12. 16.

87

개인주의적 상상력 _ I

✦

~~~~~~~~~~~~~

　러시아 혁명 여든 돌이 슬그머니 지나고 있다. 1989년 이후의 역사적 격변을 생각하면 충분히 이해할 만한 정적이다. 이따금씩 그 정적을 깨는 소리들이라고 해봐야, 일찍이 한나 아렌트의 혜안에 포착된 공산주의와 파시즘 사이의 아날로지를, 공산주의 쪽만을 겨냥해 되풀이하는 '악의적인' 목소리들이 고작이다. 공산주의의 '범죄'를 거론하는 그런 목소리들 가운데 어떤 것은 기실 스스로가 파시스트에 다름 아닌 직업적 반공주의자들의 성대에서 나온 것이어서, 그 뻔뻔스러움이 듣는 사람의 미감을 심하게 거스른다. 그렇더라도 그 목소리들이 실어 나르고 있는 어떤 진실에 대해서까지 귀 막을 수는 없다.

　공산주의와 파시즘은 집단주의를 인류가 그전까지 경험해 본 것보다 훨씬 높은 수준에서 실현했다는 점에서 아주 닮았다.

그 두 이념과 그것들이 실현한 체제의 '범죄'의 큰 부분은 이런 유례없이 촘촘한 집단주의에서 나왔을 것이다. 악의 근원으로서의 이 집단주의를 공산주의와 파시즘이 공유하고 있다는 사실에 비기면, 그 둘 사이의 차이는 사실 주변적인 것이다.

거기에 대하여, 공산주의의 기초는 사람에 대한 사랑인 데 견주어 파시즘의 기초는 사람에 대한 증오라는 반박이 있을 수 있다.

그러나 그 말을 온전히 받아들인다고 하더라도, 그런 사랑, 즉 선의가 모든 일의 면죄부가 될 수는 없다. 모스크바 재판과 중국의 문화혁명(이라는 이름을 지닌 반달리즘)과 크메르 루주의 민중 학살이 사람에 대한 그런 사랑의 결과라면, 우리가 그 사랑을 흔쾌히 받아들이는 것은 불가능하다. 지옥으로 가는 길은 선의로 포장돼 있다는 격언은, 가장 호의적으로 이해된 공산주의 이념과 그 이념이 실현한 체제의 가공할 현실 사이의 대비에 의해서 정곡을 얻는다.

게다가, 가장 저명한 공산주의자들이 진실로 사람을 사랑했다고 하더라도, 그때의 사람은 그들의 관념 속에 있는 집단으로서의 인류였지, 그들의 주변에서 숨 쉬고 일하고 고통받는 개인으로서의 사람은 아니었을 것이다. 스탈린과 마오쩌둥의 눈에 비친 현실 속의 비루한 노동자들은 죄다 그들의 관념 속에 갈무리돼 있는 위대한 노동자계급의 적이 아니었을까? 그렇지 않고

서야 수용소 군도나 문화혁명이 가능했을 리가 없다. 얄궂게시리, 그들의 냉혹한 정치적 리얼리즘은 그들의 덜떨어진 심리적 아이디얼리즘에서 나온 것 같기도 하다. 개인으로서의 사람 또는 노동자를 사랑하지 못하고 집단으로서의 인류 또는 노동자계급을 사랑하려고 안간힘을 쓴 것이 그들의 잘못이었고, 그것이 '공산주의의 범죄'의 근원이었다. 그러니, 집단에 대한 사랑은 가짜 사랑이라고 할 만하다.

러시아나 중국에서 멀리 떨어진 파리 한복판 생제르맹데프레나 몽파르나스의 고급 카페에 앉아서 모스크바 재판을 옹호하고 문화혁명을 찬양하던 서유럽의 좌익 지식인들도 그런 '집단의 연인'이었다. 그들이 안전한 곳에서 제멋에 겨워 가짜 사랑에 몰두하고 있는 동안, 헤아릴 수 없는 개인들이 우주를 잃었다. 그들이 신봉했던, 그리고 많은 자유주의자들이 공유하고 있는 무신론에 기대자면, 죽음이란 당사자 개인에게는 우주의 소멸과 맞먹는다.

개인에 대한 존중과 이해, 개인주의적 상상력은 지금 공산주의를 대치해 지구를 피로 물들이고 있는 커다란 집단주의, 예컨대 종교적 근본주의나 약화된 파시즘으로서의 민족주의에 대한 처방일 뿐만 아니라, 우리 사회를 짓누르고 있는 지역주의나 이런저런 연고주의 같은 작은 집단주의에 대한 처방이기도 하다. 그리고 그것은 최대의 선이 아니라 최소의 악을 목표로 삼는 소극적 도덕의 출발점이기도 하다.

《씨네21》, 1997. 12. 2.

88

위기

◆

~~~~~~~~~~~~~~

　국세청이 탈세 언론사를 검찰에 고발한 뒤 우리 사회에서 일고 있는 소동은 특권의 해체가 얼마나 힘든 일인지를 새삼 일깨운다. 이번 사태의 본질은 투명하고 단순하다. 정부는 법에 따라 세무조사를 해서, 법에 따라 탈세 사실을 밝혀냈고, 법에 따라 세금을 매겼다. 그게 다다. 정부의 언론 장악 음모라는 풍문은 상상 속의 가능태로만 존재하는 것이다. 그런데 왜 이 소동이 일어났는가? 그것은 몇몇 비대 신문기업들이 지금까지 법 위에 군림해왔기 때문일 것이다. 그들은 자신들에게 익숙한 이 치외법권을 틀어쥐기 위해 사회 전체를 뒤집어엎고 있다.

　비대 신문기업들은 자신들의 우산 아래 있는 기득권세력에 총동원령을 내린 듯하다. 그 동원령에 따라 궐기한 세력은 한나라당 지도부에서 대한변호사협회의 집행부를 거쳐 지식인 집단

의 장삼이사에 이르기까지 다채롭다. 이들의 궐기과정에서 기기
괴괴한 스펙터클이 펼쳐진다.

비대 신문들은 자신들의 언론 자유가 탄압받고 있다는 기
사로 지면을 도배질하는 언론 자유를 누리고, 한나라당은 이 기
사들을 받아 언론 탄압을 즉각 멈추라는 성명을 하루가 멀다고
발표하며, 비대 신문들은 다시 이 성명을 낯뜨거운 '해설 기사'를
곁들여 대서특필한다. 성명이 보도를 베끼고 보도가 성명을 베
끼는 우정의 피드백이 비대 신문들과 한나라당이라는 신성동맹
의 두 파트너 사이에서 날마다 일어나고 있는 것이다.

변협은 어느 날 난데없이 정부의 개혁 정책으로 법치주의가
후퇴하고 있다는 성명을 내고, 법을 어긴 탈세 신문사들이 부끄
러운 줄 모르고 이 성명을 받아 지면을 가득 채운다. 비대 신문
들은 더 나아가 자신들의 탈세 사건과 관련해 국론이 분열돼 있
다고 주장하고, 외부 필자의 기고를 통해서 이 사실을 인증받은
뒤, 다시 그 보증받은 '국론의 분열'을 대문짝만하게 보도한다. 기
득권 동맹 안의 자급자족이고 자가수정이다.

진기명기는 더 남았다. 이 탈법 비대 신문사들은 별안간 '비
판적 언론'을 자임하더니, 자신이 동원한 지식인들에게 '비판적
지식인'이라는 작위를 내린다. 이들 '비판적 지식인'들의 입을 통
해 정부는 나치가 되고 시민단체는 홍위병이자 악령이 된다. 이
런 일에 발군은 역시 〈조선일보〉다. 이 신문은 갑자기 지식인 사

회가 위기에 처해 있다고 선고를 내리고, 몇몇 '비판적 지식인'들이 릴레이로 이 선고를 추인한다. 위기의 증상은 지식인 사회 일각의 이분법·폭력성·천박성·폐쇄성·공격성 등이라는데, 이들에게는 이 모든 증상의 시발점이 〈조선일보〉 지면이라는 사실은 보이지 않는다. 이 '비판적 지식인'들은 극우 선동가 패션에서부터 신구新舊 자유주의자 패션을 거쳐 체 게바라 팬클럽 패션에 이르기까지 일곱 빛깔 무지개 옷 세트를 각자 나누어 걸치고 자태를 뽐낸다. 그것은 입장이라는 것이 혀와 관련된 것이 아니라 엉덩이와 관련된 것이라는 점을 슬프게 드러낸다.

최장집 씨 사상검증 소동 이후 이 신문에 줄을 대는 지식인 층이 엷어졌다고 생각했는데, 웬걸, 아직도 재고는 넉넉하고 게다가 충원소집령을 기다리는 예비역 보충역의 줄이 기다란 모양이다. 그것은 이 신문이 긴 세월 특권을 누리면서 자기편을 너무 많이 만들어놓았다는 뜻일 것이다.

위기다. 〈조선일보〉의 우스개처럼 지식인의 위기가 아니라 한국 민주주의의 위기다. 좌든 우든 민주주의세력이 연대해 수구 기득권 동맹에 맞서야 하는 이유는 거기에 있다. 물론 이 싸움은 쉽지 않다. 비대 신문들이 담론의 공간을 과점하고 있기 때문이다.

그러나 이 싸움은 모든 민주주의의 밑바탕인 담론 공간의 민주주의를 이룩하기 위해서는 피할 수 없는 싸움이다. 이 싸움은 정부를 격려하고 감시하는 과정을 포함해야 할 것이다. 만약에 정부가 비대 신문사들과 뒷거래를 하고 꼬리를 내린다면, 그것은 스스로 독배를 마시는 데 그치지 않고 한국 민주주의에 칼질을 하는 것을 의미할 것이다. 이 정부는 자살할 권리는 있겠지만, 한국 민주주의에 칼질을 할 권리는 없다.

2001. 7.

_미발표 글을《자유의 무늬》(2002)에 수록

2부

✦

소수를 위한 변호

✦

01

신분제로서의 지역주의

✦

극우 멘털리티의 한국적 작동 양상

~~~~~~~~~~

"우리는 그들이 싫다"

✦

지난 4월 21일 치러진 프랑스 대통령 선거 1차 투표에서 극우정당 국민전선의 후보 장마리 르펜이 사회당 소속의 현직 총리 리오넬 조스팽을 제치고 차위次位 득표자가 돼 현직의 온건 우파 대통령 자크 시라크와 함께 결선투표에 나간 '사건'은 세계 주요 언론의 머리기사가 되면서 커다란 센세이션을 불러일으켰다. 프랑스 안팎의 논평가들이 앞다투어 지적했듯, 그것은 프랑스의 치욕이라고 할 만했다. 18세기 이래 거듭된 민주주의 혁명의 전통을 쌓으며 (매우 부당하고 어처구니없게도) 제 나라가 곧 온 인류의 조국이라고 으스대왔던 사람들이 프랑스인들이어서 더욱 그랬다. 그러나 그 치욕이 2002년 4월 21일에 갑자기 생겨난 것은 아니다. 다시 말해 극우정파에 대한 프랑스 유권자들의 지지가 그날 갑자기 치솟은 것은 아니다. 프랑스의 정치적·이념적 지형은 그날 이전과 이후가 별다르지 않다. 르펜은 지난 1995년 대통령선거에서도 15%의 지지를 얻었다. 그는 이번 대통령선거에서 단지 2% 남짓의 유권자를 새로운 친구로 만들었을 따름이다. 대통령선거 1차 투표에서 좌우파의 여러 정당들이 각개 약진하는 프랑스의 관례를 생각하면, 산표散票의 양상에 따라 르펜은 언제라도 결선투표의 후보가 될 가능성을 지니고 있었다.

그렇다고 하더라도 이 인종주의 선동가의 결선투표 진출은 많은 사람들이 알면서도 잊고 지내던 사실 하나를 섬뜩하게 환기시켜주었다. 프랑스 유권자 대여섯 사람 가운데 하나가 "나는 외국인이 싫다, 나는 이민자가 싫다, '우리'는 '그들'이 싫다, '그들'이 프랑스 바깥으로 나가주었으면 좋겠다"라는 의사를 노골적으로 표현할 수 있을 만큼 용감하다는 사실 말이다. 다시 말해, 공개된 장소에서의 인종주의적 발언이 형사처벌의 대상이 되는 나라에서 "그럼에도 나는 인종주의자다"라는 자기규정을 부끄러움 없이 정치적 목소리에 담을 용기가 있는 사람이 대여섯 가운데 하나라는 뜻이다.

마음속 깊은 곳에서부터 인종주의적 편견을 말끔히 지워내는 것은 누구에게나 어렵다. 물론 인종주의적 질서가 살아 있는 한 그렇다는 말이다. 내면적 심성과 외부의 조건은 교호하게 마련이지만, 더 능동적으로 작용하는 변수는 외부의 조건이기 때문에 그렇다. 그래서 인종주의적 심성의 궁극적 소멸은 인종주의적 질서가 소멸한 다음에야 가능할 것이다. 그런데 지금 우리가 경험하고 있는 세상에는 유럽과 북아메리카의 백인들을 정점으로 한 인종주의적 질서가 완강히 자리잡고 있다. 그래서 대다수 사람들이 적어도 마음속 깊은 곳에 인종주의적 편견의 부스러기들을 간직하고 있는 것은 자연스럽다.

되풀이하자면, 지금 우리가 목격하는 세상을 살아가면서 인종주의적 편견에서 완전히 자유로워지는 것은 누구에게나 어렵다. 그것은 특히 자신이 우월한 인종에 속해 있다고 생각하는 사람들에게 더 어렵다. 그러나 사람은 적어도 부분적으로는 이성과 양식의 동물이다. 반인종주의 운동에 자신을 구속시키지 않은 평범한 사람들도, 흔히는 인종주의가 옳지 않다는 내면의 또다른 목소리 때문에, 그리고 자라면서 습득한 시민적·정치적 양식 때문에, 그런 편견의 기미를 마음 깊은 곳에 묻어둔다. 그리고 인종주의에 반대해 (생각하지는 못할지라도) 행동한다. 그런데 프랑스에서는 그런 편견을 정치과정을 통해 밖으로 드러낼 만큼 용기가 있거나 인종주의적 열정이 강한 사람이 대여섯 사람 가운데 하나다. 그것은 유럽의 시간과 한국의 시간이, 비록 다른 것은 분명하지만, 그렇다고 근본적으로 단절돼 있는 것은 아니라는 사실을 깨우친다. 더 나아가 진보를 위한 모든 노력은, 일정 단계를 넘어서면, 국제주의를 바탕에 깔지 않을 수 없다는 사실을 깨우친다. 허두虛頭에 국민전선 얘기를 꺼낸 것은 유럽의 시간과 한국의 시간을 비교해보기 위해서가 아니다. 국민전선은 그저 내게 맡겨진 글감인 '극우'의 준거틀을 찾기 위한 실마리다.

지역주의는 극우 이데올로기다

✦

'극우'라는 말에서 사람들은 대뜸 무엇을 또는 누구를 떠올릴까? 르펜이 워낙 인상적으로 무용武勇을 떨친 것이 불과 몇 달 전이어서 국민전선을 떠올리는 사람이 우선 있을 것이다. 국민전선의 이념적 선배라고 할 20세기 전반의 악시옹 프랑세즈를 떠올리는 사람도 있을 것이고, 지금은 활동을 하는지 안 하는지도 확실치 않은 미국의 KKK를 떠올리는 사람도 있을 것이며, 팔레스타인 사람들에 대한 테러와 학살로 소일했던 이스라엘의 카흐를 떠올리는 사람도 있을 것이고, 미국의 배리 골드워터나 댄 퀘일이나 조지 W. 부시 같은 극보수 정치인을 떠올리는 사람도 있을 것이다. 머시아 엘리아데, 외젠 이오네스코, 에밀 시오랑 같은 루마니아 출신 서유럽 지식인들의 청년기에 그늘을 드리웠던 철위대鐵衛隊를 떠올리는 사람도 있을 것이다. 그리고 현대 유럽정치에 관심이 있는 사람이라면 1950년대 프랑스에서 중소 상인들의 반세反稅투쟁을 선동하며 기존 정치권을 기우뚱거리게 한 피에르 푸자드의 정치 노선(푸자디슴)을 떠올리기도 할 것이다. 무엇보다도 나치즘이라는 이름의 독일 파시즘을 떠올리는 사람이 많을 것이다. 사실 이 모든 극우운동(이나 인물)이 단색은 아니다. 그러나 우리는 이 여러 양상의 극우운동을 묶는 하나의 공통인수를 추출해낼 수 있다. 그것은 고결한 피의 순수성에 대한 과도한 집착이다.

이것은 자연스러운 일이기도 하다. '우右'라는 것이 근본적으로 '선천성' 곧 '피'를 중시하는 것이고, '극極'은 과도함이나 지나침, 그 결과로서의 배제와 폐쇄를 뜻하는 것이니 말이다. 요컨대 극우는 순수한 피에 대한 과도한 집착과 거기서 비롯된 배제나 닫음의 열망을 표상한다. 극우는 피를 기준으로 사람의 위계를 정한다. 말하자면 인종주의는, 그 농도의 차이는 있지만, 모든 극우운동의 배음背音이다. 골드워터나 퀘일이 극우정치인이라는 말을 들은 것은 주로 그들의 군국주의적 신념과 대소對蘇 강경론 때문이었지만, 이들은 미국 안팎의 인종주의적 질서의 수호자이기도 했다. 부시의 군사적 모험주의를 부추기고 있는 것이 콘돌리자 라이스라는 흑인 여성이라고 해서 부시가 천명하고 실천하는 국내외 정책의 인종주의적 오리엔테이션이 근본적으로 교정되는 것은 아니다. 당초 프랑스 공산당의 격려와 협조 속에 반자본주의, 반의회주의, 반독점을 표방하며 조세정의租稅正義운동으로 출발했을 때는 인종주의적 색채가 없었던 푸자디슴도, 이내 공산당과 등을 돌리고 노동조합들과 불화하고 유대인 출신 총리 피에르 맹데스-프랑스를 맹공하면서 반유대주의의 덫에 걸렸다. 이렇게, 흔히 극우라고 지칭되는 모든 운동에는 피의 순결에 대한 집착이 넘쳐난다.

그것은 우리 사회에서도 이주노동자에 대한 멸시로 나타난다. 이주노동자에 대한 한국인의 일반적 태도는 한국 사회가 압도적인 극우 사회라는 것을 드러낸다. 프랑스 유권자들이 평균적 한국인의 문화적 심성을 지녔다면, 르펜은 결선투표도 필요 없이 막바로 대통령이 되었을 것이다. 그것은 유럽의 시간과 한국의 시간이, 비록 단절되지는 않았을지라도, 꽤 다르다는 뜻이다. 그러나 외국인이 비교적 적은 한국 사회에서 극우성은 일반적 의미의 인종주의로 표출되지 않는다. 그러면 한국 사회의 극우성을 전형적으로 드러내는 것은 무엇인가? 그것은 많은 사람들이 얘기하듯 광신적 반공주의, 곧 다른 정치적·이념적 견해에 대한 폭력적 불관용인가? 내 생각은 다르다. 한국 사회에 만연된 극우적 심성을 전형적으로 체현하고 있는 것은, 내가 보기에는, 지역주의다. 우리 사회 지역적 소수파의 입지는 다인종 사회에서 인종적 소수파가 놓여 있는 처지와 비슷하다. 그것이 한국의 지역주의를 우리가 알고 있는 몇몇 사회의 전형적 지역주의와 다르게 만든다. 르펜의 국민전선을 비롯한 모든 극우운동이 보여주었듯, 극우의 핵심적 원리는 피를 기준으로 한 순수와 배제의 원리다. 이 원리는 한국 사회에 넘쳐나고 있고, 그것을 전형적으로 드러내는 것이 지역주의라는 것이 내 판단이다. 다소 과감하게 들릴지 모르지만, 나는 〈조선일보〉의 극우성이 그 신문의 반공지상주의에 있다기보다는 격렬한 지역주의(전라도 배제)에 있다고 생각한다. 그것은 한나라당의 경우도 마찬가지다.

한국의 지역주의는 영남과 호남의 '대립'을 큰 틀로 삼는다. 여타 지역의 지역주의는 이 큰 틀에서 파생된 부산물이라고 할 수 있다(또는 맥락에 따라 영남은 '비호남'으로 확장될 수도 있고, 드물기는 하지만 호남이 '비영남'으로 확장될 수도 있다). 우리가 알고 있는 인종주의가 그렇듯, 영남 대 호남의 '대립'도 대칭적인 것은 아니다. 다시 말해 두 지역 주민집단이 지닌 지역주의가 동일한 질의 것은 아니다. 다소 거칠게 말하자면 영남의 지역주의는 패권적이고 적극적이고 공격적인 데 비해 호남의 지역주의는 반작용적이고 소극적이고 방어적이다. 그런데 인종주의라는 것이 우월하다고 인정되는 인종이 열등하다고 인정되는 인종에게 갖는 태도와 감정을 주로 가리킨다면, 지역주의도 우월하다고 인정되는 지역 주민집단이 열등하다고 인정되는 지역 주민집단에게 갖고 있는 태도와 감정을 주로 가리킨다고 할 수 있다. 그러므로 영남에 대한 호남의 지역주의보다는 호남에 대한 영남의 지역주의가 더 전형적인 지역주의다.

그러면 지역주의가 왜 극우 이데올로기인가? 그것이 고결하고 순수한 피에 대한 집착이고, 거기서 비롯된 배제의 욕망이기 때문이다. 그것이 피의 문제가 아니라고 말하는 사람이 있을지도 모른다. 그래서 지역 문제는 극우와 무관하다고 생각하는 사람이 있을지 모른다. 그러나 한국 사회에서 지역은 곧 피로 환원된다. 그것이 상상된 혈연이라고 할지라도 말이다. 생각해보라. 우리 사회에서 전라도 사람과 경상도 사람의 결혼이 얼마나 별나게 여겨지는지. 그 결혼이 결렬됐을 때, 그것은 주로 '전라도 핏줄' '전라도 씨'에 대한 경상도 쪽 부모들의 거부감 때문에 생기는 결과라는 것을 우리는 경험적으로 알고 있다. 사실, 인종주의에 대한 알베르 메미의 유명한 정의, 곧 "어떤 공격을 정당화하기 위해서, 현실적인 또는 상상적인 차이들을, 공격자에게는 유리하고 피해자에게는 불리하도록 결정적으로 일반화해 가치를 부여하는 것"은 전라도 사람에 대한 영남 사람들의 지역주의에도 적용할 수 있다. 다시 말해 한국의 지역주의는 인종주의의 다른 이름이다.

이 밖에도 지역주의는 전형적 극우 이데올로기인 파시즘의 모든 특징을 나눠 갖고 있다. 우선 지역주의는 감정적이고 비합리적이다. 그래서 그것은 편견에 늘 노출돼 있다. 경상도 사람과 관련돼 거론되는 많은 긍정적 특징들과 전라도 사람과 관련돼 거론되는 바로 그만큼의 부정적 특질들을 생각해보라. 지역주의는 주민집단 사이의 평등을, 곧 인간의 평등을 인정하고 싶어하지 않는다. 그것은 경상도 사람과 전라도 사람의 평등을 인정하는 데 인색하다. 거기서 자연스럽게 도출되는 것은 지도자 원리다. 이 원리에 따르면, 사람들 사이에는 그리고 집단들 사이에는 지적으로나 윤리적으로 우열의 차이가 있으므로 지도해야 할 사람이나 집단, 지도받아야 할 사람이나 집단은 정해져 있다. 한국에서 지도해야 할 지역적 집단은 영남 출신이다. 그 영남을 정점으로 한 지역적-'인종적' 위계질서의 맨 아래에 전라도가 있다. 김대중 정권에 대한 영남 사람들의 정서가 과도하게 적대적인 것은 바로 이 '자연적인' 위계질서를 그것이 뒤집어놓았다는 데 있을 것이다. 우리 사회의 비대 신문들은 바로 이 '자연적인' 위계질서를 회복하기 위해 총포보다 위험한 펜을 마구 휘두르는 언어의 십자군들이다.

영남의 심리적 귀족들

✦

한국의 지역주의는, 흔히 지적되고 있는 바와 달리, 경제적 이해관계와는 직접적 관련이 옅어 보인다. 물론 그것의 출발점은 경제적·정치적 영역에 있었겠지만, 이제는 그 출발점에서 멀리 떨어져 있는 것 같다. 그것은 차라리, 〈딴지일보〉 편집장 최내현이 흘끗 시사했듯, 일종의 관념적 신분질서와 더 친밀감이 있어 보인다. 영남 사람이 영남(이나 영남과 연계된) 정치인을 지지할 때, 그것이 반드시 경제적 이득을 바라고 하는 것은 아니다. 심지어 정치적 이득을 바라고 하는 것도 아니다. 그것은 주로 지지자의 만족감에 기여할 뿐이다. 다소 비대칭적이지만, 그것은 호남의 경우도 마찬가지다. 가장 가난한 영남 사람들이 자신들의 계급적 이해와 상충되게 '부자를 옹호하는 영남 정권'을 지지하듯, 가장 부유한 전라도 사람들도 자신들의 계급적 이해와 어긋나게 '부자를 덜 옹호하는 전라도 정권'을 지지한다.

그렇다는 것은 지역주의가, 비록 근원적으로는 경제적 문제에 닿아 있을지라도, 현상적으로는 피와 관련된 문제, 상상된 혈연을 매개로 한 비합리적 친밀감의 문제라는 뜻이다. 그래서 그것은 다인종 사회의 인종주의에 견줄 만하다. 위에서도 잠깐 비쳤듯, 전라도 사람과의 결혼이 다른 지역에서 기피되는 데서도 그것을 알 수 있다. 다인종 사회의 인종주의도 근원적으로는 경제적 층위에 닿아 있다. 그리고 그것은 경제의 얼개를 통해 강화된다. 그러나 그것은 일차적으로 피의 문제, 심리적 신분질서의 문제다. 우리 사회의 지역주의도 그래 보인다. 그래서 다인종 사회의 인종주의나 한국의 지역주의는, 비록 그것들이 근대 사회에 만연해 있지만, 전근대적-반₩봉건적 심성의 산물이라고 할 수 있다. 그럴 일이 일어나기는 매우 어렵겠지만 혹시라도 전라도 지역의 경제적 지위가 경상도 지역의 경제적 지위보다 우월하게 될 때, 경상도와 전라도 사이의 심리적 우열관계가 역전할까?

장기적으로는 그럴 것이다. 그러나 그것이 당장 역전하지는 않을 것이다. 그래서 지역주의와의 싸움은 인종주의와의 싸움처럼 봉건성과의 싸움, 봉건적 심성과의 싸움이다. 그것은 더러 계급 문제와 겹쳐지기는 하지만, 근본적으로 신분제의 문제다.

사람이 경제적 우열에 따라 갖는 우월감·열등감은 신분적 (곧 인종적, 내지는 한국 사회에서는 지역적) 우월에 따라 갖는 우월감·열등감에 견주어 뿌리가 얕다. 일본은 경제로 세계를 제패했지만, 일본인들은 유럽과 북아메리카의 백인들에게 여전히 열등감을 지니고 있다. 거꾸로 유럽인들은 경제적으로 일본에 밀리면서도 마음속으로는 여전히 우월감을 지니고 있다. 거기에 (공식적) 역사의 기억, 역사의 무게가 개재하기 때문이다. 그러니까 이 우월감·열등감은 경제적 층위를 벗어난 문화적인 것이라고도 할 수 있다.

김대중 정권에 대한 영남 사람들의 과도한 분노는 이를테면 잠시나마 아랫것을 모시고 살게 된 처지를 견딜 수 없어 하는 윗분의 심정과 통하는 데가 있어 보인다. 출세한 종을 모시고 살아야 하는 영락한 주인의 심정 말이다.

그런 심리적 귀족의 마음자리는 어떤 꼴을 하고 있을까? 유시민은《97 대선 게임의 법칙》이라는 책에서 1987년 대선 기간에 대구에서 목격한 사례를 이렇게 묘사하고 있다.

골목시장 한 모퉁이에서 생선 장수, 생닭 장수, 참기름집 아저씨, 야채가게 아주머니 등등 보통 시민들이 모여서 선거 이야기를 하는데 누군가 대낮부터 한 잔 걸친 거나한 목소리로 말한다.

"전두환이가 참말로 잘하기는 다 잘했는데 딱, 한 가지는 잘못한 기 있다 아이가."

"먼데?"

"김대중이 안 죽이고 놔둔 거. 그기 잘못한 거 아이가 이 말이라."

생각이 똑바른 사람이 하나도 없으면 여기저기 맞장구치는 소리와 더불어 토론 아닌 토론은 끝이 나고, 그 사람은 또 사람 모인 곳을 찾아 슬며시 사라진다. 그러나 개중에 그래도 양식 있는 사람이 하나라도 있어서 그나마 토론 비슷한 것이 이루어졌다.

"와? 김대중이가 니한테 돈을 돌라 카더나, 아이먼 니 딸을 내노라 카더나? 와 그 사람을 죽이삐라 카노?"

"김대중이, 그거 순 빨갱이 아이가!"

"그 사람이 빨갱인지 아인지 니가 우째 아노? 진짜 빨갱이라 카모 박 대통령이나 전두환이가 그냥 내삐리 놨겠나. 그라고 빨갱이하고 선거하는 노태우는 등신이라 말이가?"

"이 사람 이거, 혹시 고향이 전라도 아이가? 수상한 사람이

네 이거…, 우쨌기나간에, 선거할 때 표나 마아 똑바로 찍어라. 영삼이 찍어주머, 김대중이 찍는 기나 마찬가지라꼬 안 카나. 영삼이 갖꼬는 대중이한테 절대로 몬당하는 기라."

토론은 여기서 끝난다.

_《97 대선 게임의 법칙》, 돌베개, 1997, 58쪽

유시민의 책에서 이 장면은 당시 노태우 진영에서 영남 유권자들의 '전략적' 투표행위를 부추기기 위해 수행한 선동의 사례로 제시되었다. 그러니까, 김대중을 죽이지 않은 것만 빼놓으면 전두환이 다 잘했다는 발언은 노태우 선거운동원의 것이다. 이런 선동이 대구 사람들에게 적어도 부분적으로는 먹혔다는 것이 유시민의 증언이다. 그런데, 만일 김대중이 전라도 사람이 아니더라도 이런 선동이 먹혔을까? 그랬을 수도 있겠지만, 적어도 그 감염력이 훨씬 약했으리라고 나는 생각한다. 사실 그에게 씌워진 '빨갱이'라는 굴레는 '전라도'라는 굴레에 견주면 이차적인 것이었다. 빨갱이는 피와 관련된 것이 아닌 데 비해, 전라도는 피와 관련된 것이기 때문이다. 인간 도살자에 대한 파렴치한 선양과 그 피해자들의 정치적·문화적 대리인(으로 간주되었던 사람)에 대한 이 이해할 수 없는 증오. 이것은 거의 인성의 파탄이라고 할 만하다. 이렇게 파탄한 인성이 대한민국 도처에 넘쳐났고 지금도 넘쳐나고 있다. 이런 인성의 파탄이 바로 극우 이데올로기로

서의 지역주의라는 옷을 입은 '신분제'의 소산이라고 나는 생각한다.

또 한 가지 사례를 보자.《한겨레21》402호(2002년 3월 27일자)에는 노무현 바람이 일어나고 있던 시점의 영남 지방 민심 탐방기사가 실려 있다. 정인환 기자가 쓴 그 기사의 한 대목은 이렇다.

'노무현 돌풍'에 대한 반응도 엇갈린다. 달성공원에서 만난 아무개(정 기자는 이 취재원의 이름을 밝혔으나 여기서는 묻어두기로 한다—인용자)(73) 씨는 "노무현이 그 사람 전두환 대통령한테 명패 집어던진 사람 아이가"라고 되물으며 노골적인 반감을 드러냈다. 하지만 경북대생 태한성(21, 법학2) 씨는 "요즘 텔레비전을 통해 노무현 씨 얘기가 자주 나와 눈여겨보고 있다"며 관심을 표시했다.

여기서도 대구의 한 노인은 전두환을 감싼다. 이 노인의 태도는, 전두환에 대한 정치적 평가를 떠나서, 광주에서 죽은 사람들의 목숨을 극도로 하찮게 여길 때에만 나올 수 있는 태도다. 노인은 특정 지역의 동료 시민들을 인간 세상의 울타리 바깥으로 추방함으로써 스스로 인간 이하로 추락한다. 나는 여기서 한순간 절망한다. 인성의 파탄으로 돌진하는 맹목적 지역주의의 사나운 날 앞에서 내가 완전히 무력하게 느껴지기 때문이다. 물론 전두환을 향한 이 노인의 마음가짐은 그 노인 앞에서 절망하는 나를 포함한 인간의 근원적 비루함과도 관련이 있는지 모른다. 그 비루함을 어떤 맥락에서는 보수성이라고 불러도 좋을 것이다. 이 비루함, 이 보수성은, 자신의 실제 처지가 어떻든, 기를 쓰고 자신을 주류와 일치시키려는 욕망과 관련이 있을 터이다.

사람들이 '근본이 있는 집안'과 '근본이 없는 집안'을 대하는 태도는 아주 다르다. 근본이 있는 집안이 영락했을 때 사람들은, 자신들이 근본이 있든 없든, 그들에게 연민을 느끼거나 심지어 연대하기까지 한다. 그러나 근본이 없는 집안이 귀하게 됐을 때, 사람들은 그들을 경멸하거나 질투한다. 이것은 순수한 경제적 차원에서도 어느 정도 그렇다. 어느 날 망해버린 부자는 연민의 눈길을 받지만, 어느 날 부자가 된 가난뱅이는, '졸부猝富'라는 말에서도 드러나듯, 경멸과 질시를 받는다. 한국 사회에서 경상도는 말하자면 근본이 있는 집안이고, 전라도는 말하자면 근본이 없는 집안이다. 영남 사람들이 바라보는 김대중 정권은 프랑스 왕당파 귀족들이 바라보았던 제1제정이다. 김대중은 외딴섬 미천한 신분 출신의 왕위찬탈자인 것이다. 김대중이 특히 불행한 것은 그에게 코르시카 출신 황제에게 비견될 만한 정치적·군사적 재능도 야심도 업적도 없다는 것이다.

근본 있는 집안 출신으로서 영남 사람들의 긍지와 거드름은 흔히 '양반의식'으로 표출된다. 불과 백여 년 전까지만 해도 영남 사람들의 반 이상이 (다른 지방 사람들과 마찬가지로) 성姓이 없었다는 것, 지금 (심리적으로) 고귀한 신분이 돼 있는 그 사람들의 많은 수가 노비였다는 것을 생각하면 이것은 얄궂은 일이다. 그러나 전통적 신분제가 무너지고 역사의 변덕에 힘입어 영남이 정치적·경제적 최고권력자들의 분만실이 되자, 영남은 내적으로 융화돼 집단적으로 고귀한 신분이 되었다. 월드컵 축구의 한 순간 열기 속에서 한국인 모두가 단군의 후손이 된 것처럼 말이다. 이 새로운 신분을 다소 모호하게 '계급'이라고 불러도 좋을 것이다.

정확히 말하자면 영남 사람들 모두가 순수하게 고귀한 신분이 된 것은 아닌지도 모른다. 영남의 주민집단은 서울로 이주한 '대갓집 주인마님들'과 영남에 남은 '대갓집 비복들'로 나뉘었다. 영남에 남아 있는 대갓집 비복들은 서울로 이주한 주인마님들에게는 고개를 숙이지만, 그 이외의 모든 주민집단 위에 '심리적으로' 군림한다. 그리고 자신들의 경제적 이해利害를 상상된 신분질서 속에 용해시키며, 출사出仕의 야심을 품은 서울의 주인마님들을 무조건 지지한다. 한국은 전형적인 자본주의 계급 사회라기보다는 유사 신분 사회에 가깝다(지나치면서 하는 말이지만, 북한 역시 크게 다르지 않은 듯하다). 15년 전 김용옥이 일갈한 대로, 어쩌면 우리는 아직 왕조 시대를 벗어나지 못하고 있는지도 모른다.

한국이 아직도 이런 신분 사회라면, 예컨대 복거일의 근본적 자유주의마저 일정한 진보적 힘을 발휘할 수 있다. 복거일이 하이에크에게 기대어 발설한 이런 견해를 보자.

통념과는 달리, 황금이 만능인 사회는 실은 좋은 사회다. 자유의 본질과 그것을 지키는 데 필요한 것들에 대해 가장 깊이 연구한 사람들 가운데 하나인 하이에크가 얘기한 것처럼, 돈을 내면 무엇이든지 살 수 있는 것이 아니라 파는 사람이 그 돈을 내는 사람의 특질을 따진 뒤에야, 곧 인종 성별 신분 종교 출신 지역 따위를 따져 파는 사람이 정한 기준들에 맞아야, 비로소 무엇을 살 수 있는 사회를 상상해보면, 이 점이 이내 드러난다. 돈이 있어도 신분이 낮으면 좋은 재화들을 즐길 수 없는 전통적 귀족 사회나 인종 성별 종교 또는 출신성분에 따라 차별적 대우를 한 나치 독일이나 남아프리카 연방이나 공산주의 사회들이, 바로 그런 예들이었다. 그래서 '황금 만능'을 개탄하는 사람들은 자신들의 복을 탓하는 것이다. 구매력만을 보고 그 뒤에 선 사람을 보지 않는 자본주의 사회가 소수파들을 가장 잘 보호하는 사회라는 밀턴 프리드먼의 얘기는 바로 그 점을 가리킨 것이다.

_《소수를 위한 변명》, 문학과지성사, 1997, 62쪽

그러니까, 흔히 신자유주의라고 불리는 근본적 자유주의(자유지상주의에 가까운)도, 리버럴리즘이나 사회민주주의와 마찬가지로, 지금의 한국 사회에서는 진보의 힘이 될 수 있다. 물론 이것이 이론적인 가능성일 뿐이기는 하다. 한국에서 근본적 자유주의를 내세우는 이들은 은밀히 또는 노골적으로 극우와 손을 맞잡고 있는 경우가 흔하다. 그것이 반드시 근본적 자유주의자들의 문제만은 아닐지도 모른다. 정치권만이 아니라 지식인 사회에서도 자신의 이념적 일관성 여부에 유의하는 (즉 자신의 일구이언을 경계하는) 사람들을 찾기 힘든 것이 한국 사회다. 거기에다, 극우가 주류가 돼버린 사회에서 그 주류로부터 백안시되지 않으려는 욕망도 한몫했을 것이다.

아무튼 한국이 정신적 근대화로 나아가는 길은 계급의식의 성장과 겹쳐 있고, 그것을 가능하게 하기 위해서는 리버럴이나 사회민주주의자만이 아니라 근본적 자유주의자들도 극우와 손을 끊어야 한다. 그런데, 이론적으로만 보면 극우와 한 하늘을 이고 살 수 없을 것 같은 인사들이 버젓이 극우와 손을 잡는 데는 우리 사회의 극우가 카멜레온처럼 변색에 능하다는 사정도 작용하는 것 같다.

극우는 피, 곧 선천적 특질을 기준으로 삼은 타인의 배제라는 우리의 정의로 다시 돌아오자. 그 극우는 규모에 따라 가족주의나 학벌주의(학벌이 흔히 그 사람의 선천적 능력의 표상으로 간주된다는 점에서 경직된 학벌주의는 일종의 극우 이데올로기다)의 형태를 띨 수도 있고, 지역주의나 국가주의나 민족주의의 형태를 띨 수도 있다. 이런 크고 작은 극우 이데올로기가 찬양되거나 적어도 용인된다는 점에서 한국은 극우 사회다.

나는 위에서 한국 사회의 극우성, 〈조선일보〉나 한나라당이 선동하고 강화하는 극우성이 주로 지역주의에서 드러난다고 말했다. 그러나 이들이 겉으로 표나게 내세우는 것은 국가주의다. 그런데 그것을 받아준다고 해도 한국의 극우는 불구적 극우다. 그 국가주의는 반쪽짜리 국가주의다. 그 국가주의 선동가들이 제 자식들을 영 군대에 보내기 싫어하는 부류여서만은 아니다. 더 중요한 것은 〈조선일보〉와 한나라당의 국가주의가 외세 의존적 국가주의이기 때문이다. 프랑스에서 가장 반미적인 성향은 국민전선과 그 지지자들에게서 나오지만, 한국의 극우는 친미와 친일의 본산이다. 〈조선일보〉가 대표하는 한국의 극우에 이렇게 내적 일관성이 결여된 만큼, 그들에게 맞서는 싸움도 지리멸렬해질 수밖에 없다.

극우를 몸통으로 삼고 있으면서도 개별 기사들의 논조가 그때그때의 단기적 이해관계에 따라 신자유주의와 좌파 이데올로기의 자장까지를 자유자재로 오락가락하듯, 〈조선일보〉는 국권 상실기의 친일 문제에서도 서로 모순된 두 논리로 자신을 방어한다. 첫째는 친일의 역사 자체를 부정하는 것이다. 이 주장의 한 버전에 따르면 〈조선일보〉는 갑자기 항일민족해방전선의 기관지가 된다. 사실 〈조선일보〉의 역사에 민족좌파의 흔적이 없는 것은 아니다. 1920년대 후반에 좌우합작 민족운동을 선도한 신간회는 〈조선일보〉를 그 둥지로 삼았다. 그러나 이 민족좌파는 〈조선일보〉 역사의 주류가 아니라 돌출한 매버릭에 가까웠다. 정통 좌파는 말할 나위 없이 더 그랬다. 그런데도 〈조선일보〉 기자 박헌영의 좌익 항일운동 기록은 어느 날 갑자기 〈조선일보〉 항일운동의 증빙서류로 제시된다. 그러나 〈조선일보〉는 바로 그 박헌영의 공산주의를 공격하는 것으로 먹고산다.

그러다가 일제 시대 〈조선일보〉 역사의 주류가 친일적이었다는 것이, 그것도 앞뒤 안 가리고 속곳까지 다 벗은 친일이었다는 것이 드러나게 되면, 〈조선일보〉는 또 하나의 논리를 들고 나온다. 그 당시의 역사적 상황에서 친일은 불가피했을 뿐만 아니라 어느 정도 바람직했고, 친일세력은 근대화세력으로 이어지며, 그 친일-근대화세력에 의해 이 나라가 이 만큼이라도 됐다는 것이다. 요컨대 그들은 때로는 친일의 역사를 부정하고, 때로는 친일의 역사를 내세운다. 이 두 상반된 논리 사이의 길항과 파탄은 〈조선일보〉 편집자들에게 아무런 부끄러움을 주지 않는다. 그들의 두뇌 컴퓨터는 도대체 버그나 에러라는 것을 모른다. 이것이 한국 극우의 그로테스크한 모습이다. 그래서 통상적인 정치적 오리엔테이션을 기준으로 〈조선일보〉의 극우성을 규정하는 데는 어려움이 있다. 결국 지금 단계 〈조선일보〉의 극우성은 격렬한 배제의 열망에 있고, 그것은 이념적 배제라기보다 특정 주민 집단에 대한 배제라는 판단이 깔끔하다.

〈조선일보〉에 전라도 출신 편집 간부들이 매우 드물었고 지금도 드물다는 지적은 오래된 것이다. 그것은 이 신문의 교묘하되 일관된 반전라도 논조와 내적 연관을 지녔을 것이다. 최근에는 〈동아일보〉가 정부 비판을 가장한 이 반전라도 캠페인에 가세해 〈조선일보〉를 추월할 기세다. 〈동아일보〉는 그 창업자가 전라도 사람이라는, 요컨대 '전라도 신문'이라는 '태생적 한계'를 극복하기 위해 안간힘을 쓰고 있는 것 같다. 인구에 회자되었던 "대구·부산엔 추석이 없다"는 기사는 〈조선일보〉로서도 시도할 수 없었을, 아니 '태생적 한계'가 없는 〈조선일보〉로서는 시도할 필요도 없었을, 영남 주민집단에 대한 '대담하고 환상적인' 아부다. 김만흠의 최근 연구에 따르면 〈동아일보〉는 영남 출신의 기고자 비율을 〈조선일보〉 이상으로 높였고, 호남 출신 기고자의 비율을 〈조선일보〉 이하로 낮췄다(《뉴스메이커》 2002년 6월 20일 자 참조).

라도, rado, lado

✦

자기집단과 선천적으로 다르다고 (주로는 열등하다고) 생각되는 집단의 배제는 모든 극우운동의 특징이고, 그것은 유럽의 극우정당들에서도 그대로 드러난다. 우리 논의의 출발점이었던 국민전선을 프랑스의 다른 정당들과 구별하는 가장 큰 특징은 반이민 정책과 치안 강화론이다. 사실 이 둘은 동전의 양면을 이루는 것이다. 외국인은 곧 범죄자이기 때문이다. 그것은 단순한 편견에 머무르지 않고 통계의 도움까지 받고 있을지 모른다. 가난하고 충분히 통합/동화되지 않은 외국인이 범죄의 유혹을 느끼게 되는 것은 자연스러운 일인지 모른다. 그럴 때 범죄자와 외국인의 표상은 겹친다. 한국에서 곤궁한 타향살이에 찌든 전라도 사람과 범죄자의 표상이 겹치듯. 그래서 일제 때 '센징'이 범죄자였듯, 지금은 '라도'가 범죄자인 것이다. 사람들은 범죄를 성정과 관련시키고 싶은 유혹에 기꺼이 굴복하게 되고, 마침내 체사레 롬브로소 이래 유럽을 풍미한 우익 범죄인류학에 전라도 사람도 멋지게 모델로 참여하게 된다. 결국 한국의 지역주의는 유럽에서의 인종주의와 본질이 동일하다.

심성이나 운동으로서의 한국 극우가 외화한 형태인 지역주의를 해체하는 길은 어디에 있는가? 막막하다. 몇 가지 상투적 제안으로 책임을 면하자. 우선 전라도 사람의 처지에서는 당당해지는 것이다. 스스로를 비하하는 사람을 남이 존경해주는 법은 없다. 예컨대 나는 전라도 사람으로서, 전라도 사람에 대한 경멸적 표현인 '라도'라는 말을 사랑하려고 애쓴다. 사실, '라도'라는 말은, 거기 들러붙은 이미지들을 걷어내고 들어보면, '상도'나 '청도'라는 말에 견주어 그 소리 느낌이 밝고 우아하다. 나는 가만히 '라도'를 되뇌어본다. 라도, rado, lado… 나보코프의 말투를 훔치자면, 혀끝이 두 번 이뿌리를 때리며 떨어질 때 나는 이 말에 한없는 애정을 느낀다(아Q식의 '정신승리법'이라고 조롱해도 할 말은 없지만).

그리고 전라도 사람으로서 자신이 받은 모욕에 대해 다소 거칠게 반응하는 것도 나쁘지 않다. 전라도 사람은 아니지만 한때 진중권이 인터넷 글에서 보여준, 영남우월주의자들에 대한 격렬하고 경멸적인 공격은, 점잖지 못하다는 느낌은 있었지만, 그 황폐한 심성의 젊은이들에게 역지사지의 미덕을 가르쳐주었을 수도 있다고 나는 판단한다. 전라도의 자긍심이나 어떤 형태의 힘이 영남의 그것과 엇비슷해질 때만, 영남우월주의자들은 화해의 손길을 내밀 것이다.

김대중의 가장 큰 실책은 연이은 부패 스캔들이 자신의 임기 말을 만신창이로 만들도록 놓아두었을 만큼 무신경했다는 것이라기보다, 전두환·노태우를 사면하고 박정희기념관 건립에 국고를 지원하겠다는 결정을 내린 것이다. 그것은 무슨 역사적 정의의 수립이라는 거창한 대의를 떠나서도 우스꽝스러운 짓이었다. 김대중은 그 순간 자신을 역사의 승자로 생각하고 너그러움을 보였는지 모르겠으나, 그는 사실 전혀 승자가 아니었다. 그가 자신이 승자가 아니라는 것을 알아서, 즉 약자라는 것을 의식하고 그것 때문에 그런 너그러움을 보였다고 해도 마찬가지다. 약자의 너그러움은 비굴함에 지나지 않는다. 그것은 강자의 야비함을 절대 교정하지 못한다. 역사의 대의를 위해서나, 전라도 차별의 철폐를 위해서나, 그 자신을 위해서나, 그는 반란군 우두머리 출신의 두 전직 대통령을 감옥에 그대로 두어야 했고, 박정희에 대해서는 신경을 꺼야 했다.

그가 전라도 출신 대통령으로서 영남을 배려하는 방법은 따로 있었다. 그는 자신이 이끄는 행정부를 오로지 영남 출신으로 채울 수도 있었다. 적어도 자민련 몫을 제외한 국무위원들 전원을 영남 출신으로 채울 수도 있었다. 박정희와 전두환의 파쇼 정권에 반대했던 영남 사람들로 말이다. 영남에 그런 사람들은 많았다. 조작된 인혁당 사건 희생자들은 다 영남 사람들이었다. 이념적으로 의심을 받지 않을 만한 사람들 가운데도 그런 사람은 많았다. 주위에 호남 사람을 두지 않고는 영 안심이 안 됐다면, 그들을 내각 이외의 다른 권력기관에 배치하는 것으로 만족할 수도 있었을 것이다.

그러나 그는 그러지 않았다. 그는 여타의 권력기관만이 아니라 내각에까지 박정희와 전두환의 때가 묻은 전라도 사람을 다수 끌어들임으로써, 비대 신문들의 추악한 지역주의 선동(그것이 특히 추악하게 느껴지는 것은 애초에 TK니 PK니 하는 말이 나오도록 만든 이전 정권들의 더 지독한 싹쓸이 인사에 대해 이 신문들이 쥐약이라도 먹은 듯 침묵을 지키고 있었기 때문이다)이 영남 사람들에게 쉽게 먹히도록 도왔을 뿐만 아니라 정부의 색채를 보수적으로 만들었다. 세상 물정 모르는 소리라는 타박을 들을 각오를 하고 말해보자면, 나는 그가 왜 첫 조각 때 노무현을 쓰지 않았는지 모르겠다. 그리고 왜 추미애 같은 이를 정부에 들이지 않았는지 모르겠다. 국무위원 대다수를 자신과 뜻을 같이하는 영남 사람이나 비호남 사람으로 채웠을 경우에, 김대중은 '전라도 정권'이라는 비판을 근본적으로 봉쇄하면서 정부를 자기 이미지에 걸맞은 컬러로 만들 수 있었을 것이다. 아무튼 그가 깨끗지 못한 과거를 지닌 전라도 출신 관료들을 중용하는 한편, 죽은 박정희에게 '화해'의 제스처를 보낸 것은 최악의 실책이었다. 그리고 앞으로 분단한국에서 호남 출신 대통령이 다시 나오기는 어려울 것 같으므로, 김대중은 전라도 출신의 최고권력자라는 좋은 자리에서 지역주의를 완화할 절호의 기회, 어쩌면 최후의 기회를 날려버린 것이다.

그를 청와대에 둔 한국 사회는 약자의 너그러움이란 강자의 비웃음을 사게 마련이라는 것을 신물나게 보여주었다. 그러나 여기서 〈조선일보〉와 한나라당의 선동에 박수를 친 영남의 심리적 귀족들 역시 한 가지 실책을 저질렀다. 그들은 김대중이 맞아야 할 매의 몇 곱절을 인격화한 전라도인 김대중에게 쏟음으로써, 전라도 사람들을 좌절로 몰아넣으며 깊은 깨달음을 안겼다. 조금 성급한 단언일지는 모르겠으나, 앞으로 오래도록 경상도 컬러가 강한, 곧 전라도 정서에 눈길을 주지 않는 영남 출신 대통령은 나오지 못할 것이다. 소수집단으로서의 전라도 (출신) 주민에게는 자력으로 자기 지역 출신 인사를 대통령으로 만들 힘은 없지만, 적어도 영남 출신의 대통령을 저지시킬 힘은 있기 때문이다. 물론 여기에는 조건이 붙는다. 전라도 출신 인사가 대통령 후보로 나서지 않는다는 조건이다. 그것을 알고 있는 전라도 사람들은 앞으로 전라도 출신의 야심가들에게 압력을 가해 후보를 사퇴하도록 할 것이다. 그리고 영남 출신 후보와 맞서는 후보에게 표를 몰아줄 것이다. 그렇다는 것은, 다시 말하지만, 앞으로 오래도록 '전형적인' 영남 출신 대통령이 한국에 나오기 힘들다는 뜻이다.

이번 12월에 새 대통령으로 누가 뽑히든 그가 영남의 심리적 귀족들을 충분히 만족시켜줄 것 같지는 않다. '대통령 이회창'은 경상도의 심리적 귀족들에게 별로 매력적이 아니라는 것이 이내 드러날 것이다. 이회창 개인의 퍼스낼리티로 보아 그가 영남세력을 업고 집권했다고 해서 영남 출신의 부패하고 보수적인 테크노크라트 위에 꼭두각시로 얹혀 있지는 않을 것이다. 무엇보다도 그는 영남 사람이 아니다. 처가가 영남이라고는 하지만, 그의 본가는 호서湖西에 있고, 외가는 전라도다. 그리고 '대통령 이회창'은 섭정이나 수렴청정을 절대 달가워하지 않을 사람이다. 그는 자신에게 압박을 가하려는 영남 출신 '후견인들'에게 가혹하게 본때를 보여줄지도 모른다. '대통령 노무현'도 영남의 심리적 귀족들을 충분히 만족시키지는 못할 것이다. 그는 김대중과 절연할 수는 있겠지만 전라도 주민집단과 절연할 수는 없을 것이다. 지역주의 해소는 노무현의 정치 역정을 떠받쳐온 중심적 지향이었을 뿐만 아니라, 이 경상도 정치인을 집권당의 대통령 후보로 만든 극적 계기가 광주 사람들의 선택이었기 때문이다.

　나로서는 당선 가능성을 매우 낮게 보고 있는 정몽준 역시 지역구가 영남에 있을 뿐 영남 사람은 아니다. 박근혜가 영남 사람이기는 하지만, 그가 집권하리라고 믿는 사람이 있을까? 그런 사람이 있다면 의사를 만나보라고 권유하고 싶다. 요컨대 이번 대통령선거에서 영남의 심리적 귀족들은 제 맘에 딱 드는 당선자를 보지 못하게 될 것이다. 그러면 앞으로는? 앞으로도 다르지 않을 것 같다. 예측이 아니라 단지 바람일 뿐인 것 아니냐고 누가 비웃는다고 해도 사실 할 말이 없기는 하다. 그러나 노무현 정도로 전라도 사람에게 어필하지 않는 영남 정치인이 대통령이 될 수는 없을 것이다. 다시 말하지만, 전라도 (출신) 유권자 수는, 만일 그들이 단합한다면, 어떤 인물을 대통령으로 당선시키기에는 부족할지라도 그를 선거에서 지게 만들기에는 충분하기 때문이다. 그런데 노무현 정도로 전라도 사람들에게 신뢰를 얻어낼 영남 출신 정치인이 가까운 미래에 다시 나올 수 있을까 싶다.

그러나 전라도 차별이나 지역주의의 장기적·궁극적 해결은 개인주의의 확산에 달려 있을 것이다. 한 개인에게서 집단의 표상만을 읽는 집단주의가 융성하는 한, 소수집단에 대한 차별은 사라질 수 없다. 전라도 차별을 떠받치고 있는 집단주의 정서는 우리 사회에서 외국인노동자, 장애인, 동성애자, 이혼녀, 미혼모 등 모든 문화적 소수파를 차별하는 관행의 사회심리적 근거이기도 하다. 집단으로부터 해방된 주체적 개인들이 우리 사회의 다수파 속에서 늘어날수록, 소수파들 역시 주체적 개인의 자리를 확보할 가능성을 키울 수 있을 것이다.

어려운 처지에 놓이고서야 어려운 사람들의 처지를 더 잘 이해하게 되는 것은 인지상정이다. 영남의 심리적 귀족들에 대한 진중권의 더러 거칠었던 언사는 그런 교육 프로그램의 일환이었을 것이다. 그런 만큼 나를 포함한 전라도의 심리적 천민들은, 그런 심리 상태를 이겨내도록 애쓰는 것과 동시에, 외국인노동자에서 장애인에 이르는 우리 사회의 소수파를 옹호하는 데 더 관심을 기울이는 것이 옳다. 그리고 그것은 강준만이 얘기했듯, 전라도 내부의 보수주의 내지는 극우적 습속을 벗어버리는 것을 출발점으로 삼아야 한다. 예컨대 광주일고니 광주고니 전주고니 하는 이른바 지역 명문고 출신 인사들이 호남 안에서 구역질 나는 패권주의를 포기할 때, 그들이 밖을 향해서도 떳떳이 극우적 심성과 습속의 해체를 주장할 수 있을 것이다.

순수를 넘어서

✦

노무현에 대한 이야기로 이 글을 마무리하자. 나는 한국의 극우 공기空氣를 환기시키는 데 올 12월의 대통령선거가 매우 중요하다고 생각한다. 노무현은 영남의 심리적 귀족들과 전라도의 심리적 천민들을, 부분적으로나마, 동시에 만족시킬 수 있는 유일한 후보다. 그래서 '노무현 대통령'은 제도정치 차원에서 지역주의 해소에 첫걸음을 내딛을 수 있는 천금 같은 기회다. 게다가 만약에 이번 대선에서 그가 낙선한다면 경상도 출신 대통령은 앞으로 오래도록 나오지 못하리라는 것을 영남의 심리적 귀족들은 한 번쯤 생각해보아야 한다. '전두환 청문회'에서 내동댕이쳐진 명패는 노무현의 시민적 양식을 상징한다. 그가 영남 출신 정치인으로서 지금까지 영남지역주의에 맞서 싸워온 이력은 그가 영남 대통령이 아니라 대한민국 대통령이 될 수 있다는 것을 뜻한다.

게다가 내가 보기에 노무현은 우리 정치권에서 정말 찾기 힘든 이지적 인물이다. 이회창에게는 그의 화사한 이력이 만들어낸 이지의 분위기가 있을 뿐이지만, 노무현에게는 실제의 이지理智가 있다. 대통령이 꼭 이지적이어야 할 필요는 없지만, 이지적 대통령이 드물었던 우리 사회에서 그런 대통령을 갖는 것이 나쁜 일은 아니다.

노무현의 진솔한 말투를 두고 한나라당에서 '시정잡배' 운운한 모양이다. 좋다. 그는 시정잡배다. 그러나 나는 그 시정잡배를 위해 한 마디 변명의 말을 하고 싶다. 시정잡배의 코드는 그 자체가 민주주의적이다. '시정市井'은 다름 아닌 민중의 생활 공간을 가리키고, '잡雜'은 극우 심성의 핵심에 자리 잡은 순수욕純粹慾의 대척으로서 혼효混淆를 의미하기 때문이다. 그것은 외부를 향해 열려 있는 21세기 민주주의의 코드다. 노무현이야말로 같은 성姓의 어느 정치인이 우습지도 않게 떠들고 다녔던 '보통 사람의 시대'를 구현할 수 있는 인물이다. 좋다. 노무현의 말투가 천하다고 하자. 그런데 그 말투가 박정희 만년의 황음荒淫보다 더 천한가?

히딩크가 남긴 소박한 교훈 가운데 하나는 연줄을 벗어난 사람 쓰기를 통해 일의 효과를 극대화할 수 있음을 보여준 데 있다고들 말하는 모양이다. 진부하고 상투적인 논평이긴 하지만, 그른 말도 아닌 듯하다. 만일 그렇다면, 그것 하나만으로도 연고와 인맥이 부실한, 그래서 그것들에서 자유로울 수 있는 '대통령 노무현'을 지지할 충분한 이유가 된다.

《불가사리》, 고종석·홍세화 외 8명, 아웃사이더, 2003.

02

전라도 생각

✦

~~~~~~~~~~~

가시내

✦

지난 1995년 9월의 어느 밤, 나는 우리 네 식구가 세든 지 얼마 안 된 파리의 한 아파트에서 〈가시내〉라는 제목으로 쪽글 하나를 썼다. 그때부터 일주일 남짓, 나는 '사랑의 말들'이라는 주제를 염두에 두고 짧은 글들을 백 개쯤 날렸다. 그리고 그 단상들 가운데 일부를 그 이듬해 봄에 《사랑의 말, 말들의 사랑》이라는 책으로 묶었다. 〈가시내〉라는 글은, 그것이 맨 처음에 쓴 글이어서가 아니라 그 제목이 '가'로 시작된 덕분에, 글들을 제목의 가나다 순서로 벌여놓은 그 책의 첫머리에 실렸다. 그 '가시내'로 이 전라도 이야기를 시작하자. 그 글은 매우 사적이고 편벽된 글이지만, 어쩌면 바로 그것 때문에, 〈가시내〉 못지않게 사적이고 편벽될 이 글을 이끌 만하다.

가시내라는 말은 대부분의 한국어사전에 올라 있지 않다. 그러나 가시내의 뜻을 모르는 한국 사람은 없을 것이다. 모두 다 알다시피 가시내는 계집애의 전라도 사투리다. 그리고 아마 그 말의 얕은 뿌리는 아내나 계집붙이를 뜻했던 중세 한국어 갓 또는 가시에 박혀 있을 것이다. 아내의 어머니 즉 장모를 속되게 이르는 가시어미나, 아내의 아버지 즉 장인을 속되게 이르는 가시아비, 또 지어미와 지아비 즉 부부를 속되게 이르는 가시버시라는 현대어에 갓 또는 가시라는 중세어의 흔적이 남아 있다. 중세의 흔적을 몸뚱어리에 새기고 있는 그 현대어들이 속된 느낌을 지니고 있는 것은, 살아 있는 언어 가운데 가장 오래되고 가멸찬 문명이 뒷배를 보고 있는 중국어 옆에서 가늘고 질긴 목숨을 이어왔던 어떤 변두리 언어의 피할 수 없는 운명일 것이다.

아주 소박한 민간 어원의 수준에서라면 갓인 아이 즉 계집붙이에 속하는 아이라고 분석할 수 있을 가시내도, 그것의 표준어인 계집애처럼, 어떤 맥락에서는 약간 속된 울림을 지닌다. 서로 스스럼없는 사이에나 쓸 수 있는 말이라는 뜻이다. 그렇지만 그 속됨의 정도는, 내 언어감각으로는, 계집애의 경우보다 약하다. 그것은 전라도 것이 서울 것보다 윗자리에 앉아 있는 아주 희귀한 경우다.

한국 사람이라면 누구나 다 알다시피, 전라도는 속됨과 천스러움의 상징이다. 모든 더러움과 상스러움과 너절함과 잡스러움과 능갈맞음과 간악무도함이 전라도라는 쓰레기통에, 차라리 똥통에 처박혀 있다. 좀 멋부려 얘기하면 전라도라는 판도라의 상자에 담겨 있다. 게다가 그 상자 속엔 희망도 없다.

그곳은 문기文氣의 땅이 아니라 색기色氣의 땅이다. 그곳은 추로鄒魯의 향鄕이 아니다. 질박質朴과 숭문崇文과 신의信義의 향이 아니다. 그곳은 배덕背德과 사음邪淫과 황잡荒雜의 향이다. 오사리잡놈과 불여우의 땅이며, 불상놈, 판상놈, 초친놈, 건설방, 걸레부정, 단거리서방의 땅이며, 일패·이패·삼패의 덥추와 더벅머리와 논다니와 계명워리와 달첩의 땅이다. 놈팡이와 갈보와 뚜쟁이와 거사의 땅이다. 온갖 개잡년들, 개잡놈들의 땅이다.

전라도를 예향이라고 추켜세우는 외지 사람들의 말투에서 나는 광대나 사당이나 은근짜나 통지기년을 짐짓 이해의 눈길로 바라보는 여염집 선남선녀의 덜떨어진 도덕적 우월감을 읽는다: 예藝란 곧 음淫이다, 음音이란 곧 음淫이다. 그걸 납득하기 위해서 공자 시대까지 거슬러 올라갈 필요는 없다. 내가 따르는 어느 소설가가 내게 가르쳐주기를, 몰리에르 시대의 연극배우들은 대체로 직업적 창녀였단다. 배우에 대한 사회적 평가가 그때와는 견줄 수 없을 만큼 높아진 지금도 사정은 크게 다르지 않을 것이다. 손보기와 감탕질은 그들 생업의 본질적 부분이다.

예술이란 곧 잡년·잡놈들의 너절한 기예다, 라고 굳이 내가 말하고 싶은 것은 아니다. 내가 말하고 싶은 것은, 전라도를 예향이라고 치켜세우는 외지 사람들의 말투에서 예술이란 곧 잡년·잡놈들의 기예다, 라는 함축이 읽힌다는 것이다. 그것은 전라도 사람으로 반생을 살아온 내가 지니고 있는 지나친 자의식 때문일지도 모른다. 전라도에서 9천 킬로미터를 떨어져 살면서도 훌훌 떨쳐낼 수 없는 그 자의식.

전라도 음식의 맛깔스러움을 얘기하는 외지 사람들의 말투에서도 나는 그 맛깔스러움을 전라도적 성정의 비루함으로 이어나갈 채비를 차리고 있는 해묵은 '특질고特質攷'의 억양법을 읽는다. 배은과 변덕과 시치미의 상징으로서의 그 맛깔스러움. 그것 역시, 전라도 사람으로 살아온 내가 떨쳐버릴 수 없는 자의식 때문인지도 모른다. 내 삶이 다하는 날까지 내 사지에 끈끈하게 들러붙어 있을 그 자의식.

지난날, 전라도를 아랫녘이라고 불렀던 것은 여러모로 마땅한 바가 있다. 바로 그곳이야말로 허튼계집의 땅이고, 노는 계집의 땅이며, 화냥년의 땅이니까. 요컨대 모든 아랫녘 장수들의 땅이니까. 전라도말 가시내는, 그러니까, 계집붙이 가운데 그런 천한 것들의 이름일 수밖에 없다. 그러니 묘하다. 그런데도, 적어도 내 느낌으로는, 가시내라는 말에는 계집애라는 말 정도의 천기賤氣도 없으니 말이다.

계집애라는 말에서 내가 말 많고 되바라진 서울 까투리의 이미지를 얻는 데 견주어, 가시내라는 말은 내게 어떤 새침데기의 이미지를 준다. 그때의 새침데기는, 새침데기 골로 빠진다는 속담이 가리키는, 겉으로는 새치름하되 속은 엉뚱한, 그러니까 맹랑한 계집애가 아니다. 그때의 새침데기는 수줍음 속에 수억 년의 처녀를 간직하고 있는 알짜배기 요조숙녀. 그러니까, 가시내라는 전라도말에는, 내 느낌으로는, 계집애라는 서울말에보다 더 풋풋한 기운이, 더 싱그러운 풋기운이 배어 있다. 되바라진 가시내도 없지는 않겠지만 가시내의 사랑은 대체로 풋사랑이다.

가시내의 풋사랑, 벼락같은 정겨움을 뒷맛으로 남기는 사랑, 산뜻한 감칠맛의 사랑, 어색한 입맞춤의 뒷맛이 혀에 감기듯 남아 있는 그런 풋풋한 사랑, 그러나 동시에 갑이별이 예정돼 있는 사랑, 한때는 청순가련했을 흑산도 은근짜들의 그 까마득한 첫사랑, 세상 모든 논다니들의 아득한 풋사랑, 마침내는 판도라의 사랑, 내 누이의 비련悲戀.

나는《사랑의 말, 말들의 사랑》이라는 책을 만들며, 이 글을 넣을까 말까 망설였다. '가시내'라는 말이 '사랑의 말들'에 속하는지가 내게 불분명해서는 아니었다. 가시내라는 말은 나이가 내 몸에서 정열을 꽤 뽑아가버린 지금도 더러 내 가슴을 울렁거리게 한다. 내가 망설인 것은 이 글에서 내가 너무 전라도 사람

티를 낸 것 아닌가 하는 자의식 때문이었다. 그 짧은 글에서 나는 "전라도 사람(의) 자의식"이라는 말을 네 번 썼다. 그리고 '전라도'라는 말을 열 번도 훨씬 넘게 썼다. 게다가 이 글에서 그 '전라도'라는 말 하나하나는 지리적 명칭이 아니라 정서적 기호였다. 말하자면 이 글은 강한 전라도 정서에 실려 있었고, 그 전라도 정서는 과장된 자학이나 체념의 정조에 가까웠다. 그 정서는 보기 흉한 패배주의의 정조였다. 아니, 말이 좋아 패배주의지 그건 한마디로 청승이었다. 나 같은 전라도 사람이든 아니면 '외지' 사람이든, 이 글의 느끼한 패배주의나 구질구질한 청승에 눈살을 찌푸리지 않을 사람은 없을 것 같았다. 그것이 내가 이 글을 넣을까 말까 망설인 이유였다.

그러나 나는 결국 이 글을 넣기로 결정했는데, 그 이유는 이랬다. 우선 '사랑의 말들'이라는 주제를 생각했을 때 내게 처음 떠오른 말이 '가시내'였고, 그래서 이 글이 가장 먼저 쓰였다는 사실이 이 글을 버리는 걸 주저하게 만들었다. 게다가, '가시내'라는 말이 내게 강렬한 '사랑의 말'이라면, 그것은 내가 전라도 사람이라는 사실과 분리될 수 없는 것이었다. 내가 '기집애'라는 말을 먼저 배웠는지 '가시내'라는 말을 먼저 배웠는지 정확히는 모르겠다. 아마 '기집애' 쪽이었기 쉬울 것이다. '기집애' 쪽이 부모님 말투니 말이다. 나는 아마 '가시내'라는 말을, 어려서 들르곤 했던 전주의 외가에서 배웠을 것이다. 외종사촌들이나 이종사촌들에게든, 외숙이나 이모에게든. 내가 '가시내'라는 말을 더 늦게 배웠을 거라고 짐작하는 이유 가운데 하나는, '가시내'라는 말에서 내가 대뜸 떠올리는 얼굴들이 내 친누이들이 아니라 이종사촌누이들이나 외종사촌누이들이라는 점이다.

스무 살을 넘긴 뒤로는 전주에 간 적이 거의 없지만, 유년기나 십대 때 나는 전주엘 곧잘 들렀다. 아주 어려서는 어머니를 따라갔고, 십대 때는 더러 혼자 가기도 했다. 기실, 나는 교동의 내 이모님 댁에서 자유로운 낙오자로서 십대의 몇 개월을 보낸 적도 있다. 내가 이종사촌들이나 외종사촌들 모두와 친하게 지냈던 것 같지는 않다. 그러나 내 또래의 사촌들과는 꽤 가깝게 지냈다고 말해도 좋을 것 같다. 그 가운데서도 '머슴애들'보다는 '가시내들'과 더 잘 어울렸다고 말하는 것이 올바른 회상일 것이다. 시간 앞에서 버텨낼 수 있는 것은 아무것도 없어서, 그 '가시내들'도 이제 죄 마흔을 넘겼다. 아무튼 '가시내'라는 말은 내게 서늘한 사랑의 말이고, 그 '가시내'는 내 사촌누이들과, 그 전라도 여자들과 분리되지 않는다. 어쩌면 여기서 '전라도 여자들'이라는 말은 부적절하거나 필요 없을지도 모르겠다. 무슨 말이냐하면, 내게 '가시내'라는 말은 전라도 여자 일반이 아니라 어린 시절의 내 사촌누이들을 뜻하는지도 모르겠다는 말이다. 정말, 그런 것 같다. 그 사촌누이들 말고는 다른 '가시내들'이 이내 떠오르지 않는다. 그렇다면, '가시내'라는 말이 내게 자아내는 울렁거림은 어린 시절의 심리적 인세스트incest가 뿌려놓은 낙진落塵인지도 모른다. 그렇더라도, 그 '가시내'는, 그리고 그 말이 불러일으키는 울렁거림은, 내 안에서 전라도와 분리되지 않는다. 내 외가가 평양이나 청진이었다면, 내 '사랑의 말들'에서 '가시내'는 다른 말로 바뀌었을 것이다. 결국 나는 이런 생각들 끝에 〈가시내〉라는 글을 그 책에 넣기로 했다. 그리고 책이 나온 뒤에, 그 결정을 후회하지 않았다.

김현

✦

지난 6월로 김현이 죽은 지 10년이 되었다. 누구에게나 그렇듯이, 김현에게도 친구들만큼이나 적이 있었을 것이다. 그리고 장점이나 강점만큼 단점이나 약점이 있었을 것이다. 그러나 생전의 김현에 대한 지인知人들의 기억은 대체로 따뜻한 사람, 섬세한 사람 쪽인 것 같다. 요컨대 긍정적 기억이 압도적인 것 같다. 일반적으로 고인에 대해서 나쁜 말 하는 걸 꺼리는 우리 습속을 감안해도 그렇다. 예컨대 고인의 문학관의 어떤 부분에 대해 여러 차례 가차 없는 비판을 제출한 바 있는 이동하 같은 이도 김현 비판의 어느 자리에서 이런 고백을 하고 있다.

20세를 전후한 시기에 김현의 글을 읽지 않았더라면 나는 지금의 내가 되어 있지 않을 것이다. 그리고 후일 나 역시 한 사람의 평론가가 되어 그를 다시 만났을 때 그가 언제나 변함없이 보여준 인품은 그의 수많은 동료·후배 문인들을 매료시켰던 바와 마찬가지로 나 역시도 매료시키기에 부족함이 없는 것이었다. 인간적 매력의 강렬성에 있어서 그는 아폴리네르를 연상시키는 바가 있었다. 강렬한 인간적 매력이 단순한 인간적 매력의 자리에 머물러 있도록 내버려두지 않고 문학계를 움직이는 실제적인 힘으로까지 그것을 확장해갈 수 있었다는 점에서도, 진정한 문학적 역량으로 그것을 뒷받침할 수 있었다는 점에서도, 또 때이른 죽음으로 말미암아 많은 사람들에게 깊은 아픔을 안겨주었다는 점에서도, 그는 아폴리네르를 연상시킨다. 그러고 보면 김현의 신화화라고 부를 만한 현상이 그의 사후 하나의 강력한 흐름을 이루게 된 것은 수긍이 가고도 남는 일이 아닐 수 없다.

_《한국문학과 비판적 지성》, 새문사, 1996, 80~81쪽✦

✦ 이동하 씨는 내가 가장 즐겨 읽는 저자들 가운데 한 사람이다. 그가 비교적 다산성의 필자이고 또 글을 발표하는 지면이 더러는 내 시선이 쉽게 미치지 못하는 곳이어서 그때그때 그의 글을 읽어내지는 못하지만, 일단 책으로 묶여 나온 글들은 그 대부분을 읽었다고

말할 수 있다.

그의 장처長處는 비평의 대상이 되는 글을 꼼꼼히 읽고 그것에 대한 자신의 관점을 치밀하게 논리화해내는 데 있다. 그래서 이동하 씨의 비평문이 빛을 발하는 것은 작품론이나 작가론에서보다는 메타 비평에서이고, 구체적인 작품이나 작가를 다룰 때에도 그는 주제 비평에 특히 뛰어나다. 그가 지난 1998년에 쓴 〈1960년대 말의 참여 논쟁에 관한 고찰—이어령·김수영 논쟁 및 선우휘를 중심으로 한 논쟁〉(《한국문학 속의 도시와 이데올로기》, 태학사, 1999에 수록) 같은 글은 그의 꼼꼼함과 미시적 논리벽을 표본적으로 보여준다. 그런 꼼꼼함과 미시적 논리벽에서 이동하 씨와 견줄 만한 사람으로 내가 얼른 떠올릴 수 있는 이는 진중권 씨 정도다.

그러나 그런 꼼꼼한 독서와 미시적 논리벽은 흔히 맥락의 부력에 취약하다. 말하자면 그 꼼꼼함과 논리벽이 서로 다른 맥락의 물결을 타게 되면 전혀 다른 해안에 이를 수도 있다. 이동하 씨와 진중권 씨의 정치적 입장이 크게 벌어져 있는 것은, 두 사람의 기질 차이도 있겠지만, 꼼꼼한 독서와 미시적 논리벽을 실어 나를 맥락의 물결을 고르는 데서 두 사람이 다른 결정을 내렸기 때문일 것이다.

이동하 씨는 또 강준만 씨와도 닮았다. 그냥 닮은 정도가 아니라, 내가 보기에는 매우 닮았다. 접근하는 주제나 사용하는 제재들이 다르기는 하지만, 이동하 씨와 강준만 씨는 둘 다 우리 사회의 주류적 견해랄까, 통념이랄까 하는 것을 기탄없이 뒤집어버리는 일이 잦다. 그들은 주류나 통념보다는 자신들이 생각하는 진실에 더 충성스럽다. 그들에게는 우상이 없다. 피천득 씨와 전혜린의 수필에 대한 이동하 씨의 매몰찬 비판을 나는 커다란 공감 속에서 읽었다. 이동하 씨와 강준만 씨의 글에서는 권위주의의 냄새가 나지 않는다. 아마 그것과도 무관하지 않겠지만, 그들은 논쟁 상대의 세속적 '위계'를 따지지 않는다. 그들은 스승뻘 되는 사람이든 제자뻘 되는 사람이든 글에서는 똑같이 대한다. 그리고 그들은 둘 다 자신들의 주장을 떠받칠 논리를 외국 이론가들의 글에서 빌려오지 않는다. 그들이 믿는 것은 오직 자신들의 판단력이다. 그러니까 그들의 지적 자립성은 우리 사회의 주류적 견해에 대해서만이 아니라 외국의 첨단 이론들에 대해서도 또렷하다.

강준만 씨도 가끔 사용하는 '기지촌 지식인'(나는 이 말 자체가 혐오스럽다)이라는 말은 그가 가르쳐준 바에 따르면 김영민 씨의 발명품인 듯한데, 그 '기지촌 지식인'이라는 딱지에서 자유로운 사람으로 내가 제일 먼저 떠올릴 수 있는 이가 이동하 씨다. 물론 대한민국 자체가 하나의 거대한 '기지촌'이라면, 그 기지촌 학교의 우수한 학생이었던 이동하 씨에게도 구미적歐美的 사고가 배어 있지 않을 수는 없을 것이다. 실은 그가 한때 자신을 지탱하는 두 개의 지주로 내세웠던 기독교 신앙과 비판적 합리주의는 온전히 유럽적인 것이다.

그러나 이동하 씨의 기독교나 비판적 합리주의는 특정한 지식체계라기보다는 그 자신이 보편적이라고 생각한 세계관이었으므로 그걸 가지고 그를 '기지촌 지식인'이라고 할 수는 없다. 적어도 이동하 씨는 김영민 씨나 강준만 씨가 사용하는 뜻에서의 '기지촌 지식인'은 아니다. 만약에 이동하 씨가 '기지촌 지식인'이라면, 대한민국의 지식인 전부가 '기지촌 지식인'일 것이고, 그럴 경우엔 '기지촌 지식인'

이라는 말 자체가 무의미하게 될 것이다. 게다가 1990년대 중반 이후의 이동하 씨 글을 보면 그는 기독교 신앙을 포기한 듯하다. 아무튼 자신의 글의 논거를 외국 문헌에서 찾지 않는다는 점에서 이동하 씨와 강준만 씨는 닮았다.

그러나 이 두 사람은 또 크게 다르다. 그렇지 않다면 자신을 결코 극우라고 생각하지 않을 강준만 씨가 이동하 씨를 '따뜻한 극우'라고 불렀을 리는 없다. 강준만 씨만이 아니라 나도 이해할 수 없는 것이 이동하 씨가 동시에 보듬고 있는 두 개의 극단이다. 이동하 씨의 자유주의는 최근 들어 거의 복거일 씨의 것만큼이나 래디컬해졌다. 그런데 그런 래디컬한 자유주의자가 박정희에 대해서 온건한 태도를 보이고 《한국논단》 같은 '극우 삐라'에 글을 연재한 것은 엽기적이라고밖에 말할 수 없다.

기묘한 것은 이동하 씨의 자유주의가 점점 더 래디컬해지면서, 즉 그의 자유주의에 리버태리어니즘(Libertarianism, 자유지상주의―편집자)의 빛깔이 점점 더 짙어지면서, 그에 비례해서 박정희에 대한 그의 태도가 오히려 점점 더 너그러워지고 있다는 것이다. 그의 자유주의가 지금보다 더 온건했을 때, 즉 그가 하이에크보다는 포퍼에 가까웠을 때, 박정희에 대한 그의 태도는 단호했었다(이동하 씨는 하이에크와 포퍼를 뭉뚱그려 '엄밀한 의미에서의 자유주의'라고 말하지만, 내가 보기에 그 두 사람의 생각은 꽤 이질적이다. 포퍼는 복지국가에 대한 관심이 하이에크의 경우보다 명료하다. 포퍼가 시장과 국가 사이에서 대체로 균형을 취하고 있다면, 하이에크는 시장 쪽에 바짝 붙어 있다. 곧 개인적 자유에 대한 열망에서 하이에크는 포퍼보다 더 과격하다. 이동하 씨가 '엄밀한 의미에서의 자유주의'라는 말로 리버태리어니즘을 가리키려고 했다면, 포퍼는 이동하 씨가 말하는 '엄밀한 의미에서의 자유주의자'는 아니다). 개인적 자유에 대한 이동하 씨의 열망이 과격해질수록, 그 개인적 자유의 압살자였던 박정희에 대한 이동하 씨의 태도는 너그러워진다!

미국 정부 안팎의 일부 리버태리언들이 미국의 국익을 위해서 제3세계의 유사 파시스트들에게 너그러웠던 것은, 그것이 비록 그 리버태리어니즘의 논리적·윤리적·심미적 파산을 의미한다고 해도, 최소한 레알폴리티크(Realpolitik, 현실정치—편집자)의 관점에서 설명이 가능하다. 그러나 한국의 리버태리언 지식인 이동하 씨가 한국의 유사 파시스트 박정희에게 너그러운 것은 그런 수준의 설명 가능성마저 남겨놓지 않고 있다. 아니, 억지로 그 설명을 하자면 북한 체제의 위협에서 그 실마리를 찾을 수는 있겠다. 이동하 씨도 그렇게 생각하겠지만, 김일성 체제는 분명한 악이었다. 나는 그것이 박정희 체제보다도 더 큰 악이었다고 생각한다. 그러나 그 사실이 박정희 체제를 정당화할 근거가 되는가? 극좌 삐라가 악이라는 것이 극우 삐라를 정당화할 근거가 되는가?

우리가 선택할 수 있는 가능성이 오로지 두 가지였다면, 말하자면 김일성 아니면 박정희였거나, 극좌 삐라 아니면 극우 삐라였다면, 이동하 씨의 선택에도 이해할 만한 점이 있다. 그러나 이동하 씨가 자유주의자라면 그런 상황을 전제할 수는 없을 것이다. 《한국문학과 비판적 지성》의 서문에서 그는 자신의 "정신의 틀 전체가 일종의 혼돈 상태에 빠져들고 말았다"고 고백한 바 있는데, 그는 아직 그 혼돈에서 벗어나지 못한 것 같다. 삶의 어느 갈피에서 나를 계몽하기도 한 이동하 씨의 이 혼돈은 나를 혼돈스럽게 한다.

나와 자주 어울리는 시인 하나는 언젠가 내게 김현 이야기를 하면서, 자기는 그가 너무 따뜻한 사람이어서 틀림없이 그에게 어떤 상처가 있을 거라는 생각을 했었다고 털어놓았다. 그런데, 김현 전집 마지막 권에 실린, 홍정선이 쓴 연보 〈뜨거운 상징의 생애〉를 보니, 그런 것이 없는 듯해 뜻밖이었다는 것이다. 상처가 있는 사람만이 남의 상처를 따뜻하게 어루만질 줄 아는 법이라고 그 시인은 생각했던 모양이다. 그러나 누구나 그렇게 되는 것은 아닐 것이다. 자기 내면의 상처가 타인의 상처에 대한 따스한 시선이나 속깊은 배려로 이어질 수도 있지만, 그 반대로 타인에 대한 지나친 공격성이나 극심한 이기주의로 굴절될 수도 있을 것이다. 그것은 심리적 트라우마를 소화하고 변용하고 표현하는 개개인들의 기질에 달린 것일 터이다.

아무튼 내가 아는 시인은 김현의 따뜻함에서 그의 상처를 짐작했다. 그리고 내가 아는 한 그 시인은 퍽 따뜻한 사람이다. 어쩌면 그에게도 무슨 상처가 있는지도 모르겠다. 그는 자신의 경험에 비추어 김현에게 어떤 상처가 있는지 알고 싶었는지 모른다. 그리고 김현이 죽은 뒤, 자신이 접하게 된 고인의 상세한 연보 안에서 그 상처를 짐작하지 못해 실망스러웠는지도 모른다. 중산층 가정에서 태어나 어려움 없이 성장기를 보냈고, 좋은 학교를 다녔고, 좋은 직장을 얻었고, 좋은 친구들 사이에서 자기가 하고 싶은 일을 하다가 간 김현의 생애에서, 그 시인은 아무런 결핍도 발견할 수 없었나 보다. 너무 일찍 죽은 것만이 아쉬울 뿐인 복 받은 삶.

나는 그때 그 시인에게, 만약에 상처가 있는 사람만이 김현처럼 따뜻할 수 있는 것이라면, 그래서 김현에게도 어떤 상처가 있어야 한다면, 그것은 혹시 그가 전라도 사람이라는 것 아닐까 하고 말했다. 김현의 글이나 김현에 대한 글에서 몇 번 그런 기미가 읽혔기 때문이다. 내가 그때 그 시인에게 든 예 가운데 하나는 김인환의 글이다.

《문학과 사회》 3호(1988년 가을)에는 '김현론'이라는 부제가 붙은 김인환의 〈글쓰기의 지형학〉이 실려 있다. 그 글은 이렇게 끝난다.

폭력의 지배와 폭력의 왜곡이 역사의 밑흐름으로 지속되고 있다는 사실 앞에서 김현은 전율한다. 제의가 폭력을 잠시 비틀어놓는다고 하더라도 제의가 끝나는 바로 그 순간에 폭력은 다시 시작된다. 김현은 폭력을 거부하고 폭력에 대한 폭력을 거부하지만 폭력의 종식을 믿지 않는다. 그는 폭력을 그 자신의 몸에 난 불치의 상처로 앓고 있는 것이다. 어느 날 술자리에서 김현은 "전라도라는 것은 원죄야"라고 말했다. 내가 깜짝 놀라 그의 얼굴을 보았을 때 그는 잔잔히 웃고 있었다. 나는 왜 그런지 그가 울고 있다고 느꼈다.

그 시인의 말을 들었을 때 나는 얼른 이 글을 기억해냈고, 시인이 발견하고자 한 김현의 상처가, 만약에 시인의 생각대로 그런 것이 있어야 한다면, 혹시 전라도 사람으로서의 자의식이 아닐까 하는 데 생각이 미친 것이다. 그것은 물론 내가 전라도 사람이어서, 그리고 전라도 사람으로서의 자의식이 짙은 편이어서, 생각이 너무 앞질러나갔는지도 모른다. 그 시인은 고향이—아버지의 고향이—청진이다. 사실 나도 십여 년 전 김인환의 그 글을 읽으며 무척 놀랐다. 그 놀라움은 김현 정도 되는 사람도(김현은 물론 헌걸찬 정신의 사람이었겠지만 여기서는 외견상 유복한 사람이라는 뜻으로) 자신이 전라도 사람이라는 것에 무심하지 못하구나, 말하자면 전라도 사람으로서의 '자의식'이 있구나 하는 놀라움이었다(그 놀라움은 김현이 내게 처음 불러일으킨 것은 아니었다. 나는 그보다 훨씬 이전에 김우창에게서도 그런 놀라움을 겪은 적이 있다. 그 이야기는 뒤에 하겠다).

하기는 1980년 5월 이후로 전라도 사람으로서의 자의식이 없는 전라도 사람이 많지는 않을 것이다. 사실 김현은 그의 만년에 1980년 5월 사건에 대해 비록 간접적 방식으로나마 여러 차례 언급했다. 예컨대 그가 1987년에 상재한 《르네 지라르 혹은 폭력의 구조》(나남)의 〈글 머리에〉는 이렇게 끝난다.

> 욕망은 심리적·사회적인 것일 뿐만 아니라 종교적인 것이다.
> 욕망은 폭력을 낳고, 폭력은 종교를 낳는다! 그 수태·분만의
> 과정이 지라르에겐 너무나 자명하고 투명하다. 그 투명성과 자
> 명성이 지라르 이론의 검증 결과를 불안 속에서 기다리게 만들
> 지만, 거기에 매력이 있는 것도 사실이다. 나는 그래서 지라르
> 의 이론을 처음부터 자세히 검토해보기로 작정하였다. 거기에
> 는 더구나, 1980년의 폭력의 의미를 물어야 한다는 당위성이
> 밑에 자리 잡고 있었다. 폭력은 어디까지 합리화될 수 있는가?
> 지라르를 통해 던지는 그 질문에는 또다른 아픔이 배어 있다.

그러나 '전라도'라는 상처가 1980년에 처음 생긴 것은 아니
다. 그것이 1980년에 생긴 것이라면, 김현이 그것을 '원죄'라고 표
현했을 리도 없다. 1980년에 그 상처가 크게 덧나기는 했지만, 그
것은 그보다 훨씬 오래전에 생긴 상처다(뒤에 언급할, 나를 놀라게
한 김우창의 발언은 내 기억에 1980년 이전에 나온 것이다). 아무튼 김
현은《르네 지라르 혹은 폭력의 구조》를 시작으로 만년 들어 부
쩍 폭력이라는 주제에 주목한다. '만인 대 일인의 싸움에 대하
여'라는 부제가 붙은 〈증오와 폭력〉(1988), '미륵하생 신앙과 관
련하여'라는 부제가 붙은 〈폭력과 왜곡〉(1988) 같은 평론들이 그

예다. 이 평론들은 김현의 생전에 나온 마지막 평론집《분석과 해석》(1988)에 실려 있다.

〈증오와 폭력〉은 안정효의 장편《갈쌈》과 전상국의 중편 〈외딴길〉에 대한 분석이다. 김현이 거의 지라르의 목소리로 얘기 하고 있는 〈증오와 폭력〉에서 나는 1980년(과 어쩌면 1987년)에 김 현이 입었을 상처를 읽는다. 앞질러 얘기하자면, 전라도라는 기 호를 지워내고서는, 또는 더 구체적으로 김대중의 얼굴을 지워 내고서는, 나는 그 글을 끝까지 읽을 수 없다. 지워내고 지워내려 고 해도, 김대중의 얼굴은 어느 틈에 그 글의 활자 위에 앉는다. 마침내, 나는 그 글이 분석의 대상으로 삼고 있는 진짜 텍스트는 안정효의《갈쌈》이나 전상국의 〈외딴길〉이 아니라, 김대중을 둘 러싼, 또는 전라도를 둘러싼 사회심리가 아니었을까 하고 의심한 다. 내가 김현을 제대로 읽었는지를 판단할 자료로서 〈증오와 폭 력〉의 문장들을 인용해보자. 정확한 맥락이 주어져 있지 않아 혼란스러운 독자들은 〈증오와 폭력〉을 직접 읽어보기 바란다.

내가 분석하려고 하는 그 인간학적 사실은, 어느 집단에서 나 흔하게 목격할 수 있는, 모든 사람의 증오가 한 사람에게 무 의식적으로 집중되는 현상이다. 정치에서 두드러진 그 현상을 뭐라고 명명할 수 있을 것인가에 대해 나는 오래 생각해봤으나 좋은 용어를 발견하지 못했는데, 잠정적으로 나는 그 현상을 만인 대 일인의 싸움이라고 명명하고자 한다.

마을에서 유일하게 피해를 입은 사람이 피해받지 아니한 사람들에게서 고립된다. 고립되는 이유는 불결하다는 것이다. (…) 마을 사람들은 언례를 불결해 함으로써 자신들의 불결함을 감춘다. 그들의 욕망의 불결함은 언례에게 투사되어 언례의 불결함은 그 깊이를 더해간다.✦

✦   아래서도 되풀이되겠지만, 김현은 이 말을 하며 '만인 대 일인의 싸움'에서 일인의 역할을 맡고 있는 언례를 김대중 씨와 겹쳐놓고 있었던 것은 아닐까?

(따돌림에 동조하는 사람들의) 마음의 움직임은, 그녀는 피해를 당했다; 우리는 도와주고 싶지 않다; 그녀가 자살하면 해결되니까라는 마음의 움직임이며, 그것은 그녀는 불결하다라는 간교한 논리로 나타난다.

(따돌림에 동조하는 사람들의) 사유 중에서 제일 핵심적인 것은 사정이야 어찌 되었건이라는 것이다. 사정이야 어떠했든 그녀는 불결하다.

마을 사람들은 그녀를 고립시킴으로써, 그녀가 겪은 피해라는 전염병에서 자신들을 지키려 한다. 그것은 미움이 아니다. 그것은 차라리 자기보호 본능과 같다. (…) 만인은 자신들도 해를 입을까봐 한 사람을 격리시키고, 그의 피해를 그의 결함으로 변모시킨다.

그 과정에서 특이한 것은, 피해받은 사람까지도 결국은 자신의 피해를 자기의 성격적·신체적 결함으로 받아들이고 만다는 사실이다. 그는 자신의 피해를 보상받기 위해 싸우는 것이 아니라, 그것을 자신의 결함으로 인정하고 자신을 파멸시키는 데 스스로 동의한다. 자신을 파멸시키지 않으려면, 싸우거나 떠나야 한다. 그러나 그는 싸우지도 않고 떠나지도 않는다. (…) 언례는 고립되어 버림받은 자신을 더러운 벌레로 느낀다.✦

✦   이것이 이른바 '유대적 자기혐오'다.

만인 대 일인의 싸움은 늑대와 늑대의 싸움의 변형이다. 만인은 선량하고 피해받은 사람이며, 일인은 악랄하고 가해하는 사람이다라는 표면적 양상은, 서로는 서로에 대해 이기적이다라는 양상의 변형일 따름이다. 그런데, 왜 어떤 사람은 선량하게 보이고 어떤 사람은 악하게 보이는 것일까? 감추는 사람들은 선량하게 보이고, 못 감추는 사람은 악랄하게 보인다. 우선은 그렇다. (…) 그러나 정말로 한 사람을 악랄하게 만드는 것은, 제도 속에 들어가 있느냐 없느냐는 것이다. 제도 속에 들어가 있으면 선량하고, 안 그러면 악랄하다.

붙박이는 떠돌이를 두려워하고, 떠돌이는 붙박이를 미워한다. 이기는 쪽은 그러나 언제나 붙박이이다. 떠돌이는 순간적으로 이길 수 있으나, 그 이김은 배신·사기·밀고·강간·협박… 등의 이름을 갖고 있다.

전부 늑대들인 우리들은 우리가 늑대라는 것을 감추기 위해서 제도 바깥에 있는 한 사람에게 우리의 증오를 죄 집중시켜, 그를 악인으로 만들고, 그가 제도 안으로 들어오는 것을 막는다. 그는 악인이니까!✦

✦   나는 이 대목을 읽으며 버나드 쇼가 했다는 재담 하나를 떠올렸다. 어느 기자가 쇼에게 물었다. "금요일에 결혼한 부부는 불행해진다는 속설을 믿으십니까?" 쇼가 대답했다. "물론 믿습니다. 금요일에 결혼한 부부라고 예외는 아닐 테니까요." 이어서 나는 이런 대화를 생각해냈다. "전라도 사람들은 신의가 없다면서요?" "물론이죠, 전라도 사람들이라고 예외겠어요?"

만인 대 일인의 싸움에 있어서, 만인의 결속이 이뤄지는 과정은 느리고 다양하지만, 한번 이뤄지면, 그 결속의 강도는 높다.

일인의 역할을 맡아 하는 인물은 떠돌이이거나 떠돌이에 가깝다. 토박이가 아니면서 마을에 들어온 사람이나, 마을에 뿌리박지 못하고 겉도는 사람은 일인의 역할을 맡기 쉽다. 그 경우, 그는 대개 토박이들과는 다른 표지를 갖고 있다. 그 표지는 성격상의 것이거나 신체상의 것이거나 신분상의 것이다.

일인에 대한 만인의 증오는, 기존 이익을 최대한 유지하여, 피해를 최소화하고 싶다는 바람의 다른 표현이다. 일인의 떠돌이가 만인의 토박이를 두렵게 하여, 그들을 똘똘 뭉치게 한다. 변화에 대한 욕망은 무질서에 대한 두려움으로 바뀌고, 가치의 변모는 혼란으로의 선동으로 이해된다. 너는 내 이익을 줄이려 하고 있다; 나는 네가 밉다―이것이 만인의 표현이다. 그러나 그것을 그렇게 직설적으로 표현하면 너무 동물적으로 보이니까, 그 일인을 악인으로 만들어, 그에 대한 증오를 합리화한다. 나는 내 이익을 지키기 위해서 그를 미워하는 것이 아니라, 그가 악인이기 때문에 그를 미워한다. 그쪽이 훨씬 합리적이고 이성적이다. 그러나 위선적이다.

만인의 일인에 대한 싸움은, 그 일인이 대변하고 있는 집단에 대한 증오를 가리기 위한 것이다. 집단 대 집단의 싸움은 명분과 과정이 합리적이고 이성적이어야 한다. 그것의 결과가 반드시 한 집단에 유리한 것만도 아니다. 그래서 한 집단은 무의식적으로 적대집단을 개인화하여 그에 대한 증오를 합리화시켜 그를 박멸하려 한다. 그 개인은 개인적 결함 때문에 박멸해야 한다. 그러면 싸움은 단순하고 명료해진다. 그가 주장하고 의미하는 것을 그의 개인적 결함 뒤에 감춰버리고, 그의 개인적 결함 때문에 그는 없어져야 한다고 만인은 주장한다. 개인은 집단보다 박멸하기 쉽다. 악인으로서의 개인은 그래서 태어난다. 사회적으로 한 개인에게 비난이 집중될 때, 그 개인이 의미하는 것이 무엇인가를 되물어보면, 만인과 개인이 어떤 철학적 기반을 갖는 집단에 속하는가가 분명하게 드러난다.✦

✦ 이 글이 쓰인 것이 1988년이다. 만인 대 일인의 싸움을 설명하는 이 맥락에서 김현은 혹시 그 일인을 김대중 씨와 겹쳐놓고 있었던 것은 아닐까? 나는 그런 의심을 거둘 수 없다. 김대중 씨의 정적 누구도 전라도 사람이 싫다라고는 공개적으로 얘기하지 않는다. 문제가 되는 것은 김대중 개인이라는 것이다.

만인의 증오의 대상이 된 사람이 죽은 뒤에 그가 어떻게 이해되고 받아들여지는가 하는 것은 제기해야 할 중요한 문제 가운데 하나다. 매우 독창적인 대답 중의 하나는 그는 사후死後에 성화聖化되는 경향이 있다는 것이다. (…) 만인의 증오의 대상이 되어 죽어간 사람은 그 사람이 대표하는 집단 때문에 성화되어 거룩하게 취급된다. 기존의 이익집단은 그를 죽여 자신들에게 적대적인 집단에게 위협을 가하는 한편, 그를 성화시켜 자신들에게 적대적인 집단을 위로한다. 누가, 어떻게 증오의 대상이 되었는가와 마찬가지로, 누가, 어떻게 성화되는가를 따져봐야 할 필요성은 거기에 있다. 나는 오늘 누구를 왜 미워하고 있는가, 나는 오늘 누구를 왜 성화하고 있는가라는 질문은 피할 수 없는 질문이다. 나는 동물이 아니라 사람이기 때문이다.✦

✦　나는 이 문단에서도, 만인의 증오의 대상이 된 일인을 김대중 씨와 겹쳐놓고 있는 김현을 상상한다. 1980년에 군사법정이 김대중 씨에게 선고한 사형이 결국 집행됐다면, 그가 성화되었을지 어땠을지는 모르겠다. 확실한 것은 이 글이 쓰인 지 네 해 뒤, 그리고 김현이 죽은 지 두 해 뒤, 김대중 씨가 자신의 세 번째 대통령 선거에서 패배해 정계를 떠났을 때, 그가 특히 〈조선일보〉에 의해서 성화되었다는 사실이다.

나는 이 글에서 김현의 흐느낌을 듣는다. 물론 내 짐작대로 김현에게 전라도라는 상처가 있었다고 해도, 그것은 하찮고 사소한 것이었다고 말할 수도 있다. 다른 모든 것을 죄다 갖춘 사람이 자신의 사소한 문화적 불리를 과장하며 엄살을 떤다고 비판할 수도 있다. 그런 비판에 일리가 없다고는 할 수 없다. 그러나 김현에게 다른 모든 것이 다 갖춰져 있었는지도 알 수 없는 일이고, 거기서 더 나아가 가진 (것처럼 보이는) 자의 상처도 상처는 상처다. 특히 그 당사자에게는. 그 상처의 깊이를 남이 짐작하기는 힘들다. 김현은 자기 나름의 방식으로 그 상처를 드러냄으로써, 한국 사회의 집단주의적 폭력성의 한 자락을 고발했다고 나는 생각한다. 그리고 김현 개인의 내부에서 그 상처가 타인에 대한 따뜻함으로 나타났다면, 그것은 좋은 일이다. 만인 대 일인의 싸움을 얘기하는 김현의 흐느낌을 들으며 나는 그 일인 위에 김대중이나 전라도 사람을 포개놓았지만, '표지를 지닌 소수'로서의 그 일인은 그밖에도 얼마든지 있다. 그 일인은 비근한 예로 우리 사회의 외국인노동자나 장애인과 포개질 수도 있을 것이다.

〈한겨레〉에서 일할 때 김현에 대한 기사를 몇 차례 쓴 적이 있다. 그가 세상을 버리기 직전 팔봉비평문학상을 받았을 때부터 시작해 한 다섯 차례 그에 대한 기사를 썼을 것이다. 그 기사들은 자신이 '진보 진영'에 속한다고 생각하는 사람들에게 나를 비판할 빌미를 주었다. 나는 그런 비판을 면전에서 듣기도 했고, 지인들에게 전해 듣기도 했다. 그러나 십년 전이나 지금이나 나는 내가 김현에게 지나치게 후했다고는 생각하지 않는다. 팔봉비평문학상 기사는 대여섯 매 정도였고, 그의 부고기사는 고작 네 매였다. 그 당시 〈한국일보〉는 그의 죽음을 전면으로 다뤘다(물론 〈한국일보〉가 주관하는 팔봉비평문학상을 수상한 지 얼마 안 돼 그가 타계했고, 그가 생전에 그 신문에 정기적으로 문화 칼럼을 기고했다는 사정도 작용하기는 했을 것이다).

그러니 그 빈약한 분량의 내 김현 기사들이 김현의 적대자들을 화나게 했다면, 그것은 내가 그에게 배당한 지면이 커서가 아니라, 그 지면이 〈한겨레〉였고, 내 기사가 그에게 우호적이었다는 것 때문이었을 것이다. 그러나 첫 번째 이유는 좀 우스꽝스러운 것이다. 나는 〈한겨레〉가 김현과 어울리지 않는다고는 생각해본 적이 없다. 생전의 그는 자신이 자유주의자이고 개인주의자라고 공언했고, 그의 글들 역시 대체로 그 테두리 안에서 이해할 수 있다. 자유주의와 개인주의가 '근대 시민사회'의 중요한 특징이라면, 〈한겨레〉에 실린 김현 기사에 어떤 부자연스러움이 있을 것 같지는 않다. 내가 〈한겨레〉에 있었을 때만 생각해도, 그 신문의 문화면에는 김현보다 훨씬 이데올로기적으로 오른쪽에 있고 더구나 그 예술적·학문적 성취가 정녕 의심스러운 사람들에 대한 기사가 숱하게 실렸다. 그것은 부분적으로 〈한겨레〉 역시 대중매체라는 점을 뜻하는 것일 터이다. 대중매체가 모듬회의 성격을 완전히 탈피하기는 어렵다. 비록 모듬회에 따라 특정한 생선의 비중이 다를 수는 있겠지만. 백 보를 양보해서 〈한겨레〉 지면의 김현이라는 이름이 어색하다는 것을 인정한다고 해도, 그것은 〈조선일보〉 지면의 백낙청이라는 이름보다는 훨씬 덜 어색하다. 더구나 생전의 김현은 〈한겨레〉의 정기구독자였을 뿐만 아니라, 한겨레신문사의 주주이기도 했다.

내가 쓴 김현 기사가 그에게 너무 우호적이어서 김현의 적대자들을 화나게 했다면, 그것은 이해할 만한 일이다. 내가 쓴 짧은 기사들에서 나는 김현에 대한 내 호감을 또렷이 드러냈다. 그것은 '자유주의'나 '개인주의'라는 말을 일종의 '으르렁말snarl word'로 사용하던 민중문학론자들이나, 그렇지 않더라도 이런저런 근거로 김현의 지적 정직성을 의심하던 사람들의 비위를 긁었을 것이다. 그러나 나는 생전의 김현에게 우호적이었고, 사후의 김현에게도 여전히 우호적이다. 나는 왜 그에게 우호적이었고, 왜 지금도 그에게 우호적인가? 무슨 다른 이유가 있겠는가? 그의 글이 좋았고, 지금도 좋기 때문이다.

지금 김현의 글들을 다시 읽어보면, 예전에 읽었을 때만큼 좋아 보이지는 않는다. 특히 청년 시절의 글들은 그렇다. 그것은 내가 이제 불혹의 나이를 넘겨 어지간한 일에 홀리지 않게 돼서 그런지도 모르겠다. 그 이유가 어디에 있든, 나는 조금 더 김현의 글을 거리를 두고 바라볼 수 있게 됐다. 그의 글은 화사함에서 황지우나 이광호에게 못 미치고, 치밀함에서 김인환이나 이인성에게 못 미친다.✦ 박람강기博覽强記에 대해서 말하자면, 김현의 오른편에 올 사람은 한국 지식인 사회에 넘쳐난다. 그러나 생전의 마지막 평론집《분석과 해석》과 그의 사후에 나온《말들의 풍경》에 실린 몇몇 평론들은 빼어나게 아름답다. 그 평론들은, 적어도 내가 보기에는, 한국어가 도달한 최고의 아름다움을 보여준다.

✦ 그러나 화사하다는 것이 꼭 어떤 글의 장점이 되지는 않을 것이다. 젊은 시절 못지않게 화사한 황지우 씨의 요즘 글을 읽으면 너무 짙은 화장을 한 노파가 연상된다. 그가 쓴 산문이라면 쪽글까지도 찾아 읽는 나로서는, 나이를 모르는 그의 탐미적 무절제가 마음에 걸린다.

그가《분석과 해석》의 서문에서 "나는 내 자신이 조금씩 변화하고 있었다고 믿고 있었지만, 그 변화의 씨앗 역시 옛 글들에 다 간직되어 있었다. 나는 변화하고 있었지만 변화하지 않고 있었다. 리듬에 대한 집착, 이미지에 대한 편향, 타인의 사유의 뿌리를 만지고 싶다는 욕망, 거친 문장에 대한 혐오… 등은 거의 변화하지 않은 내 모습이다. 변화는 그 기저 위에서의 변화이다"라고 적었을 때, 그가 틀렸다고는 말할 수 없겠지만, 완전히 옳았던 것도 아니다. 그가 자신의 정신의 나이가 멈춰 있었다고 말한 1960

년의 18세 때부터 그는 거친 문장을 혐오했겠지만, 청년 김현의 글들을 다시 읽어보면 그 자신이 혐오한 거친 문장에서 그가 완전히 자유롭자 못했다는 것이 드러난다. 김현의 문장은 커다란 기조 위에서 변화하고 있었고, 그 변화의 폭은 김현이 생각했던 것보다 컸던 것이 아닌가 싶다. 아무튼 그 변화는 세련과 상승이라는 긍정적 변화였다. 글에 대한 그의 재능은 타고난 재능이 아니라, 다듬어진 재능이다. 그것이, 예컨대 김우창이나 백낙청과 김현이 다른 점이다.

청년 김우창이나 청년 백낙청의 글을 읽어보라. 그리고 갑년이 지나 그 두 사람이 쓴 글들을 읽어보라. 생각의 변화는 있지만, 그 생각을 실어 나르는 문장에는 커다란 변화가 없다. 청년 김우창이나 청년 백낙청의 문장은 지금 읽어도 단단하고 원숙하다. 김우창이나 백낙청의 글재주는 다듬어진 재능이 아니라 타고난 재능인 것 같다. 그것이 다듬어졌다면, 십대에 이미 다듬어진 재능일 것이다. 이런 평가가 김우창이나 백낙청에 견주어 김현을 깎아내리는 것은 아니다. 나는 김현 문체의 진화를 말하고 있는 것뿐이고, 그 문체의 진화는 김현의 진화이기도 하다고 말하고 있는 것이다. 그것은 김현이 고여 있지 않고 늘 흐르고 있었다는 뜻이기도 하다. 그리고 그런 움직임이 김현의 미덕이다. 그런 상향의 움직임을 통해 김현은 황지우가 '김현체'라고 부른, 눈이 시리도록 아름다운 스타일을 자신의 만년에 구축해 한국어의 재산을 불렸다.

나는 한국의 현역 비평가들의 문체가 거의 다 이 세 사람의 문체의 변주라고 생각한다(거기에 김윤식 정도를 보탤 수 있을지 모르겠다). 김우창의 문체에 감염된 후배 문인들이 비교적 적은 반면에, 백낙청이나 김현의 문체에 감염된 후배 문인들은 많다. 특히 김현의 경우가 그렇다. 김현의 문체는 독특하면서도 흉내 낼 수 있는 문체다. 그것은 범재에게도 열려 있는 문체다. 나는 그것이 김현 문장의 단점이 아니라 장점이라고 생각한다. 그 문장의 그림자는 길고, 메아리는 우렁차다. 내가 쓰고 있는 이 글에도 김현의 그림자가 어른거리고 있다. 위에 인용한 문장 뒤에 이어지는 김현의 문장은, 문학에 대한 생각이 자신과 달랐던 문인들과 마찬가지로 1970~80년대를 우울하게 살아낸 한 자유주의자의 회의懷疑를 뭉클하게 드러낸다.

또다시, 좋은 세상이 오고 있다고 풍문은 전한다. 과연 좋은 세상이 올 것인가? 그것이 헛된 바람은 아닐까? 나는 주저하며 세계를 분석하고 해석한다. 그것이 나에게 맡겨진 일이니까. 아니 차라리 그것만이 내가 할 수 있는 일이니까. 그러나 눈은 침침하고, 손은 더디다.

이 서문이 쓰인 것이 1988년 봄이다. 즉 노태우 정권이 출범한 직후다. 인용된 첫 문장을 이끄는 '또다시'는 김현이 1980년 봄을 의식하고 있었다는 것을 뜻한다. 그 1980년 봄이 그에게 몇 개의 글감을 주었다. 위에서 언급했듯, 지라르 연구서를 비롯해, 폭력의 문제를 다룬 그의 평론들이 그것이다. 그 글들은 어쩌면, 그가 만일 전라도 사람이 아니었다면, 쓰이지 않았을지도 모른 다. 쓰였더라도 좀더 차갑게 쓰였을 것이다.

나는 지금 김현을 돌이켜보며, 그에 대한 내 우호에는 그가 전라도 사람이라는 점이 은밀하게 작용하지 않았나 의심한다. 정말 그랬을지도 모른다. 그러나 다시 한 번 차분히 생각해보면, 그것이 작용했더라도 큰 몫으로 작용하지는 않았다. 전라도 출 신의 문인들은 수두룩하지만, 그 가운데 내가 좋아하고 받드는 문인들은 드물기 때문이다. 반면에 그 지방 출신의 문인들 가운 데 내가 덤덤히 생각하거나 낮추보는 문인들은 수두룩하기 때문 이다.

김우창

✦

내가 이 글을 쓰려고 생각한 것은 《인물과 사상》(제15권, 2000년 7월)에 실린 강준만의 〈한국 인문학의 거장 김우창에게 묻는다〉를 읽고 나서다. 나는 그 글에서 강준만이 펼친 의견에 대체로 공감한다. 그리고 강준만의 다른 글들을 읽으며 자주 그랬듯 그 글을 읽으면서도, 그저 내 발밑이 불안해서 세상에 대해서도 비판적 시선을 거두는 내 유약함을 자책하기도 했다. 강준만의 글은 늘 나를 계몽하고 질책한다. 그의 글은 내면으로만 쏠려 있는 내 시선을 거두어 세상을 바라보라고 격려하고 재촉하는 것 같다. 그는 내게 무언가를 주었다고 생각하지 않겠지만, 나는 그에게서 내가 많은 것을 받았다고 생각한다. 내가 그 빚을 갚는 길 가운데 하나는 나를 세상에 좀더 구속시키는 것일 터이다. 〈한국 인문학의 거장 김우창에게 묻는다〉를 읽으면서도 나는 몰랐던 것을 새로 알게 됐고, 생각이 미치지 못했던 곳에 생각이 미치게 되기도 했다. 다만, 트집 잡기로 비칠 수도 있겠지만, 강준만이 그 글의 몇 군데서 덜 섬세했다는 점을 지적하고 싶다. 만약에 내가 그보다 더 섬세할 수 있었다면, 그것은 그와 나의 기질이 다르다는 점 외에도, 부분적으로는 내가 오랜 선대 때부터 남도에 터를 잡고 살았던 전라도 사람인 데 견주어 그가 '외지인'이거나 '신호남인新湖南人'인 것과도 혹 관련이 있을지 모르겠다.

〈중앙일보〉(1999년 6월 28일 자)와의 인터뷰에서, 그리고 《뉴스메이커》(2000년 6월 8일 자)와의 인터뷰에서 김우창이 했다는 발언을 강준만의 글에서 읽고, 나 역시 마음이 달았다. 최장집이 김우창을 두고 내렸다는 '우리 시대의 현자'라는 평가에 퍽 공감하고 있는 나로서는 김우창이 그 인터뷰에서 충분히 현명하지 못했다고 생각한다. '학술적''객관적''가치중립적''보편성'이라는 말은 김우창 자신이 수행하고 옹호해온 지적 작업에 대한 합당한 평가이기는 하나, 그것이 '전투적 글쓰기'나 '공격 담론'의 대립항으로 설정된 맥락에서 그것을 표나게 강조하는 것은 내가 아는 김우창의 인품과 다소 어긋난다.

그러나 그 문제 이전에 한 가지 사소한 지적을 하고 싶다. 나도 한 사람의 신문쟁이로서 얼핏 들었던 의아심인데, 〈중앙일보〉기자든 《뉴스메이커》기자든 나는 그 인터뷰어가 '전투적 글쓰기'나 '공격 담론'*에 대한 김우창의 의견이 정말 궁금해서 그걸 물었는지 잘 모르겠다. 물론 사람마다 생각들이 다를 테니까 그 기자들로서는 그것이 정말 궁금했을 수도 있고, 또 인터뷰에서 무얼 묻느냐는 온전히 기자의 판단에 달린 것이지만, 그런 질문에 따를 대답이 내게는 너무 뻔해 보이기 때문이다. "의미가 있다, 그러나 그게 다는 아니다", 이런 대답 말고 무슨 대답이 나올 수 있겠는가? 나는 어쩌면 기자가 김우창의 '권위'를 빌려서 그런 '전투적 글쓰기'나 '공격 담론'에 대한 간접적 비판을 하고 싶었을지도 모른다고 생각한다. 물론 이것은 내 지레짐작일 뿐이므로 내가 틀렸을 수도 있다. 아니 틀리기 쉬울 것이다. 내 의심을 거두어들이겠다. 나는 내 동업자들의 양식을 믿는다. 그러나 그 질문과 대답의 상투성이 적어도 강준만이 인용한 부분의 인터뷰 텍스트를 썰렁하게 만들고 있다는 지적은 해야겠다.

✦ 이 두 표현을 두 기자가 똑같이 쓰고 있는 것도 재미있고, 거기에 대한 김우창 씨의 평가가 두 매체에서 거의 비슷한 문장으로 표현된 것도 재미있다. 김우창 씨가 똑같은 얘기를 했을 가능성이 크기는 하지만, 그 두 기사 사이의 '상호 텍스트성'에도 내 상상력이 열린다.

나는 지금 김우창의 그 인터뷰 발언에 대한 강준만의 비판이 너무 뜨거웠던 것이 아닌가 하고 말하려는 참이다. 비록 강준만의 김우창 비판은 자신의 존재 전체를 걸고 있는 비판적 글쓰기에 대한 정당방위의 성격이 있기는 하지만 말이다. 정확히 말하자면, 그 인터뷰 발언 자체에 대한 강준만의 비판이 너무 뜨거웠다는 것이 아니라, 아마도 김우창의 그 발언이 '마지막 한 방울의 물'이 돼서 김우창의 다른 부분들로 이어진 강준만의 비판 가운데 너무 뜨거워진 부분이 있지 않은가 하는 생각이 든다는 것이다.

그렇다는 것은 적어도 김우창의 인터뷰 답변 자체에 대해서는 옹호할 마음이 내게 없다는 뜻이기도 하다. 신문기사의 힘이나 자신의 이름의 무게를 알 만한 분이므로, 또 그런 질문이 어떤 맥락에서 나왔는지를 짐작할 수 있을 만한 분이므로, 그리고 무엇보다도 '전투적 글쓰기'나 '공격 담론'이라는, 폄훼의 성격이 매우 강한 딱지를 달고 있는 이즈음의 비판적 글쓰기가 한국 사회의 이데올로기 지형에서 어떤 지점에 놓여 있는지를 알 만한 분이므로, 그는 좀더 신중히 대답했어야 했다.

내가 강준만의 글을 통해서 그 인터뷰들의 일부분을 읽고 새삼 깨달은 것은, 김우창이 인터뷰에는 걸맞지 않은 분이라는 것이었다. 김우창은 찬찬히 자신의 생각을 가다듬어서 그것을 글로 표현하는 사람이지, 그때그때의 순발력이 요구되는 인터뷰에 적합한 사람이 아니다. 나는 김우창이 앞으로 대중매체의 인터뷰에는 응하지 않기를 소망한다. 인터뷰 기사는 근본적으로 인터뷰어의 텍스트이지 인터뷰이의 텍스트가 아니다. 인터뷰의 대상으로서는, 일단 인터뷰가 끝난 뒤에는, 자신의 말이 어떤 맥락에서 어떻게 편집돼 공개될지에 대해 예측할 수도 없고 그 과정에 손을 쓸 수도 없다. 자신의 글의 지적 엄밀함에 대해 김우창만큼 세심한 문필가라면, 아예 인터뷰를(특히 대중매체와의 인터뷰) 안 하는 것이 좋다고 생각한다.

여기까지 쓰고 보니 떠오르는 이름이 밀란 쿤데라다. 쿤데라는 더러 대중매체에 글을 쓰기는 하지만, 대중매체의 인터뷰에 응하는 일은 거의 없다. 그 이유 가운데 하나는 자신의 발언이 기자의 펜을 거치면서 뒤틀릴 것이 염려스러워서라고 한다. 물론 김우창은 쿤데라 정도의 은둔자는 아니지만, 자신의 말이 뒤틀리는 데 대해서는 쿤데라만큼 걱정을 할 것이다. 실상 내가 아는 김우창은 본디 신문에 얼굴을 잘 안 비치는 분이었다. 신문 기고도 좀체로 하지 않는 분이고, 신문과의 인터뷰도 좀체로 하지 않는 분이었는데, 강준만의 글을 보니 최근에 이런저런 계기로 대중매체에 더러 등장했던 모양이다. 나는 그것이 좀 아쉽다. 물론 신문에 자기 글을 싣거나 신문 인터뷰에 응하는 것은 조금도 비판받을 일이 아니고, 어떤 바람직한 목적을 위해서는 그것이 오히려 선양되어야 할 일이지만, 나는 우리 문단이나 학계에 김우창 같은 '은둔적 거인'이 한 사람쯤 있기를 바랐기 때문이다.✦

✦ 사실 이런 말을 할 자격이 내게는 없다. 나는 최근에도, 내키지 않아 하시는 김우창 씨께 여러 번 간청해, 〈한국일보〉 독자를 위해 그분과 피에르 부르디외의 대담 자리를 만든 적이 있다. 더구나 갑자기 광고가 치고 올라오는 바람에, 그 대담 기사는 아주 옹색하게 나갔다. 게다가 그분이 이끄시는 '2000 서울 국제 문학 포럼' 조직위원회의 말석에 있으면서, 나는 그분의 얼굴이 대중매체에 비치는 것을 은근히 조장하기도 했다. 선생님께 용서를 구한다.

강준만의 글을 읽으며 내가 뜻밖이라고 생각한 점은 김우창이 〈조선일보〉와 공적으로 얽혀 있다는 것이었다. 나는 김우창이 〈조선일보〉와 한국학술협의회가 공동으로 주관한다는 '석학 연속 강좌'의 '석학'으로 초빙되었다는 것을 강준만의 글을 읽고서야 알았다. 나는 놀랐다. 내가 사적으로 모르는 분도 아닌 어른에게 결례가 되는 언설일 터이지만, 나는 김우창에게 그 순간 다소 실망했다고 말하지 않을 수 없다. 한국학술협의회 이사장이라는 김용준과의 인연에 끌려 그리 된 것인지 어쩐지 그 사정은 알 수 없지만, 〈조선일보〉가 어떤 신문인지를 아는 분이 그 신문의 상징자본을 불려줄 일을 수락했다는 것은 비판받을 만하다.✦

✦ 〈조선일보〉가 어떤 신문인지를 김우창 씨가 알고 있다고 내가 어떻게 단정할 수 있는가? 강준만 씨도 자신의 글에서 인용한, 1998년 10월 28일 자 〈한겨레〉 칼럼 "민주사회의 사상과 정치"를 내가 읽었기 때문이다. 강준만 씨는 김우창 씨의 그 칼럼이 너무 '학술적'이고 '객관적'이고 '가치중립적'이어서 도무지 맘에 안 들었다고 하는데, 사실 나는 그 당시 그 글이 마음에 쏙 들었다. 나는 현실을 늘 먼 거리에서 바라보는 김우창 씨가 그런 글을 쓴 것이 우선 기뻤고, 신문 글에서도 여전히 유지되고 있는 그의 글의 품격에도 감탄했다. 나는 그 글을 읽으며 〈조선일보〉와의 싸움 의지를 다시 다지기도 했다.

나는 강준만 씨와는 달리 그 글이 '학술적'이고 '객관적'이고 '가치중립적'이었다고 생각하지 않는다. 그 글은 다분히 당파적이었고, 비록 격조는 있었지만 '학술적'이라고 비판받을 정도는 아니었다. 김우창 씨는 자신의 인터뷰 발언을 배반한 것이다. 아니, 그 칼럼을 쓴 것이 먼저니까, 자신의 어떤 글을 배반하는 인터뷰를 나중에 한 셈이다. 그리고 만약에 강준만 씨가 정말 그 칼럼을 '학술적'이라고 판단했다면, 강준만 씨는 김우창 씨의 글에 대한 기대를 접는 것이 좋을 것 같다. 내가 아는 한, 김우창 씨는 그런 스타일에서 크게 벗어난 글은 쓸 수 없는 분이다. 아닌 게 아니라, 강준만 씨의 글을 끝까지 읽어보면, 그가 김우창 씨에 대해서 기대를 접은 것 같기도 하다.

말이 나온 김에 《정치와 삶의 세계》(삼인, 2000)라는 책의 출간에 대해 강준만 씨가 내린, "(김우창 씨가) 상아탑의 세계를 벗어나 대중을 만나기 위해 시장 거리로 뛰쳐나왔다"는 평가에도 토를 달고 싶다. 그 부분은 강준만 씨가 조금 '오버'를 한 듯하다. 나는 강준만 씨가 이 발언을 한 시점까지는 그 책을 읽어보지 않았을 거라는 짐작을 한다. 또는 김우창 씨의 다른 책들을 읽지 않았든지. 왜냐하면 《정치와 삶의 세계》라는 책은 김우창 씨가 지금껏 내온 책과 전혀 다를 바 없는 '학술적' 책이기 때문이다. 그리고 김우창 씨는 자신의 비평활동의 초기부터 문학 비평과 사회 비평을 겸해왔다. 다만 역동적이고 구체적인 현실의 세목細目과는 일정한 거리를 유지한 채 '학술적'으로 비평해왔을 뿐이다.

말하자면 나는 '비판적 글쓰기' 또는 '공격 담론'에 대한 김우창의 발언 자체에 대해서 강준만이 보인 반응에 다소 미지근하게 동의하고, 김우창의 '석학' 수락에 대한 강준만의 비판에 전적으로 동의한다.

그러나 그에 이어서 '호남 차별을 어떻게 보나'와 '김용옥의 원맨쇼'라는 소제목으로 강준만이 이어나간 김우창 비판에는 선뜻 공감할 수가 없다. 강준만이 '호남 차별을 어떻게 보나'에서 인용한 최장집의 글을 다시 인용해보자.

　　나로서는 선생이 한국 정치의 가장 중심적인 사안이라고 할 수 있는 호남 지역 차별 문제를 어떻게 생각하고 있을까 하는 것이 평소 궁금하게 여기던 것 중의 하나였다. 더욱이 선생은 전라남도의 함평 태생으로 광주 서중과 광주고를 졸업하고 서울대학교로 진학한 전라도 사람이 아니던가? 역시 미국 사회과학연구원 일로 미국인 교수들과 회의를 가졌을 때였다. 회의 막간에 한국 정치와 지역 문제에 대해 얘기하던 중 한 미국인 교수가 불쑥 선생의 고향은 어디냐고 물었다. 선생은 그 질문에 "나는 파리아 도(pariah province, 천민의 도道라는 뜻) 출신이다"라고 대답했다. 그 말은 가슴을 때리는 어떤 것이었다. 이후 나는 호남 문제를 생각할 때면 자주 선생의 그 한마디 말이 떠오르고 그것은 나를 슬프게 하고는 한다.

　　강준만은 이 글을 인용한 뒤에 "호남 차별에 대해 '나는 파리아 도 출신이다'라면서 자학만 하면 되는 것인가?"라고 묻는다. 강준만이 내게 물은 것은 아니지만, 내가, 전라도 사람으로서, 그 질문에 대답하는 것이 크게 주제넘는 일은 아닐 것이다. "그래서는 안 된다!" 바람직한 것은 그 차별에 정면으로 맞서는 것이다. 그 모범을 강준만이 보여주었다. 스스로를 자유주의자로 생각하는 사람으로서, 한국인의 한 사람으로서, 그리고 전라도 사람으로서, 나는 강준만에게 경의와 고마움과 부채감을 표하지 않을 수 없다.

그는 〈조선일보〉 문제와 지역 차별 문제라는, 한국 사회의 가장 긴급한, 그러나 누구도 공적인 자리에서 언급하기를 꺼리는 문제에 거의 단기필마單騎匹馬로 맞서서 그것을 이 사회의 중요한 의제로 만들었다. 만약에 〈조선일보〉 문제에 대한 인식이 우리 사회에 확산되고 있다면, 그리고 어떤 이유로든 〈조선일보〉에 글을 쓰는 것을 껄끄러워하는 지식인들이 늘어나고 있다면, 그것은 거의 온전히 강준만이 지난 십 년 가까이 자기 몸 버려가며 싸워온 덕분이라고 말해도 좋을 것이다. 나는 《인물과 사상》이 한국에서 나오는 가장 중요한 잡지 가운데 하나라고 생각하고, 그 잡지에 글을 쓰고 있는 것을 자랑스럽게 생각한다. 강준만이 없는 한국을 생각하면 끔찍하다. 나는 그가 한국 사회에서 대체代替가 불가능한 드문 지식인 가운데 하나라고 생각한다. 그(와 진중권을 비롯한 몇몇 비판적 지식인들)가 없는 지식인 사회, 즉 모두가 〈조선일보〉 앞에서 비굴하고 모두가 영남패권주의 앞에서 고분고분한 지식인 사회는 정말 꼴불견일 것이다.

그러나, 아니 바로 그런 이유 때문에, 모든 사람들이 강준만 같기를 바랄 수는 없다. 강준만도 자신이 대단히 예외적인, 비非

전형적인 지식인이라는 것을 의식하고 있을 것이다. 그는 어떤 문제에 대해 정면으로 다가서서 직설로 맞부딪친다. 사실은 그것이 야말로 문제 해결의 지름길이고 정도正道다. 그리고 그런 지름길에 새겨진 발자국이 늘어날수록 문제 해결의 시기는 앞당겨질 것이다. 그러나 모든 사람이 강준만처럼 강하고 호연浩然할 수는 없다. 그것은 일차적으로 기질의 문제와 관련된다. 그리고, 위에서 살짝 내비쳤듯, 부분적으로는 전라도 사람으로서의 자의식과도 관련된다. 전라도 사람으로서, 나는 김우창의 그런 태도를 이해할 수 있을 것 같다, 비록 지지할 수는 없지만. 강준만이 '순수한' 전라도 사람이라면, 아마 그의 비판 양식은 조금 달라졌을지도 모른다. 물론 이것은 말 그대로 달라졌을지도 모른다는 것이지, 반드시 달라졌을 거라는 얘기는 아니다. 강준만의 비범함을 아는 사람으로서, 나는 그가 '순수한' 전라도 사람이었다고 해도 그의 비판 양식이 달라졌을 거라고 단정하지는 못하겠다. 그러나 나는 김우창의 '자학'에 대해서 강준만보다는 조금 더 따스한 눈길을 줄 수 있을 것 같다. 아마 강준만도 알고 있을 '짠하다'라는 전라도말이 있는데, 나는 위의 최장집 글을 읽으며, 매우 외람된 말이지만 김우창이 짠했다. 나는 강준만의 비판이 옳다는 것을 머리로는 이해하면서도, 가슴으로는 그것을 온전하게 접수하지 못하는 것이다.

강준만이 김용옥의 글을 길게 인용하며, "김우창은 아무래도 자학을 더 높은 단계로 승화시키기로 한 게 아닌가 하는 생각이 든다"라고 말했을 때는, 내 머리와 가슴이 둘 다 강준만의 발언을 접수하지 못했다는 걸 고백해야겠다. 강준만이 적절히 지적했듯, 김용옥이 묘사한, 어느 구정 연휴 김용준의 자택 풍경은 그야말로 김용옥의 '원맨쇼'였다. 김용옥의 글쓰기 방식을 누구 못지않게 잘 알고 있을 강준만이 김용옥의 글을 근거로 김우창의 "더 높은 단계로 승화한 자학"을 거론하는 것은 이해하기 힘들다. 더구나 김용옥의 그 글이 쓰인 시점은, 내 기억이 옳다면, 김용옥이《신동아》에 연재하던 〈도올세설〉의 한 회분에서, 노태우에게 '세계사적 개인' 운운하며 별별 더러운 아부를 다 하던 시점 언저리였다. 진중권이 가상의 '제2의 도올'의 입을 빌려 표현한 바에 따르면, "노태우 똥구멍이나 빨"던 시점 언저리였다.

1980년대의 한때 김용옥의 애독자였던 사람으로서, 나는 강준만이 인용한 김용옥의 글에서 김용옥의 비굴함과 야비함을, 그의 천격賤格을 읽었을 따름이다. 그는 김대중 비판이라는, (나 자신도 그 유혹에서 완전히 자유롭지 않았던) 당시 지식인 사회의 패션을 그럴듯한 무대에 올리기 위해서, 그리고 "노태우 똥구멍이나 빠"는 자신의 몸에 탈취제를 뿌리기 위해서 김우창을 이용했을 뿐이다, 적어도 내 생각으로는.

물론 강준만은 김우창의 "도통道通한 종교인의 태도"가 "시비 걸 일은 아니"라고 말한다. 그런데도 그가 실질적으로 시비를 건 것은 왜인가? 김우창이 자신의 "그런 태도를 기준으로 남의 비평 방식에 시비를" 걸었기 때문이다. 위에서도 말했듯, 강준만의 김우창 비판은 정당방위의 성격이 짙다. 그리고 다시 말하지만, 나는 김우창이 인터뷰에서 좀더 신중하게 대답했어야 했다고 생각한다. 강준만이, 예의 그 '전투적 글쓰기'의 주체로서, 김우창의 발언에 실망했을 것은 충분히 짐작할 수 있다.✦ 그러나 강준만이 김용옥의 퇴행성 막말을 근거로, 호남 차별에 대한 김우창의 태도를 '자학의 승화'라고 빈정거릴 때, 나는 어떤 불편함을 느꼈다고 말해야겠다.

✦ 누가 처음에 사용했는지는 모르겠지만 나는 '전투적 글쓰기'라는 말을 좋아하지 않는다. '공격 담론'이란 말은 더 혐오스럽다. 그리고 그 표현들이 강준만 씨의 글쓰기에 적합하다고도 생각하지 않는다. 그러나 더 좋은 말들이 생각나지 않고, 특히 '전투적 글쓰기'라는 말은 일종의 저널리즈journalese로 굳은 듯하니, 그냥 놓아두기로 하자. 아무튼 나는 그 범주 안에 강준만 씨의 글쓰기를 다른 사람들의 글쓰기와 묶는 것은 공정하지 않다고 생각한다. '전투적 글쓰기'든 또다른 무엇이든, 그 범주의 필자로서는 강준만 씨가 유일하다. 그의 글은 다른 사람들의 글과 묶일 수가 없다. 스타일의 차원에서만은 아니다. 그만이 그 글쓰기에 자신의 온몸을 싣고 있고, 거의 그만이 그 글쓰기를 오로지 공적 차원에서 수행하고 있기 때문이다.

그 글을 읽으며 나는 아주 오래전에 읽은, 김우창과 어떤 문인과의 대담을 떠올렸다(그 다른 문인의 이름을 적지 않는 것은 그가 누구였는지를 잊었기 때문이다. 영남 출신의 문인이었던 것으로 기억한다). 이야기가 박목월의 시에 미치면서 대담 상대자가 목월 시의 경상도 사투리에 찬사를 보내자 김우창이 했던 말이(정확한 워딩은 아니다. 벌써 20년 저편의 일이어서, 그 대담을 실은 잡지가 뭐였는지도 생각나지 않는다), 대충 "지금이 아무리 경상도 세상이라지만 나는 목월 시의 경상도 사투리에서 무슨 시학적 필연성도 읽지 못했고 좋은 느낌도 받지 못했다"는 거였다. 나는 그때, 뒷날 김현의 "전라도는 원죄야" 발언을 읽었을 때처럼, 놀랐다. 김우창처럼 겉보기에 순탄한 삶을 살아온 사람에게도, 전라도 사람으로서의 자의식이 있구나 하는 놀라움이었다. 그리고, 강준만이 인용한 최장집의 글을 보니, 아닌 게 아니라 그 자의식은 강준만이 지적한 대로 점점 '자학'에 가까워지고 있는 듯하다. 그렇다면, 지금보다 훨씬 젊은 시절의 김우창이 "지금이 아무리 경상도 세상이라지만"이라고 '항의'한 것이, 그가 호남 차별 문제에 대해 '구체적'이고 '가시적'으로 할 수 있는 발언의 최대치일지도 모른다. 그것이 김우창의 문약文弱일 것이다. 나는 강준만이 그 문약에 대해 조금 너그러울 수 있으면 좋겠다.

유대인

✦

전라도 사람의 '자학'과 나란히 얘기할 수는 결코 없지만, '자학' 얘기가 나온 김에 예전에 읽은 로베르 마지오리라는 사람의 글 얘기로 이 글을 마무리하자. 로베르 마지오리는 프랑스의 좌파 일간신문 〈리베라시옹〉의 철학 담당 기자다. 〈리베라시옹〉을 접한 지가 오래돼 그가 지금까지 그 신문의 기자로 있는지는 모르겠지만, 파리에 살 때 나는 그의 기사를 읽는 재미로 〈리베라시옹〉을 구독했다. 로베르 마지오리는, 《누벨 옵세르바퇴르》의 디디에 에리봉과 함께, 30대의 내가 모델로 삼았던 기자였다. 나는 그들처럼, 사회적 방언들이 흩날리는 담론의 만다라를 일상언어로 풀어헤쳐, 쉽게 판독할 수 있는 사상의 지도를 독자들에게 그려 보여주고 싶었다. 일상의 쾌락을 좇으며 내가 세상 잡사에 한눈을 파는 동안, 그 꿈은 어느 결에 내 손가락 사이로 빠져나가버렸다.

마지오리는 〈리베라시옹〉(1989년 12월 21일 자) 기사(그 기사는 그의 저서 《그날그날의 철학La philosophie au jour le jour》[플라마리옹, 1994]에 실려 있다)에서 스물세 살에 자살한 카를로 미켈슈태테르의 《설득과 수사》에 대한 평을 하기 전에, 오스트리아-헝가리 제국의 붕괴, 곧 당사자들로서는 세계의 붕괴로 보였던 사건에 때맞춰 일어난 빈과 트리에스테 출신 유대인 지식인들의 잇따른 자살의 예를 나열한다. 자연에 반하는 이런 때이른 죽음은 그쪽의 지식인 사회에서 흔히 '형이상학적 죽음'이라고 불리는 모양이다. 오토 말러(작곡가 구스타프 말러의 동생), 시인 게오르크 트라클, 물리학자 루트비히 볼츠만, 한스·루디 그리고 쿠르트 비트겐슈타인(철학자 루트비히 비트겐슈타인의 형제들), 그리고 카를로 미켈슈태테르처럼 스물세 살에 자살한 오토 바이닝거가 마지오리의 리스트에 오른 그 '형이상학적 죽음들'의 주인공들이다. 오토 바이닝거는 베토벤이 죽은 빈의 아파트에서 자살했다. 그의 케이스는 다른 다섯 케이스와 함께 테오도르 레싱의 《유대적 자기혐오》(1930)에서 분석되었다. 자기 주위의 타인들에게 거부당한 개인이나 집단은 그 거부를 내면화함으로써 자신을 증오하게 된다는 것이 '유대적 자기혐오'의 핵심이다. 마지오리는 이런 '형이상학적 죽음'의 예를 열거하면서, 오스트리아-트리에스테인들의 '자살 소명'의 어떤 것이 미켈슈태테르를 건드렸을 수도 있다고 말한다. 한스 비트겐슈타인처럼, 미켈슈태테르의 형인 지노도 1909년에 뉴욕에서 자살했다.

마지오리의 기사에 따르면, 소설가 이탈로 스베보가 교통사고로 죽었을 때 동료 작가 제임스 조이스는 "유대인들의 죽음에 맞닥뜨리면, 나는 늘 자살이 아닐까 의심한다"고 말했다고 한다. 조이스는 이 말을 하며, 자신도 모르게, 지난 세기 초에 널리 퍼진 '이데올로기'에 맞장구를 친 것이다. '자살하는 유대인'이라는 이데올로기 말이다. 그 '이데올로기'가 널리 퍼진 것은 트리에스테 사람들의 우상이었던 오토 바이닝거가 자살한 뒤라고 한다. 반유대주의적 유대인 바이닝거가 상징하는 '유대적 자기혐오'는 때로는 비겁하고 때로는 용감한 '자기희생'으로 이어지며 기다란 자살 리스트를 채웠다.

나는 전라도 사람 가운데 그 태생을 비관해 자살했다는 사람 이야기는 못 들어보았지만, 강준만이 김우창에게서 발견한 그 '자학'은 유대적 자기혐오와도 선이 닿을 것이다. 그 자학은 사회적인 것이기도 하고 심리적인 것이기도 하다. 다시 말하지만, 나는 그 자학을 지지하지 않는다. 나는 강준만의 헌걸찬 싸움 방식을 옹호한다. 그것만이 문제를 해결할 수 있기 때문이다. 반면에 나는 그 자학을 이해할 수는 있다. 내가 어쩔 수 없는 전라도 사람이기 때문일 것이다.

이 글의 앞부분에서 언급한, 아버지의 고향이 청진인 시인은 내가 《인물과 사상》에 전라도 얘기를 쓰겠다고 하자, 내게 이렇게 핀잔을 주었다. "또? 작년 이맘때도 서얼단상인지 하는 제목으로 전라도 타령을 하더니 또? 이젠 그만 좀 우려먹어."

나는 겸연쩍어하며, 깊이 반성하며, 동의의 뜻으로 대답했다. "그래애애애애!"

《인물과 사상》 16권, 2000. 10.

03

제비뽑기의 정치학

✦

~~~~~~~~~~~~

추첨제라는 기발한 제안

✦

올해 초에 나온 반년간지 《흔적》의 창간호에는 가라타니 고진의 〈프롤레타리아 독재에 대하여〉라는 글이 실려 있다. 세 페이지가 못 되는 이 짧은 글에서 가라타니는 프롤레타리아 독재에 대한 다소 '기발한' 개념화를 꾀하고 있다. 가라타니의 주장에 따르면, 프롤레타리아 독재의 핵심은 추첨제다. 가라타니는 글의 서두에서 옛 현실사회주의 사회에서 프롤레타리아 독재가 당 관료독재로 끝난 경위를 짧게 되돌아본 뒤, 관료제나 그것의 폐해인 권력 집중을 피하기 위해서 추첨제를 도입하자고 제안한다. 구체적으로는, 무기명 선거로 뽑은 복수 후보자 가운데 추첨으로 대표자를 뽑자는 것이다. 리콜이나 비밀투표로는 모든 권력의 속성인 관료제화 즉 '대표하는 자의 고정화'를 막을 수 없으니, 권력이 집중하는 자리에 이렇게 우연성을 도입해 권력의 고

정화를 저지하자는 것이 그의 제안이다. 추첨제가 관료주의를 치료할 약이 되는 것이다. 가라타니의 생각은 두 가지 점에서 기발한데, 첫째는 일반 민주주의의 핵심적 도구라고 할 보통선거를 추첨으로 대체하자는 것이고, 둘째는 바로 그 추첨제야말로 프롤레타리아 독재라고 주장한다는 것이다. 가라타니는 말한다. "무기명 투표에 의한 보통선거, 즉 의회제 민주주의가 부르주아적인 독재라고 한다면 추첨제야말로 프롤레타리아 독재라 해야 할 것이다."

가라타니는 추첨제의 장점을 그 나름대로 부연한다.

바람직한 것은 예를 들면 무기명 투표로 세 명을 뽑고 그중에서 대표를 추첨으로 뽑는 식의 방식이다. 그러면 마지막 단계가 우연성에 의거하기 때문에 파벌적 대립이나 후계자 투쟁은 의미가 없어진다. 그 결과 가장 뛰어난 것은 아니라 해도 상대적으로 뛰어난 대표자가 선출되게 된다. 추첨에서 뽑힌 사람은 자신의 능력을 과시할 수가 없게 되고 추첨에서 떨어진 사람도 대표자에 대한 협력을 거부할 이유가 없다. 이러한 정치적 기술은 '모든 권력은 타락한다'는 식의 진부한 성찰과는 달리 실제로 효력이 있다.

우리는 권력 지향이라는 인간성의 변화나, 개개인의 능력 차이가 안 보이게 되는 일들을 전제로 해서는 안 된다. 그러한 것들이 나쁜 결과를 초래하는 것은 제도 때문이거나 혹은 그런 사실에 대한 통찰이 결여되어 있기 때문이다. 권력의 폐해는 권력이 집중하는 자리에 우연성(추첨제)을 도입하는 일에 의해 막을 수 있다.

추첨제의 도입이라는 결말이 비현실적으로 보일지라도, 가라타니 사고의 출발점이 극히 현실적이라는 점은 인정할 수밖에 없다. 그 점은, 권력 지향이라는 인간성의 변화나 개개인의 능력 차이가 없는 상태를 전제로 해서는 안 된다는 그의 발언에서 또렷하다. 그는 출발점에서 유토피아주의자나 몽상가가 아닌 것이다. 그의 말마따나 사회과학자가 해야 할 일은 일차적으로 제도에 대한 통찰이고, 정치적 기술을 고안해내는 것이다. 러시아 혁명이 당 독재, 관료지배로 우울하게 끝장난 것을 볼셰비키의 책략이나 배반 탓으로 돌리는 것은 아무런 해결책이 아니다. 가라타니는 제도에 대한 통찰을 통해서 무언가를 도모했고, 그 통찰이 다다른 곳이 추첨제다.

가라타니는 여기 덧붙여 이 추첨제는 미래의 과제가 아니라 현재의 기업이나 관청, 그 밖의 조직에서도 이뤄낼 수 있는 일이라고 말한다. 많은 사람들이 고민하는 것은 임금의 불평등보다도 노동현장의 관료적 고정화이므로, 국가와 자본에 대항하는 운동은 말할 것도 없이 자신의 체제 속에 이 원리를 도입해야 한다는 것이 그의 주장이다. 바로 이 지점에서 그의 프롤레타리아 독재 개념이 어슴푸레하게 드러난다. 그가 생각하는 프롤레타리아 독재란 반관료주의다. 그리고 관료주의에 대한 처방으로서 가라타니가 생각해낸 것이 추첨제다. 따라서 그의 생각에, 프롤레타리아 독재는 곧 추첨제다.

계급들 사이의 정치적·경제적 세력관계의 (폭력적 또는 비폭력적) 재편에 의해서가 아니라 추첨제라는 '정치적 기술'의 도입으로 프롤레타리아 독재가 실현될 수 있다는 가라타니의 관점은 일단 기괴하달 수밖에 없다. 그것은 부르주아 독재도 (정치와 행정의 여러 단계에서) 관료주의만 추방하면 프롤레타리아 독재가 된다는 관점에서 크게 멀지 않다. 제정신을 가진 사람으로서 이 주장에 선뜻 동의할 사람은 많지 않을 것이다. 그러나 그것이 부르주아 독재든 프롤레타리아 독재든, 관료주의나 권력의 집중을 막기 위한 장치로서의 추첨제를 가라타니가 얘기하고 있다면, 그것을 일소一笑에 부칠 수만은 없다. 그것은 적어도 진지한 생각거리는 된다.

제비뽑기의 전통에 대하여

✦

가라타니의 이 글을 읽자마자 떠오른 것이 최근 한국의 개신교에서 거론되고 있는 추첨제다. 국내 개신교 최대 교단인 대한예수교장로회(예장) 합동 교단이 올 9월 열리는 제86회 총회부터 임원들을 제비뽑기로 선출하기로 한 것은 독자들도 알고 있을 것이다. 예장 합동은 지난해 가을 진주에서 열린 제85회 총회에서 차기 총회 임원선거 때부터 제비뽑기를 도입하기로 결의하고 그 세부사항을 임원회에 위임한 바 있다. 이 결의는 총회 대의원들의 절대적 지지를 받아 이뤄졌다고 한다. 합동 교단은 재작년 제84회 총회에서, 총회 임원선거의 금권 타락 선거를 없애기 위해서는 《성경》에서 가르치고 있는 제비뽑기를 실시할 수밖에 없다며 이 제도의 도입을 요구한 아홉 개 노회의 헌의안을 긍정적으로 받아들인 뒤, 선거법 개정을 검토할 5인 특별위원회를 두고 한 해 동안 연구해온 끝에 지난해 가을 제비뽑기 안을 통과시켰다. "배수倍數를 공천해서 하느님께 기도를 하고 제비를 뽑는다"는 이 방식은 가라타니가 제안한 방식과 유사하다. 그러나 가라타니의 구상은 최종 선출을 제비뽑기로 하기 전에 보통선거로 복수 후보를 뽑는 것을 상정하고 있는 듯해, 입후보할 수 있는 자격 기준을 엄격히 세워 시행하되 투표 방식을 아예 배제한 듯한 예장 합동의 결정과는 다르다.

보수적인 예장 합동 교단이 이런 결정을 한 데는, 그동안 총회장을 비롯한 총회 임원선거에서 금전 수수 논란이 끊이지 않았고 때로 법정 다툼까지 벌어지는 등 교회 안의 선거 분위기가 매우 혼탁했던 것이 그 배경으로 작용했다고 한다. 총회 임원선거운동과정에서 선거 브로커들이 준동했고, 그래서 교회의 돈과 인력이 엉뚱한 데 소모됐다는 것이다. 게다가 그 돈이 후보자들의 개인 재산이 아니라 교인들의 주머니에서 나온 헌금이어서 더 문제가 됐다. 그러니까 예장 합동의 제비뽑기 선출 방식은 일종의 자정 차원에서 제기된 것이다. 새 방법에 따르면 임원에 입후보한 사람들이 공탁금을 걸고, 그 공탁금을 교단발전기금으로 사용할 모양이다.

예장 안의 제비뽑기 지지자들에 따르면, 장로교의 창시자인 장 칼뱅도 〈사도행전〉을 근거로 삼아 제비뽑기가 교회의 가장 좋은 선출제도라는 주장을 이미 16세기에 했다고 한다. 〈사도행전〉은 예수를 배신하고 떠난 유다의 자리를 채울 새 사도를 뽑는 과정을 이렇게 묘사하고 있다.

그들은 바르사빠라고도 하고 유스도라고도 하는 요셉과 마티아 두 사람을 천거한 다음 이렇게 기도하였다. '모든 사람의 마음을 다 아시는 주님, 주님께서 이 두 사람 중 누구를 뽑으셨는지 알려주십시오. 유다는 사도직을 버리고 제 갈 곳으로 갔습니다. 그 직분을 누구에게 맡기시렵니까?' 그러고 나서 제비를 뽑았더니 마티아가 뽑혀서 열한 사도와 같이 사도직을 맡게 되었다.

_〈사도행전〉1:23~26

제비뽑기는 감리교를 비롯한 다른 교단에서도 관심 있게 지켜보고 있다. 교단의 임원선거에 제비뽑기를 도입하자고 주장하는 사람들이 가장 큰 근거로 내세우는 것은 《성경》에 나오는 제비뽑기 장면들이다. 아닌 게 아니라 《성경》에는 제비뽑기 장면이 여러 번 나온다. 구약 시대의 유대인들에게는 어떤 결정을 내리기 위한 제비뽑기가 일상적이었던 듯하다. 그것은 무엇보다도 하느님의 뜻을 묻기 위한 절차였다. 한 예로 〈잠언〉에는 "주사위는 사람이, 결정은 야훼께서"(〈잠언〉 16:33)라거나 "주사위만이 송사를 끝내고 세도가들의 사이를 판가름한다"(〈잠언〉 18:18)는 구절이 나온다. 《성경》에는 이 밖에도 구체적인 상황에서의 제비뽑기가 많이 묘사된다.

예컨대 초대 임금을 뽑을 때("사무엘이 이스라엘 온 지파를 내세우고 제비를 뽑자 베냐민 지파가 뽑혔다. 다시 베냐민 지파를 갈래별로 내세우고 제비를 뽑자 마드리 갈래가 뽑혔다. 다시 마드리 갈래를 한 사람씩 내세우고 제비를 뽑자 키스의 아들 사울이 뽑혔다", 〈사무엘 상〉 10:20~21)나, 전쟁터에 나갈 때("우리는 아무도 자기 천막에 돌아가지 못한다. 이제 기브아 놈들에게 이렇게 하자. 제비를 뽑는데 이스라엘 각 지파에서 백 명마다 열 사람을 뽑고 천 명마다 백 명을, 만 명마다 천 명을 뽑아 군량미를 모으자. 베냐민 지파에 속한 기브아 놈들이 이스라엘에서 저지른 이 고약한 일을 보복하러 올라갈 사람들의 양식을 모으자", 〈판관기〉 20:9~11)나, 성가대를 뽑을 때("그들은 대가나 평단원, 선생이나 제자의 구별 없이 제비를 뽑아 번들었다", 〈역대기 상〉 25:8)나, 제사장을 뽑을 때("사제들의 관례에 따라 주님의 성소에 들어가 분향할 사람을 제비뽑아 정하였는데 즈가리야가 뽑혀 그 일을 맡게 되었다", 〈루가〉 1:9)나, 문지기를 뽑을 때("그들은 큰 가문 작은 가문 가리지 않고 제비를 뽑아 각 문을 맡았다. 해 뜨는 쪽 문을 놓고 제비를 뽑으니, 셸레미야가 뽑혔다. 그의 아들 즈가리야는 명석한 참모였는데, 제비를 뽑아 북문을 맡게 되었다", 〈역대기 상〉 26:13~14), 유대인들은 제비뽑기를 했던 모양이다.

〈여호수아〉를 보면 심지어 범인을 색출할 때나 가나안 땅을 분배할 때도 제비뽑기를 했던 듯하니, 유대인들만큼 제비뽑기를 좋아했던 사람들도 없었을 것이다.

> 여호수아는 아침 일찍 일어나서 이스라엘을 지파별로 나오게 하였다. 그 가운데서 유다 지파가 (주사위로) 잡혔다. 유다 지파를 갈래별로 나서게 하였더니 제라 갈래가 (주사위로) 잡혔고, 제라 갈래를 가문별로 나서게 했더니 잡디 가문이 (주사위로) 잡혔다. 다시 여호수아가 잡디 가문의 장정을 차례로 나서게 했더니 유다 지파, 제라의 중손이요 잡디의 손자며 가르미의 아들인 아간이 (주사위로) 잡혔다.
>
> _〈여호수아〉 7:16~18

그들은 야훼께서 모세를 시켜 명하신 대로 제비를 뽑아 아홉 지파 반에게 나누어 주었다.

_〈여호수아〉 14:2

이런 제비뽑기 선호에는 〈잠언〉이 기록하고 있는 것처럼 모든 결정은 하느님이 한다는 믿음이 뒷받침돼 있는 것 같다. 요컨대 제비뽑기는 피조물로서의 인간이 창조주의 뜻을 묻는 수단이었던 것이다. 〈민수기〉에는 구체적으로 하느님의 뜻을 물을 때는 우림을 쓰라는 구절이 나온다.

그러나 그가 나에게 무엇을 묻고 싶을 때에는 엘르아잘 사제 앞에 나와야 한다. 그러면 엘르아잘은 우림을 써서 가부간의 결정을 내려줄 것이다. 여호수아는 그의 지시를 따라 백성을 거느리고 들기도 하고 나기도 해야 한다.

_〈민수기〉 27:21

우림은, 둠밈과 함께, 재판 때 야훼의 뜻을 알기 위해 흉패에 달았던 보석이다. 〈출애굽기〉에 "시비를 가리는 이 가슴받이 속에는 우림과 둠밈을 넣어 두어라. 아론이 야훼 앞에 들어갈 때 이것을 가슴에 붙이고 들어가게 하여라. 아론은 야훼 앞에서 이스라엘 백성의 시비를 가릴 때 언제나 이것을 가슴에 붙이고 있어야 한다"(〈출애굽기〉 28:30)는 구절이 나온다.

물론 제비뽑기가 유대인들만의 관행은 아니다. 중세에는 사제들을 포함한 기독교 신자들 사이에 '사도들의 제비뽑기'라는 것이 유행했던 모양이다. 어떤 결정을 내려야 할 때 《성경》을 들고 아무 데나 펼쳐서 발견한 구절을 판단의 자료로 삼는 것이다. 프란체스코회라는 탁발수도회의 창립자이자 신神의 음유시인이라는 별명을 지닌 시인이기도 했던 아시시의 프란체스코도 이런 사도들의 제비뽑기로 자신의 생애를 결정했다. 그 자신 프란체스코 수도회의 회장을 지내기도 한 보나벤투라의 《아시시의 성프란체스코 대전기》에 따르면, 프란체스코는 젊은 시절의 향락을 버리고 회심해서 프란체스코회를 세우기 전에 하느님이 자신에게 원하는 삶이 무엇인지를 알기 위해 산 니콜로 성당에 가서 복음서를 세 번 펼쳐보았다고 한다. 그래서 찾은 구절이 "네가 완전한 사람이 되려거든 가서 너의 재산을 다 팔아 가난한 사람들에게 나누어 주어라. 그러면 하늘에서 보화를 얻게 될 것이다. 그러니 내가 시키는 대로 하고 나서 나를 따라오너라"(〈마태오〉 19:21)와 "길을 떠날 때 아무것도 지니지 말라. 지팡이나 식량 자루나 빵이나 돈은 물론, 여벌 내의도 가지고 다니지 말라"(〈루가〉 9:3)와 "나를 따르려는 사람은 누구든지 자기를 버리고 제 십자가를 지고 따라야 한다"(〈마태오〉 16:24)라는 예수의 말이었다. 아무렇게나 펼쳐본 복음서의 구절들이 모두 청빈하게 자신을 따르라는 예수의 말이었고, 그래서 프란체스코는 그 구절들을 회

칙으로 삼아 '작은 형제의 모임'을 창립했다.

제비뽑기는 유대기독교적 전통만은 아니고, 전근대적 전통만도 아니다. 일본에서도 새해 아침에 신사에서 신년 운세를 알아보기 위해서 제비뽑기를 한다. 이른바 오미쿠지御神籤다. 미미 레더 감독의 영화 〈딥 임팩트〉에는 혜성과 지구의 충돌 이후를 대비해서 2년간 1백만 명을 수용할 수 있는 석회암 동굴 속 지하 요새를 만들고 '생사의 제비뽑기'를 하는 장면이 나온다. 한국에서 새로 건설되는 아파트를 분양하는 것도 추첨을 통해서고, 또 뽑기식의 발주방법을 채택하고 있는 건설업계의 입찰장에는 허가증만 가진 페이퍼 컴퍼니의 직원들이 휴대폰을 들고 '제비뽑기'의 요행수를 바라며 득실거린다.

뭐니 뭐니 해도 제비뽑기의 현대적 형태는 복권일 것이다. 복권의 효시는 고대 로마 시대로 거슬러 올라간다지만, 근대적 복권의 형태는 15~16세기에 네덜란드와 이탈리아에서 시작되었다. 16세기에는 이탈리아의 피렌체에서 세계 최초로 로토라고 불리는 복권이 나와 오늘날 로토 게임의 효시가 되었다. 오늘날 인터넷 사이트들은 경품 추첨이라는 이름의 사이버 복권으로 사람들의 눈과 마음을 호리고 있다.

이성을 신탁으로 대신할 수는 없다

✦

나는 비非신자로서, 어떤 기독교 교단 안에서 신자들이나 대의원들이 교단의 임원을 추첨으로 뽑는 데는 별 관심이 없다. 더구나 그것이 《성경》의 기록에 근거를 두고 있는 것이라면, 교회의 차원에서는 되살려서 이어나갈 만한 미풍양속일지도 모른다. 또 나는 자본주의 사회, 자유주의 경제의 수동적 지지자로서, 현대를 풍미하는 복권 열풍에도 아무런 불만이 없다. 비록 그것이 또다른 형태의 착취이고 환멸을 종착역으로 삼은 기차라고 하더라도, 복권이 베푸는 일확천금의 희망(사행심)은 이 팍팍한 삶을 적어도 주관적으로는 좀더 살 만하게 만들 수도 있을 것이다. 그러나 세속의 정치과정에 제비뽑기를 도입하는 문제에 대해서는, 시민의 한 사람으로서, 나도 할 말이 있다.

과연 정치과정에 우연성을 도입하는 것이 가라타니의 주장대로 파벌적 대립이나 후계자 투쟁을 몰아낼 수 있을까? 추첨으로 뽑힌 정치 지도자는 자신의 능력을 과시할 수가 없게 되고 추첨에서 떨어진 사람도 대표자에 대한 협력을 거부할 이유가 없게 될까? 내게는 그것이 그리 또렷해 보이지 않는다. 내 사견으로는 오히려 그렇게 되지 않을 가능성이 크다.

재능보다 나은 것이 덕이고 덕보다 나은 것이 복이라는 속언이 있듯이, 어떤 '좋은 운명'에 대한 사람의 존중심은 크다. 사람은 이성의 동물이지만, 충분히 이성의 동물은 아니기 때문이다. 걘 돈 벌 팔자를 타고났어, 걘 관운을 타고났어, 라는 말에는 그 말을 하는 사람의 부러움이 그득 차 있다. 그것이 불합리한 일이라는 걸 누구나 알지만, 사람들은 흔히 남들의 획득된 지위보다는 귀속적 지위를 더 부러워한다. 사실 출생이야말로 가장 원초적인 제비뽑기일 터인데, 세속의 기준은 흔히 자수성가한 사람보다는 '뽑기를 잘한' 재벌 2세를 더 '존중할 만한' 부자로 보고, 자신의 힘으로 바닥에서 천장까지 오른 에스트라다(이른바 '민중 혁명'이라는 것에 의해 쫓겨난 필리핀의 전 대통령 말이다)보다는 누대累代를 잘 먹고 잘산 지주 부르주아 출신의 '뽑기를 잘한' 정치인들을 더 윗자리에 놓는다. 나폴레옹은 프랑스의 보수주의자들에게 오래도록 코르시카의 촌놈이고 왕권의 찬탈자일 뿐이었다. 그는 원래 재수가 좋다, 그의 사주에는 권세가 들러붙어 있다, 그는 왕이 (또는 부자가) 되게끔 태어났다, 하느님이 그의 편이다, 라는 말처럼 그에 대한 존중심과 권위를 불러일으키는 말은 달리 없다. 왕권신수설이 그렇게도 오래도록 힘을 발휘할 수 있었던 것은 사람들의 마음속에 깊이 박혀 있는 이런 숙명주의나 순응주의를 반영한다.

말하자면 어떤 지도자가 추첨으로 뽑혔다고 하더라도, 뽑혔다는 사실 자체가 하느님(이 아니면 어떤 섭리나 자연의 이법이라고 해두자)의 뜻과 겹쳐지기 쉽고(이 점이 아주 중요하다. 제비뽑기의 시원은 신의 뜻을 묻는 것이었다는 점을 기억하자), 그런 야릇한 신비주의를 통해 그는 이내 권위를 갖게 되고 자신의 능력을 과시할 수 있게 될 가능성이 크다. 새 천년 들어서도 가장 난숙爛熟한 자본주의 사회에서부터 제3세계의 전근대적 사회에 이르기까지, 그리고 정계나 재계의 거물들에서부터 일자리를 잃었거나 언제 잃을지 모르는 서민들에 이르기까지 복점卜占이 생활의 한 부분을 차지하고 있다는 사실은 그런 예측을 지지한다. 보통선거로 뽑힌 정치 지도자보다 추첨으로 뽑힌 정치 지도자가 더 겸손하고 그래서 권력의 남용을 삼갈 것이라는 예측은 순진해 보인다. 관료주의도 마찬가지다. 관료주의를 막는 길, 즉 대표하는 자의 고정화를 막는 길은, 내게는, 제비뽑기를 도입하는 데 있는 것이 아니라 선출직을 지금보다 더 확대하고 연임과 겸임을 지금보다 훨씬 더 넓은 범위에서 (그러니까 국가의 최고지도자에서부터 통장·반장에 이르기까지) 훨씬 더 엄격히 제한하는 데 있는 것 같다. 운좋은 사람들이 계속 권력을 지닐 가능성을 이론적으로 열어놓고 있는 제비뽑기는 권력 남용이나 관료주의에 대한 해결책이 아니다.

사실, 예비 심급에서 민중의 뜻이 부여한 위광威光 위에다 최종 심급에서 신의 뜻이 부여한 위광까지 겹쳐져, 제비뽑기로 태어난 정치 지도자는 왕권신수설 시기의 군주처럼 행동할 수도 있다. 정치 지도자를 제비뽑기로 선출하자는 것은 우리들을 구약 시대나 고대 아테네로 되돌리자는 것이고, 적어도 데카르트 이전으로 되돌리자는 것이다. 정치 지도자를 추첨으로 뽑는 것에서 전근대적인 신비주의까지는 그리 먼 걸음이 아니다. 게다가 추첨제도 자체도 악의적으로 관리될 수 있다. 보통선거라는 멋진 발명품을 악의적으로 관리해 타락시킬 수 있는 능력을 인간이 이미 보여준 이상, 추첨제라고 해서 그야말로 (선한) 신의 뜻대로 되게 그냥 놓아둔다는 보장은 없다. 권력 지향이라는 인간성의 변화만을 기다리는 것은 가라타니의 말대로 부질없는 짓이겠지만, 사람의 심성을 어느 정도 이타적으로 이끌려는 사회화 과정에서의 노력이 무용한 것은 아니다. 어쨌든 보통선거가, 가라타니의 말로 바꾸면 부르주아 독재가, 늘 최선을 확보해주지는 못 하지만, 최악을 피할 수 있는 장치라는 것은 이론적으로나 경험적으로 사실에 가깝다.

결국, 우리가 기댈 궁극적 지주는 어쩔 수 없이 인간의 이성이다. 물론 그 이성은 도구적 이성을 넘어서는 사회적 이성, 도덕적 이성, 심미적 이성이어야 할 것이다. 그 이성은 20세기를 전체주의의 시대로 만든 그 이성은 아니어야 할 것이다. 그러나, 그 이성이 아무리 불완전한 것이라고 할지라도, 이성을 신탁으로 대치할 수는 없다. 초월적 진리에 대한 광신을 누그러뜨리고 다수의 견해가 평화 속에서 공존하는 관용의 사회를 이룩하기 위해 우리가 기댈 수 있는 것은 불완전하나마 우리의 이성뿐이고, 그 이성에 기반을 둔 합리주의뿐이다. 정치를 바람직한 형태로 만드는 것도 마찬가지다. 경화된 권력이나 타락한 선거 풍토는 우리의 덜 다듬어진 이성 때문이지 이성 그 자체 때문은 아니다. 우리의 이성은 불완전한 것이지만, 그것을 내팽개치고 제비뽑기를 통해 하느님의 뜻을 찾을 수는 없다. 그 하느님이 선한 하느님이고 인간에 대한 애정이 있는 하느님이라면, 인간의 정치가 제비뽑기로 퇴행하는 것을 그 자신부터 바라지 않을 것이다.

게다가, 세속의 정치에 하느님의 자리는 되도록 없는 것이 좋다. 중세의 종교 재판이나 십자군 전쟁에서부터 지금 서남아시아의 신정 체제에 이르는 광신적 정열들은 그 점을 또렷하게 보여준다. 최근에 일부 완고한 기독교단체들의 압력에 따라 일화 축구팀의 성남 연고권이 위태로워지고 있는 것도 속세로 나온 하느님의 어두운 모습을 보여준다. 사실은 하느님이 어둡다기보다는, 하느님을 따른다고 주장하는 사람들이 어두운 것이겠지만.

물론 정치과정에서의 제비뽑기와 신권정치는 외양상 별 관련이 없다. 그러나 아마도 무신론자일 가라타니가 제안한 제비뽑기가 함축하는 의미 가운데 가장 커다란 것은 마땅히 이성이 담지해야 할 판단의 권능을 (우연이라는 이름의) 신에게 헌납하는 것일 터이다. 역사상 가장 신심 깊은 백성들 가운데 하나였을 구약시대 유대인들의 제비뽑기 취향은 이런 판단을 적어도 부분적으로는 정당화한다. 나는 그 함축이 불안하고 찜찜하다. 현실정치의 실상에 자주 절망하는 사람으로서 나는 가라타니의 모색에 존경을 표한다. 그리고 그의 제비뽑기의 정치론을 처음 들었을 때 고대 아테네 민주주의가 떠올라 한순간 귀가 솔깃했던 것도 사실이다. 그러나 한 번 더 생각해보며 그 제비뽑기의 함의를 읽은 뒤에는, 영 입맛이 썼다.

물론 사람은 보잘것없는 존재다. 인류는 그 점을 역사를 통해 무수히 증명해왔다. 어쩌면 우리들 하나하나는 신(들)이 두는 체스판의 말에 지나지 않을지도 모른다. 그러나 그것이 확인되기 전까지는, 우리는 우리(의 이성)를 믿을 수밖에 없다. 그것이 유일하게 합리적인 태도다(말해놓고 보니 동어반복이고 순환논법이군. 그러나 이런 논리의 닫힘은 우리가 인식할 수 있는 세계의 닫힌 상태를 반영할 뿐이다). 이성을 정치적 삶의 나침반으로 삼는 것, 그것은, 김우창의 말을 약간 맥락을 비틀어 인용하면 "모순과 피곤의 길이기도 하지만, 그리고 그 미래의 전망이 밝은 것으로 보이지도 아니하지만 우리에게 열려 있는 유일한 길이다."《정치와 삶의 세계》, 277쪽)

《인물과 사상》18권, 2001. 4.

04

작달막한 시민들의 우람한 보수주의

✦

한국 보수주의의 고약한 몰골들

〰〰〰〰〰

부르주아와 시투아앵

✦

《문학·판》편집자가 내게 건넨 글제는 '(한국 사회의) 시민의식과 보수주의'다. 내가 써야 할 글의 진로와 도착지가 이 제목 속에 이미 내비쳐져 있다. 요컨대 한국 사회에는 시민의식이 아직 무르익지 않았다, 그것이 한국 사회에 보수주의가 넘쳐나는 이유다. 또는 말을 바꾸어, 한국 사회에는 보수주의가 넘쳐난다, 그것은 한국 사회에 시민의식이 아직 모자라다는 증거다. 나는 이런 논지에 대체로 공감한다. 그러나 모자란 시민의식과 넘쳐나는 보수주의가 어떤 꼴로, 얼마나 끈끈히 엉겨붙어 있는지를 섬세하게 짚어낼 자신은 없다. 그래서 이 글은 보수주의의 과잉과 시민의식의 결핍이 서로 스미고 배어드는 양상을 꼼꼼히 추적하기보다, 그저 그 둘의 관련성을 막연히 암시하는 인상기에 그칠 것 같다.

우선 이 글에서 사용될 '시민'과 '보수주의'라는 말의 한계를 거칠게나마 그어야겠다. 둘 다 일상적으로는 너무 헐겁게 사용되는 말이기 때문이다. 우선 시민. 한국어 '시민'은, 그것이 일차적으로 품고 있는 도시 거주자라는 뜻을 포함해서, 일본어 '시민市民'위에 거의 고스란히 포개져 있다. 그래서 번역어로서의 일본어 시민이 그렇듯, 한국어 시민도 크게 보아 두 개의 시민을 뭉뚱그리고 있다. 그 첫째는 '시민계급'에서의 시민이고, 둘째는 '시민의식'에서의 시민이다. 앞의 시민은 프랑스어 부르주아bourgeois에 대응하고, 뒤의 시민은 프랑스어 시투아앵(citoyen, 영어의 시티즌citizen)에 대응한다. 앞의 시민이 다분히 경제적·계급적 의미를 함축하고 있다면, 뒤의 시민은 정치적·정신적 의미를 함축하고 있다. 그러나 시민이라는 개념이 태어난 유럽의 역사에서도 부르주아와 시투아앵이 늘 엄격히 분할-구분되었던 것은 아니다. 부르주아의 개념이 물렁물렁했듯 시투아앵의 외연도 끊임없이 움직이고 있었고, 그 둘은 역사의 물결에 실려 요동치며 서로 포개지기도 했다. 일례로 프랑스 혁명 시기의 시투아앵 의식은 부르주아 계급의 역사적 전경화前景化를 물적 조건으로 삼고 있었다. 그러나 오늘날 부르주아라는 말이 엄밀한 전문적 담론 바깥에서는 대체로 부정적 뉘앙스를 담아 사용되는 일종의 으르렁말snarl word인 것과 달리, 시투아앵은 일상적 화용의 공간에서 긍정적 뉘앙스를 담아 사용되는 일종의 가르랑말purr word이다. 이런 가르랑말로서의 시투아앵이 지닌 일반적 뜻은 '자신이 공화주의적 공동체의 주체적 구성원이라는 의식을 또렷이 지닌 채 공동체의 정치적·경제적·문화적 진로에 적극적으로 개입하는 여러 계층의 능동적 개인들' 정도가 될 터이다.

　알랭 레가 편집을 이끈 《프랑스어 역사 사전Le Dictionnaire historique de la langue française》에 따르면, 17세기까지 시투아앵은 단지 '도시 거주자'를 뜻했다. 즉 도시(시테cité)에 살고 있는 사람이 시투아앵이었다. 그런데 도시를 뜻하는 프랑스어 시테는 일찍부터 '시민의 조건' '시민권' 같은 추상적 의미를 덤으로 지니고 있었다. 시테는 제유적으로 시민 전체를 뜻하기도 했고, 더 나아가 정부 소재지를 가리키기도 했다. 또 그리스어 '폴리스polis'의 역어로서 '정치체政治體로서의 도시' 곧 국가를 지칭하기도 했다. 그러니까 시테는 그 시발점에서부터 정치적 함의와 연결돼 있었다. 17세기 이후 시투아앵이 '도시 거주자'라는 일상적 뜻 말고 '조직된 정치 공동체의 일원'이라는 특수화한 뜻을 지니게 된 것은 시테라는 말이 본디부터 지녔던 이런 정치적 함의에 이끌린 것이다. 18세기에 볼테르가 처음 썼고 20세기 들어 다시 나타난 '세계시민citoyen du monde'이라는 표현은 시투아앵을 둘러싼 이런 정치적 맥락을 도드라지게 드러내고 있다. 시테와 시투아앵이 지리적·공간적 의미에서 정치적 의미로 건너간 것은 시투아앵과 부르주아가 균열하는 시발점이었다. 18세기 들어 시투아앵은 루소를 비롯한 계몽주의자들이 빈번히 사용한 덕에 일반인들의 귀에 익게 됐고, 특히 대혁명 이후 얼마 동안 므슈(Monsieur, 나리)와 마담(Madame, 마님)이라는 '봉건적' 호칭을 대체하면서 일상용어가 되었다. 또 혁명 전쟁기에 이 단어는 예컨대 뒷날 프랑스 국가國歌가 된 라마르세예즈La Marseillaise의 "시민들이여, 무기를 들어라Aux armes, citoyens!"라는 구절에서 드러나듯, 정치적 진보의 메아리로 울려 퍼지고 있었다.

　시투아앵이 본디 시테에 사는 사람을 의미했듯, 부르주아의 본디 뜻도 부르bourg에 살고 있는 사람이었다. 부르는 요새화要塞化된 성이나 도시, 마을을 가리켰다. 13세기까지 부르주아는 도시 거주자 일반을 가리켰고, 그래서 이 시기에 부르주아와 시투아앵은 거의 동의어였다고 할 수 있다. 그러나 부르주아는 그것의 직접적 어원인 부르에서 떨어져 나와 역사적·사회적 맥락에 밀접하게 연결되면서 커다란 의미 변화를 경험했다. 우선 13세기 이후 얼마 동안 부르주아는 자치권franchise 인정서를 통해 영주의 영향력에서 벗어난 상업도시들의 주민을 뜻했다. 이런 상업도시들을 특별히 부르프랑(bourgs francs, 자유도시)이라고 부르기도 했고, 이에 따라 이런 도시들의 부르주아를 프랑부르주아(francs-bourgeois, 자유시민)라고 부르기도 했다. 여기서 프랑franc은 '지대나 조세가 면제된'이라는 의미다. 이즈음부터 흔히 '상인'의 의미로 쓰이기 시작한 부르주아는 곧 일정 정도의 물질적 여유와 도시 안에서의 권리나 부동산의 소유 따위를 함축하는 말이 되었다.

'부르주아'라는 말이 그 뒤에 겪은 의미 변화는 귀족nobles과 촌민manants을 매개하는 사회 중간계층의 역할 변화를 반영하고 있다. 17세기에 이 중간계층은 눈부신 경제적·정치적·문화적 도약을 이뤘고, 이 도약은 언어의 수준에서 부르주아라는 단어가 그 기원이 되는 부르로부터 결정적으로 분리되는 동력이 되었다. 그 시기 들어 부르주아는 더이상 그저 '도시민'이 아니라 하나의 사회집단이나 계급이 되기 시작했다. 이어 시민혁명의 성공 이후 부르주아들의 사회적 힘이 커지면서 이들은 점차 귀족의 맞수에서 노동자ouvriers의 맞수가 되었다. 산업자본가라는 의미의 부르주아가 확립되기 시작한 것이다. 그리고 이즈음부터 부르주아라는 말을 '취향도 교양도 없는 사람'이라는 경멸적 의미로 쓰는 용법도 시작됐다. 19세기 이후 자본가와 노동자 사이의 갈등이 격화하면서 부르주아라는 말은 강한 계급적·이데올로기적 의미를 함축하게 되었고, 이와 나란히 낭만주의자들은 이 몰취향한 계급에 대한 저항을 예술가의 임무로 받아들였다. 그래서 부르주아는 어느덧 아르티스트(artiste, 예술가)의 상대어가 되었고, 부르주아라는 말은 오직 물질적 성공에만 마음을 쓸 뿐 심미적 가치나 정치적 진보에는 마음을 닫아놓는 순응주의의 상징이 됐다. 그러니까 부르주아는 초창기에 귀족·촌민의 상대어였다가, 뒤이어 노동자의 상대어가 되었고, 더 나아가 예술가의 상대어가 되기까지 한 것이다. 19세기 이래의 사회주의 운동과 20세기의 사회주의 혁명들은 좌파 진영의 어휘집에서 부르주아라는 말을 가장 경멸적인 표제어 가운데 하나로 만들었다. 이런 경멸적 뉘앙스는 1968년 5월 파리의 거리들을 점거한 학생들이 모든 기성 체제 구성원들을 부르주bourge라는 약칭으로 불렀을 때 절정에 다다랐다. 역사의 부침 속에서 부정적 함의를 잔뜩 지니게 된 부르주아라는 말을 오늘날 긍정적 맥락에서 되살리기는 어렵다. 반봉건 시민혁명의 주력이었던 부르주아는 사회의 주류가 되면서 새로운 보수주의자가 되었다. 바람직한 공동체가 느슨하고 자발적인 연대로 묶여 있는 독립적 시민의 그것이어야 한다면, 그 시민은 부르주아가 아니라 시투아엥이어야 마땅하고, 그 시투아엥은 장기적으로 세계시민이 되어야 할 것이다. 이글에서의 시민, 곧 보수주의에 맞버티는 시민도, 자신이 공동체의 일원임을 자각하고 그에 따른 책임과 권리의식을 지닌 시민, 곧 시투아엥을 가리킨다.

정치적 보수주의와 문화적 보수주의

✦

다음 보수주의. 보수주의라는 말에 한계를 정해야 하는 것은 이 말이 자유주의나 사회주의라는 말과 마찬가지로 세계사의 굴곡에 긴밀히 연동돼 다양한 의미의 켜를 지니게 됐다는 일반적 사정 때문만은 아니다. 한국의 경우에는 거기에 더해, 표준적 시민의식의 형성을 가로막았던 분단 이후의 냉전 질서 속에서 이 말이, 특히 정치적 수준에서, 심하게 오염됐다는 사정이 있다. 보수주의는 일반적으로 변화를 피하고 현재의 상태를 유지하려는 사상이나 습속, 태도를 가리킨다. 그것은 존재하는 것은 다 그럴 만한 이유가 있어서 존재하는 것이니 무슨 이유에서든 그것을 억지로 바꾸어서는 안 된다는 생각이나 태도다. 거기에는, 하나의 문제를 해결하는 과정은 거의 예외 없이 또다른 문제를 만들어내는 과정이기도 하다는 비관적 방어심리가 깔려 있다. 보수주의적 세계관에 따르면, 존재하는 것은 있을 수 있는 가장 좋은 것이거나 적어도 덜 나쁜 것, 견딜 만한 것이다.

보수주의는 근대 정치사상의 중요한 줄기를 이루었던 특정 이데올로기를 가리키기도 하지만, 사회심리학의 맥락 속에서 사람들의 일정한 심리적 태도나 문화적 성향을 뜻하기도 한다. 이 두 차원의 보수주의를 각각 정치적 보수주의 또는 이념적 보수주의와 사회심리적 보수주의 또는 문화적 보수주의로 구별해 부르기로 하자. 정치적 보수주의와 문화적 보수주의 사이에는 꽤 긴밀한 내적 연관이 있지만, 그 둘이 반드시 나란히 가는 것은 아니다. 정치적·이념적 보수주의자가 일상생활에서는 진보적 태도를 취할 수도 있고, 그 거꾸로일 수도 있다. 그런데 우리 사회의 냉전 질서가 특히 오염시켜놓은 것은 정치적·이념적 차원의 보수주의다. 그래서 설핏하게라도 그 한계를 그어놓지 않으면 보수주의에 대한 진단 자체가 도로徒勞에 그칠 염려가 있다. 나는 복거일의 한 글에 기대어 한국에서의 정치적 보수주의의 영역을 획정하려 한다.

6월항쟁 이듬해인 1988년에 쓴 〈보수주의 논객을 기다리며〉(《현실과 지향》, 문학과지성사, 1990, 11~43쪽)라는 글에서, 복거일은 보수주의에 대한 우호적 시선을 견지하며 그 개념을 정리한 바 있다. 그는 글의 앞머리에서 "보수주의는 아직 우리 사회에서 세력이 가장 큰 이념"이라고 진단하고 있는데, 그 뒤에 진술된 보수주의의 여러 모습을 보면, 다소 혼란스러운 점이 있기는 하지만, 이 앞머리의 선언은 옳지 않은 듯하다. 복거일이 그린 보수주의의 얼굴 가운데 이 점과 관련해 내가 중요하다고 판단한 부분들을 인용해보겠다.

보수주의는 자유주의보다, 고전적 자유주의의 관점에서, 더 자유주의적이다. 보수주의자들은 시장의 결정을 거의 그대로 따르는 것이 옳다고 주장한다; 시민 시대에 맞추어 변신한 보수주의는 자유주의가 섰던 자리를 자연스럽게 차지했다. 18세기와 19세기의 자유주의자들의 주장에 가장 가까운 주장을 펴는 사람들은 이제 자유주의자들이 아니라 보수주의자들이다. 보수주의는 자유주의를 옆으로 밀어내고 18세기와 19세기의 고전적 자유주의가 섰던 자리를 차지했다; (6월항쟁으로 얻어낸) 직선제 개헌은 보수주의적 성향을 띤 세력들이 제시한 개혁의 범위였다; (보수주의자들은) 사회의 다양성을 평등의 이름 아래 없애고 모든 것을 획일화하려는 시도는 자연의 법칙이나 신의 섭리에 거스르는 일로서, 문명을 시들게 한다고 본다; (보수주의자들은) 질서·정의·자유와 같은 가치들은 사람들이 긴 세월 동안 수많은 시행착오를 거쳐 큰 값을 치르고 얻은 소중한 재산이라고 여긴다; 보수주의자들은 독과점을 싫어하고 누구보다도 격렬하게 더 비난한다; (보수주의자들은) 정치적 자유와 경제적 자유가 나뉠 수 없다고 주장한다; (보수주의자들은) 정치적 부면에서의 민주주의와 경제적 부면에서의 자유시장을 지키려고 한다; (보수주의자들은) 자유롭게 판단할 수 있는 사람들이라면 모든 마약들을 자유롭게 쓸 수 있도록 해야 한다고 주장한다; (보수주의자들은) 군대의 구성에 시장원리를 도입한 지원병제도가 강제징집보다 낫다고 판단한다.

위에 묘사된 보수주의를 받아들일 사람들이 우리 사회에서 다수라고 생각할 수는 없다. 우리 사회에서 보수주의자라고 불리며 이념적 다수파를 이루는 사람들은 대체로 한나라당이나 자민련 지지자들과 겹치는데, 이들의 주류는 복거일이 그린 보수주의의 모습 대부분에 큰 저항감을 느낄 것이다. 이들은 국가가 개인 영역에 깊이 개입했던 박정희 시절이 지금보다 낫다고 판단하는 사람들이기 때문이다. 현실정치권에서 복거일이 그린 보수주의를 받아들이고 있는 정당은, 마약 문제나 지원병제도와 관련한 급진적 처방을 예외로 하면, 차라리 구 민주당일 터이다 (김대중 정부가 좌파 논객들로부터, 꼭 적절했다고는 할 수 없지만, '신자유주의 정권'이라는 딱지를 받았다는 점을 상기해보자). 그런데 이 정당은 둘로 쪼개지기 전에도 다수파 유권자의 지지를 받지 못했다. 그러니까 복거일이 보수주의는 아직 우리 사회에서 세력이 가장 큰 이념이라고 했을 때 그의 진단은 옳지 않았던 셈이다. 아니, 정확히 말하자면 그의 이 진단은 옳을지 모르나 그때의 보수주의는 그 자신이 이어 묘사한 보수주의는 아니다. 복거일은 같은 글의 앞과 뒤에서 보수주의라는 말에 전혀 다른 의미를 준 것이다. 보수주의가 우리 사회에서 가장 큰 이념이라는 말이 옳다면 그 보수주의는 얼추 한나라당의 이념이지만, 복거일이 여러 명제로 요약한 보수주의는 얼추 구 민주당의 이념이다. 물론 우리는 여기서 한나라당과 마찬가지로 구 민주당 역시 논리적으로 일관된 이념이나 프로그램을 지닌 정당은 아니었다는 사실을 지적해야 할 것이다. 그래서 복거일이 묘사한 보수주의의 담지자가 정치적 소수파인 구 민주당이라고 말할 때 그것이 '비교적' 그렇다는 점을 또렷이 해야 할 것이다.

한국적 보수주의

✦

　복거일이 〈보수주의 논객을 기다리며〉의 대부분을 바쳐 묘
사한 보수주의는, 대체로, 자유지상주의 또는 급진적(근본주의적)
자유주의로 수렴하는 보수주의다. 독자들의 혼란을 우려했음인
지 필자는 월터 배젓을 빌려 자신이 말하는 보수주의가 '질서의
당' 이념과 구분되는 '성찰적 보수주의'라고 말한다('질서의 당'이
라는 말은 대체로 '진보의 당'과 대립돼 보수적 정치집단 일반을 헐겁게
가리키므로 거기서 '성찰적 보수주의'가 배제돼야 할 필연적 이유는 없지
만, 여기서는 필자의 논리를 따라가보자). 그리고 이어 말한다.

　사회의 안정을 무엇보다도 강조하여 '질서의 당'이라 불리는
사람들이 지닌 반동적 태도는 자신들의 생명, 가정, 직장, 그리
고 생활 양식이 파괴될지도 모른다는 두려움에서 주로 나온다.
따라서 대부분의 경우 그런 태도들은 이념으로 정리되지 못하
고 '주의'라는 이름으로 불리기도 어렵다. '성찰적 보수주의'는
군부의 반동적 급진주의와는 더욱 다르다. 1960년대 이후 우
리 사회가 겪은 여러 비극들은 대부분 사회의 유기체적 성격을

전혀 깨닫지 못한 직업군인들이 외과용 칼을 마구 휘두른 데서 나왔다.

이 대목에서 마침내 한국적 보수주의가 등장한다. 복거일이 인용문에서 성찰적 보수주의와 구별돼야 한다고 말한 두 이념 또는 태도가 바로 한국 사회에서 통용되는 보수주의다. 그러니까, 복거일이 우리 사회에서 세력이 가장 큰 이념이라고 말한 보수주의는 '주의'라는 이름으로 불리기도 어려운 '질서의 당' 이념과 군부의 반동적 급진주의가 버무려진 것이다. 이 보수주의는, 복거일이 공들여 윤곽을 그린 보수주의와는 완전히 구별되는 신념체계이거나 습속이고, 정상적 언어로는 (유사) 파시즘이라고 불린다. 복거일 역시 같은 글에서 파쇼주의를 "비교적 큰 경제적 자유와 아주 작은 정치적 자유의 결합"이라고 정의하고 있다. 이것은 한국 원내 제1당과 〈조선일보〉의 핵심 이데올로그들(예컨대 김용갑, 정형근, 김대중, 조갑제)이 추종하는 이데올로기이기도 한데, 이념적 정규 분포를 지닌 표준적 민주주의 사회에서는 그런 이데올로기에 정치적 충성심을 지닌 사람들을 극우세력이라고 부른다. 한국의 이 극우세력은 현금現今 민주화의 도정에서 강한 복고주의의 유혹에 이끌리고 있다. 그 복고의 목표 지점은 박정희 시대다. 그리고 그들이 꿈꾸는 이상국가는 막스 베버가 정식화한 가산제家産制로 수렴한다. 이 유사 가산국가 안에서 영토와 인민은 통치자의 사유재산이고, 재정은 통치자의 사수입이며, 전쟁은 통치자의 사사私事다. 통치권이 곧 소유권인 것이다. 이런 유사 가산국가를 꿈꾸는 복고주의자들 가운데는 박정희가 청렴한 지도자였다고 말하는 이들이 많다. 그 뒤의 민간인 통치자들과 달리 박정희가 부패하지 않았다는 것이다. 어쩌면 그 말이 옳을지도 모른다. 공화당 창당 무렵의 증권 파동, 워커힐 사건, 새나라자동차 사건, 파친코 사건 등 이른바 4대 의혹 사건을 비롯해 미심쩍은 구석들이 없는 것은 아니지만, 박정희가 정말 부패하지 않았다는 것을 일단 믿어주자. 그런데 통치권이 곧 소유권일 경우에, 통치자는 부패할 이유나 필요가 전혀 없다. 부패한 절대군주를 본 일이 있는가? 특히 유신체제로 종신 집권의 길을 열어놓은 뒤의 박정희는 부패할 필요를 전혀 느끼지 못했을 것이다. 여기서 우리는 중세적·봉건적 개념인 (유사) 가산국가와 전형적으로 20세기적 현상인 (유사) 파시즘 사이의 얄궂은 친화성을 확인한다. 그리고 이 친화성은 북한 체제에까지 확대될 수 있다. 실상 유일사상 체제가 확립된 이후의 북한은 가산국가의 면모가 짙다. 그 체제는 19세기에 기원을 둔 마르크스주의로 출발했지만 이내 봉건적 가산국가가 되었다. 결국 북한 체제와 박정희 체제는 그 외견상의 불화에도 불구하고 형제관계였던 것이다. 황장엽의 '진짜' 주체사상에 조갑제가 열광하는 것도 이해할 만한 일이다. 그 두 체제가 전형적인 국가주의 사회였다는 것도 자연스럽다. 국가주의는 정치적 보수주의의 극단적 형태다. 그러니까 대부분의 현대 민주주의 사회에서 보수주의가, 복거일의 지적대로, 자유주의를 옆으로 밀어내고 18세기와 19세기의 고전적 자유주의가 섰던 자리를 차지한 데 비해, 한국 사회에서는 보수주의가 파시즘이 있어야 할 자리를 차지한 것이다.

그런데 한국 사회에서 유사 파시즘으로서의 보수주의와 급진적 자유주의로서의 보수주의는, 이념 차원에서의 빙탄불상용(氷炭不相容, 얼음과 숯의 관계처럼 서로 용납되지 않음—편집자)에도 불구하고, (담론의) 실천 차원에서는 흔히 결합돼 있다. 애국주의와 국가안보의 화신이 되어 유사 파시즘적 발언을 즐기는 개인이 다른 자리에서는 자유지상주의-시장만능주의를 설파하는 일이 흔하다. 그리고 서로 화합하기 힘든 이 두 보수주의가 예외 없이 '자유민주주의'라는 이름으로 제창된다. 거기에는 어떤 이념을 주장하는 개인이나 집단의 자아가 단단하고 일관적이지 못한 데도 원인이 있겠지만, 분단 이후 한국 사회가 냉전의 최전선에 있었고 세계적 규모에서 냉전이 끝난 뒤에도 아직 그것을 청산하지 못하고 있다는 사정에도 원인이 있을 것이다. 냉전 질서가 강요한 공포와 불안은 합리주의 윤리에 기반을 둔 시민의식의 성장을 막았고, 그런 시민의식의 발육부진은 유사 파시즘으로서의 보수주의가 자라날 토양을 만들었을 뿐만 아니라 보수주의의 내적 일관성마저 해쳤다. (담론의) 실천 차원에서 유사 파시즘과 급진적(근본주의적) 자유주의-시장지상주의를 넘나드는 개인 또는 집단은, 예컨대 〈조선일보〉의 경우처럼, 심지어 마르크스주의를 비롯한 좌파 이념 영역에까지 발을 들이밀기도 하는데, 이때의 마르크스주의는 제3의 이념이라기보다는 시장지상주의의 한 측면일 것이다. 말하자면 이들은 마르크스주의라는 패션에서 유혹적인 환금성換金性을 발견하고 있는 것이다. 이 글에서 정치적 맥락에 얹혀 사용될 보수주의·보수세력 같은 말들은, 특별한 언급이 없을 때는 유사 파시즘과 그 추종자로서의 보수주의·보수세력을 의미한다.

이런저런 제도적 왜곡을 고려하더라도 유사 파시즘적 기원을 지닌 정당이 원내 과반을 차지하고 있다는 것은 한국 사회의 이념적 지형이 강한 보수주의로 기울어져 있다는 것을 뜻한다. 그 보수성은 정치적이기도 하고 문화적이기도 하다. 정치적 보수성을 상징적으로 드러내는 것은 국가보안법이나 사회보호법(2005년에 폐지되었다—편집자)의 존치이고, 문화적 보수성을 상징적으로 드러내는 것은 호주제의 존치(2005년 호주제 폐지 법안이 국회를 통과해 2008년부터 시행되었다—편집자)나 동성애, 약물 사용 따위에 대한 강한 편견일 것이다. 그 정치적 보수성과 문화적 보수성 사이에는 일정한 내적 관련이 있어 보인다. 비근한 예로 유신체제의 우두머리는 정치적으로뿐만 아니라 문화적·풍속적으로도 보수적이었다. 그는 마리화나나 성애 영화는 물론이고 긴

머리나 짧은 치마까지 물리적 규제의 대상으로 삼았다. 그것은 문화적 자유가 곧 정치적 자유의 꿈을 잉태할지 모른다는 염려 때문이었을 것이다. 1960년대 미국에서 베트남전쟁 반대자들이 주로 문화적 자유주의자들로부터 충원됐다는 것을 생각하면 그것은 충분히 그럴듯한 염려다. 그러나 정치적 보수성과 문화적 보수성이 늘 포개지는 것은 아니다. 문화적으로 전복적이면서도 정치적으로 반동적일 수도 있고, 그 거꾸로일 수도 있다. 포르노물이나 약물에 너그럽거나 실제로 그것을 사용하는 사람도 한 나라당을 지지할 수 있다.

정치적 보수성의 맥락은 분단과 내전 이후 한국이 전세계 반공주의의 최첨단에 서게 됐다는 사정과 그것을 이용한 반공주의적 군사독재 정권의 장기집권에서 주어졌을 것이다. 장기간의 독재 체제가 우리 몸에 새겨놓은 집단주의적 규율은 상당한 수준의 정치적 민주화가 이뤄진 지금까지도 주민집단 다수를 주체적 이성의 담지자 곧 시민이 아니라 신민적 의식을 지닌 뇌동자로 남게 만들었다. 지난해 가을 이래 미디어를 달군 송두율 사건을 보자. 주류 언론은 송두율에 대해 주로 인신공격을 퍼부으면서 그것을 정권 비판의 징검돌로 삼았다. 피의사실들이 모호했을 뿐만 아니라 현행범도 아니고 도주나 증거인멸의 위험이 없었는데도, 검찰은 송두율에 대해 구속영장을 신청했고 법원은 영장을 발부했다. 게다가 검찰은 이 늙은 학자의 '폭력'이 두려웠는지, '법무부 장관의 훈령으로 돼 있는 계호 준칙에 따라' 그를 포승줄로 묶고 수갑을 채운 채 조사를 벌였다. '중죄인'답게 변호인의 접견도 제한되었다. 공안 검찰의 힘과 의지는 송 씨의 '죄'에 대한 법원의 최종 판결이 어떻게 나오느냐를 부차적 문제로 만들었다. 검찰은 송 씨를 구속하기 전부터 소설 같은 '피의사실'들을 거듭 흘렸고, 신바람이 난 언론매체들은 이를 받아 송 씨에게 여론재판의 십자포화를 퍼부음으로써 인격적으로 그를 살해하는 데 거의 성공했기 때문이다. 인권변호사 출신 대통령이 임명한 인권변호사 출신 법무부장관이, 더구나 취임사에서 인권을 법무부의 중요한 관장 업무로 꼽았던 장관이 이런 상황을 적절히 제어하지 못한 것은, 개인적 의지의 문제이기도 했겠지만, 주로는 반공주의와 반북주의에 강하게 침윤된 여론 때문이었을 것이다. 실제로 법무부장관도 처음에는 송 씨의 구속에 반대하는 입장을 내비쳤다가 야당과 주류 언론의 거센 비판을 받고 상황 통제를 포기한 듯하다. 문제가 되는 것은 송두율이 아니라 국가보안법이었는데도 이것을 지적한 논자들은 극소수였고, 그 목소리마저 송두율의 처신에 대한 윤리적 비난에 묻혀 거의 들리지 않았다. 미국 연방대법원 판사를 지낸 올리버 웬들 홈스가 유창하게 일깨웠듯, 사상의 자유를 보장한다는 것은 우리가 동의하는 사상의 자유를 보장하는 것이 아니라 우리가 증오하는 사상의 자유를 보장하는 것이다. 양심과 사상의 자유를 옥죄고 있다는 점에서 국가보안법은 최소한의 일반 민주주의 원칙과도 양립할 수 없는 악법인데, 이것이 민주공화국의 법질서 속에 버젓하게 한자리를 차지하고 있다. 그리고 이런 상황이 여론에 의해 용인되고 있다. 이것은 아직도 타인의 자유가 자신의 자유의 기반이 된다는 것을 인식하는 시민들의 공동체가 한국 사회에 수립되지 않았다는 뜻이기도 하다. 1960년 4월에 열리는 듯했던 시민사회의 문은 이듬해 5월의 군사반란으로 순식간에 닫혔고, 1987년 6월 이후 조금씩 열리는 중이다.

사회보호법도 한국 보수주의의 흉측한 얼굴이다. 자신이 저지른 범죄에 대해 형을 살고 나온 사람을 재범의 위험이 있다는 이유로 더 잡아 가두어두는 것이 한국 주민집단 다수에게는 당연시되고 있다. 이 사회보호법 문제는 문화적 보수성과도 연관이 있다. 보수적 인간관과 자유주의적-진보적 인간관을 나누는 가장 큰 기준은 사람이 태어나면서 정해진다는 생물학적 결정론 또는 유전자 결정론과, 사람은 교육과 환경에 따라 변할 수 있다는 환경결정론의 갈림길에 놓여 있을 것이다. 물론 사람은 유전자와 환경에 동시에 영향을 받지만 보수주의자들은 유전자의 영향을 한결 더 중시한다. 그 중시하는 정도를 보수성의 척도로 보아도 될 것이다. 보수주의자들은 범죄자는 범죄의 성향을 유전적으로 물려받았고 이것은 쉬이 치유될 수 없다고 생각한다. 그래서 재범의 위험을 이유로 사람을 지은 죗값에 더해 구금하는 것을 당연히 받아들이는 것이다. 다소 맥락은 다르지만, 이것은 9·11 이후 미국 사회를 뒤흔든 애국주의 열풍 속에서 사람들이 기꺼이 개인적 자유와 사생활의 영역을 국가에 헌납했던 것과도 비교될 만하다. 비판자들에 의해 '법의 얼굴로 분노와 보복만을 담은 격문'이라고 규정된 애국자법을 받아들임으로써, 보수적 미국인들은 테러 방지를 명분으로 삼은 무제한의 사생활 침해와 영장 없는 체포, 부정기 구금을 용인했다. 사실 보수주의는 생명의 안전, 소유의 안전을 바라는 욕망에 뿌리를 두고 있으므로 보수주의자들이 애국자법을 받아들인 것은 자연스럽다.

일탈과 처벌에 대한 두려움

◆

한국에서 문화적 보수주의의 맥락은, 상투적 지적대로, 한국인들의 몸에 새겨진 유교적 질서에서 주어지고 있을 것이다. 유교적 세계관이 상정하는 질서 있는 세계는 정치 못지않게 문화에도 간여한다. 이 질서는 그것을 벗어난 일탈을 참아내지 못한다. 한국에 보수주의가 완강한 것은 일탈에 대한 시민들의 두려움이 크기 때문이고, 일탈에 대한 두려움이 큰 것은 그에 대한 처벌이 크기 때문이다. 그 처벌은 꼭 물리적 제재만이 아니라 따돌림의 수준에서 실현되기도 한다. 이 따돌림 역시 아직 시민이 되지 못한 뇌동자들의 문화다. 보수주의자들은 안으로는 술집의 영업 시간과 깨끗한 거리를 위한 수칙에서부터 머리카락과 치마의 길이에 이르기까지 사회구성원의 가장 사적인 일상까지를 획일화하고 싶어하고, 바깥으로는 그 획일화가 이뤄지지 않은 사회에 대해 호전적이 된다. 그들은 지저분한 거리를 참지 못하고 거리의 부랑자를 참지 못한다. 그래서 청결한 거리를 위해 합리적 수준을 훨씬 웃도는 각종 벌금형이 남발되고 '복지원'이라는 이름의 강제노동 수용소들이 고안된다. 지저분한 거리나 그 거리의 부랑자들은 어찌 보면 그 사회가 누리는 자유의 척도랄 수도 있을 터인데, 보수주의자들은 그것을 참아내지 못하는 것이다. 기존의 습속은 다 그럴 만한 이유가 있는 것이고 더 나아가 아름다운 것이므로, 보수주의자들은 김철수가 장애인이라는 이유로, 박미란이 여성이라는 이유로, 로이 워싱턴이 흑인이라는 이유로, 압둘라이 알리가 이슬람교도라는 이유로, 최경철이 게이라는 이유로 그들에게 '적절한' 차별이 가해지는 것을 용인한다. 정치적 보수주의자들처럼 문화적 보수주의자들도 존재하는 것의 좋은 점만을 보려 한다. 그들은 호주제가 가족제도의 버팀목이고, 가족제도는 사회의 근간이라고 생각한다. 그들은 동성애보다는 이성애가, 모자母子 가정보다는 부모 가정이, 약물의 사용보다는 정신적 단련이 더 우월하다고 생각한다. 이것은 아직도 한국이 평등한 시민사회가 아니라 위계적 신분사회라는 것을 뜻한다.

보수주의가 일반적으로 평등적 시민질서보다는 위계적 신분질서를 선호한다고 할 때, 한국의 보수주의와 관련해 지적돼야 할 것 가운데 하나는 지독하게 복잡한 한국어의 경어체계다. 한국어의 경어체계는 자연언어 가운데서도 유례를 찾기 힘들 만큼 복잡하고 엄격하고 정교하다. 15세기 문헌을 통해 짐작되는 중세 한국어의 경어체계는 지금보다 더 섬세하지만, 현대 한국어도 웬만한 외국인 학습자들의 기를 꺾어놓을 정도로 경어체계가 섬세하다. 한국어 화자는 상대방과 자신의 위계를 미리 정하기 전에는 말을 걸 수가 없다. 한국어 경어체계의 복잡함이 도드라지게 드러나는 것은 용언의 종결형에서지만, 손아랫사람이나 허물없는 친구에게 말을 거는 경우를 제외하고는 2인칭 대명사가 사실상 사용되지 않는 것도 특기할 만하다. 학교문법에서의 설명과는 상관없이, 한국어의 2인칭 대명사는 구어의 수준에서는 실질적으로 '너(너희/너희들)' 하나뿐이다. 약간의 높임을 지닌 대명사로 '당신'이 있기는 하지만, 이 말은 중년 이상의 부부 사이나 다소 긴장된 화용 공간에서만 극히 제한적으로 사용된다. 학교문법의 설명을 믿고 아무에게나 '당신'이라고 했다가는 싸움 나기 십상이다. 한국어에서 존칭을 사용해야 할 대상에게는 2인칭 대명사의 자리를 제로zero 형태로 비워두거나, 연령적·가족적·직업적·신분적 위계를 표시하는 명사(선배님, 아버님, 국장님, 선생님) 또는 상대방의 이름(숙자 씨)을 사용한다. 즉 3인칭을 2

인칭으로 사용함으로써 직접성을 완화하는 것이다. 그런데 이름을 사용하는 경우에 그 이름 뒤에 붙이는 접미사 '씨'가 점차 예사말의 뉘앙스를 띠게 돼, 높여야 할 자리에서는 함부로 사용할 수가 없다. 나이 차이가 꽤 나는 손윗사람을 면전에서 아무 씨라고 지칭하면 상대방의 얼굴빛이 이내 어색해질 것이다. 한 언어의 경어체계와 그 언어를 사용하는 사회의 얼개 사이에 기계적 대응관계가 있는 것은 아닐지라도, 언어와 사회가 서로를 구속하는 것이라면, 한국어의 복잡한 경어체계와 한국 사회의 보수성 사이에는 일정한 관련이 있을 것이다. 경어법은 연령의 위계만을 드러내는 것이 아니라 신분의 위계도 드러내고, 그 신분의 위계는 그것을 드러내는 경어법에 의해 다시 강화되기 때문이다. 실제로 프랑스 혁명기인 1793년에 혁명 정부는 2인칭 경칭 대명사 'vous'를 폐기하고 평칭 대명사 'tu'만을 사용하도록 시민들에게 강제하는 법령을 공포한 바 있다. 시민들은 평등하므로 당연히 서로 너나들이해야 한다는 것이 혁명 지도자들의 생각이었다. 이때 혁명 정부가 낮은 신분의 사람이 높은 신분의 사람에게 사용하는 마담, 므슈라는 말을 폐지하고 시투아앵(남성)·시투아앤(여성) 곧 시민이라는 말을 쓰도록 강제한 것도 인상적이다. 혁명 지도자들이 보기에, 시민이라는 말이야말로 왕정의 보수주의에 맞선 새로운 사회의 상징이었다.

한국의 보수주의와 관련해 지적해야 할 또다른 것은 미디어의 보수성이다. 한국의 주류 언론은 서유럽의 이념적 표준에서 볼 때 거의 예외 없이 보수적이거나 심지어 극우적이다. 물론 한국 언론의 보수성은 한국 사회의 보수성을 일정하게 반영한다. 그러나 미디어는 현실세계의 거울일 뿐만 아니라 현실의 창조자이기도 하다. 특히 지금 같은 대중 사회에서 사람들이 세상에 대한 이미지를 얻는 것은 대중매체를 통해서다. 신문에 활자화된, 그리고 방송에 영상화된 세계가 바로 우리들이 사는 세계다. 사람들이 자기 의견이라고 내세우는 생각들은 대체로 그들이 주류 언론에서 주입받은 의견들이기 쉽다. 그런데 이 미디어는 이념적으로 중립적인, 또는 자신의 이해관계라는 것이 없는 사물이 아니다. 주류 미디어는 점차 비대화하고 있고, 다시 말해 거대자본에 포섭되고 있고, 따라서 거대자본의 이익에 복무한다. 그리고 이 거대 미디어 자본은 국가안보나 애국주의라는 의제가 아직도 매력적인 팔 거리라는 것을 알고 있다. 결국 미디어의 보수성은 이윤추구의 동기와도 맞물려 있는 것이다. 거대자본의 이익을 거스르는 사회운동이 미디어의 살가운 눈길을 받는 경우는 별로 없다. 그리고 사람들은 미디어가 의제로 설정하지 않는 대상에 대해서는 알 수가 없다. 미디어는 물론, 이따금씩, 거대자본의 이익을 거스르는 운동을 의제로 설정하기도 한다. 그러나 그 경우에 의제로 설정된 운동은 매우 부정적인 맥락에 배치되거나 미디어의 이념 편향을 화장하는 액세서리 기능을 할 뿐이다. 예컨대 서울 강남의 아파트 재산세를 올리겠다는 대통령의 발언은 '자본주의의 근간을 무너뜨릴' 위협으로 설정되지만, 현실적으로 아무런 힘이 없는 게바라나 마르크스는 미디어의 지적 패션을 위해 마구 찬미된다. 이런 미디어의 보수성 때문에 사람들은 자신의 사회계급과 동떨어져 보수적이 된다. 그래서, 홍세화가 거듭 지적했듯, 1300만 노동자가 운위되는 사회에서 노동자를 대표하는 정당이 원내에 진입하지도 못하는 사태가 벌어지고 있는 것이다. 이 노동자들은 자신들의 이익에 적대적인 주류 신문을 열심히 읽으며 그들의 의견에 자신을 동화시키고 있다. 이것이야말로 소외의 진정한 의미일 것이다. 그 점에서 홍세화가 학교 교육 프로그램의 보수성 탈피를 거듭 강조하는 것도 이해할 만하다. 노동자들이 선거 때만 되면 자신들의 이익을 해쳐가며 보수정당에 표를 주고 있으니 말이다. 물론 이런 기이한 투표행태는 우리 현실정치의 가장 큰 동력인 지역주의 탓이기도 하다. 지역주의가 완강한 탓에 보수정당은 힘을 키우고, 보수정당이 의회를 지배하고 있으니 지역주의의 지양은 백년하청이다. 이것은 가장 진보적이라는 노동자계급이, 한국 사회에서는, 아직 시민의 단계에도 이르지 못했다는 뜻이기도 하다. 그리고 이것은 노동자정당의 원내 진출이 한국 시민사회의 기반을 굳건히 하는 데 이바지할 수 있다는 뜻이기도 하다.

보수주의의 사회심리적 기반

✦

보수주의의 사회심리적 기반은 습관과 공포심이다. 이 습관과 공포심이 한국 현대사처럼 비틀린 맥락에 접합되면 보수주의의 모습도 특이해진다. 보수주의는 일반적으로 애국심과 결합하지만, 한국의 보수주의자들은 이 애국심과도 별 인연이 없어 보인다. 물론 이들은 입만 열면 나라 걱정을 한다. 그러나 이들은 자긍이라는 가치에 무관심한 채 강한 외세 의존적 경향, 구체적으로는 미국 의존적 경향을 보인다. 안보에 대한 불안과 공포는 보수주의의 기반이고, 미군과 한반도를 얽어매고 있는 지정학적 맥락이 심상치 않은 만큼, '애국주의자들'의 이런 미국 편향을 이해하자면 이해 못 할 것도 없다. 그런데 얄궂게도, 애국주의적 열정의 한 척도라 할 군 복무율 역시 지도적 보수주의자들에게서 평균치보다 훨씬 더 낮게 나타난다. 그것은 지도적 보수주의자들이 우리 사회의 경제적 상층부를 형성하며 자신들의 이념을 정면으로 부정하는 특권을 누리고 있다는 뜻이다. 상투적인 지적이기는 하지만, 한국의 보수주의자들은 노블레스 오블리주를 체화하지 못하고 있는 것이다. 그래서, 보수주의가 흔히 그렇기는 하지만 특히 한국의 보수주의는, 정형화한 이념이라기보다 주로 탐욕과 관련돼 있다는 인상이 짙다. 욕심을 욕할 일은 아니다. 그것은 자본주의의, 더 크게 보자면 사회 진보의 동력이다. 한국

에서 그것이 문제되는 것은 그 욕심이 무척이나 사적이라는 것
이다. 물론 개인의 이해관계를 초월한 이념에 몸을 맡길 정도의
공심公心은 세상 어디에서나 드문 자원이다. 그러나 이상주의도
하나의 욕심이라면 그런 이상주의가 자라날 토양을 가꾸는 것
도 가능하고 필요한 일일 것이다. 그런 공심으로서의 욕심을 지
닌 사람이 바로 시투아얭, 시민일 것이다.

《문학·판》 10호, 2004년 봄

05

반反생물학을 위하여

✦

여성 정치 잡감

~~~~~~~~~~~~

여성·여성주의·여성 정치인

✦

'이중 기준'을 뜻하는 더블 스탠더드라는 말은 흔히 사회가 여성과 남성에게 선택적으로 들이대는, 눈금이 서로 다른 잣대를 가리킨다. 이 말은 주로 성적性的 관습이나 도덕의 영역에서 사용되지만(이슬람교나 초기 모르몬교에서 사람들이 연상하는 일부다처제는 위장되고 완화된 형태로나마 대부분의 사회에 존재해왔다), 기실 삶의 거의 전 영역에서 여성과 남성에게 적용되는 사회적 기준들의 다름을 가리키기도 한다. 특히 정치나 국가 행정처럼 전형적으로 공적公的이라고 간주되는 영역에서, 더블 스탠더드는 여성을 겨누는 섬뜩한 칼날 노릇을 한다. 김대중 정부 말기에 장상 총리 후보가 여론의 호된 비판을 받고 낙마한 것도 이 성적 더블 스탠더드와 관련이 있을 터이다.

물론 그 당시의 언론 보도로 짐작하건대, 장상 씨는 도덕적으로 허물이 많은 사람이었던 듯하다. 그러나 그가 만일 남성이었더라도 그에게 쏟아진 비판이 그렇게 매서웠을까? 아마 그렇지 않았을 것이다. 대통령선거를 얼마 앞둔 시점의 사나운 정치 지형 때문에 설령 총리 인준이 되지 않았더라도, 그가 야당 정치인들이나 여론으로부터 받은 비판은 훨씬 덜 뾰족했을 것이다. 우리 사회의 이른바 주류 엘리트 집단 가운데, 장상 총리 후보와 관련해 그 당시 문제가 되었던 아들의 이중 국적, 본인의 미국 영주권 취득, 재산 형성과정의 불투명 따위의 혐의에서 완전히 자유로운 사람은 그리 많지 않을 것이기 때문이다. 여성주의자로 알려진 한 남성 정치학자가 그즈음에 적절히 지적했듯, 황인성 씨에서부터 이한동 씨에 이르는, 그때까지 민간 정부 시대의 총리를 지낸 남성 아홉 사람이 장상 씨보다 더 도덕적이었다고 볼 근거는 어디에도 없다.

　　그러니까, 당시 인사청문위원들과 언론은 남성에게 보편적으로 적용되는 척도와는 다른 척도를 장상 씨에게 들이댄 것이다. 요컨대 장상 씨가 받은 비판의 중요한 심리적 근거 가운데 하나는 '여자가 어떻게?'라는 차별적 인식이었다고 할 만하다. 여자가 어떻게, 라는 질책은 서로 모순되는 듯한 두 전제 위에 서 있는 것 같다. 첫째는 여자란 열등한 존재다(여자가 감히!), 라는 전제고 둘째는 여자란 순수한 존재다(여자답지 못하게, 쯧쯧!), 라는 전제다. 이 두 전제는 서로 교묘히 스며들어 상승작용을 일으키며, 여성의 권리를 제약하고자 하는 남성의 욕망을 부당하게 정당화하고 있는 것 같다. 담배 피우는 여성, 술 잘 마시는 여성, 이혼한 여성, 욕 잘하는 여성, 게으른 여성, 범죄를 저지른 여성, 성적으로 분방한 여성, 탐욕스러운 여성, 시건방진 여성은 동일한 행태를 보이는 남성보다 더 비판받는다. 요컨대 남성에게는 허물이랄 것도 없는 일이 여성에게는 허물이 되고, 남성에게 허물이 될 만한 부정적 가치의 행태는 여성에게는 훨씬 더 큰 허물로 평가된다. 여성이 받는 이런 차별적 시선은 계급과 지위를 가리지 않는다. 우리 사회의 최상층에 속해 있을 장상 씨에게 쏟아진 비판이 그 적절한 예증일 것이다.

여기서 여성과 남성 사이에 심연을 배치하는 급진적 여성주의가 나온다. 급진적 여성주의는 사회집단을 근본적으로 가르는 것은 성性이라는 판단 아래, 계급이나 인종을 포함해 인간의 정체성을 구성하는 다른 모든 기준들을 부차적인 것으로 간주한다. 급진적 여성주의자들이 보기에는 남성이 여성에 대한 자신들의 권력을 자발적으로 포기하는 일은 결코 없을 것이므로, 남성과의 타협을 꾀하는 것은 여성에 대한 배반이다. 같은 이유로, 여성은 남성을, 그가 겉보기에 자유주의적 관점을 지닌 남성이라고 할지라도, 오롯한 동맹자로 받아들일 수 없다. 말하자면 급진적 여성주의는, 예컨대 흑인해방운동에서 루이스 패러컨의 '이슬람국민'운동이 그렇듯, 궁극적으로는 정치적 분리주의로 치달는다.

급진적 여성주의의 세계상世界像 속에서 모든 여성은 계급과 신분과 인종을 초월해 기본적인 억압을 공유하고 있기 때문에 잠재적으로 '자매'다. 이런 자매끼리의 정情, 곧 자매애는 여성으로 하여금 자신이 남성의 종속적·부차적 존재라는 오래된 생각을 떨쳐버리고 주체적 존재로 곧추서게 해준다. 이 자매애는 남성들에게 억압당한다는 점에서 같은 처지에 놓인 모든 여성들이 대동단결해 여성해방운동으로 나아가는 출발점이다. 말하자면 급진적 여성주의는 궁극적으로 모든 여성을 이른바 '레즈비언 연속체'로 파악한다. 급진적 여성주의의 끝 간 데는 이성애적 사랑과 결혼제도를 거부하고 '여성 정체성을 지닌 여성들' 사이의 감정적 연대 속에서 사이좋은 자매들로서 살아가는 여성적 삶의 구상일 것이다. 급진적 여성주의자가 보기에 여성은 '기본적으로' 다 똑같다.

그런데 이런 급진적 여성주의는 그 말과는 달리 보수적 여성주의로, 더 나아가서 반反여성주의로 기울 수 있다. 여성끼리의 동질성을, 곧 여성의 특이성을 지나치게 강조하는 것은, 남성 중심의 사회가 만들어놓은 여성의 제약조건, 어머니로서의 역할을 강조하는 성별 분업을 저도 모르게 승인하는 것일 수 있고, 더 나아가 빅토리아 시대의 '여성적 신비'나 나치즘 시대의 '모성의 신비''미의 신화' 같은 덫에 걸려들 위험에 여성 자신을 노출시키는 것일 수 있기 때문이다. 우리 문학계 일각에서 여성주의자로 알려진 이들이 더러 빠지고 있는 함정이 이 언저리에 있는 것 같다. 여성적인 것의 특권화는 결국 남성우월주의자들이 옹호하는 성 역할 분담의 승인인 것이다.

급진적 여성주의는 실천적으로도 위험하다. 지난해 잘 알려진 한 여성주의자가 박근혜 의원을 대통령 후보로 공개적으로 지지하며 빚어진 소란은, 박근혜 씨의 정치적 역량이 변변치 않아 위험한 국면으로까지 치닫지는 않았지만, 급진적 여성주의가 언제라도 빠질 수 있는 자기부정의 함정을 보여주었다. 이 여성주의자는 박근혜 씨와 자신의 해부학적 동질성에 집착해, 박근혜라는 기호를 이루고 있는 모든 남성적인 것, 가장 나쁜 남성적인 것을 놓쳐버린 듯하다. 여기서 촉발돼 길게 펼쳐진 설전의 한 장면에서 한 남성 논평가는 자신의 '성적 유리함'에 기대어 야비한 언설을 늘어놓음으로써 개개인의 양식을 넘어선 '남성적인 것의 추레함'을 노정했지만, 그렇다고 그것이 박근혜 지지의 정당성을 보여주는 것은 아니었다. 그리고 그 남성 논평가의 말이 아니더라도, 급진적 여성주의자들이 대체로 탐스러운 교육 배경을 지닌 중산층 여성이라는 점은 곰곰 생각해볼 만하다. 그들이 모든 여성은 자매다, 라고 말할 때, 사실 그 모든 여성은 결과적으로 자기 계급의 여성을 의미하기 쉬운 것이다.

그러나 여성운동이 여성운동인 한 '성'에 무게를 두지 않을 수는 없다. 그래서 급진적 여성운동은 여성운동의 가장 큰 물줄기였고, 역사의 어떤 국면에서는 곤혹스러운 장면들을 연출하기도 했다. 1890년대에 많은 여성 참정권 운동가들은 인종주의의 벽 앞에서 눈을 질끈 감은 채, 백인 여성에게만 참정권을 주자고 주장했다. 좀더 자유주의적인 운동가들도 모든 계급에게 참정권을 주는 문제보다는 중산층 여성에게 참정권을 주는 문제에 더 무게를 두었다. 예컨대 영국 여성 참정권 운동의 헌신적 투사였던 에멀린 팽크허스트는, 의회의 계급적 편견이 생각 밖으로 완강하다는 것이 드러나자, 우선 중산층 여성이라도 중산층 남성과 동일한 참정권을 얻을 수 있다면 여성 노동자(와 남성 노동자)의 권리 획득은 미룰 수도 있다고 생각했다.

전체 여성이 선거권을 얻게 되기까지의 길고 길었던 도정을 큰 눈으로 살필 때, 팽크허스트의 전략은 투쟁의 특정 국면에서는 결과적으로 옳았다고도 판단할 수 있다. 그러나 그것이 한 여성을(그가 어떤 가치를 대표하고 있든) 최고권력자의 자리에 올려놓으면 여성의 권익 옹호가 이뤄지고 여성의 정치세력화가 진전될 것이라는 판단으로 자연스레 연결되지는 않을 것이다. 역사는 그 반증을 너무 많이 보여주고 있기 때문이다.

커다란 정치권력을 움켜쥐고 이를 휘두른 여성을 역사 속에서 찾기는 그리 어렵지 않다. 당 고종의 황후였던 측천무후는 고종이 죽은 뒤 한 시절 국호를 주周로 바꾸고 스스로 제위에 올라

천하를 호령했다. 러시아 표트르 3세의 황후 예카테리나도 남편을 폐위시키고 제위에 올라 스스로 대제大帝라 일컬으며 계몽전제군주로서의 허명을 얻었다. 엘리자베스 1세는 16세기 영국의 정치적·종교적 최고지도자로서 절대권력을 행사하면서 영국 제해권制海權의 초석을 놓는 한편 엄격한 신분질서와 기사도의 선양을 통해 이른바 '즐거운 잉글랜드Merry England'를 난숙의 단계로 이끌었다. 영국사에는 엘리자베스 1세 외에도 여성 절대군주가 여럿 있었다. 그 가운데는 신교도를 무자비하게 처형해 '피 묻은 메리Bloody Mary'라는 별명을 얻은 메리 튜더도 있다.

스스로 군주가 되지 않았으면서도 섭정을 통해 최고권력을 휘두른 여성도 있다. 피렌체의 메디치가家 출신으로 16~17세기의 한 시절 프랑스 궁정과 사회 전체를 쥐락펴락한 카트린 드 메디시스와 마리 드 메디시스, 청 말기의 서태후나 조선조 명종 때의 문정왕후 같은 이들이 그렇다. 이들은 대체로 매우 강한 성격의 여성이었다. 수렴청정과는 무관하지만 조선조 말의 명성황후도 이 계열의 여성 권력자에 속할 것이다. 나라를 위태롭게 할 만한 어여쁨만으로 정치권력을 휘두른 여성도 있었다. 장張씨 성을 지녔던 조선조의 두 여성이나 루이 15세의 총희寵姬로서 프랑스 외교와 공직 인사를 주물렀던 퐁파두르 부인이 그 예다. 보기에 따라 명성황후를 이쪽에 포함시킬 수도 있을 것이다.

서태후에서 명성황후에 이르는 여성 권력자들이 군주가 아니었다고 해서 이들의 권력이 실질적이 아니었던 것은 아니다. 근대 이전 시대에는 권력자 개인의 사적 영역과 공적 영역이 대개 포개져 있었으므로, 권력자의 가족은, 특히 그 배우자는, 흔히 가정에 의제擬制된 영지나 왕국을 권력자와 함께 다스렸다. 말하자면 권력자의 평범한 배우자에게도 정치권력은 실질적으로 부여됐다. 서태후나 명성황후 그리고 메디치가 출신의 두 여성은 이들이 한 시절 휘둘렀던 권력이 법적 권력자의 것을 오히려 크게 넘어선 예외적 경우였을 뿐이다. 그러나 이 여성 권력자들이 휘두른 권력은 여성의 권익 옹호와 아무런 관련이 없었다. 이들은 대체로, 권력의 장場에서는, 여성의 육체를 타고난 남성들이었다.

그렇다고 해서, 여성 정치인들의 수가 늘어나는 것이, 특히 대중민주주의 시대에 여성 최고권력자의 수가 늘어나는 것이 여성의 정치세력화에 긍정적이라는 점을 부인할 필요는 없을 것이다. 그리고 여성 정치인들의 수가 크게 늘어나면 그들 사이에 연대의 공간이 넓어질 가능성이 커지고 여성 정치인들과 여성 유권자들 사이에도 정서적·이념적 유대가 튼튼해지리라는 기대를 미리 접을 필요는 없을 것이다. 양이 늘어나면, 언젠가는 질적 변화가 따르게 마련이니 말이다. 1960년대 이후 마흔 명 가까운 여성들이 정부수반이나 국가수반이 되었다. 스리랑카의 시리마보 반다라나이케, 인도의 인디라 간디, 이스라엘의 골다 메이어,

영국의 마거릿 새처, 노르웨이의 그로 할렘 브룬틀란, 파키스탄의 베나지르 부토, 필리핀의 코라손 아키노와 글로리아 아로요, 니카라과의 비올레타 차모로, 아일랜드의 메리 로빈슨, 방글라데시의 베굼 할레다 지아와 셰이크 하시나 와제드, 프랑스의 에디트 크레송, 뉴질랜드의 헬렌 클라크, 핀란드의 타르야 할로넨과 아넬리 예텐마이키, 인도네시아의 메가와티 수카르노푸트리 같은 이들이 두드러진 예다. 이념적 편차는 크지만, 이들은 여성 정치의 성좌를 이루는 빛나는 별들이다. 그러나 이들이 내뿜는 빛은 여성 정치 자체가 너무 어둡거나 희미하기 때문에 그 밝음이 더 도드라져 보인다는 것을 잊어서는 안 된다.

우선 여성 지도자들의 수가 절대적으로 적다는 점이 지적돼야겠다. 인류의 반 이상이 여성이라는 점을 생각하면, 아직도 여성 지도자들의 비율은 거론하기가 민망할 만큼 낮다. 그래서 이런 예외적 능력과 운을 지닌 여성에게는 '최초'라는 수식어가 흔히 따라다닌다. 시리마보 반다라나이케는 세계 최초의 여성 총리였고, 마거릿 새처는 유럽 최초의 여성 총리였고, 그로 할렘 브룬틀란은 노르웨이 최초의 여성 총리였고, 메리 로빈슨은 아일랜드 최초의 여성 대통령이었고, 타르야 할로넨과 아넬리 예텐마이키는 핀란드 최초의 여성 대통령과 총리다(지나는 길에, 지난 4월 농민을 기반으로 한 중도당의 예텐마이키 총재가 핀란드 총리로 취임해 지난 2000년 2월에 선출된 할로넨 대통령의 사민당과 연립 정부를 구성함에 따라, 핀란드는 여성 대통령과 여성 총리를 동시에 지니게 된 최초의 국가가 됐다는 점을 지적하는 게 좋겠다).

다음, 이들 여성 지도자들의 상당수는 온전히 스스로의 재능과 노력을 통해서만이 아니라 아버지나 남편의 후광을 덤으로 입고 지도자의 자리에 올랐다는 점도 지적해야겠다. 자와할랄 네루의 딸 인디라 간디, 줄피카르 알리 부토의 딸 베나지르 부토, 베니그노 아키노의 아내 코라손 아키노, 수카르노의 딸 메가와티 수카르노푸트리, 방글라데시의 2대 대통령이었던 지아울 라만의 아내 베굼 할레다 지아, 역시 방글라데시의 건국 영웅이자 초대 대통령 셰이크 무지부르 라만의 딸 셰이크 하시나 와제드 같은 이들이 그 예다. 이들은 전근대 시대의 많은 여성 권력자들이 그랬듯, 약간의 우여곡절을 거쳐 자리 위세를 '물려받은' 것이다. 베굼 할레다 지아는 1997년 방글라데시 총선에서 패배해 총리 자리를 셰이크 하시나 와제드에게 물려주었는데, 물러난 총리의 남편이 20여 년 전 쿠데타를 통해 신임 총리의 아버지를 대통령 자리에서 몰아낸 바 있어서, 신임 총리로서는 해묵은 원한을 푼 셈이 되었다. 한 시절 민주화운동 동료이기도 했던 이 두 여성은 말하자면 남자들의 대리인이라는 이미지가 짙었다. 그것은 1986년 이른바 '피플 파워'로 집권한 필리핀의 코라손 아키노의 경우도 마찬가지였다. 베니그노 아키노가 암살되지 않았다면 코라손 아키노는 아마 정치인이 되지 않았을 것이다.

물론 많은 여성 지도자들이 가족관계의 힘을 전혀 빌리지 않고 그 자리에 올랐다. 20세기의 가장 강력한 지도자 가운데 한 사람으로 꼽힐 만한 정치인인 마거릿 새처는 그 두드러진 예다. 그러나 새처는, 여성 정치의 빈약함과 관련해 내가 지적하고 싶은 세 번째 사실, 곧 여성이 최고 정치 지도자가 되는 것이 여성의 정치세력화와 직접적 관련이 없다는 사실의 도드라진 예증이기도 하다.

　　새처는 자신이 이끄는 내각에 여성 장관을 한 사람도 들이지 않았다. 새처는 일차적으로 자신을 여성으로보다 정치인으로 생각한다고 공언했으므로, 이것이 별난 일은 아니었다. 새처 내각의 여성 부재는 브룬틀란 내각의 경우와 크게 대조된다. 브룬틀란은 자신이 이끈 두 번째 내각에 일곱 명의 여성 각료를 들였고, 세 번째 내각에는 아홉 명의 여성 각료를 들여 총리인 자신을 포함하면 완벽한 남녀 동수 내각을 구성했다. 중요한 것은, 이런 차이가 새처와 브룬틀란 개인의 여성 지향성 차이 못지않게 영국 사회와 노르웨이 사회의 여성 지향성 차이에 기인했다는 점이다. 노르웨이에서는 1973년 이후 주요 정당들이 모든 정책 결정과정에 남녀 어느 성도 60% 이상 대표될 수 없도록 하는 성 할당제를 도입했고, 1981년에는 정부기관에도 이 할당제가 적용되도록 법이 마련되었다. 새처 내각과 브룬틀란 내각의 이 콘트라스트는 여성의 정치세력화가 한 뛰어난 개인의 활약보다는 제도의 틀을 통해서 더 쉽사리 이뤄진다는 것을 보여준다.

마지막으로, 많은 여성 정치 지도자들이 동료 남성 정치인들에 견주어 경제적 배경에서나 재능에서나 인간적 매력에서 앞서 있다는 사실도 지적해야겠다. 이것은 역설적으로, 다른 분야에서와 마찬가지로 정치에서도, 여성은 남성보다 처음부터 더 좋은 조건을 가지고 출발해야만 겨우 대등한 자리에 다다를 수 있다는 것을 뜻한다. 모든 소수파들이 그렇듯, 성적 소수파인 여성도 경쟁의 장에서 남성과 맞서기 위해서는 그 성적 불리를 메워줄 다른 유리한 조건이 필요한 것이다. 진정한 성적 평등은 여성이 다른 유리한 조건 없이도 남성과 대등하게 경쟁할 수 있을 때에야 이루어질 것이다.

생물학을 넘어서

✦

정치가 집단과 개인들을 권력의 장場 안에 합리적으로 배치하는 기술이라면, 그것은 사회 모든 영역의 구조적 인간관계를 표나게 집약하는 핵심 공간이라고 할 수 있다. 그러니, 성적 차원에서 인간관계가 평등해지려면 인류의 반인 여성이 정치 영역의 반을 차지해야 마땅할 것이다. 그러나 인류 역사의 오랜 기간을 통해 정치와 여성 사이에는 접촉면이 좁았다. 정치는 전형적인 남성적 영역으로 여겨졌다. 클레오파트라 7세에서 서태후에 이르는 여성 권력자들은 그런 남성적 정치사에서 돌출한 이단아들에 지나지 않았고, 그들의 집권은 정치의 남성성을 교정하는데 티끌만큼의 힘도 발휘할 수 없었다. 사실은 정치만이 아니라 모든 공적 영역에서 여성은 구조적으로 배제되었다. 여성의 동선은 전통적으로 가족과 가내 생활이라는 사적 영역에 머물러야 했다. 공적 영역으로서의 일터는 무엇보다도 남성의 영역이었다. 그리고 '공적 남성'과 '사적 여성'이라는 성 역할의 공간적·지리적 분할은 출산과 양육이라는 '여성의, 여성만의 독특한 책임 영역'을 근거로 정당화되었다.

실상, 사회의 모든 영역을 일관하는 성차별을 정당화하는 고전적인, 그래서 상투적인 언설들은 여성과 남성 사이의 생물학적 차이에 바탕을 두고 있다. 해부학적 차이는 숙명이라고 보는 견해 말이다. 여성은 달거리나 수태와 관련된 생물학적 취약성, 출산의 고통, 갓난아이의 수유와 육아, 갖가지 여성병과 낭만적 기질 때문에 어쩔 수 없이 남성에게 의존하게 된다는 것이다. 즉 여성과 남성은 각자의 해부학적 차이에 따라 적절하게 사회화됨으로써 지위와 역할이 달라진다는 것이다. 이렇게 분할된 역할 가운데 남성의 역할은 더 중요한 것으로 평가되고 여성의 역할은 하찮게 여겨진다.

이런 견해를 받아들이는 반反여성주의자들은 남성의 여성

지배가 생물학적으로 자연스러우며 따라서 필연적이라고 주장한다. 앞서 지적했듯, 여성의 고유성에 집착해 여성들의 대동단결을 주장하는 급진적 여성주의자들의 일부는 제 뜻에 반해 이런 생물학적 결정성을 수긍하면서 반여성주의와 회통할 가능성이 있다. 그러나 성적 지배-피지배 관계의 근원이 생물학적이라는 생각은 인종적·계급적 지배-피지배 관계가 생물학적 기원을 지닌다는 주장만큼이나 수상쩍은 발상이다. 모든 보수주의자들은 생물학을 좋아한다. 그들은 유색인이 가난한 것은 유색인이 '천성적으로' 게으르고 아둔하기 때문이며, 감옥에 유색인이 많은 것은 유색인이 '천성적으로' 폭력적이고 사악하기 때문이라고 생각한다. 이와 나란한 맥락에서 그들은 정치를 포함한 공적 영역에 여성이 드문 것은 여성이 '천성적으로' 약하고 의존적이고 가정 지향적이어서 그렇다고 생각한다. 그러나 오늘날 우리는 생물학적 성(섹스)과 사회적 성(젠더)이 다르다는 것을, 그리고 여성과 남성의 사회적 정체성은 그들의 성 역할 곧 젠더에 바탕을 두고 있는 것이지 생물학적 성에 직접 바탕을 두고 있는 것은 아니라는 사실을 알고 있다. 여성이 현실정치 공간에 드물고, 따라서 사회의 모든 영역에서 여성의 권익을 옹호할 수 있을 만큼 여성의 정치세력화가 이뤄지지 않은 현실의 뿌리가 생물학적 토양이 아니라 사회적 토양에 박혀 있다는 것은 과격한 남성우월주의자가 아니라면 대체로 수긍할 것이다.

그렇다고 여성과 남성 사이에 또렷한 자연적 차이, 생물학적 차이가 있다는 것을 부인할 필요도 없을 것이다. 대부분의 스포츠 경기에서 여성은 여성끼리, 남성은 남성끼리 경쟁한다. 더 나아가 그런 자연적 차이, 생물학적 차이가 사회적 차이를 어느 정도까지는 정당화할 수 있다는 사실까지도 굳이 부인할 필요는 없을 것이다. 그러나 그와 함께, 인간 사회에서 전형적으로 구성된 문화나 문명이라는 것은, 이제는 초등학교 학생들도 이해하고 있듯, 자연에 거스른다는 의미에서 근본적으로 반反생물학이라는 점도 늘 기억해야 할 것이다. 문화는 자연의 지침을 수동적으로 따르는 것이 아니라 가치의 실현을 위해서 자연을 제어하는 것이다. 위계적 질서는 자연적 질서다. 평등적 질서는 부자연스러운 질서다. 그러나 자연계에서 오직 인간만이 평등적 질서를 열망하고, 그 열망을 실현하기 위해서 싸운다. 평등에 대한 열망은, 그 부자연스러움에도 불구하고, 인간을 다른 동물들과 구별하는 유력한 표지 가운데 하나다. 당위는 존재로부터 나오는 것이 아니다. 남성의 지배가 실질적으로 보편적이라는 관찰이 이런 위계적 질서가 불가피하다는 주장으로 반드시 이어져야 할 이유는 없다. 마찬가지로, 남성의 정치 독점이 역사적으로 보편적이었다는 관찰이 앞으로도 그래야 한다는 주장으로 반드시 이어져야 할 이유는 없다. 우리는 문화와 문명을 건설한 인간이기 때문이다.

문제는 시스템이다

✦

1949년 1월의 안동 보궐선거로 제헌국회에 진출한 대한여자국민당 총재 임영신에서 시작해 지금의 16대 국회까지 대한민국 국회에 진출한 여성의 수는 거듭 당선된 경우를 따로 셈해도 100을 겨우 채웠다. 이것은 그 기간 전체 의원 수의 3%에도 미치지 못한다. 민정당이 뽑내던 100만 당원의 40%가 여성당원이었고 민자당이 뽑내던 410만 당원의 70%가 여성이었다는 주장을 믿는다면, 국회에서의 여성의 과소 대표는 더욱더 두드러진다. 다소 특이한 상황의 일인—ㅅ 국회의원 정당을 이끌었던 임영신과 박근혜 씨를 제외하면, 1960년대에 민주당 총재를 지낸 박순천이 여성으로서 유일하게 당 대표를 맡았고, 사무총장이나 원내총무를 맡은 여성은 한 사람도 없었다. 국회의장이나 부의장을 지낸 여성도 없다. 정당의 의사결정기구들에서도 여성의 힘이 미약해, 이미경 의원과 추미애 의원이 활발한 의정활동으로 여론의 주목을 받기 시작한 15대 이전에는 여성 의원으로서 제 목소리를 또렷이 내는 이도 드물었다. 말하자면 전체 국회의원의 3%에 해당하는 이 여성들이 3%의 목소리라도 냈는지마저 의심스럽다. 열두 명의 여성이 원내에 진출한 9대 국회 시절 이 여성 의원 가운데 무려 열 명이 박정희가 임명하고 통일주체국민회의가 고무도장을 찍어준 이른바 유신정우회 소속 의원들이었다는 점을 생각하면, 여성 국회의원들의 이런 비활동성도 이해할 만하다.

2000년 4월의 16대 총선에서는 열여섯 명의 여성이 국회에 진출해 전체의 5.9%를 차지했다. 그러나 이 비율은 여성 의원의 비율이 40%에 가까운 북유럽 나라들은 물론이고 11%를 웃도는 세계 평균에도 한참 못 미치는 것이다. 1997년에 국제의원연맹IPU이 집계한 세계 107개 나라의 여성 의원 비율 순위에서 한국은 94위를 차지했다. 행정부에서의 여성 과소 대표는 더 두드러져, 행정자치부에 따르면 2000년 현재 여성 공무원의 비율은 5급 3.9%, 4급 2.2%, 3급 1.6%, 2급 0.4%, 1급 0%였다. 말하자면 정치적 리더십에서와 마찬가지로 관료 사회에서도 여성의 과소 대표가 일반적으로 뚜렷할 뿐만 아니라, 권력과 연결된 자리일수록 그 과소성이 더 두드러진다.

이 점은 여성 국회의원이나 여성 국무위원을 여럿 배출한 한국 사회에서 여성 청와대 수석비서관이 거의 나오지 못했다는 사실에서도 또렷이 드러난다. 새 정부 들어 박주현 변호사가 청와대 국민참여수석이 되기는 했으나, 그가 관장하고 있는 분야의 모호함과 더불어 그가 과연 얼마만큼의 실질적 권한을 지니고 있는지는 아직 불투명하다. 바깥으로 비치는 공식적 권한이야 어떻든, 실제의 권력관계에서 청와대의 수석비서관이 장관 위에 있다는 것은 한국 사회의 상식이다. 예컨대 비슷한 분야를 관장하는 법무부장관과 청와대 민정수석 비서관 가운데 누가 힘이 더 센지를 모르는 한국인은 그리 많지 않을 것이다. 그런데 청와대의 이런 힘 있는 자리에서는 여성이 거의 전적으로 배제되고 있는 것이다.

지난 5월 말 〈문화일보〉가 여론조사기관 테일러 넬슨 소프레스TNS에 의뢰해 전국 성인 남녀 1,000명을 대상으로 실시한 여론조사 결과에 따르면, 여권에서 추진하고 있는 신당의 대표로 알맞은 인물로 정동영, 한화갑, 정대철 의원에 이어 강금실 법무장관과 추미애 의원이 각각 4, 5위로 꼽혔다. 여성 둘을 잠재적 정당 대표로 꼽은 것은 반가운 일이다. 그러나 여론조사 대상자들이 두 여성 행정가, 정치인에게 높은 점수를 준 것은 여성의 진전된 정치세력화에 따른 것이라기보다 주로 강금실 씨와 추미애 씨의 개인적 매력에 이끌린 것이라고 보는 것이 옳을 터이다. 그리고 여성 정치의 힘을 탔든 개인적 매력의 결과든, 강 장관이나 추 의원이 실제로 신당의 대표가 되리라고 믿는 사람은 거의 없을 것이다. 박순천이라는 예외가 있었지만, 한국은 아직도 '여성 우두머리'를 쉽게 받아들이지 못하는 사회다. 강 장관만 하더라도 취임을 전후해 검찰의 강한 저항에 부딪힌 바 있다. 이것은 성 분할을 가로지르는 여러 불리한 사회 범주들에서 여성이 과다하게 대표되고 있는 것과 눈에 띄는 콘트라스트를 이룬다. 여성은 세속적 위계의 아래쪽으로 내려갈수록 높은 비율을 차지하고 있는 것이다.

사회의 다른 분야에 비해 공직 진출에서 한국 여성이 크게 뒤쳐져 있다는 것은 지난 2000년 유엔개발계획이 제출한 인간개발보고서에서도 드러난다. 174개국을 대상으로 조사한 인간개발지수HDI에서 한국은 31위를 차지했고 여기에 성별을 고려한 여성개발지수GDI에서는 30위를 차지했지만, 70개국을 대상으로 조사한 여성권한척도GEM에서는 63위에 머물렀다. 인간개발지수는 교육 수준과 1인당 국민소득, 평균수명 따위를 기초로 한 선진화의 정도를 뜻하고, 여성권한척도는 여성의 정치참여나 고위직 진출의 정도를 뜻한다. 다시 말해, 한국은 총체적으로 선진국과 중진국의 경계에 있는 사회고, 교육을 비롯한 일반적 복지에서 여성의 상대적 낙후가 덜한 사회이지만, 반면에 정치를 포함한 공직생활에 여성이 참여하는 정도에서는 세계 최하위권에 속하는 사회다. 3,500여 개의 여성단체가 활동하는 나라에 어울리지 않는 순위다.

이 상황의 가장 큰 책임은 정치를 포함한 공적 공간에서 여성을 내치는 우리 사회의 성차별 문화에 있을 것이다. 사실 정치가 남성의 영역이라는 생각은 우리 사회에서 특히 강해, 여성 유권자들도 대체로 남성 후보를 선호하는 경향을 보이고, 아내의 정치적 견해는 남편의 정치적 견해를 따라가는 경우가 흔하다. 따라서 여성의 권한 신장과 정치세력화를 위해서는 성적 평등

이념이 확산되는 것이 근본적 조건이다. 그러나 이런 근본적 의식의 변혁은 하루아침에 이뤄질 수 있는 일이 아니다. 게다가 의식이란 어차피 세계를 비추는 거울인 경우가 많다. 그러면 세계를 어떻게 바꿀 수 있을까? 밋밋한 답변이지만, 그것은 법적·제도적 개혁을 통해서라고 말할 수밖에 없다. 사실, 의식의 근본적 변혁에 앞서 법적·제도적 개선만으로도 상당히 많은 것을 이룰 수 있다. 실제로 정치 선진국들의 경우에도 법적·제도적 장치가 여성의 정치세력화를 이끄는 견인차가 되었다.

한 예로 여성의 국회 진출을 생각해보자. 한국에서 여성의 국회 진출을 가로막는 가장 큰 제도적 걸림돌은 현행 소선거구 다수대표제다. 단 한 명의 대표자를 선출하는 지금과 같은 소선거구제도 아래서는 중간계급 출신의 중년 남성이라는 '표준적' 인물을 후보로 내놓는 것이 정당으로서는 가장 안전하다. 선거에서의 경쟁이 너무 직접적이고 격렬해, 여성을 비롯한 소수자적 표지를 지닌 인물을 후보로 내놓는 모험을 할 여유가 없는 것이다. 따라서 현행 선거제도 아래서는, 여성 후보가 선거에서 남성 후보를 이기기도 어려울뿐더러, 그 이전 단계에서 후보로 뽑히기도 어렵다. 후보를 가장 민주적인 경선과정을 통해 뽑는다고 해도 마찬가지다. 사실은, 경선과정이 (다수결이라는 좁은 의미로) 민주적일수록 여성은 후보로 뽑히기 어렵다. 오직 한 사람의 승자만을 뽑는 소선거구제 아래서 여성이 남성과 겨뤄 이기기 어렵다는 것을 당원들이 잘 알고 있기 때문이다. 사실은 열여섯 명의 여성이 원내에 들어간 2000년 총선거에서도, 그 여성 의원 가운데 열한 명은 비례대표로 당선되었다. 소선거구제 아래서 여성이 지역구에 출마하는 것은 그만큼 위험을 무릅써야 하는 일이다.

여성을 비롯한 소수파의 의회 진출에 가장 유리한 제도적 환경은 선거구 자체가 중선거구나 대선거구로 확대되고, 정당명부식 비례대표제가 도입되는 것이다. 중·대선거구(한 개의 선거구에서 2인 이상의 다수인을 대표로 선출하는 제도—편집자)를 채택하면 여성은 비례대표로만이 아니라 지역구 후보로도 출마해 당선되기가 덜 어려워진다. 그러나 지금의 소선거구제가 유지되더라도, 한 사람이 지역구 후보에게 던지는 한 표 외에 정당에도 한 표를 던지는 정당명부식 비례대표제가 도입되면, 그것도 지역구 의원과 비례대표 의원의 비율이 5:1인 지금의 이름뿐인 비례대표제를 근본적으로 뜯어고쳐 그 비율을 1:1로 하는 명실상부한 비례대표제가 도입되면, 여성이 원내에 들어가는 것은 한결 수월해진다. 남성과의 직접적 대결을 피할 수 있는 원내 진입로가 크게 넓어지기 때문이다. 비례대표라는 이름의 이 원내 진입로로 들어선 여성 후보들에 대한 편견은 당의 정책 이미지로 중화할 수 있다. 또 정당명부식 비례대표제는 다당제와 친화력이 있으므로 상황에 따라서는 여성주의 정당이 등장해 원내에 진출할 수도 있다.

정당명부식 비례대표제에서 여성이 남성과 치러야 할 경쟁은 소선거구 다수대표제에서보다 덜 직접적이다. 여성은 다른 동료들과 묶여 당의 이름으로 다른 당의 후보들과 경쟁한다. 그래서 여기서 중요한 것은 개인의 경쟁력이라기보다 당의 경쟁력이다. 당연히, 이 제도 아래서는 '여성으로서의 불리함'이 거의 완전히 녹여진다. 실제로 다른 나라의 사례를 보더라도 비례대표제를 채택하고 있는 나라들은 다수대표제를 채택하고 있는 나라들에 비해서 여성 의원의 비율이 높다. 비례대표제만으로 의원을 뽑는 유럽 의회에도 일반적으로 개별 회원국들의 국회보다 더 많은 여성 의원이 뽑힌다. 이상적인 남녀평등 상황에서라면 지역구에서 여성이 남성과 대등하게 경쟁하게 되겠지만, 아직 거기 도달하지 못한 상황에서는 비례대표제라는 에움길을 통할 수밖에 없다.

특별한 가이드라인이 없더라도 정당명부식 비례대표제 아래서는 각 정당들이 유권자들의 투표효과를 최대화하기 위하여 양성兩性을 포함해 사회의 중요한 집단이 적절히 대표될 수 있도록 비례대표 후보자 명부를 작성할 여지가 커지므로, 다른 소수 집단에게와 마찬가지로 여성에게도 원내로 진입할 가능성이 커진다. 그러나 여성의 대표성을 더욱 튼튼히 하기 위해서라면, 비례대표제가 반드시 할당제와 결합돼야 할 것이다. 그리고 이 할

당제는 단순히 성적 비율만을 적시하는 것이 아니라 여성을 리스트의 상위에 배치할 것을 명시해 여성의 당선을 실질적으로 보장해야 한다. 할당제가 지켜지더라도 여성이 뒷순위에 배치되면 당선 가능성이 낮아지기 때문이다. 정당명부식 비례대표제는 아니었으나, 제13대 국회에서 평민당의 박영숙 부총재가 전국구 1번을 배정받은 것은 큰 상징적 의미가 있었다. 여성을 리스트의 상위 순번으로 몰지는 못하더라도, 최소한 상위 순번에서는 남녀 교호순번제(지퍼 시스템)를 채택해야 여성의 당선을 실질적으로 보장할 수 있다.

현행 정당법은 지방선거에 관한 한 꽤 진보적이다. 2002년 3월에 신설된 정당법 31조 5항과 6항은 각각 "정당은 비례대표 선거구 시·도의회 의원선거 후보자 중 100분의 50 이상을 여성으로 추천하되, 비례대표 선거구 시·도의회 의원선거 후보자 명부 순위에 따라 2인마다 여성 1인이 포함되도록 하여야 한다" "정당은 임기만료에 의한 지역구 시·도의회 의원선거 후보자 중 100분의 30 이상을 여성으로 추천하도록 노력하여야 하며, 이를 준수한 정당에 대하여는 정치자금에 관한 법률 제17조의 규정에 의하여 지급하는 보조금 외에 같은 법 제17조의 2의 규정에 의하여 지급하는 보조금을 추가로 지급할 수 있다"고 규정하고 있다. 지방선거에 관한 한, 비록 강제규정은 아니지만, 지역구 선거에까지 할당제를 규정하고 있는 것이다.

반면에 이 법 31조 4항은 "정당은 비례대표 전국선거구 국회의원선거 후보자 중 100분의 30 이상을 여성으로 추천하여야 한다"고만 규정해, 국회의원선거 비례대표 리스트의 순위를 매기면서 고려해야 할 성별 배분은 각 정당의 결정에 맡기고 있다. 할당의 비율보다 오히려 더 중요한 것이 순위 규정인데, 이 부분을 얼버무리고 있는 것이다. 당연히 남성 중심의 현행 정당들은 여성후보를 비례대표 후보 리스트의 뒷순위로 밀어놓고 싶은 유혹에서 벗어나지 못한다. 말할 나위 없이, 여성의 과소 대표를 온전히치유하려면 국회의원선거에도 지방의회선거에서처럼 정당명부비례대표제가 도입돼야 하고, 지역구 의원과 비례대표 의원의 비율이 1:1에 가까워져야 하고, 비례대표 후보의 상위 리스트는 적어도 남녀 교호를 원칙으로 해야 한다. 그리고 전체 할당률도 지금의 최소 30%에서 50%로, 사실 그 이상으로도 늘릴 만하다.지역구 국회의원 후보 선출과정에서 남성이 압도적으로 유리하므로 비례대표 리스트에서 여성에게 오히려 과반의 혜택을 주어야 전체적으로 겨우 균형을 맞출 수 있는 것이다. 비례대표 리스트의 할당률을 지금과 같이 최소 30%로 고정시키고 지방선거에서처럼 지역구 후보의 할당률을 규정하는 것도 생각해봄직하지만, 강제규정이 아닌 한 실질적 효과를 거두기는 어려울 것이고,또 강제규정을 두었을 경우 당의 국회의원 후보를 자유경선으로뽑는다는 원칙에 흠을 낼 수도 있다.

결국, 할당제와 정당명부식 비례대표제는 여성의 정치세력화를 위한 양보할 수 없는 디딤판이다. 할당제는 여성에 대한 일종의 적극적 행동조치affirmative action program의 일환이다. 이 적극적 행동조치는 여성이 사회적 소수파라는 판단에서 합당하게 도출된 당위다. 좀더 급진적으로, 여성 의원의 의석 수를 정당에 대한 국고보조금과 연동시키는 방안도 생각해볼 만하다. 그럴 경우 정당은 여성 후보자의 추천만이 아니라 당선을 위한 실질적 노력을 기울이게 될 것이다. 사실 이 여성할당제는 공직자 선거에서만이 아니라, 명백히 사적인 부문을 제외한 사회 전반으로 확산돼야 한다.

역할 공유의 사회를 향하여

✦

여성이 옛 소비에트 진영이나 제3세계 나라들의 정부에서보다 서유럽식 민주주의 정부에서 더 많이 대표되었다는 점을 생각하면, 여성의 정치세력화는 민주주의 일반의 진척과도 밀접한 관련이 있는 듯하다. 인과관계야 어떻든, 여성의 공직 진출을 민주주의의 한 척도로 볼 여지가 있는 것이다. 그러나 단기적으로는 쉽게 대답하기 힘든 질문이 하나 남아 있다. 그것은, 앞서도 살짝 비쳤듯, 여성 정치인들이 과연 여성의 권리를 신장시킬 것인가, 하는 질문이다.

사실 우리 사회의 전형적인 여성 의원들은, 영국의 새처도 공언했듯, 자신의 정체성을 '여성' 국회의원에서보다는 여성 '국회의원'에서 더 찾는 듯하다. 그것은 7년 전 원내에 진입한 뒤 중요한 정치적 판단의 순간마다 합리성과 용기를 발휘하며 양식 있는 정치의 전범을 보여주었던 추미애 의원의 경우마저 예외는 아닌 듯하다. 그래서 앞으로의 여성 정치인들이라고 해서 반드시 남성 정치인들보다 더 여성주의적이리라고 내다볼 근거도 지금으로서는 그리 튼튼해 보이지 않는다. 게다가 여성 의원들은 대체로 우리 사회의 최고 엘리트층에서 배출되고 있어서, 계급적 기반이 비교적 넓은 남성 의원들에 견주어 보수주의적 정책에 호의적일 소지가 많다. 그러나 다시 한 번, 양적 변화가 쌓이면 질적 변화를 이뤄낼 수 있다는 것을 기대해도 좋을 것이다. 여성 의원들이 늘어남에 따라 그들의 계급적 기반도 다양해질 것이고, 여성 정치인들이 의정의 중심에 서게 된다면 성적 평등과 관련된 주제들에 대한 인지도가 그들 사이에서, 그리고 여성과 남성 유권자들 사이에서 높아질 것이라고 기대할 수는 있다.

우리 정치사에서 여성 정치인들과 관련해 눈에 띄는 점 하나는 아버지나 남편의 후광에 힘입어 의회로 진출한 사례가 드물다는 것이다. 박철언 전 의원의 아내인 현경자 전 의원과 박정희 전 대통령의 딸 박근혜 의원 정도가 예외다. 그것은 여성 정치와 여성 정치인의 독립성을 위해 바람직한 일이다. 그러나 국회만 놓고 보아도 우리 여성 정치의 현실은 아직 초라하다. 수에서만 열세인 것이 아니라, 지금도 권한이 큰 자리에서는 여성 의원을 찾아보기 힘들다. 그리고 그것은 정치에서만이 아니라 사회 전반에서 힘을 발휘하고 있는 한국적 남성주의와도 관련이 있을 터이다. 널리 지적되듯, 국회를 포함한 한국 정치권에서 여성 정치인들이 겪게 되는 불리 가운데 큰 부분은 이들이 정치권 내부의 비공식적 관계에서 자주 따돌려진다는 데서 오기도 할 것이다. 물론 남성 정치인들에 견주어 여성 정치인들을 둘러싼 비공식적 관계의 망이 헐렁한 것은 소위 정치 선진국에서도 마찬가지일 테지만, 그런 나라들에서는 비공식 관계의 상대적 중요성이 한국에서만큼 크지는 않을 것이다. 그러나 이런 비공식 관계에서 여성이 겪는 불리도 궁극적으로는 여성 정치인들의 소수파적 지위와 깊은 관련이 있을 것이다. 그러니 여성 정치인들의 수가 늘어남에 따라 그들이 비공식 관계에서 받는 제약도 크게 줄어들 것이라고 기대할 수도 있겠다.

　실은 여성이 비공식적 관계에서 배제되는 상황은 국회를 포함한 정치권만의 문제는 아니다. 앞선 사회에서도 그런 관행이 말끔히 없어진 것은 아니지만 특히 한국 사회에서, 거의 대부분의 조직을 얽어매고 있는 남성 중심적 관계망은 승진에서의 여성 차별, 여성 배제로 쉽게 이어지고 있다. 중요한 의사소통과정이자 정보의 원천인 조직 내의 비공식적 관계망에서 배제됨으로써, 여성은 남성에 비해 상대적으로 승진에서 불이익을 당한다. 그런 비공식적 관계망은 성적 다수파인 남성의 놀이문화(예컨대 대표적으로 룸살롱 문화)를 매개로 형성되게 마련이므로, 그 놀이문화에 익숙하지 않은 여성들이 거기서 배제되는 것은 일견 자연스러워 보인다. 이런 비공식적 관계망은 남성의 기득권을 강화함으로써 공식 구조에서도 남성이 여성에 견주어 훨씬 더 유리한 위치를 차지할 수 있게 하는 조건을 다지고 있다. 공식적 관계와 비공식적 관계가 서로를 보완하며 여성의 소수파적 입지를 더 악화시키는 것이다. 결국은 좀더 많은 여성이 우리 사회의 공적 영역으로 나아가 놀이문화를 비롯한 비공식적 관계의 힘을 중화시키는 수밖에 다른 방법이 없어 보인다.

이 맥락에서 중앙정치권으로 충원될 수 있는 여성 인력이 인접 분야에서 지금보다 훨씬 더 많이 길러져야 한다는 것도 지적해야겠다. 예컨대 법조계, 행정부, 노동조합, 미디어, 대기업, 지방의회 따위의 분야 말이다. 그리고 행정부에서도 남성우월주의가 강고하게 자리 잡은 내무, 재무, 외교, 법무와 같은 분야에 여성이 지금보다 훨씬 더 많이 들어가야 할 것이다. 새 정부 들어 강금실 변호사가 법무부장관에 취임한 것은 그 점에서 바람직했다고 평가할 만하다. 다시 한 번 강조하거니와, 여성할당제는 정부를 비롯해서 공적 성격을 지닌 집단 전체로 확산돼야 한다.

우리가 바라는 사회는 여성과 남성이 서로 대등한 관계에서 역할을 교환하고 공유할 수 있는 사회다. 고정된 성 역할의 사회화는 여성에게만 아니라 남성에게도 짐이다. 그는 일생 동안 '남성성'의 거푸집에 갇혀 '더 빨리, 더 높이, 더 힘세게'의 압박에 시달릴 수밖에 없다. 생물학적 다름을 인정하면서도 그것이 사회적 다름으로 이어지지 않도록 제도를 다듬고 가꾸는 것은 인류의 진보에, 진화에 기여하는 것이다. 그것의 핵심은 정치에서의 역할 공유다.

《인물과 사상》 27권, 2003. 7.

분열 속에서 좌표 찾기

✦

17대 총선을 앞둔 한 자유주의 유권자의 제언

〰〰〰〰〰〰

참을 수 없는 분당의 가벼움

✦

전통적 민주당 지지자들 다수는 민주당의 분당을 처음엔 어리둥절하게, 마침내는 실망스럽게 받아들였을 것이다. 그 실망은 신당론자들의 마음을 향한 것이기도 했을 터이고 머리를 향한 것이기도 했을 터이다. 다시 말해 윤리적인 것이기도 하고 전략적인 것이기도 했을 터이다. 기어이 자유주의 정파의 분열로 치달은 이른바 개혁신당론은, 애초부터, 힘이 세고 패권적이며 공격적인 한 지역주의에 슬그머니 기대어 힘이 그만 못하고 수세적이며 반사적인 또다른 지역주의를 호되게 나무랐다는 점에서 윤리적으로 위태로웠고, 오는 4월 총선에서 한국 사회 수구세력의 정치국이라 할 한나라당에 중부권 의석 대다수를 헌납할 위험을 경솔하게 무릅썼다는 점에서 전략적으로 위태로웠다. 나역시 신당론자들의 마음과 머리에 동시에 실망한 전통적 민주당 지지자에 속한다.

나는 민주당의 분당이 어떤 명분으로도 정당화될 수 없다는 것을 여러 자리에서 지적했다. 그 이유는 다른 전통적 민주당 지지자들의 경우와 다르지 않다. 요컨대 분당을 통한 개혁신당론의 핵심 아이디어가 힘센 새 친구를 얻기 위해 그자가 싫어하는 옛 친구를 버리자는 것이었기 때문이다. 신당 추진파는 망국적 지역주의의 해소를 정치적 명분으로 내걸었지만, 그들이 이 거룩한 명분의 실현을 위해 고른 길은, 얄궂게도, 고질적인 영남 지역주의에 사실상 굴복하고 영합하는 것이었다. 이들의 결과적 분파주의를 최대한 선의로 해석한다 하더라도, 이들은 호남의 지역주의와 영남의 지역주의에 사려 없이 같은 값을 매기는 잘못을 저질렀다. 분당이 전략적으로도 매우 어리석은 짓이었다는 전통적 민주당 지지자들의 견해 역시 내가 공유하고 있는 대목이다. 지금의 선거제도 아래서 민주당과 열린우리당이 지금의 덩치를 그대로 유지한 채 17대 총선에 임하는 한, 한나라당이 수도권을 휩쓸 것은 불을 보듯 빤하다. 물론 중·대선거구제가 도입되면 사정이 달라지겠으나, 선거법을 개정할 국회가 중·대선거구를 꺼리는 한나라당에 장악돼 있는 만큼 그럴 공산은 매우 낮다. 선거법 개정은 이미 판결받은 위헌성을 최소한으로 치유하는 선에서 그칠 것이다. 그래서, 지금 상황이 그대로 이어진다면, 올 4월에 우리는 유권자들 다수의 뜻과 상관없이 수도권을 수구 복고주의 정파가 틀어쥐는 희한한 상황을 목격하게 될 것이다. 오로지 자유주의 정파의 분열 탓에 말이다.

수도권에서만이 아니다. 분당은 결국 여당이 영남에 뿌리를 내리겠다는 의지를 표명한 것인데, 열린우리당이 이념적으로 크게 우경화하고 호남 유권자에 대한 경멸을 노골화하지 않는 한 영남에서 이길 가능성은 매우 낮다는 것이 내 생각이다. 극우 복고주의와 호남 적대는 영남 지역의 정치적 감수성을 떠받치고 있는 두 기둥이고, 이 기둥이 신당론자들의 고상한 명분에 떠밀려 하루아침에 무너질 리는 없기 때문이다. 그리고 그런 가파른 이념적 우경화에다 호남 유권자와의 적대를 조건으로 삼은 승리라면, 설령 그 승리가 현실화하더라도 열린우리당으로서 거기 무슨 의미를 부여할 수 있단 말인가? 그것은 또 하나의 한나라당의 승리에 지나지 않는다. 그럴 바에야 번거로운 절차를 생략하고 차라리 한나라당과 합당을 하는 것이 어떨까?

물론 열린우리당은 그 정도의 자기부정으로 치닫고 있지는 않다. 그들은 일단 호남을 버렸다가, 다시 호남에 영합하려 하고 있기 때문이다. 김대중의 의중에 귀를 곤두세우고 있는 것이 한 예증이라고 할 수 있겠다. 열린우리당의 이상한 지역주의 타파 작전 탓에, 호남 유권자들은 가련한 볼모가 되었다. 그들은 열린우리당을 지지하기도 찜찜하고 지지하지 않기도 찜찜하다. 지지하는 것이 찜찜한 것은, 그것이, 다른 사람이 더 좋다며 그쪽으로

가버린 옛 애인을 계속 쫓아다니며 돌보고 위하는 격이기 때문이다. 지지하지 않는 것이 찜찜한 것은, 그랬을 경우 그런 지지 철회가 호남 유권자들이 지역주의자라는 증거로 제출될 터이기 때문이다. 여기서 열린우리당의 윤리는 가난하다 못해 추레하다. 자신들은 호남 유권자들의 귀싸대기를 갈겼지만, 그럼에도 불구하고 호남 유권자들이 자신들을 지지해주기를 바라는 것이다. 지지하지 않았을 경우에 그들을 지역주의자라고 나무랄 태세를 갖추고 말이다. 내가 노무현의 재신임 카드에 붙인 딱지를 강준만이 옮겨서 붙였듯(강준만, 〈고종석의 주장에 반대한다〉, 《월간 인물과 사상》, 2003년 12월, 66쪽), 열린우리당의 이런 시나리오는 미상불 지지자들에 대한 정치적 자해공갈이라 할 만하다.

개혁은 '개혁' 바깥에 있다

✦

강준만의 이 발언은 사실 나를 비판하는 맥락에서 나온 것이다. 내가 열린우리당의 정치적 자해공갈에 너무 너그럽다고 그가 판단했기 때문이다. 아닌 게 아니라 나는 강준만의 비판을 받은 한 칼럼에서 열린우리당에 결과적으로 너그러웠다. 나는 거기서, 가난한 부모가 창피하다며 집을 뛰쳐나갔다가 세상에서 따돌림당하는 자식을 거두어 보살피는 어미의 심정으로 호남 유권자들은 신당을 감싸야 한다고 썼다. 비록 내키지 않을지라도, 그것이 지금까지 한국 정치의식의 개혁적 부분을 감당해왔던 호남 유권자들의 임무라고도 썼다. 나는 그 이유 가운데 하나로, 신당이 호남에서 배척받는다면 참여정부는 파산의 운명에 직면하리라는 점을 들었다. 그리고 내 이런 옹색한 논지는 강준만으로부터 합당하게 비판받았다. 열린우리당의 시나리오를 정치적 자해공갈이라고 비판하는 자리에서 강준만은 이렇게 썼다.

고종석도 기꺼이 인정하겠지만, 열린우리당은 그 어떤 명분을 내세우거건 모험주의와 헤게모니 투쟁의 산물이다. 열린우리당의 성공은 민주당의 고사枯死를 전제로 한 것이다. 민주당이 죽어줘야만 열린우리당이 서울과 수도권에서 한나라당과 대등하게 싸울 수 있다. 민주당이 조금이라도 살아 있으면 표를 분산시켜 한나라당의 독식獨食 가능성을 높여준다. 그래서 열린우리당은 민주당을 죽이기 위해 민주당을 반反개혁세력이요 지역주의 기생세력이라고 몰아붙이고 있는 것이다. 세상에 이런 어리석고 파렴치한 시나리오가 어디 있는가? 그럼에도 불구하고 호남의 개혁적 유권자들은 참여정부의 파산을 염려해 그 시나리오의 실현을 위한 들러리 역할을 해줘야 한단 말인가?

_강준만, 앞의 글, 66쪽

가슴을 후벼 파는 명쾌한 지적이다. 나는 열린우리당이 모험주의와 헤게모니 투쟁의 산물이라는 점에 동의하고, 그 시나리오가 어리석고 파렴치하다는 것을 인정한다. 인용된 마지막 문장은, '들러리'라는 표현에서 두드러지게 드러나듯, 부정적 답을 강요하는 설의법을 취하고 있다. 과연 호남의 개혁적 유권자들은 참여정부의 파산을 염려해 이 어리석고 파렴치한 시나리오의 실현을 위한 들러리 역할을 해줘야 하나? 나는, '들러리'라는 표현이 목에 가시처럼 걸리지만, 그리고 그 칼럼을 썼을 때에 견주어도 노무현과 열린우리당에 대한 열정이 한결 더 식었지만, 그럼에도 불구하고 그렇다고 대답할 수밖에 없다. 나는 노무현과 열린우리당의 행태에 실망했다고 해서 그것 때문에 참여정부의 파산을 팔짱 끼고 볼 수는 없다는 쪽이다. 그것은 재작년 12월 대통령선거에서의 우리의 선택을 무화하는 방향으로 치달을 수 있기 때문이다. 내 말은 노무현과 열린우리당에 대해 비판을 거두자는 뜻이 아니라, 이들의 일탈을 끊임없는 비판으로써 제어하되 그들을 궁극적으로 외면해서는 안 된다는 뜻이다. 불과 한 해 남짓 전의 일이지만, 노무현의 대통령선거 승리는 순조롭게 이뤄진 것이 아니다. 그것은 많은 우연들이 노무현과 그 지지자들에게 유리한 방향으로 겹쳐지면서 기적처럼 이뤄진 일이다. 이렇게 어렵게 만들어진 정부가 나락으로 굴러 떨어지도록 내버려두기로 마음을 정하기엔 아직 시기가 이르다는 것이 내 생각이다.

강준만과 같은 노무현의 비판적 지지자로서, 나는 노무현의 대통령 취임 이후 여러 차례 그에게 실망했다. 실망하지 않기 위해서 낙관을 억제하는 걸 버릇 삼아온 겁 많은 보수주의자인지라 그에 대해서도 기대를 최소한으로 눌러 담고 있기는 했지만, 그럼에도 불구하고 그 최소한의 기대마저, 지금까지는, 짓밟히고 있는 느낌이다. 민주당 분당만 해도 그렇다. 물론 분당의 일차적 책임이 노무현에게 있다고는 할 수 없을지 모른다. 그 일차적 책임은 '영남 표의 반을 얻기 위해 호남 표의 반을 버려야 한다'고 선동했던, 그리고 지금은 열린우리당에 가 있는, 민주당 안팎의 급진적 신당 추진파에게 있다고 볼 수 있다. 그러나 분당의 최종적 책임이 노무현에게 있었던 것은 사실이다. 급진적 신당 추진파가 아무리 열렬히 분당을 원했다고 하더라도, 그들의 정치적 교부敎父인 노무현이 불가不可 신호를 보냈더라면 분당은 막을 수 있었을 터이기 때문이다. 그러나 노무현은 그러지 않았다. 그는 어떻게든 분당을 피해보려던 민주당 중진들과의 만남을 피함으로써 신당 추진파에게 힘을 실어주었다. 그러니, 설령 노무현이 분당의 주도자는 아니었다 해도, 적어도 그 방조자-후원자였던 것은 확실하다.

내가 노무현에게 실망한 것이 그가 민주당 분당에 실은 힘 때문만은 아니다. 취임하자마자 그는 마치 무슨 장난이라도 하듯 대북송금 특검법을 받아들였고, 이라크 파병을 결정했다. 그는 누가 보아도 부자연스러울 정도로 자신의 당, 민주당을 멀리했다. 노동운동에 대한 그의 입장 선회는, 노동계가 드물지 않게 보여준 이기적 밀어붙이기를 생각하면 이해할 대목이 전혀 없는 것은 아니지만, 역시 아쉽다. 특히 완전한 절망 속에서 제 몸에 불을 사른 노동자들을 두고 그가 "분신을 투쟁 수단으로 삼는 시대는 지났다"고 일갈했을 때, 나는 가슴이 섬뜩했다. 그것은 인간에 대한 최소한의 예의에서도 벗어나는 말이었기 때문이다. 물론 그 발언은 노무현의 악함이나 무지에서 나온 것이 아니라 경망에서 나온 것일 터이지만, 그렇더라도 '소수자의 대통령'의 입에서 나왔다고는 믿기 어려운 발언이었다. 핵폐기물 처리장 유치를 두고 민란 사태로까지 치달았던 부안에 대해 그와 그의 정부가 접근하는 방식을 보면서, 나는 이 사람들이 도대체 생각이 있는 사람들인가 하고 탄식하기도 했다.

열린우리당에 대해서도 마찬가지다. 이 자칭 탈지역주의 정당에 대한 내 애정이 강준만의 그것보다 더 짙을 것 같지는 않다. 재작년 대선 국면에서 후단협('후보단일화추진협의회'로, 2002년 당시 대선을 앞두고 노 후보의 지지율이 떨어지자 국민통합21 정몽준 후보와의 단일화를 요구했다—편집자)이라는 것을 하다가 지금 낯두껍게 그 당에 가 있는 사람들이나, 한나라당원으로서 말 안 되는 소리로 노무현을 깎아내리며(학생운동을 하며 동료들과 함께 '시대를 고민해본' 경험이 노무현에게는 없어서 그가 국가지도자로서 적절치 않다는, 한 민중운동권 출신 의원의 발언은 그 가운데 백미일 테다) 이회창의 당선을 위해 동분서주하다가 지금 거기 가 있는 사람들 얘기가 아니다. 민주당 내의 이른바 '개혁세력'을 이루다가 그곳에 가 있는 사람들도 나는 그리 신뢰하지 않는다.

그 개혁세력 가운데 핵심이라는 이른바 천-신-정에 대해서도 마찬가지다. 신기남은 분당과정에서 자신의 참을 수 없이 가벼운 입으로 호남 유권자들의 마음에 상처를 입히며 내질러놓은 발언들만으로도 '추한 호남인'이라는 평가를 들을 만하다. 지역주의 문제에 대한 그의 천박한 이해, 뒷일이야 어찌 되든 일단 저지르고 보자는 유아적 모험주의, 선의를 배반당한 사람들의 아픔에 도무지 감응할 줄 모르는 그의 중증 감각장애가 부분적으로나마 열린우리당식 개혁의 정신적 자양분을 이루고 있는 것은 그 자신에게만이 아니라 민주주의 진영 전체에 불행한 일이다.

정동영은 어떤가? 세간에 떠도는 소문에 따르면, 지난 대통령선거 전날 정몽준이 노무현에 대한 지지를 철회한 것은 노무현이 정몽준 앞에서 추미애와 정동영을 차기 대통령감으로 꼽았기 때문이라고 한다. 노무현의 대선 승리 이후 정동영은 그야말로 차기 주자답게 행동하고 처신해왔다. 그는 대통령 당선자 노무현의 특사 자격으로 다보스 세계경제포럼에 다녀온 데 이어 대통령 노무현을 대리해 이른바 '제3의 길 정상회의'에 참석했고, 이제 대통령의 당 열린우리당의 대표가 되고 싶어하는 듯하다.

정동영이 정신적 여당의 대표가 되고 싶어하고 어쩌면 차기 대통령이 되고 싶어한다는 사실은 조금도 비난받을 일이 아니다. 그러나 그가 제 꿈을 이루기 위해 선택한 실천의 방식은, 내가 보기에는, 졸렬하기 짝이 없다. 그 졸렬함의 핵심은, 그가 아무 일도 하지 않으면서 자신의 '개혁적' 이미지 하나로 과실만 챙기려 든다는 것이다. 열린우리당의 한 인사가 발설했다는, "숟가락 들 때만 나타나고 설거지 할 때는 사라진다"는 표현이 그럴듯하게 들릴 정도다. 당사자에게는 몹시 부당하게 들릴 이런 비난을 내가 다시 끄집어내는 것은 정동영이, 무슨 일을 함으로써 이루려고 하는 것이 아니라 오히려 하지 않음으로써 이루려고 하는 것 같기 때문이다. 다시 말해 그는 공적을 쌓는 것보다 실수를 피하는 데 더 관심이 있는 것 같다. 그리고 그런 부작위, 무위를 통한 점수 관리를 차기로 이어지는 왕도로 여기는 것 같다. 내 짐작이 틀렸을 수도 있다. 다만, 그가 늘 몸을 사리는 것 같기에 하는 말이다. 분당 소동과정에서 그가 신기남이나 천정배보다 눈에 덜 띄었던 것은 그의 이 몸 사림과 관련이 있었던 것 아닐까? 그의 몸조심은, 야심 있는 정치인으로서 미덕이 되기도 하겠지만, 그리 아름다워 보이지 않는 것도 사실이다.

그런 한편, 그는 부담할 위험은 없고 또렷한 이득이 보이는 일에는 엉뚱하다 싶을 정도로 적극적으로 뛰어든다. 예를 들자면 그가 공동 대표를 맡은 이른바 대구사랑모임이라는 것이 그렇다. 물론 정동영이 대구를 사랑하든 평양을 사랑하든 인천을 사랑하든 그의 개인 취향이므로 그것을 비판할 수는 없다. 동시에, 그가 사랑하는 것이 왜 하필 대구일까 하고 궁금해하는 것 역시 비판받을 일이 아닐 것이다. 누구라도 짐작할 수 있듯 그의 대구 사랑은 그가 호남 출신 야심가라는 점과 관련이 있을 것이다. 이 대목에서, 추미애의 호남 사랑도 그가 영남 출신 야심가라는 점과 관련이 있는 것 아니냐고 대꾸할 수도 있겠다. 나는, 적어도 지금까지 정동영과 추미애가 보여준 행태로 보아 두 사람의 역사적·정치적 의식의 지평이 현격히 다르다고 판단하지만, 추미애 역시 그렇다고 양보하기로 하자. 그러나 그 점을 인정하더라도, 정동영의 대구 사랑은, 추미애의 호남 사랑과는 달리, 적어도 미적으로는 매우 추레하다. 영남 출신 정치인이 광주 사랑을 내세우는 것과 호남 출신 정치인이 대구 사랑을 내세우는 것을 동일한 지평에 놓을 수는 없기 때문이다. 제대로 된 사랑이라면 주고받는 사랑이어야 한다. 물론 짝사랑일 경우에라도 그것이 강한 편에서 약한 편으로 쏠리는 사랑이라면 이해할 만하다. 그러나 약자가 강자에게 보내는 짝사랑은 보기가 그리 좋지 않다.

정동영의 대구 사랑은 결국 영남 표를 얻기 위해 호남 표를 버린다는 분당 전략과도 맥이 닿아 있을 것이다. 그런데 대부분의 대구 사람들은, 정동영의 '오해'와 달리, 애정결핍증에 빠진 사람들이 아니다. 적어도 박정희의 5·16군사반란 이후 지난 수십 년 동안, 대구 사람들은 사랑을 너무 많이 받아왔다. 그래서 이 분들이 앓고 있는 것은 외려 애정과잉증이다. 이 애정과잉증의 다른 모습이 권력 금단 현상이다. 김영삼의 집권 이후 나타나기 시작한 이 금단 현상은 김대중의 집권 이후에 현저해졌고, 노무현의 집권 이후에도 잦아들지 않고 있다. 평균적인 대구 사람들은 권력이라는 것은 당연히 경북 사람이나 경북 이미지가 있는 사람이 차지해야 하는 것으로 알고 있다. 그 권력자가 전두환 같은 인간 도살자라 하더라도 상관없다. 경북 사람이 차지하지 않더라도, 적어도 호남 사람이나 호남 이미지가 있는 사람이 차지해서는 안 된다는 것이 다수의 대구 사람들 생각이다. 이 병은, 병을 앓고 있는 대구 사람들에게만이 아니라 우리 정치 전체에 짙은 그림자를 드리우고 있다. 진작 역사의 유물이 됐어야 할 한나라당이라는 수구 복고 패거리가 그 지역에서 승승장구하고 있는 것도 이런 애정과잉증에 따른 권력 금단 현상 때문이다. 그러니 정동영의 행동이 추레해 보이는 것이다. 대구는 정동영의 사랑을 필요로 하지 않는다. 그런데, 정동영은 계속 사랑하겠다고 스토킹을 하고 있다. 구슬픈 멜로드라마다. 그런데 이 멜로드라마의 주인공은 '개혁정치인'의 이미지를 지니고 있다.

　여기서 중요한 것은 그것이 이미지라는 것이다. 곰곰 생각해

보면, 정동영의 정치 이력은 개혁적 실천과 깊은 관련이 없다. 재작년 민주당 대통령 후보 국민경선과정에서 그는, 나중에 실수를 인정하기는 했으나, 한 보수 일간신문의 설문조사 결과에 기대어 노무현에게 극좌 딱지를 붙인 적이 있다. 누군가가 노무현에게 극좌 딱지를 붙였을 때, 그 딱지는 노무현의 이념적 스탠스를 나타내는 것이 아니라 그 딱지를 붙인 사람의 이념적 스탠스를 나타낸다. 그 스탠스는 조갑제 언저리에 있는 스탠스다. 말하자면 노무현을 극좌라고 부르는 사람이 극우라는 것이다. 그러면 정동영의 개혁은 극우 개혁? 내가 나쁘다. 그가 한마디 실수한 걸 가지고 이리 희롱하다니 말이다. 나도 정동영이 극우라고는 절대 생각하지 않는다. 그는 다만 평범한 기회주의자일 뿐이다. 내가 여기서 그를 기회주의자라고 부르는 것은 그를 특별히 욕하는 것은 아니다. 우리는 대체로 기회주의자다. 그를 기회주의자라고 부르는 나 역시 그 딱지에서 자유롭지 못할 것이다. 그러니까 나는 그를 기회주의자라고 부르면서 그가 견결한 원칙주의자는 아니라는 점만을 말하고 있을 뿐이다. 적어도 원칙에 대한 그의 집착은, 지금까지는, 대통령 취임 이후 어지러운 행보를 보여온 노무현의 그것에 비겨도 한참 떨어진다. 그리고 견결한 원칙주의자가 아니라는 것은 정치인으로서 약점이 아니다. 사실 원칙주의자가 성공적인 정치인이 되기는 외려 어렵다. 그러니 어쩌면 정동영은, 지금도 충분히 성공한 정치인이지만, 앞으로 더 크게 될지도 모른다. 그의 깔끔한 언변과 준수한 외모, 조심성을 생각하면 정말 그럴 것 같다.

그러나 나는 그가 정치인으로서 무언가를 개혁하리라고 예상할 수는 없다. 그는 개혁적 정치인이 아니라 그저 개혁의 이미지를 가진 정치인이기 때문이다. 이회창이 지녔던 것이 원칙이나 지성이 아니라 그저 원칙의 이미지, 지성의 이미지였듯 말이다. 개혁은 개혁이라는 말 속에 있는 것이 아니다. 개혁은 '개혁' 바깥에 있다. 실체가 아니라 이미지가 개혁이라는 점에서, 정동영은 언뜻 예전의 박찬종을 닮았다. 그리고 공적을 쌓음으로써보다는 실수를 피함으로써 뭔가를 이루려 한다는 점에서, 다시 말해 가장 선호하는 전략이 부작위의 전략, 무위의 전략이라는 점에서, 그는 김종필이나 이인제를 닮았다.

천정배에 대해서는, 개인적으로 신기남이나 정동영에게보다는 더 높은 점수를 주고 싶다. 현실정치인으로서의 역량에 대해서 말하는 것이 아니라 인간적 매력을 두고 하는 말이다. 그는 신기남이나 정동영보다는 원칙주의자에 가까운 듯하고, 호남 유권자들 다수를 포함한 전통적 민주당 지지자들의 마음을 읽는 감수성도 앞의 두 사람에 견주어 넉넉한 듯하다. 그렇다고 하더라도 민주당의 분당 자체가 비윤리적인 한, 그것을 주도했던 그가 그 비윤리성의 책임을 나누지 않을 수는 없을 것이다. 그는 언젠가 그 점에 대해 추궁받게 될 것이다. 이런 '개혁적' 인물들에게서 흠을 잡을 수 있다면, 열린우리당으로 간 어중이떠중이에 대해서는 더 말할 나위도 없을 것이다. 나는 송영길을 포함한 몇몇 젊은 세대 의원을 빼놓고는 열린우리당의 원내 당원들을 거의 신뢰하지 않는다. 과연, 이 당은 정식으로 지도부를 뽑을 전당대회를 치르기도 전부터 삐걱대기 시작하고 있고, 지지율은 답보와 추락을 오가고 있다. 그들의 신당 전략이 근원적으로 밥그릇에 대한 열망으로 분열주의에 실려 추진되었으므로 이것은 달게 받아야 할 벌이다.

우리가 지켜내야 할 참여정부

✦

그러나 노무현과 열린우리당의 행태가 지금 아무리 실망스럽다 할지라도, 지난 대선에서 노무현이 최선의 선택이었다는 사실은 변하지 않는다. 최악의 노무현도 최선의 이회창보다 나았다. 나는 이회창 개인이 파시스트인지는 알 수 없지만, 그에게 밀착해 있던 몇몇 측근들이 파시스트라는 확신은 있다. 이회창이 집권했다고 해도 한국 사회가 당장 1987년 이전으로 돌아갈 일이야 없었을 테지만, 한국 민주주의는 지금보다 크게 후퇴했을 터이다. 지금 노무현과 열린우리당의 행태에 전통적 민주당 지지자들이 크게 실망하고 있지만, 이회창이 집권했을 경우의 절망은 이와는 비교할 수 없을 만큼 컸을 것이다. 그 절망은 옳은 것은 절대 이루어지는 법이 없다는 완벽한 체념 수준의 절망이었을 것이고, 약육강식 원리의 수납 위에 허무주의로 통로를 낸 절대적 절망이었을 것이다.

지금 나를 포함한 전통적 민주당 지지자들은 노무현과 열린우리당이 영남지역주의에 편승할 기미를 보이고 있는 것을 비판한다. 그런데 이회창과 한나라당은 영남지역주의를 조금도 거리낌 없이 내세웠던 파렴치 집단이다. 무엇보다도, 한나라당의 본류는 1980년 광주학살을 통해 권력을 움켜쥔 민정계다. 민주정의당이라는 희극적 이름으로 민주주의와 정의를 압살했던 그 파시스트들의 상속자가 한나라당이다. 그 점에서, 지난 대선 때 노무현의 본질을 못 알아보고 선거운동에 앞장선 것이 지지자들에게 염치없고 죄송스럽다고 말한 추미애는 '넘쳤다'. 우리 사회의 자유민주주의자들이 그때 노무현 말고 누구를 지지할 수 있었단 말인가? 설령 노무현을 고른 것이 보편적 정의감각에 꼭 들어맞는 일이 아니었을지라도, 많은 논평가들이 정확히 내다보았듯, 그는 그 당시 민주당에서 이회창을 누를 수 있는 유일한 사람이었고, 다행스럽게도 이회창보다 훨씬 나은 사람이었다. 지난 1년 사이에 노무현이 아무리 망가졌다고 하더라도, 귀족적 거드름과 권위주의 냄새를 풀풀 풍기는 이회창, 군사 파시즘의 상속자들로 둘러싸인 이회창에 비겨 노무현이 민주주의적 지도자로서 수백 배 나은 사람이라는 것은 부인할 수 없다. 그리고 지난 대선에서 민주당의 누구도, 아니 민주주의 진영의 누구도 노무현을 대치할 수 없었다는 것, 그것을 부인할 수는 없다. 말하자면 노무현 정부, 참여정부는 2002년 겨울 우리에게 주어진 조건 아래서 우리가 고를 수 있던 최선의 길이었다. 그리고 이 정부를 지켜내는 것은 모든 민주주의자들의 임무다. 심지어 '들러리'가 돼서라도 말이다.

'들러리'가 되지 않기 위해서 전통적 민주당 지지자들은 무슨 일을 할 수 있는가? 강준만이 암시하듯, 지금처럼 계속 민주당에 표를 줘야 하는가? 나는 거기 선뜻 동의할 수 없다. 우선 민주당의 일부 세력은 재작년 대선과정에서 자당의 후보를 뒤흔드는 원죄를 저질렀다. 민주주의 원칙을 뒤흔든 이 세력은 대선 뒤 한동안 당권을 장악하고 있었고, 당권이 바뀐 뒤에도 그 힘이 그리 크게 줄지 않았다. 물론 민주당 내에서 그들의 목소리가 아직도 잦아들지 않고 있는 것은 분당파의 모험주의 때문이기도 하다. 분당파의 비윤리성 때문에 그들의 비윤리성이 어영부영 덮이고, 그들에게 비판적인 세력이 대거 신당에 합류함으로써 민주당에서 그들의 목소리는 더 크게 들린다. 그러나 아무튼 현상적으로는 민주당에 후단협 주류가 건재하다.

게다가 분당 뒤 민주당이 걸어온 길은 우리가 참여정부의 파산을 무릅쓰고서라도 이 정당을 지지해야 하는가를 회의하게 만든다. 민주당은 우선 감사원장 인준을 한나라당과 공조해 부결시켰다. 그것은 말할 나위 없이 노무현의 민주당 탈당에 따른 반사적 보복, 속 좁은 보복이었다. 노무현이 처음 지명한 윤성식이 감사원장으로서 특별히 적절치 않다고 볼 이유가 없었기 때문이다. 그러나 이 대목은 넘어갈 수 있다. 민주당이 속 좁은 짓을 하기는 했지만, 윤성식 대신 전윤철이 감사원장이 된 것이, 당사자와 주변 사람들에게야 큰일일 수도 있겠지만, 그것 자체로 별다른 일탈이랄 수는 없으니 말이다. 그러나 민주당은 거기서 더 나아가, 이번에도 한나라당과 공조해, 대통령 측근 비리 의혹 특검법이라는 것을 두 차례에 걸쳐 통과시켰다. 민주당이 당론으로 특검법 찬성을 결정해 이를 통과시킨 것은 감사원장 인준을 부결시킨 것과는 비교할 수 없을 만큼 중대한 과오다. 약간의 판단력만 가진 사람이라면, 한나라당의 특검법 발의가 자당의 대선자금 수사를 물타기하고 궁극적으로 방해하기 위한 것이라는 점을 알 수 있었다. 그런데 민주당은 그런 비윤리적 동기에 의한 한나라당의 정략에 동조한 것이다. 그것은 민주당의 뿌리를 흔드는 일에서 그리 멀지 않다.

위에서도 지적했듯, 한나라당의 직접적 뿌리는 민정당이다. 민정당은 광주학살을 기반으로 해서 정권을 잡은 뒤 공포정치로 이 나라를 다스렸던 정당이다. 쉽게 말해 한나라당의 뿌리는 전두환이다. 그런데 민주당은, 무슨 대의를 위해서가 아니라 오로지 노무현에 대한 미움 때문에, 한나라당의 부패 감추기 전략에 공조한 것이다. 분당파들이 윤리적으로만이 아니라 전략적으로도 위태로웠듯, 민주당도 여기서 윤리적으로만이 아니라 전략적으로도 위태로웠다. 전통적 민주당 지지자들, 특히 호남 지역 유권자들이 민주당의 이런 행태를 받아들일 수 있으리라고 생각했단 말인가? 아니, 노무현에 대한 민주당의 실망이 호남 유권자들에게 증폭된 형태로 감염돼 그런 행태를 받아들일 수 있을지도 모른다. 그러나 그것이 온당한 일인가? 그것은 우리 정치판을 망각의 도가니로 만드는 미친 짓이다. 다시 한 번 상기하자. 노무현이 아무리 나빠도 최병렬이나 이회창보다는 수백 배 덜 나쁘고, 전두환보다는 수만 배 덜 나쁘다는 것을. 지금 그에게 배신감을 느낀다고 해서 인간 도살자에게 연원이 닿아 있는 정당의 부패를 감싸는 것을 곱게 볼 민주당 지지자들은 드물 것이고, 그런 민주당 지지자가 있다면 나는 그를 엄중히 비판할 것이다. 그 점에서 나는, 특검법의 1차 통과 때 찬성 당론에 실망해서 탈당한 정범구의 처신에 완전히 공감한다.

그러나 민주당이 이런 근시안적 보수주의에서 벗어날 가능성이 지금으로선 그리 또렷해 보이지 않는다. 나 역시 강준만처럼 추미애가 민주당의 새 대표가 되기를 기대했다. 그가 새 대표가 된다면, 혹시라도 민주당이 한나라당과의 전략적 제휴라는 자해행위를 멈추고 개혁적 실천을 통해 열린우리당을 명분에서 압도할지도 모른다고 생각했다. 그러나 민주당원들은 노인 老人정치를 계속하겠다는 결정을 내렸고, 새 대표 조순형은 한나라당과 공조해서 특검법을 압도적 찬성으로 재의결했다. 국회를 파업 상태로 만든 것은 한나라당이다. 그 한나라당 대표라는 사람이 단식쇼를 하든 스트리킹(streaking, 벌거벗고 대중 앞에서 달리는 일―편집자)을 하든 민주당이 애달게 뭔가? 더구나 조순형은 취임인사 차 전두환을 방문해서 그에게 "노무현 대통령은 신뢰가 모자라고 말을 너무 좋아한다"고 했다고 한다. 그리고 전두환은 그 말에 공감하며 "대통령은 국민의 신뢰를 받는 말을 해야 한다"고 맞장구쳤다고 한다. 왠지 블랙코미디 같지 않은가? 노무현이 신뢰가 모자라고 말을 너무 좋아한다는 조순형의 견해에 공감할 사람이 많을지도 모른다. 지난 대선 때 조순형처럼 노무현을 지지했던 사람들 가운데도 그 말에 동의할 사람이 꽤 될지 모른다. 그러니 조순형이 전두환에게 했다는 말은 조순형의 트레이드 마크인 '바른말'에 속할지 모른다. 그러나 그 '바른말'을, 권력을 움켜쥐기 위해 무고한 민간인들을 무더기로 학살하고 8년간 대한민국을 동토로 만든 도살자 앞에서 해야 하는가?

민주당에 실망할 이유는 더 있다. 민주당 의원들은 지난 12월 박상천, 정균환 등 이른바 옛 정통 모임의 지지를 받은 한나라당 출신 유용태를 새 원내 대표로 뽑음으로써 당의 정체성을 더욱 흐릿하게 만들었다. 이것은 민주당 의원 다수가 한나라당과 공조해 참여정부를 공격하는 것을 부끄럽게 여기지 않는다는 뜻이다. 나는 여기서 유용태가 한나라당 출신이라는 것을 지적하는 것이 아니라, 재작년 대선 국면에서 노무현 흔들기에 앞장서고 분당 이후 한나라당과의 공조에 앞장선 옛 정통 모임이 그를 밀었음을 상기시키는 것이다. 이로써, 민주당은 적어도 원내 투쟁에서 한나라당이 아니라 참여정부와 열린우리당을 주적으로 삼게 될 공산이 커졌다. 과연, 한 논평가가 비아냥거렸듯, 한나라당과 민주당의 화기애애 속에서 영호남 지역감정이 기괴하게 해소되고 있는 형국이다. 이런저런 이유들로 나는, 찜찜함이 없는 것은 아니지만, 민주당에 희망을 투사할 수가 없다. 그래도 문제는 남는다. 내 생각을 비판한 강준만의 글 제목대로 '추미애를 어떻게 할 것인가' 하는 문제다. 강준만은 이렇게 썼다.

단지 기억만 해주면 되나? 기억만 해주는 것으로 끝내자는 것인가? 가슴 아프지만, 대大를 위해 소小는 희생되어도 할 수 없다는 것인가? 그 대大라고 하는 것이 그렇게 절박한 문제이며 그만 한 정당성과 타당성을 갖고 있는 건가? 문제는 또 있다. 추미애 한 명만 문제인가? 아니다. 각자 나름대로의 원칙을 고수하느라 민주당에 남은 의원들이 꽤 있다. 이들은 개인적인 생각은 옳았지만 민주당에 남은 죄로 민주당이 안고 있는 문제로 인해 희생되어야 하는가?

_강준만, 앞의 글, 65쪽

정말 가슴 아픈 질문이다. 그러나 원칙을 고수하느라 민주당에 남은 의원들이 얼마나 되는지는 모르겠지만, 반드시 희생될 것 같지는 않다. 물론 어디까지를 희생으로 보아야 할지를 정확히 획정할 수는 없겠지만, 열린우리당이 바라고 강준만이 우려하듯 민주당이 설령 지금보다 더 작은 정당으로 오그라든다고 할지라도 그들은 의회에 진출할 수 있을 것이다. 섣부른 예측인지는 모르겠으나, 예컨대 추미애나 김경재가 올해 총선에서 낙선할 것 같지는 않다. 단지 소수정당 소속이 되는 것을 희생이라고까지 말할 수는 없을 것이다(물론 이것은 섣부른 예측이었다. 얼마 뒤 탄핵 역풍이 회오리치면서, 대다수 민주당 소속 의원들은 2004년 4월 15일 치러진 17대 총선에서 낙선했다; 고종석, 《바리에떼》, 2007).

무엇보다도 나는, 되도록 빨리 민주당과 열린우리당이 다시 합쳐야 한다고 생각한다. 그리고 추미애는 그 통합된 자유주의 정당의 지도자가 돼야 한다고 생각한다. 분당은 잘못 끼워진 첫 단추였는데, 풀기가 귀찮아 계속 단추를 끼우다 보면 옷맵시가 완전히 엉망이 된다. 수도권 선거를 위해서라면 총선 전에 합치는 것이 좋겠지만, 갈등의 골 때문에 당장 그것이 힘들다면 총선 전에 수도권에서는 연합 공천을 하고 총선 후에라도 합쳐야 할 것이다. 열린우리당 사람들도 공언하고 있듯, 두 당 사이에 이념적·정책적 차이가 거의 없기 때문이다. 지금 두 당 사이에 흐르는 냉기로 보아 쉬운 일은 아니겠으나, 한나라당의 의회 지배 강화를 막고 더 나아가 그것을 종식시키는 길은 그것밖에 없다. 그러자면 열린우리당 쪽의 사과가 전제돼야겠지만, 거기에는 자존심의 문제만이 아니라 이제 밥그릇의 문제도 깊게 얽혀 있어서, 기대를 걸기가 조심스럽다. 다만, 참여정부의 파산을 막기 위해 열린우리당을 감싸야 한다고 주장하는 나 역시 강준만 못지 않게 분당에 실망하고 분노했다는 것은 적어두기로 하자. 신당론 이후의 정국을 보고 있노라니 분열증 환자가 돼가고 있는 느낌이다.

진보정치 싹 틔우기

✦

사실, 강준만에게 비판받은 칼럼에서 내가 말하고 싶었던 것의 무게중심은, 그 제목 〈진보정치 싹 틔우기〉에서 비쳤듯, 진보세력의 원내 진입 문제였다. 고백하자면, 나는 민주당과 열린우리당 사이의 이 밥그릇 싸움에 대한 실망의 한 탈출구로 진보정당을 떠올리게 되었다. 동기가 불순했던 셈인데, 그렇다고 그것이 대의를 크게 깎아먹을 일은 아닐 것이다. 강준만은 나를 비판한 글에서 "나는 열린우리당을 지지하는 것이 (노무현에 대한) 비판적 지지의 필수조건이라고 생각하지 않는다"고 썼다(강준만, 앞의 글, 67쪽). 마찬가지 맥락에서 나는 민주당을 지지하는 것이 노무현에 대한 비판적 지지의 조건이라고도 생각하지 않는다. 노무현을 비판적으로 지지하면서도, 총선에서는 다른 선택을 할 수 있다. 그 선택에는 진보세력을 원내에 진입시켜 우리 사회의 민주주의적 기반을 강화시키는 것도 포함될 수 있다.

개인적으로 나는 스스로를 진보주의자라고 생각해본 적이 없다. 당연히 나는 진보정당의 지지자가 아니다. 그러나 나는 진보주의자들의 정치적 세력화, 구체적으로는 원내 진입이 필요하다고 생각한다. 진보세력의 원내 진입은 왜 필요한가? 무엇보다도, 우리 정치의 이념적 정상화를 위해서다. 지금 우리 정치의 두 주류는 유사 파시즘에 가까운 반동 이데올로기를 신봉하는 수구세력과 온건한 자유주의 세력이다. 김대중 정권 이래 행정부 상층은 자유주의자들이 맡아왔지만, 의회와 언론을 수구세력이 장악하고 있어서 사회 전체적으로 보면 극우 편향이 아직도 심각하다. 두 차례의 대통령선거에서 자유주의 진영이 이겼다고는 하나, 아직 국가보안법 하나 없애지 못하고 있다. 사회보호법도 흉측하게 생명을 이어가고 있다. 국가보안법이나 사회보호법은 진보주의까지 갈 것 없이 최소한의 일반 민주주의와도 양립할 수 없는 것인데, 이것들이 아직도 버젓이 남아 시민들의 인권을 위협하고 있는 것이다. 그것은 우리 사회의 극우 편향이 그만큼 크기 때문이다. 극우 친화세력의 덩치가 크다는 것은 그 자체로도 문제지만 사회 전체의 이데올로기적 중앙을 너무 오른쪽으로 옮겨놓는 데 문제가 있다는 것이 여기서 드러난다. 말하자면 우리 사회에서는 국가보안법 폐지나 사회보호법 폐지만을 외쳐도 좌파 소리를 듣게 되는 것이다. 아닌 게 아니라, 이데올로기 중심이 워낙 오른쪽에 있다 보니, 국가보안법 폐지론자들이 왼쪽에 자리 잡게 되는 것도 사실이다.

더 나아가, 국민의 생존권·생활권 문제는 말할 나위도 없다. 부당이득 취득자들의 소굴이라 할 서울 강남 지역의 아파트 재산세를 올리겠다는 대통령의 방침이 야당과 지자체로부터는 말할 것도 없고 정부 내에서까지 '좌파적' 발상으로 이해되거나 오해되고 있는 게 현실이다. 개혁적이라는 대통령이 이끄는 정부의 국무위원들은 자본가들과 준자본가적 직능단체들의 이익을 대변하느라 바쁘다. 그것이 '부르주아 정치'의 한계라는 진보정당의 주장을, 너희들이라고 다를 줄 아느냐는 냉소로 흘릴 일이 아니다. 물론 이런 '부르주아 정치'를 견제하는 시민단체들이 있기는 하다. 이들은 의회나 정부에 압력을 행사할 수 있고 또 하고 있다. 이 단체들은 또 자신들의 의사를 알리고 관철하기 위해 제나름대로 대중동원에도 힘을 쏟고 있다. 그러나 이들에게는 법적으로 보장된 권한이 거의 없다. 그만큼 안정성이 부족하다. 이

것이 진보세력이 정치권에 들어가야 할 이유다. 이 말은 꼭 진보세력이 집권해야 한다는 뜻이 아니다. 설령 영원히 집권을 못하더라도, 진보세력은 단지 원내에 있다는 사실만으로 정부와 다수당의 정책을 약자 편으로 끌어당길 수 있다.

재작년 지방선거에서 민주노동당은 8.13%의 지지를 받았다. 그것은 우리 사회에 진보정당 지지층이 분명히 존재한다는 뜻이다. 그러나 그 지지율은 의석에 반영되지 못한다. 지역주의와 소선거구 다수대표제가 결합해서 진보정치세력에 대한 진입 장벽을 세우고 있기 때문이다. 지역주의야 하루 이틀에 없어질 것은 아니다. 그렇다면 남는 것은 선거제도다. 위헌판결을 받은 지금의 선거법이 개정돼 정당명부식 비례대표제나 대선거구제가 도입된다면, 진보세력은 원내에 충분히 진입할 수 있다. 나 개인적으로는, 민노당과 남재희가 주장하는 소선거구제-독일식 정당명부 비례대표제(지역구 대표와 비례대표 비율을 1:1로 하는)가 바람직하다고 생각한다. 이 제도 아래서는 지역구 유권자들이 제 손으로 대표자를 뽑는다는 느낌을 충분히 만끽하면서도, 지지율과 의석 수를 얼추 일치시킬 수 있기 때문이다. 아니, 지난 12월 범국민정치개혁협의회(정개협)가 제안했듯 비례대표 의원을 100명으로만 늘려도 진보정당의 원내 진입은 가능하다. 비례대표제의 확대는 소수정파의 원내 진입만이 아니라 지역주의 완화에도 크게 이바지할 것이다.

그러나 국회가 선거법을 개정한다고 하더라도, 고작 시늉이 될 가능성이 크다. 그것은 여당이든 야당이든 지금의 선거제도에서 혜택을 받는 기득권자들이기 때문이다. 그래서 돌고 도는 악마의 고리가 나온다. 진보세력이 의회로 들어가기 위해서는 선거법을 확 바꿔야 한다. 그러나 선거법을 확 바꾸기 위해서는 진보세력이 원내로 들어가야 한다. 지금의 원내세력은 그것을 결코 바라지 않기 때문이다. 선거제도라는 진입 장벽 때문에 진보세력은 원내로 들어갈 수 없고, 진보세력이 원내에 없으니 그 진입 장벽은 치워지지 않는다. 어디선가 이 고리를 끊어야 하지 않겠는가?

　　고리를 끊는다는 것이 별것 아니다. 진보주의자들이 진보정당에 투표하고, 그들에게 공감하는 일부 자유주의자들 역시 거시적 관점을 지니고 진보정당에 투표하면 되는 것이다. 그러나 대통령선거에서 이 고리를 끊을 수는 없다. 우리의 대통령선거에는 예컨대 프랑스에서와 같은 결선투표제가 없기 때문이다. 결선투표제를 두고 있는 프랑스에서는, 재작년 봄 대선에서처럼 좌파가 분열해 극우 후보가 결선에 오른다고 해도, 그가 절대적 다수의 지지를 받지 않는 한 대통령이 되지는 않는다. 그러나 우리처럼 결선투표가 없는 상태에서, 더구나 수구 복고주의 세력이 거의 반에 가까운 유권자들의 지지를 받는 상황에서 민주주의 세력이 분열할 경우에는, 다시 말해 좌파와 자유주의자들이 분열

할 경우에는, 수구 복고파 대통령이 탄생할 위험이 매우 크다. 누구나 알다시피, 지난 대통령선거에서 민주당과 민주노동당, 노무현 캠프와 권영길 캠프 사이의 갈등은 그래서 빚어진 것이다. 그 논쟁에서, 민주주의자라면 당연히 노무현 캠프의 편을 들어야 했다. 사실 선거 전날 정몽준이 노무현 지지를 철회하자, 노무현 지지자들의 일부는 인터넷을 통해 권영길 지지자들에게 긴급 구호를 요청하기도 했다. 그리고 권영길이 실제로 받은 표가 여론조사상의 지지율에 미치지 못했다는 것은 그 요청이 어느 정도 보답을 받았음을 뜻한다고 해석해도 좋을 것이다.

　　말하자면 자유주의자들은 지난 대선에서 진보정당 지지자들에게 빚을 진 것이다. 그 빚을 갚을 계제가 17대 총선이라고 나는 생각한다. 그 빚을 갚는다는 것은 진보정당 지지자들이 거리낌 없이 진보정당 후보를 지지하도록 분위기를 조성하는 것만이 아니라 자유주의적 유권자 자신도, 자기 선거구에서 출마한 자유주의정당의 후보가 양에 차지 않을 때, 진보정당 후보를 지지하는 것까지를 포함한다. 물론, 자유주의정당 후보와 수구정당 후보의 세가 엇비슷한 경우는 얘기가 다르다. 그러나, 그 둘 사이의 세가 워낙 차이 나서 자신의 한 표가 큰 영향을 끼치지 못한다고 판단될 때나 진보정당 후보에게 당선 가능성이 있다고 판단될 때는 진보정당 후보를 지지하는 것이 옳다. 나 역시 올해 4월 총선에서, 자유주의정당들이 어떤 후보를 내든, 진보정당 후보를 지지할 것이다. 내가 살고 있는 선거구는 전통적인 한나라당 강세 지역이기 때문이다. 현행 선거제도의 악덕 때문에, 진보정당에 대한 지지가 진보정당 후보의 원내 진입으로 고스란히 이어지는 경우는 드물 것이다. 그렇다 하더라도, 진보정당이 총선에서 꽤 높은 지지율을 얻게 된다면, 그것은 그 정당 소속의 비례대표 의원을 탄생시키는 데 도움을 주는 것에서 더 나아가 기존 정치권에 압력으로 작용할 수 있을 것이다. 운이 닿아 이런 전략적 투표로 지역구에서도 진보정당 후보가 원내에 진입하게 된다면, 그보다 더 좋을 수는 없다.

물론 이번 총선에서 범자유주의 진영이 놓인 처지는 매우 좋지 않다. 소선거구제가 계속 유지되는 상태에서 예컨대 프랑스에서와 같은 결선투표제가 도입되지 않으면, 한 선거구 내에서는 대통령선거 때와 똑같은 조건이 형성된다. 즉 민주주의자들의 분열은 수구분자들의 당선을 가져온다. 그런데 민주당의 분당으로 이미 자유주의적 온건개혁세력들은 공식적으로 분열된 상태다. 이런 상황에서 진보정당을 지지하자는 것은, 악의적으로 해석된다면, 결과적으로 한나라당을 돕자는 것 아니냐는 비판에 직면할 수도 있다. 그러나 그런 이유로 진보정당을 버려둔다면 진보정치는 영원히 꽃피지 않을 것이다. 더구나, 오히려 자유주의정당들이 분열했다는 것이 진보정당을 지지할 이유가 될 수도 있다. 지금의 선거제도 아래서 분열된 자유주의정당들이 수구정당에 충분히 맞설 수 없다면, 자유주의적 유권자들이 진보정당을 지지해 정치적·이데올로기적 정상화의 발판을 마련하는 것도 뜻있는 일일 수 있다.

자유주의적 유권자들의 진보정당 지지는 선의의 거래 차원에서도 추천할 만하다. 지난 한 해를 두고 임기 전체를 미리 판단하는 것은 섣부른 일일 테지만, 노무현 정부가 끝나갈 무렵 이 정부가 진보주의자들의 눈에 만족스러우리라고는 절대 기대할 수 없다. 만약에 권력구조와 권력자 선출방법에 대한 헌법 규정이 바뀌지 않는다면, 우리는 17대 대통령선거에서도 수구반동적·복고적 가치를 추구하는 후보와 다소 개혁적인 가치를 추구하는 후보 사이에서 선택을 할 수밖에 없다. 만약에 지난 대선에서처럼 두 후보의 지지율이 엇비슷하다면, 개혁적 후보는, 비록 그에게 만족하지는 않지만 그래도 두 후보 가운데는 그를 더 작은 악으로 여기는 진보주의자들의 지지에 기대지 않고는 집권할 수 없을 것이다. 그때 그 진보적 유권자들에게 지지를 호소하기 위해서라도, 자유주의자들이 지금 덕을 쌓아야 한다. 대통령선거 때만 다급하게 지지를 호소하고 선거가 끝난 즉시 낯빛을 바꾼다면, 진보주의자들도 대통령선거에서 제 갈 길을 갈 것이다. 그리고 그 결과는 우리가 도저히 용납할 수 없는 구체제로의 회귀라는 형태로 나타나게 될 수도 있다. 그때 가서 서로에게 책임을 물어봐야 수구파들에게 좋은 일일 뿐이다. 요컨대 내가 제의하는 것은 자유주의자들과 진보주의자들 사이의 주고받기다. 이런 주고받기를 통한 협력은 우리 정치 지형이 정상화될 때까지는 일회성을 넘어서 항상적으로 유지돼야 한다.

자유주의자들은 지난 대선 때 진보주의자들의 도움을 받았다. 17대 총선은 그 빚을 갚으며 다음 대선에서의 협력을 꾀하는 계제가 될 수 있다. 지금처럼 자유주의정당이 분열돼 있을 때가 진보정당을 밀 호기다. 극적으로 총선 전에 민주당과 열린우리당이 통합을 한다고 해도, 자유주의자들은 적어도 수구파의 압승이 예상되는 선거구나 수구파와 진보정당 후보가 접전을 벌이는 선거구에서는 진보정당을 지지할 수 있을 것이다. 그리고 혹시라도 지난 12월 국회 정치개혁특위의 합의대로 정당명부식 비례대표제(1인 2표제)가 도입된다면, 자신의 지지를 자유주의정당 후보와 진보정당으로 나누어 보냄으로써 우리 사회 정치적·이데올로기적 지형의 정상화를 꾀할 수 있을 것이다.

《인물과 사상》29권, 2004. 1.

고종석 선집_시사

정치의 무늬

©고종석 2015

1판 1쇄 찍음 2015년 6월 22일
1판 1쇄 펴냄 2015년 6월 29일

지은이	고종석
펴낸이	정혜인
편집주간	성한경
기획위원	고동균
편집	천경호 성기승 배은희
아트디렉팅	안지미
표지 캐리커처	김재훈
디자인	김수연 한승연
책임 마케팅	심규완
경영지원	박유리
제작처	영신사

펴낸곳	알마 출판사
출판등록	2006년 6월22일 제406-2006-000044호
주소	(우)121-869 서울시 마포구 연남로 1길 8, 4~5층
전화	02) 324-3800(마케팅) 02) 324-2845(편집)
전송	02) 324-1144
전자우편	alma@almabook.com
트위터	@alma_books
페이스북	www.facebook.com/almabooks

ISBN	979-11-85430-60-7 04300
	979-11-85430-03-4(세트)

알마 출판사는 아이쿱생협과 더불어 협동조합의 가치를 구현하기 위한 출판공동체입니다.
살아 숨 쉬는 인문 교양, 대안을 담은 교육 비평, 오늘 읽는 보람을 되살린 고전을 펴냅니다.

종이 앞표지_아르수안 5031 뒤표지_디프매트 스트로 132번 116g/㎡ 책등_네스트반디지 124번 120g/㎡ 본문_클라우드 80g/㎡

살아 숨 쉬는 인문 교양, 대안을 담은 교육 비평,
오늘 읽는 보람을 되살린 고전을 펴냅니다.

인 문 교 양 | 자 연 과 학 | 과 학 과 사 회 | 샘 깊 은 오 늘 고 전

유성룡이 보고 겪은 참혹한 임진왜란

유성룡 원작·김기택 옮김·임홍빈 해설·이부록 그림

징비록

무선 | 304쪽 | 13,800원

이순신의 전쟁, 〈명량〉을 보았다면,
이젠 유성룡의 전쟁, 《징비록》을 읽을 차례다!

_로쟈 이현우(인터넷 서평꾼)

시인 김기택과 미술작가 이부록 그리고 전 국방부 전사편찬위원 임홍빈이 만나
오늘의 한국어로 《징비록》을 새롭게 펴내다